Werner Filmer/Heribert Schwan

Lothar Späth

Werner Filmer
Heribert Schwan

Lothar Späth

ECON Verlag
Düsseldorf · Wien · New York

Bildnachweis:

J. H. Darchinger, Bonn (4)
dpa, Frankfurt (7)
Privatbesitz (24)

CIP-Kurztitelaufnahme der Deutschen Bibliothek

Filmer, Werner:
Lothar Späth / Werner Filmer; Heribert Schwan.
Düsseldorf; Wien; New York: ECON Verlag, 1987.
ISBN 3-430-12738-6
NE: Schwan, Heribert

Lektorat: Dr. Monika Siedentopf
Gesetzt aus der Garamond der Fa. Linotype
Satz: ICS Communikations-Service GmbH, Bergisch Gladbach
Papier: Papierfabrik Schleipen GmbH, Bad Dürkheim
Druck und Bindearbeiten: Ebner Ulm
Printed in Germany
ISBN 3-430-12738-6

Inhalt

Vorwort

Er redet nicht nur schneller als alle anderen deutschen Ministerpräsidenten, das »Cleverle« aus dem deutschen Südwesten reagiert auch in den meisten Fällen schneller als seine Kollegen. Hinter vorgehaltener Hand wird sein Name auf Tagungen, Konferenzen und Parteitagen weitergeflüstert: Wenn Kohl einmal stürzen oder abtreten sollte, wird es für Späth nicht zu spät sein. Denn sein Name ist nicht nur im Süden der Bundesrepublik zum Symbol für Wirtschaftskraft und Einfallsreichtum geworden, zum Markenzeichen eines fortschrittlichen oder wenigstens fortgeschrittenen Zustandes. Er hat sich für sein »Ländle« Großes vorgenommen. Späth möchte Wirtschaft und Umwelt miteinander versöhnen, die gestaltenden Kräfte mit den bewahrenden fusionieren.

Politische Entscheidungsprozesse stehen unter Erfolgszwängen. Späth hat das am eigenen Leibe gespürt, bemerkte es an politischen Verläufen. Er weiß, daß die Kompetenz des Staates durch Verfassungsregeln begrenzt und eingeschränkt werden muß. Aber auch die Kompetenz der Wirtschaft. Seine ausgeprägte Fähigkeit, Wichtiges von Unwichtigem zu trennen, ist wiederholt von Zeitzeugen und Journalisten gerühmt worden. Zeit zu verplempern, leistet er sich nicht.

Bienen, Aale und Tauben orientieren sich am Magnetfeld der Erde. Woran orientiert sich dieser Politiker? Was sind seine Stärken, seine Schwächen? Woraus besteht seine Substanz? »Macht hat zwei Seiten«, hat der französische Philosoph Bertrand de Jouvenel einmal geschrieben, »sie ist eine soziale Notwendigkeit ... Und sie ist eine soziale Belohnung.« Wir sind – auch aus diesem Grund – zu seinen Quellen gegangen, haben Vergangenheit aufgehellt, haben ihn beschrieben und beschreiben lassen. Allen, die uns geholfen haben, der Wahrheit näher zu kommen, danken wir herzlich.

Werner Filmer/Heribert Schwan Mai 1987

I. Kapitel

Ilsfelder Jahre

Werner Filmer/Heribert Schwan

Sein Elternhaus

»Meine Mutter heißt Helene. Sie stammt aus Stuttgart. Ihr Vater, der sehr früh gestorben ist, war Stadtgärtner ... angestellt bei der Stadt Stuttgart.« Lothar Späth wirkt gelassen und ruhig. Er hat seine Jacke ausgezogen. Herbstblätter sind auf das Glasdach des Wintergartens gefallen. Späth konzentriert sich auf unser Gespräch. Wir sprechen mit ihm seit Stunden. Haben gestern abend begonnen. Bis tief in die Nacht hinein. Er kann andere aussitzen. Das hat er oft bewiesen. Daß er ein Morgenmuffel sein soll, wissen wir von seiner Frau; daß er ein Nachtarbeiter sei, hörten wir von Mitarbeitern. Bis zwei Uhr, drei Uhr nachts bleibe er taufrisch. Heute nacht haben wir es gespürt.

Seine Mutter sei eine energische, »sehr liebenswerte und sehr fromme Frau«, sagt er. Sie wurde am 1. April 1906 in Stuttgart geboren. Helene Lillich hatte zwei Schwestern und einen Bruder, stammte aus einfachen Verhältnissen. Und da der Vater früh starb und die Rente gering gewesen sei, war es, meint Späth, »sicher nicht einfach, sich durchzusetzen«.

Sich durchzusetzen, durchzustarten, durchzuziehen. Schlüsselbegriffe kennzeichnen sein Leben, seine persönliche Geschichte, seinen Werdegang. »Jedes Mädchen mußte mitarbeiten«, er sagt es selbstverständlich, als er von der Familie seiner Mutter erzählt. Ohne Kalkül, ohne Beben in der Stimme. Späth weiß heute, was er wert ist. Er beklagt sich nicht über sein Leben, hat es weit gebracht. Das Ende der Fahnenstange hat er noch nicht erreicht. Sogar Helmut Kohl, der mißtrauische Oggersheimer, schielt nach dem Schwaben, behält ihn im Auge. Er weiß, daß Späth einer seiner potentiellen Nachfolger ist.

Späths Mutter arbeitete als junges Mädchen in einem Büro. Sie gab nach der Lehre ihre Arbeit auf und heiratete den Gutsinspektor Friedrich Späth. »Er konnte seinen Beruf nicht mehr ausüben, hatte mal einen Reitunfall . . . Gutsinspektoren sind damals immer geritten!« Der Sohn sagt das unterkühlt. Ohne erkennbaren Stolz auf den Vater, der auf verschiedenen Gütern in Norddeutschland arbeitete.

Geboren wurde Friedrich Späth am 14. Juli 1903 in Kirchheim unter Teck. »Nach seinem Unfall ging er zur Konsumgenossenschaft nach Sigmaringen an der Donau. Das muß um 1933 gewesen sein. Meine Eltern haben 1930 geheiratet. 1933 wurde meine Schwester geboren. Ich kam am 16. November 1937 zur Welt«, sagt Späth. An Sigmaringen, die Stadt der Hohenzollern, erinnert er sich nicht. 1940 sei sein Vater zur »WüWa« gegangen – heute WMZ –, das sei die Raiffeisen-Organisation gewesen, die genossenschaftlich Agrarprodukte aufgekauft und den Landwirten Düngemittel verkauft habe. »In Ilsfeld, das ist ein Dorf mit etwa zweitausend Einwohnern nördlich von Stuttgart, hat mein Vater als Lagerverwalter gearbeitet.« Drei Jahre Sigmaringen, dann die Kinder- und Jugendzeit in Ilsfeld. Wohlbehagen zeichnet sein Gesicht. Genüßlich zieht er an seiner Zigarre. Die Späths wohnten in einem Haus, das einem Kleinbauern gehörte, der auch ein Malergeschäft besaß. »Es war ein zweigeschossiges Haus. Unten wohnte der Bauer, oben wohnten wir. Stall, Vieh und Landschaft. Für mich, glaube ich, war das eine prägende Zeit.«

Späth sprudelt, spricht ohne Punkt und Komma. Quirlig, nie mundfaul, immer etwas hintergründig. Humor blitzt auf. Im

Schwaben Späth schlummert ein wenig von der verschmitzten Bosheit und dem archaischen Durchsetzungsvermögen der ländlichen Gesellschaft, die er als Junge und später als Verwaltungslehrling zu spüren bekam. Seine Jugendjahre waren eine Zeit, in der er sich durchbeißen mußte; als einer den anderen über den Löffel balbierte und einem, der nicht aufpaßte, die Hosen strammgezogen wurden.

Ihm wurde nichts geschenkt, nichts in die Wiege gelegt. Er mußte sich durchschlagen – als Mann der Praxis. Von wem er glaubt, Talente und Fähigkeiten ererbt zu haben, wollen wir wissen. Er zuckt mit den Achseln. »Ich weiß es nicht!« Lothar Späth war der »Bua«, sein Vater ein strenger, ordentlicher Mann, der eng mit den Bauern zusammengelebt habe und auch in der Partei gewesen sei, »ein kleiner PG«, schiebt Späth unaufgefordert nach.

Späth ist ein Meister der scheinbar anspruchslosen Ausdrucksweise, der melodisch-schwäbelnden Diktion. Selbstgefällig oder prunkvoll wirkt seine Sprache nie. Ein unauffälliger Stil charakterisiert ihn.

»Wenn Heuernte war, ist Vater morgens um halb fünf aus dem Haus und half den Bauern mit der Sense. Er war stolz, wenn die Bauern sagten, unser Lagerverwalter hat heute morgen wieder die größte Menge runtergesäbelt! . . . Sonntags sind wir spazierengegangen. Bei uns daheim war alles sauber und geordnet. Und wenn sich Vater sonntags über seine Briefmarkensammlung machte, haben wir ihn den ganzen Tag nicht mehr gesehen.« Vater Späth sammelte die »ganze Welt«. Er kaufte Kiloware. Später sammelte auch sein Sohn Briefmarken und bastelte gleichzeitig mit Radioteilen. Als er einmal ein richtiges Radio zusammenwerkeln wollte, brachte er seine Klassenkameraden dazu, ebenfalls Briefmarken zu sammeln. Nach einiger Zeit verkaufte der Junge den inzwischen begeisterten Sammlern seine Marken, um sich eine kostspielige Radioröhre kaufen zu können. »Eine VCL-11-Röhre. Damit konnte ich einen Volksempfänger bauen!« Noch heute kann Späth über diesen Schachzug lachen. Taktisches Geschick hat er früh bewiesen. Späth, der Tüftler, der Bastler. Früh zeigen sich kaufmännische und kommunikative Fähigkeiten. Er konnte andere begeistern, überreden, ihnen etwas »andrehen«. Das sollte sich nach der Schule erst richtig zeigen. Außerdem war er technisch begabt. Die einzige Eins, die sich später auf seinem Zeugnis finden sollte, gab es in Physik.

Späths Schwester litt unter der »umtriebigen«, unternehmungslustigen Art des Bruders. »Ich war ein Energiebündel, habe immer etwas unternommen, habe das auch meistens lokker erledigen können . . . Übrigens hat meine Tochter Daniela mein Temperament . . . Auch wenn sich ihre Mutter manchmal aufregt, habe ich viel Verständnis dafür, wenn sie beispielsweise ihre Schularbeiten nicht gemacht hat.« Der baden-württembergische Ministerpräsident grinst über das ganze Gesicht. So muß er schon als Junge ausgesehen haben.

Späth wird von allen, mit denen wir gesprochen haben, durchweg gleich beschrieben: ein Energiebündel, stets auf dem Sprung. Wenn er auftaucht, ist was los. Er zieht Leute in seinen Bann, ist immer Mittelpunkt, gewinnt Menschen durch Witz, Schlagfertigkeit, Humor, durch Reden.

Sein Vater konnte aufbrausend sein. »Ich hau' dir gleich eins hinter die Löffel«, hörte der Junge öfter, als ihm lieb war. Glück, das weiß Späth seit seiner Jugendzeit, ist ein mehrdeutiger Zustand. Zufriedenheit mit dem Leben hängt nicht zwangsläufig von günstigen oder ungünstigen Lebensumständen ab. Er kennt seine Seelenlagen, hat eine Menge aus sich herausgeholt. Durch Fleiß, durch Arbeit, durch Aushalten und durch seine Fähigkeit, im richtigen Augenblick zur Stelle zu sein und Verantwortung nicht zu scheuen.

Vor allem die Mutter scheint ihm diese Anlagen mitgegeben zu haben. Sie war »sehr gerecht, sehr religiös«, wiederholt er, »eine glückliche Mischung aus anthroposophischer Geistes- und pietistischer Grundhaltung«. Oft verbrachte der Junge seine Ferien in der Familie eines Bruders seiner Mutter, Dr. Karl Lillich, der als Rechtsanwalt in Reutlingen arbeitete. Dort trafen sich regelmäßig Menschen, die von pietistischem Geist beseelt waren. Nachhaltig davon beeinflußt fühlt sich Lothar Späth nicht. Eher schon von der Mitarbeit in der Evangelischen Jugend, »vom Abenteuergeist der Fahrten und Zeltlager«. Dabei unterstützte ihn die Mutter gegen den Vater, der das alles »für dummes Zeug« hielt. Doch seine Mutter ermunterte ihren Lothar, dabeizubleiben und mitzumachen.

»Ich war im Grunde immer furchtbar aktiv«, sagt Späth heute, »bereits als Kleinkind soll ich recht unruhig gewesen sein.« Er sei alles andere als ein friedliebendes Kleinkind gewesen. »Später interessierte mich alles, was mit Bauen, Basteln, mit Tieren und Pflanzen zusammenhing. Ich weiß, daß ich leidenschaftlich gern eine Eisenbahn haben wollte, aber daraus wurde nichts.«

Sein Vater arbeitete in der Freizeit oft mit der Laubsäge. Auch Lothar versuchte es. »Aber ich hatte wenig Geduld«, stellt er fest. »Mein Vater konnte stundenlang filigrane Dinge mit unendlicher Sorgfalt aussägen. Ich bekam das nie richtig hin und gab es schließlich auf.«

Wer sich mit Späth unterhält, ihn längere Zeit beobachtet, spürt seinen schwäbischen Humor. Nichts da von »teutscher« Seele, von deutschem Getöse. Späth besitzt eine Begabung fürs Heitere. Er hat »Mutterwitz«. Selbstquälerische Nabelschau liegt ihm nicht. Erst recht nicht ideologische Verbohrtheit. Er kann manchmal unbefangen heiter wie ein Südländer sein, besitzt wie ein Angelsachse die Fähigkeit zur Selbstironie, nichts hat er von der ledern-lehrhaften Art deutschen Dozierens. Er verfügt über eine gediegene, gute Sprache. Feinnervig, verbindlich, unoffiziell.

Ob bei Späths früher gebetet worden sei – im Elternhaus? Ja, die Mutter habe darauf geachtet, streng sogar. »Beim Mittag- und Abendessen wurde gebetet. Auch abends, wenn wir ins Bett gingen, ganz klar. Da sind die Kinder streng drangenommen worden!« Der Gottesbegriff seiner Kindheit war recht einfach, recht gegenständlich. »Vater hat es eher geduldet als betrieben. Er war religiösen Fragen nicht zugewandt, lebte nach der Devise: I mach' mei Geschäft, 's wird scho recht sei!«

Dammstraße 43

Ilsfeld. Dezember 1986. Ein frisch verputztes sonnengelbes Zweifamilienhaus. Rechts daneben Ställe und Scheunen, mit dem Wohnhaus verbunden durch einen betonierten Hof: Dammstraße 43. Hier verbrachte Lothar Späth fünfzehn entscheidende Jahre seines Lebens.

Wir sind angemeldet, drücken auf die Klingel. Eine kleine, schmächtige Frau öffnet die Tür, führt uns in die gute Stube. Martha Schütz, Jahrgang 1913. Seit April 1986 ist sie Witwe. Sie hat keine Kinder. Der kleine Ölofen mit dem langen Rohr bis zum Kamin strahlt fast unerträgliche Hitze aus. Auf dem Schrank steht ein Gemälde. Es reicht bis zur Decke und fällt sofort auf: Lothar Späth, der baden-württembergische Ministerpräsident, in Farbe, 60 x 40 cm groß.

»Der Lothar war mit drei Jahren sehr schüchtern. Als die Späths im Sommer 1940 bei uns in den ersten Stock einzogen, wich er nicht vom Rock seiner Mutter. Erst als ich ihn an die Hand nahm und ihm Haus, Hof und Ställe zeigte, brach der Bann. Von da an hatte er mich in sein Herz geschlossen, wurde offener und zugänglicher.« Martha Schütz zeigt sich redselig. Sie freut sich sichtlich, daß sie vor 46 Jahren die Freundschaft eines dreijährigen Buben gewann, der heute Ministerpräsident ist. Sie erzählt gern von ihm, ist stolz, fünfzehn Jahre lang seine Entwicklung miterlebt zu haben. Denn dieser Mann hat es zu etwas gebracht.

»Einige Monate wohnte der Vater Friedrich Späth im Gasthaus ›Lamm‹, bevor die vierköpfige Familie zu uns in den ersten Stock zog. Unser Haus war noch nicht ganz fertig, doch Herr Späth ließ sich nicht davon abbringen, auf die Fertigstellung des Neubaus zu warten«, erinnert sich Martha Schütz. Ihre Schwester und eine Nachbarin nicken bestätigend. Knapp hundert Quadratmeter groß war die Wohnung. »Damals zahlten die Späths 80 Mark Miete im Monat. Nach dem Krieg, nach der Währungsreform wurde die Etage wohl etwas teurer«, sagt Martha Schütz lächelnd. Für den kleinen Lothar wurde sie eine wichtige Bezugsperson. Bei ihr saß er am liebsten.

Vater Späth war weitsichtig gewesen, als er damals so lange gewartet hatte, bis der Neubau in der Dammstraße 43 fertiggestellt war und Adolf Schütz, ein schwieriger, querköpfiger Hausbesitzer, seine Einwilligung zum Einzug der Familie Späth gegeben hatte. Denn in diesem Haus brauchte niemand zu hungern. Nicht während der Kriegszeit und nicht in den Hungerjahren nach der deutschen Kapitulation am 8. Mai 1945.

Adolf Schütz, Nebenerwerbsbauer, eigentlich Maler und Gipsermeister, kein NSDAP-Mitglied, war Soldat von Anfang bis Ende des Krieges. Erst 1949 kam er aus russischer Gefangenschaft heim. Jahrelang mußte seine Frau den rund 5 Hektar großen Hof allein bewirtschaften. Sie übernahm die bäuerlichen Aufgaben und Pflichten, das Säen und Ernten. Mindestens sechs bis acht Stück Vieh, Kühe und Schweine, galt es täglich zu versorgen. Helene und Friedrich Späth halfen dabei unermüdlich mit. Vor allem zur Erntezeit fuhren auch sie mit dem Ochsengespann aufs Feld. Der kleine Lothar schwang die Peitsche. Solange Adolf Schütz im Krieg und in Gefangenschaft war, packten die Späths mit an. Auf sie war Verlaß. Niemand konnte besser mit der Sense umgehen als Friedrich Späth. Mähen war ein Hobby des Lagerverwalters. Für die Arbeit erhielt die Familie Späth die Milch meistens kostenlos. Martha Schütz erzählt: »Sie haben überall mitgeholfen. Immer, immer . . . Sie konnten sich im Garten selbst etwas anpflanzen . . . und wenn geschlachtet wurde, bekamen sie was ab . . .«

Beide Familien backten zusammen ihr Brot im Ilsfelder Backhaus. Lothar Späths Mutter kümmerte sich jahrelang um die Hühner, versorgte die Tiere und bekam dafür frische Eier. Um nicht den Eindruck zu erwecken, sie nutze die Großzügigkeit der Vermieter aus, ließ sich Helene Späth allerhand einfallen. Sie wusch, bügelte und nähte für die Bauernfamilie, kochte – vor allem während der Sommermonate – häufig für alle im Haus, backte oft Kuchen. Dann saß man gemeinsam am großen Tisch in der Küche, sei es bei der Familie Schütz oder eine

Etage höher. Die Späths lernten Vor- und Nachteile eines Nebenerwerbhofes hautnah kennen. Sie schufteten, so gut sie konnten. Ware gegen Arbeit, bar bezahlt wurde nichts. Ihre Anstrengungen verstärkten sich, je häufiger und zahlreicher Verwandte, Geschwister oder Eltern, zu Besuch in der Dammstraße weilten.

Während des Krieges und danach wohnten die Späth-Großeltern im dritten Stock. Angemerkt sei noch, daß der Lagerhausverwalter Friedrich Späth natürlich alles im Lagerhaus vorrätig hatte, was auf einem Bauernhof benötigt wurde. Und mit den Bauern hatte Vater Späth beste Kontakte.

»Am liebsten saß der Lothar bei uns unten in der Küche«, erinnert sich Martha Schütz. »Er saß meistens so, daß er hinausgucken und schnell hinauslaufen konnte zu den Kühen, Hühnern und Schweinen. Und er brauchte keine Löffel, keine Gabel . . . der konnte alles mit den Fingern essen«, lächelt sie verschmitzt. Die Küche ist heute noch so eingerichtet wie damals. Sogar der Volksempfänger steht noch auf der Eckbank. Rechts darüber zwei Bilder: Ursula und Lothar Späth, aufgenommen kurz nach ihrer Hochzeit 1962. Und daneben – der Ministerpräsident. Stolz verweist Martha Schütz auf den »guten Kerle«, der viele Jahre da gesessen und gegessen habe und leider kaum noch Zeit in seinem schweren Amt finde, um die Tante zu besuchen.

»Lothars drei Jahre ältere Schwester Gudrun hat als kleines Mädchen immer bei mir geschlafen«, erzählt Martha Schütz, als sie uns in ihr Schlafzimmer führt. »Als mein Mann einmal überraschend auf Urlaub kam, war sie nicht wach zu kriegen. So mußte er in der ersten Urlaubsnacht im Nebenzimmer schlafen.« Martha Schütz zeigt uns Fotos aus ihrem Album. »Die Gudrun war ein Spätentwickler, ein Spätzünder. Sie war kein Dummkopf, tat sich aber mit dem Lernen schwer, ganz im Gegensatz zu Lothar . . .! Beide gehorchten aufs Wort. Was ihre Mutter sagte, wurde gemacht. Erzogen hat die Kinder Frau Späth, eine herzensgute Frau.«

Martha Schütz besitzt ein gutes Gedächtnis. Steckt voller

Geschichten, kann stundenlang erzählen. »Für mich waren die beiden – Gudrun und Lothar – ein bisserl Ersatz für meine eigenen drei Kinder, die gestorben sind . . . Der Lothar beispielsweise konnte alles schnell behalten, alles auswendig aufsagen, was er im Kindergarten hörte und lernte. Allerdings war er immer ein wenig ängstlich, etwas linkisch. Beim Spielen war er nicht besonders gelenkig. Er sprang und lief nur selten. In der Landwirtschaft konnte er nicht mithelfen, weil er noch zu klein war. Und nachher mußte er halt für die Schule lernen. Da war er fix. Geschrieben hat er übrigens mit der linken Hand. Er schrieb schnell, aber nicht schön, oft unleserlich. Deswegen schimpfte seine Mutter oft.«

Die langen Bombennächte – während der Angriffe auf den Großraum Stuttgart – verbrachten die Späths im massiv ausgebauten Gewölbekeller der Familie Schütz. Meistens auf provisorisch eingerichteten Nachtlagern. »Manchmal schlief Lothar in der Zinkwanne!«

1955 – nach fünfzehn Jahren – zog die Familie Späth aus. Von der Dammstraße 43 in Ilsfeld ging es in die Auensteinerstraße 23. Widerwillig, eigentlich nicht davon überzeugt, das Richtige zu tun. Man fühlte sich in die Pflicht genommen. Dr. Bouché, langjähriger Hausarzt der Familie Späth, hatte schon zu Lebzeiten Helene Späth gebeten, im Falle seines Todes seiner Frau Maria beizustehen und sie zu betreuen. Helene Späth löste ihr Versprechen ein. Mit ihrer Familie zog sie ins Haus der Witwe, mit der sie seit vielen Jahren befreundet war, und pflegte Maria Bouché aufopferungsvoll. Regelmäßig kochte sie für sie und kümmerte sich vor allem um den großen Garten.

Lothar, der damals zum Verwaltungskandidaten im benachbarten Gronau und in Schmidhausen ausgebildet wurde, zog auch in die Auensteinerstraße. Wie in der Dammstraße hatte er auch hier ein eigenes Zimmer. Als wir uns von Martha Schütz verabschieden, läßt sie deutlich erkennen, wie leid es ihr immer noch tut, daß die Späths damals ihr Haus verließen.

Der Volksschüler

1. September 1943. Die 6. deutsche Armee hatte Taganrog aufgegeben. Auf Mönchengladbach warfen 616 britische Flugzeuge 2272 Tonnen Bomben. Und 512 Bomber starteten, um Berlin in Schutt und Asche zu legen.

An diesem Tag erlebte der noch nicht ganz sechsjährige Lothar seinen ersten Schultag in der Volksschule Ilsfeld. Zuvor war er knapp drei Jahre lang in den evangelischen Kindergarten gegangen, das Dora-Stift in der Ilsfelder Rathausstraße. Sechs Stunden verbrachte er täglich hier, jeweils von 8 bis 11 und von 13 bis 16 Uhr, außer mittwochs und samstags nachmittags. Gerne hörte er Schwester Luise zu. »Wenn man dem Jungen ein- oder zweimal ein Versle aufsagte, dann konnte er es auswendig«, erinnert sich die Kindergärtnerin. »Nehmen Sie den Lothar raus, ich bring' dem Kerle nichts mehr bei, der kann alles«, hatte sie seiner Mutter gesagt, als die 1943 anfragte, ob man den Sohn bereits einschulen oder noch ein weiteres Jahr in den Kindergarten schicken solle. »Er hatte alle anderen Kinder überflügelt, der war wirklich schulreif«, sagt die pensionierte Kindergärtnerin heute.

Im September 1943 war der Zweite Weltkrieg aus heutiger Sicht längst entschieden. Wer trotz des Verbots Radiosendungen der BBC abhörte, wußte, daß die Nazipropaganda kein wahres Bild von der Kriegswirklichkeit vermittelte. In der Volksschule von Ilsfeld aber sah es anders aus. Es gab zwei Klassen und zwei Lehrer. Einer von ihnen verbreitete ungebrochenen Optimismus, wie die Partei ihn verlangte. Lehrer Plenske war ein überzeugter Parteigenosse, der den Unterricht für die Sechsjährigen mit dem Hitlergruß und Propagandaformeln begann: »Gib unserem Führer starke Hände für das deutsche Vaterland – Heil Hitler!« Jahrelang mußten die Schüler diesen Spruch herbeten. Anschließend las Lehrer Plenske aus dem »Völkischen Beobachter« vor. »Wehe dem, der da aufgemuckt hätte. Man durfte nicht einmal husten«, erinnert sich ein Mitschüler von Lothar Späth. Er und seine Altersgenossen gehörten zu jenem Jahrgang, der den Hitlerjungen hinterherlief. Die 1937 Geborenen waren noch zu jung fürs Jungvolk (Aufnahmealter zehn Jahre) und für die Hitler-Jugend erst recht. Doch sie kannten schon viele NS-Lieder und hätten gern – wie die anderen Jungen – Kluft und Uniform getragen. »Mit sechs Jahren wollte man wenigstens die Fahne tragen!«

Im Hause Späth dagegen war von brauner Gegenwart nicht viel zu spüren. Die Familie Schütz wollte vom Nationalsozialismus nichts wissen, und der unpolitische Vater Späth besaß zwar eine SA-Uniform, wurde damit aber in den letzten Kriegsjahren immer seltener gesehen. Als unabkömmlicher Leiter des Ilsfelder Lagerhauses war er vermutlich – mehr oder weniger – gedrängt worden, sich in der NS-Bewegung zu engagieren.

In den letzten beiden Kriegsjahren lernten die Schüler kaum etwas. Ständig gab es Bombenalarm, oft fiel der Unterricht aus. Die jungen Lehrer waren an der Front, die alten Pauker längst pensioniert. Lothar und seine Klassenkameraden sahen damals die ersten Toten und erlebten die heranrückenden Amerikaner.

Wie fast überall in Deutschland wurde auch in Ilsfeld der Schulunterricht erst im Herbst 1945 wiederaufgenommen. Bis dahin sammelten die Schüler oft Heilkräuter und altes Eisen. Diejenige Klasse, die am eifrigsten gesammelt hatte, wurde belohnt. Unvergessen blieben den Schülern auch die alljährlichen Kartoffelkäfersammlungen zwischen 1945 und 1948.

Ab September 1945 gab es wieder regelmäßigen Unterricht. Lothar war ein eifriger Schüler, jedoch ohne herausragende Leistungen. Allerdings fiel er damals schon durch vorlautes, schnelles Sprechen auf. »Oft mußte ich ihn ermahnen, ruhig zu sein, damit andere Schüler auch zu Wort kommen konnten«, erinnert sich ein Lehrer. »Er war ehrgeizig, ja . . . und streberhaft . . . ein Knitz, wie die Schwaben sagen . . . Mit schelmischem Lächeln antwortete er und zeigte deutlich, daß er was wußte!«

»Wissensmäßig war er uns weit voraus und fand den Unterricht oft langweilig. Doch zum Glück war sein Ehrgeiz noch nicht so ausgeprägt wie in späteren Jahren«, umreißt ein Klassenkamerad seine Erinnerungen an den Schüler Späth, während ein anderer meint: »Er war intelligent, clever und redegewandt, doch seine Noten waren nicht überragend ... Keine Spitzennoten, die erheblich über dem Durchschnitt gelegen hätten!« Eine Mitschülerin weiß zu berichten, daß der Lothar in Musik ein »Sehr gut« bekam, »dabei konnte der überhaupt nicht singen, konnte keinen Ton halten ... doch er sang einfach drauflos. Was er allerdings beherrschte, waren Noten. Er lernte sie auswendig. Und das zählte mehr als Singenkönnen!« Im späteren Konfirmandenunterricht verbot ihm der Pfarrer das Mitsingen ganz und gar. Dafür glänzte der Islfelder beim Rezitieren der Bibelsprüche.

Der Oberschüler

Am 1. September 1947, vier Jahre nach seinem ersten Schultag in der Volksschule von Ilsfeld, wechselte Lothar Späth auf die Oberschule in Beilstein.

Zuvor hatte »Deps«, wie ihn einige Ilsfelder Klassenkameraden geringschätzig nannten, erfolgreich eine Aufnahmeprüfung abgelegt. Seine Leistungsfähigkeit mußte er im Rechnen, im Diktat und im Aufsatzschreiben nachweisen. Sein Aufsatzthema: »Ein Tag im Leben einer Katze.« Für den kleinen, eher schmächtigen Jungen wurde der Schulwechsel zur Strapaze. Die Beilsteiner »Lateinschule« lag gut sieben Kilometer vom Elternhaus entfernt. Diese Strecke mußte er ein Jahr lang bei Sonne, Wind, Regen und Schnee zu Fuß zurücklegen. Mit seiner älteren Schwester Gudrun lief er tagtäglich – außer sonntags – vierzehn Kilometer. Im Winter begann der Unterricht um acht, im Sommer jedoch schon um sieben Uhr. Späth erinnert sich heute: »Jeden Morgen zwischen halb sechs und sechs sind wir abmarschiert, bei jedem Wetter. Wir waren bis zu eineinhalb Stunden unterwegs. Deshalb habe ich heute eine eher konservative Einstellung zum Schülertransport und dessen Aufwand.«

Ob es an der Ängstlichkeit der Eltern lag oder an der schwäbischen Sparsamkeit: Beide Späth-Kinder lernten den Umgang mit dem Fahrrad recht spät. Sie waren die einzigen, die zu Fuß von Ilsfeld nach Beilstein und zurück laufen mußten. Vielleicht bedeutet deshalb für Späth der Begriff »Heimat« mehr als nur eine Landesfläche von 35 751 Quadratkilometern; Baden-Württemberg mehr als nur ein Gebiet, das so groß ist wie die Niederlande. »Mit dem Verlust der Heimat geht ein Stück menschlicher Existenz dahin«, hat er einmal gesagt.

»Erst in der zweiten Klasse hatten die beiden endlich Fahrräder und mußten nicht mehr per pedes gehen«, erinnert sich ein Klassenkamerad. Während die meisten Kinder durchweg mit fünf Jahren das Fahrradfahren beherrschten, fiel es »Deps« ungewöhnlich schwer, mit dem Drahtesel umzugehen. »Wir Kinder waren recht brutal und stießen ihn mehrfach in den Graben ... Er wurde oft ausgelacht, weil er sein Rad schob, wenn er gegen die Steigung nicht ankam«, erzählt einer seiner Schulkameraden.

Lothar war ganz und gar unsportlich. Laufen oder Fußballspielen mochte er nicht. »Er war weiß Gott kein Prügeltyp, machte nie mit, wenn es um körperlichen Einsatz ging. Er war überall dort zu finden, wo es etwas zu reden gab, nie dort, wo es um Sportliches ging, da zierte er sich wie ein Mädchen, wurde oft als feige gescholten«, seufzt ein Beilsteiner Mitschüler. »Auch körperliche Arbeit mochte er nicht. Er haßte Streiche, bei denen man rechtzeitig abhauen mußte, um nicht erwischt zu werden ... Sportliche Kondition hatte er nicht ... Meistens schaute er aus der Ferne zu, wartete ab, blieb unbeteiligt, war deshalb auch bei den anderen nicht gefragt.«

Die Fußballer, die Rabauken ließen ihn links liegen. Ihre Verachtung ließen sie ihn spüren. Er wurde gehänselt, verlacht, bestraft mit dem Spitznamen »Emma«. In dieser Zeit entstanden mehr Wunden, als Lothar vergessen konnte. Körperliche Unterlegenheit glich er durch Phantasie, Flexibilität und schnelle Auffassungsgabe aus.

Die Beilsteiner Oberschule war vierhundert Jahre lang als Einmannbetrieb geführt worden. Erst um die Jahrhundertwende hatte sich die »Lateinschule« zum Unterbau einer Oberrealschule entwickelt. Nach dem Zweiten Weltkrieg konnten Schüler die ersten vier Klassen in Beilstein absolvieren, um anschließend die mittlere Reife oder das Abitur an Schulen in Heilbronn, Marbach oder Ludwigsburg abzulegen.

Als Späth im September 1947 zur Beilsteiner Oberschule wechselte, gab es nur zwei Lehrer: Dr. Anneliese Kleinau und Willibald Weichert, der auch Späths Klassenlehrer wurde. Weichert, ein Schlesier und ehemaliger Wehrmachtsoffizier, erinnert sich: »Da für vier Klassen nur zwei Lehrkräfte zur Verfügung standen, hatte jeder Lehrer im Regelfall zwei Klassen zu unterrichten, und zwar gleichzeitig. Soweit nicht für beide Klassen die Behandlung des gleichen Stoffes vertretbar war, mußte der Lehrer, um sich einer der beiden Klassen voll widmen zu können, der anderen Klasse Aufgaben zur Selbstbeschäftigung zuweisen. Dabei wurde umschichtig verfahren, um keine der beiden Klassen grob zu benachteiligen. Diese ›gespaltene‹ Zuwendung des Lehrers erforderte sorgfältige Vorbereitung und während des Unterrichts starke Konzentration des Lehrers.«

Zu Beginn des Schuljahres 1948/49 übernahm Studienrat Dr. Hermann Schöttle nach seiner Entlassung aus britischer Kriegsgefangenschaft anstelle von Frau Dr. Kleinau wieder die Leitung der Schule. Auf Wunsch vieler Eltern wurde im Einverständnis mit dem Kultusministerium zu den vorhandenen Klassen 1 bis 4 nun auch die Klasse 5 geführt, so daß die Schüler erst ein Jahr später die Strapazen einer täglichen Fahrt nach Heilbronn oder Marbach auf sich nehmen mußten. Nach einem Jahr wurde dieser erste Aufstockungsversuch jedoch schon wieder rückgängig gemacht, da es die Kräfte von nur zwei Lehrern überstieg, fünf Klassen mit einer Gesamtzahl von 90

Schülern zu betreuen, auch wenn einige Nebenfächer nicht unterrichtet wurden.

Als erfreuliche Entlastung erwies sich das Angebot der Kollegen der Volksschule, in einigen Fächern den Unterricht zu übernehmen. Mit Genehmigung des Kultusministeriums unterrichteten ab dem Schuljahr 1949/50 verschiedene Volksschullehrer Zeichnen, Musik, Biologie, Handarbeit und Mädchenturnen. Religionsunterricht erteilten der Pfarrer der evangelischen Kirchengemeinde Beilstein und der Kurat der katholischen Seelsorgestelle Großbottwar. Erstmals konnte der Unterricht ohne Kürzungen erteilt werden. Erst Mitte der siebziger Jahre wurde das Schulprovisorium abgeschafft. Aus der ehemaligen »Lateinschule« wurde ein Vollgymnasium, das Herzog-Christoph-Gymnasium.

In der Beilsteiner Oberschule glänzte Lothar Späth in den Fächern Deutsch und Englisch. Sein Klassenlehrer Willibald Weichert sagt: »Ich kann mich an ihn gut erinnern. In Mathematik war er immer gut, damit will ich nicht sagen, daß er dieses Fach besonders schätzte. Lothar war ein hochintelligenter Kerl. Was seinerzeit in Mathematik von ihm verlangt wurde, schüttelte er eigentlich locker aus dem Ärmel. Er war vielseitig begabt, besaß ein gutes Gedächtnis.«

Lothar war nie Klassensprecher. Beim Laienspiel übernahm er lediglich Statistenrollen. Im Turnen galt er als Schlechtester seiner Klasse, ebenso im Singen. Beilsteiner Klassenkameraden erinnern sich an einen Streich, für den sie bitter büßen mußten. Studienreferendarin Dr. Kleinau hatte acht Sextaner zur Strafe in den Kohlenkeller gesteckt, weil sie die Holzscheite der Schulnachbarn durcheinandergebracht hatten. Versehentlich wurde auch Lothar Späth zu den Bösewichtern gerechnet. Sie sollten erst wieder herauskommen dürfen, wenn sie ein Gedicht auswendig aufsagen konnten. Die meisten hielten davon nichts, machten Blödsinn und warfen Eierkohlen an die Wand. »Der einzige, der das Gedicht auswendig herschnurren konnte, war Lothar. Und der kam als erster auch wieder nach draußen. Das hat ihn damals bei uns viele Sympathien gekostet«, erinnert sich ein Beilsteiner Klassenkamerad, »wir lehnten das Gedichtelernen ab und versuchten mit der Behelfsleiter aus dem Kohlenkeller zu entweichen, was auch gelang.«

Zweimal in der Woche fand auch nachmittags von 14 bis 16 Uhr Unterricht statt. Die Ilsfelder Fahrschüler verbrachten die Mittagszeit regelmäßig im Gasthof »Langheinz«. Für 80 Pfennig kauften sie sich bei Frau Meier ein komplettes Mittagessen.

Am Schluß des jeweiligen Schuljahres veranstaltete die Beilsteiner Oberschule eine Abschlußfeier. Der Schulleiter blickte zurück und zog mit gewichtigen Worten seine Bilanz. Lieder wurden gesungen, Theaterstücke aufgeführt. 1950 sprang Späth am Ende der Veranstaltung auf die Bühne. Ohne ein Wort abzulesen, hielt er eine Rede. Er bedankte sich im Namen seiner Mitschüler und Mitschülerinnen bei Eltern, Lehrern und beim Bürgermeisteramt dafür, daß man schulisch weitergekommen sei. Für den schmächtigen Untertertianer, der sich nicht einmal am Reck hochziehen konnte, war das ungewöhnlich. Doch von dieser Tat wurde gesprochen.

Ohne Abschlußprüfung und mit einem durchschnittlichen Zeugnis wechselte Späth am 1. September 1951 auf die Robert-Mayer-Oberschule nach Heilbronn. Andere gingen nach Marbach oder Ludwigsburg. Weil er in Beilstein kein Latein gelernt hatte, war Lothar Späth nun gezwungen, auf den mathematisch-naturwissenschaftlichen Zweig der Heilbronner Oberschule zu gehen. Der Unterricht begann im Sommer morgens um 7.10 Uhr und im Winter um 8.05 Uhr.

Lothar fuhr täglich mit der Schmalspurbahn nach Heilbronn. Im Sommer morgens um 5.50 Uhr, Ankunft in Heilbronn um 6.35 Uhr. Weiter ging es dann zu Fuß oder mit dem Fahrrad zur Penne. Auch in Heilbronn gab es zweimal in der Woche Nachmittagsunterricht. Die Fahrschüler brachten in der Regel ihr Essen mit, spielten während der Mittagszeit Skat oder schliefen auf den Bänken im Klassenzimmer.

Die Schmalspurbahn benötigte damals für die 15 Kilometer von Ilsfeld nach Heilbronn 45 Minuten. In dieser Zeit wurden oft die Hausaufgaben erledigt. Tagtäglich, berichten die ehemaligen Schüler, kämpften sie mit den Arbeitern um die Sitzplätze in der Bahn. Lothar habe sich aber daran ebensowenig beteiligt wie am Skatspiel, dem er damals noch nichts abgewinnen konnte.

Eine beliebte Mutprobe im Hochsommer bestand für die Schüler darin, aus dem ersten Wagen auszusteigen, um Äpfel von den Obstbäumen rechts und links der Strecke zu pflücken. Mit der Beute mußten sie dann rechtzeitig wieder auf den letzten Waggon springen. Lothar schloß sich aus, er lehnte derartige Jungenstreiche ab. Mitschüler kreideten ihm an, daß er auch nicht dabeigewesen war, als der erste Schluck Alkohol und die erste Zigarette probiert wurden.

Seine Leistungen auf der Heilbronner Penne blieben konstant. »In Deutsch war er absolut der Beste«, erinnert sich ein Heilbronner Mitschüler, »das war seine Stärke. Gut war er auch in Englisch und Französisch. In den musischen Fächern und im Sport brachte er dagegen nichts Bemerkenswertes zustande.« Ernsthaft gefährdet war er auf dem Heilbronner Gymnasium zu keinem Zeitpunkt. Ihn schmerzte, wenn er in Mathematik und naturwissenschaftlichen Fächern Mißerfolge hinzunehmen hatte, denn hier arbeitete er intensiv mit. Er soll geweint haben, als er im Abgangszeugnis der mittleren Reife in Mathematik und Physik nur ein »Ausreichend« fand. Mit feuchten Augen und dem Abschlußzeugnis in der Hand habe er seinen Mathematiklehrer gebeten, ihm doch eine bessere Note zu geben. Doch er konnte den Lehrer nicht umstimmen. Seine sechzehnjährigen Klassenkameraden hielten ihm diese Schwäche, »eine Niederlage nicht wegstecken zu können«, lange vor.

In Beilstein und in Heilbronn war Späth immer einer gewesen, der von »draußen« kam und sich behaupten mußte. Wie alle Schüler, die schwächlich waren, mußte er mit dem Spott der anderen leben. Oft wurde gnadenlos auf dem »sportlich Unterbelichteten« herumgehackt. Doch der Ilsfelder glänzte durch Rhetorik und gediegenes Wissen; er verhielt sich kameradschaftlich, war hilfsbereit und zeigte Einfühlungsvermögen.

Wirkliche Freunde, die für ihn durch dick und dünn gegangen wären, hatte er allerdings nicht.

Man kann, was man will

Er galt als fähigster Feldherr seiner Zeit, als weitsichtiger Politiker und Staatsmann, der Künste und Wissenschaften großzügig förderte: Prinz Eugen, der edle Ritter.

Über keinen anderen Staatsmann wußte der Quartaner Lothar Späth soviel zu erzählen wie über den Prinzen von Savoyen, auch wenn die Geschichte des achtzehnten Jahrhunderts – und damit die Geschichte jenes Aufsteigers – noch nicht zum Unterrichtsstoff des Dreizehnjährigen gehörte. Mit hochroten Ohren hatte Lothar gehört, wie der »heimliche Herrscher Europas« 34 Jahre lang sein Heer von einer Schlacht zur anderen geführt hatte, vierzehnmal verwundet hinsank und sich immer wieder aufs Pferd schwang. Unermüdlich, rastlos, nicht kleinzukriegen. Sicher muß den kleinen Späth der Hinweis getröstet haben, Prinz Eugen sei ein schmächtiger, oftmals kränkelnder Knabe gewesen, der als »kleiner Abbé« verspottet wurde und den seine Kameraden von ihren Spielen ausschlossen.

Bekannt war dem Knaben, daß Eugens Aufstieg mit Hindernissen gepflastert war, er jedoch das »Glück des Tüchtigen« auf seiner Seite hatte und sich »mit Hilfe des Kaisers und einflußreicher Freunde« profilieren konnte. Nie vergaß er, daß der edle Prinz seinen Offizieren die »höhere Schule des Gehorsams« beigebracht hatte. In den Beilsteiner Weinbergen verriet der Quartaner Späth einem Klassenkameraden, Prinz Eugen sei sein »geschichtliches Vorbild«. Er habe sich den Wahlspruch des Prinzen zu eigen gemacht: »Man kann, was man will.«

Dieser Wahlspruch scheint für ihn bis heute zu gelten. »Standhaft, klug und tugendhaft, ohne Furcht vor den Feinden des Staates wie vor seinen eigenen, besiegte er jene und zwang diese, ihn zu achten und zu fürchten«, so wird der Prinz in den Geschichtsbüchern beschrieben. Tatsächlich läßt sich manche Ähnlichkeit zwischen beiden entdecken.

Auch Prinz Eugen bemühte sich um eine Reform der Verwaltung, entwarf kühne Pläne zur Verbesserung der Finanzlage. Wie Eugenio von Savoyen liebt Späth heute das Gespräch über Kunst oder Philosophie, nimmt begierig neue Gedanken auf. Und da sind weitere Gemeinsamkeiten: vom kleinen, verspotteten Abbé zum Feldherrn, Staatsmann und Mäzen, dem nichts unangenehmer war als »Liebedienerei und Schmeichelworte«.

Man kann, was man will! Der Stuttgarter »Sonnenkönig«, der seit 1978 das Land Baden-Württemberg von einem Wirtschaftserfolg zum anderen führt, auch wenn er manchmal getroffen und verwundet wurde, beachtete diesen Wahlspruch vor allem in den folgenden Jahren.

Der Stift

Am 26. Februar 1953 unterschrieb Lothar Späth einen Ausbildungsvertrag als Verwaltungskandidat mit den Gemeinden Gronau und Schmidhausen im Kreis Heilbronn. Vorgeschriebene Lehrzeit: drei Jahre. Wörtlich heißt es in diesem Vertrag: »Die Ausbildung soll dem Verwaltungskandidaten gründliche Kenntnisse und praktische Fertigkeiten auf allen Gebieten der Verwaltung vermitteln. Sie soll gleichzeitig die Verantwortungs- und Entschlußfreudigkeit des Verwaltungskandidaten fördern. Dem Verwaltungskandidaten ist daher Gelegenheit zu geben, alle vorkommenden Verwaltungsgeschäfte, fortschreitend von einfachen bis zu schwierigen Arbeiten, möglichst selbständig zu erledigen. Er soll nach Möglichkeiten nicht mit rein mechanischen, die Ausbildung nicht fördernden Arbeiten beschäftigt werden. Der Lehrherr oder dessen Beauftragter hat sich des Kandidaten persönlich anzunehmen.«

Paragraph vier des Ausbildungsvertrages regelte den Unterhaltszuschuß. Der Verwaltungskandidat erhielt im ersten Lehrjahr monatlich 60 DM, im zweiten 100 DM und im dritten Lehrjahr monatlich 160 DM. Nach Paragraph sieben des Ausbildungsvertrages mußte der Verwaltungslehrling folgende allgemeine Dienstpflicht übernehmen: »Der Verwaltungskandidat verpflichtet sich, alles zu tun, um das Ausbildungsziel zu erreichen. Er verspricht besonders, ehrlich, fleißig und gehorsam zu sein und die ihm übertragenen Arbeiten und Aufträge bereitwillig und nach bestem Können auszuführen sowie sich eines tadellosen Lebenswandels zu befleißigen und das Ansehen des Amtes in und außer Dienst zu wahren. Er hat seinem Vorgesetzten die schuldige Achtung zu erweisen. Über alle mit dem Amt irgendwie im Zusammenhang stehenden Angelegenheiten hat er strengstens Stillschweigen zu bewahren.«

Karl Bihr, der Bürgermeister von Gronau und Schmidhausen, schloß den Ausbildungsvertrag mit dem Aspiranten ab, ohne den Gemeinderat zu befragen. Erst in der Sitzung des Schmidhausener Gemeinderates vom 17. März 1953 beschlossen die neun Volksvertreter einstimmig: »Erstens die Einstellung eines Verwaltungslehrlings am 1. 4. 53, zweitens mit demselben einen Vertrag abzuschließen.«

Am 1. April 1953 morgens um acht Uhr erschien Lothar Späth im Rathaus von Schmidhausen und trat seine Ausbildung an. Es war kein Zufall, daß er gerade hier gelandet war. Nachdem Späth seinen Willen durchgesetzt, der Heilbronner Penne nach der mittleren Reife ade gesagt und seine Aufnahmeprüfung für eine Rathauslehre schriftlich wie mündlich bestanden hatte, schaltete sich Vater Späth ein. Unverzüglich hatte er Kontakt zu seinem alten Freund Karl Bihr aufgenommen und gefragt, ob sein Filius nicht bei ihm unterkommen könne. »Dann hatte ich das Pech, zu einem Lehrherrn zu kommen, der seit vielen Jahren ein Freund meines Vaters war«, seufzt Lothar Späth hintergründig. »Beim Abschluß meines Lehrvertrages autorisierte mein Vater den Lehrherrn Karl Bihr, wenn ich nicht spuren würde, könne er gleich zuschlagen, gleich hinter die Löffel hauen ... Das hat der ernst genommen und es auch gemacht. So habe ich alles in allem eine relativ brutale Lehrzeit gehabt.« Für den fünfzehneinhalbjährigen Lehrling war Bihr ein Ausbilder, den er fürchtete. »Er konnte bösartig sein und schien zuweilen die Tollwut zu haben.«

Bihr war bereits seit 1926 Bürgermeister von Schmidhausen. Später wurde er überzeugter Nationalsozialist, Mitglied verschiedener NS-Organisationen. Im September 1945 wurde er vorübergehend seines Amtes enthoben, aber schon 1948 bewarb er sich wieder erfolgreich um seine alte Bürgermeisterstelle. Wer heute in Schmidhausen, Gronau oder Beilstein Einzelheiten über Bihrs braune Vergangenheit erfahren möchte, stößt auf betretenes Schweigen. Auch in den zahlreichen Artikeln der »Heilbronner Stimme«, der örtlichen Heimatzeitung, ist nichts über Bihrs Vergangenheit im Banne Hitlers zu lesen.

Späth mußte drei Jahre lang mit diesem Bürgermeister auskommen. Die ersten beiden Jahre lernte der Stift im Rathaus Schmidhausen. Anschließend folgte ein Ausbildungsjahr im Gronauer Rathaus.

Zur 650-Seelen-Gemeinde Schmidhausen gehörten die Weiler Billensbach, Gagernberg, Jettenbach, Kaisersbach, Klingen und Maad. Dort lebten vor allem Klein- und Kleinstbauern, meist in bescheidenen Verhältnissen. Ähnlich wie die Gronauer. Nach dem Kriege pendelten viele der insgesamt 1050 Einwohner beider Gemeinden in die Industriegebiete Heilbronn und Ludwigsburg. Karl Bihr wohnte in Gronau und verbrachte die meiste Zeit im dortigen Rathaus. Nur zwei Tage in der Woche arbeitete er in Schmidhausen.

Wie einst zum Gymnasium radelte Lothar von April 1953 an zwei Jahre lang täglich nach Schmidhausen, bei Regen, Sonne, Schnee, Nebel und Frost. Fast immer kam er pünktlich an. Von 12 bis 13.30 Uhr blieb das Rathaus geschlossen: Mittagspause. Noch gab es die 48-Stunden-Woche im öffentlichen Dienst. Auch samstags wurde gearbeitet. Das Rathaus war im ersten Stock eines Schmidhausener Zweifamilienhauses untergebracht: vier kleine Zimmer und eine Toilette. Neben dem Stift arbeitete dort noch die Verwaltungsangestellte Linda Schäfer, die gleichzeitig die Darlehnskasse betreute. Zweimal wöchentlich – dienstags und freitags – erschien Gemeindepfleger Willi Braun, der alle finanziellen Angelegenheiten erledigte. Er war nur nebenamtlich beschäftigt, ebenso wie der Amtsbote und Gemeindediener, »Büttel« Bauer Wilhelm Appinger.

Mit dem Büttel verstand sich der Stift am besten. Während der Mittagspause half er ihm häufig, die Kühe anzuspannen. Und wenn Appinger gekeltert hatte, gab es mittags schon mal ein süßes Viertele, das die Stimmung hob. Zur Aufgabe des Amtsboten gehörte auch das tägliche Glockenläuten. Pünktlich um elf und um fünfzehn Uhr mußte die Glocke auf dem Dach des Rathauses in Bewegung gesetzt werden. Heute befindet sie sich auf dem Schmidhausener Friedhof und wird elektrisch betrieben.

Arbeitete Bauer Appinger auf dem Feld, mußte der Stift läuten. Das galt auch für jede Beerdigung. Späth mußte so lange die Glocke in Bewegung halten, bis der Trauerzug vom Trauerhaus durch den Ort gezogen und am offenen Grab angelangt war.

Wenn der Schultes nicht da war . . .

Nach einem halben Jahr Lehrzeit war Lothar Späth der »Schreiber für die Leute«. Er mußte auch Buch über Gemeindeeinnahmen und -ausgaben führen. Lothar kümmerte sich um alles, was an Hilfestellungen »vom Rathaus« erwartet wurde. Nicht zuletzt deswegen wurde er geachtet. Von der Viehversicherung bis zu den Hofübergabeverträgen, von der Wasserversorgung bis zum Straßen- und Wegebau gehörte »alles zum Geschäft«. Auch das Friedensgericht, das Baurecht oder die Friedhofsordnung blieben für den Rathausstift kein Buch mit sieben Siegeln. Er übernahm sogar Sonderaufgaben. So legte er beispielsweise ein Friedhofsverzeichnis für den Ortsteil Billensbach an, fertigte wochenlang Zeichnungen von Grabmälern und den dazugehörigen Namen an. Diesen Friedhofsplan tippte er im Zweifingersystem – ohne Wissen seines Vorgesetzten – als Petition der Schmidhausener Bürger an ihren Bürgermeister: Gefordert wurde die Errichtung eines eigenen Friedhofs. Wenn der Lehrherr gewußt hätte, daß sein Stift der Schreiber jener Petition gewesen wäre, »hätte es gekracht«.

Es war eine harte Schule. Wer mit der Schläue der Bauern konkurrieren wollte, mußte noch gerissener sein als sie. Karl Bihr war zwar ein autoritärer Choleriker, doch er ließ den gelehrigen Verwaltungskandidaten recht selbständig arbeiten. Als Siebzehnjähriger war der Ilsfelder »auf dem Schmidhausener Rathaus« der Chef, jedenfalls wenn Bihr in Gronau residierte. Oftmals eröffnete der Rathausschreiber die Gemeindesitzung im Auftrag des Bürgermeisters. »Wenn der Schultes nicht da war, war ich der Boß«, erinnert sich heute noch zufrieden lächelnd der Ministerpräsident.

Ausführlich beschäftigte sich der Inspektorenanwärter Späth mit der Statistik über Bodennutzung. Dabei gewann er aufschlußreiche Einsichten. Denn bei diesem schwierigen Unterfangen waren die Bauern kaum bereit, realitätsnahe Angaben über ihr Eigentum zu machen. Sie vertuschten gern, mogelten hier ein wenig und stellten dort ihr Licht unter den Scheffel. Nur widerwillig gaben sie an, wieviel Roggen, Hafer, Gerste, Weizen, Kartoffeln oder Rüben angepflanzt wurden, wie groß tatsächlich ihr Ackerland, ihre Wiesen und Weinbergflächen waren. Pfiffig mußte der »Schreiber« sein, um den störrischen Bauern die Daten zu entlocken. Immer wieder versuchten sie, ihn übers Ohr zu hauen. Doch Späth schaffte, was er sich vorgenommen hatte. Es gelang ihm, sich Respekt zu verschaffen, indem er seinen »Kunden« bereitwillig bei anderen »Amtshandlungen« half. Außerdem galt er als trinkfest und hatte durch seinen Vater, den Ilsfelder Lagerhausverwalter, einen guten Namen bei der Landbevölkerung.

Träume eines Stiftes

Mit Zahlen und Leuten verstand der Rathausstift umzugehen. Schnell und genau, geduldig und einfühlsam. Er konnte gut verhandeln, machte sich beliebt, langsam, aber sicher wuchs sein Selbstbewußtsein als Fachmann, den umsichtiges Bestreben kennzeichnet, vor allem aber emsiger Arbeitsfleiß. Wer ein Hungerleiderdasein geführt hat, sucht einen angemessenen Platz.

Er war unglaublich diszipliniert in dem Willen, Unzuträglichkeiten zu meistern, aufzusteigen in eine Führungsposition. Ehrgeiz packte den Burschen aus Ilsfeld früh. Er operierte, manövrierte, projektierte. Und war stets besser als andere. Raffiniert und taktisch zu planen, den Gönnern nicht zu mißtrauen, das alles kennzeichnet den jungen Späth. Und noch etwas: Er konnte erzählen, heiter-anekdotisch, nie um Worte verlegen, frisch drauflos, wie ihm der schwäbische Schnabel gewachsen war, hatte eine »Schwertgosch«. Fazit: Wenn er wollte, redete er die Leute besoffen.

Zu jener Zeit träumte der Rathausstift zum erstenmal, selbst einmal Bürgermeister zu werden: »Ich hatte damals nichts anderes im Sinn, als die Ausbildung fertigzumachen, um schnell Bürgermeister zu werden. Meine Vorstellung war, eines Tages allein bestimmen zu können, was im Dorf passiert«, erinnert sich Lothar Späth.

In der ersten Gemeinderatssitzung, die der junge Ilsfelder am 28. April 1953 miterlebte, beschlossen die neun Volksvertreter unter anderem, das »Übungsgeld für die Freiwillige Feuerwehr« auf 250 DM festzusetzen. Gleichzeitig lehnten sie eine Ortsbeleuchtung für den Teilort Jettenbach ab, weil sie zu kostspielig gewesen wäre. Außerdem beschäftigte sich der Gemeinderat noch mit der Viehwaage, für die dringend ein zweiter Schlüssel und passende Waagscheine zu beschaffen waren. Schließlich übernahm die Gemeinde Schmidhausen einstimmig die Ausfallbürgschaft für drei Gemeindemitglieder, die für die Instandsetzung ihrer Altbauten bei der Landeskreditanstalt um Baudarlehen in Höhe von insgesamt 5000 DM nachgesucht hatten.

Mal ging es um den Außenputz der Gemeindehäuser, mal um Unwetterschäden oder die »Beschaffung eines Aktenschrankes«, der eigens als Standesamtsschrank gebaut worden war, und fast während des ganzen Jahres stand die »Friedhoferstellung für Schmidhausen« auf der Tagesordnung.

Das Verhältnis von Politik und Parnaß, von Macht und Geist lernte der Verwaltungslehrling Späth in Schmidhausen und Gronau noch nicht kennen. Ganz und gar irdische, alltägliche Geschichten bestimmten seine Ausbildung, sein Handeln und Denken. Er lernte den Umgang mit den Beamten des Wasserwirtschaftsamtes oder den Angestellten des staatlichen Gesundheitsamtes, beschäftigte sich mit der Maikäferbekämpfung (1953), mit beschädigten Straßen und Gehwegen. »Sichtbare Verbesserungen blieben wegen chronischen Geldmangels aus.«

Wichtig wurde 1953 noch die »Farrenneuanschaffung«. Der sechsjährige Bulle (Farre) »Milan« mußte wegen seiner »Bösartigkeit« abgeschafft werden. Der Gemeinderat berief eine »Farrenkaufkommission«, die bei der Versteigerung des »Fränkisch-Hohenloheschen Fleckviehzuchtverbandes« in Heilbronn den Bullen Nr. 8722/2 der Zuchtwertklasse 3 zum Preis von 2020 DM ersteigerte. 30 Prozent dieser Kosten übernahm die Gemeinde. »Die schwierigsten Sitzungen im Gemeinderat waren stets die, in denen es um den Kauf und die Qualität eines Gemeindebullen ging«, erinnert sich der ehemalige Ratshausstift, »dann war im Gemeinderat der Teufel los!«

Späth, der davon träumte, einmal »Chef« zu werden, mußte sich mit Fragen der »Feldmausbekämpfung« ebenso vertraut machen wie mit den Weihnachtszuwendungen für die Angestellten der Gemeindeverwaltung. Er selbst erhielt 1953 eine »Weihnachtszuwendung« von 20 DM. Von der Friedhofsordnung bis zur Friedhofsgebührenordnung erwarb der junge Späth jene Detailkenntnisse, die ihn heute zum gefürchteten Ministerpräsidenten machen, denn er kann seine Beamten immer wieder mit Einzelheiten und kenntnisreichen Anmerkungen verblüffen. Damals wurde er auch zum Spezialisten für Bestattungsvorschriften. Das Bestattungswesen bestand aus einem mehrseitigen Katalog von Vorschriften und Gebühren. Sechzehn Paragraphen hatte allein die Dienstanweisung für den Totengräber und Friedhofswärter. Wichtig vor allem war der Paragraph 15: »Der Totengräber erhält ein jährliches Wartgeld von 60 DM.«

Jahrelang mußte sich der Schmidhausener Gemeinderat mit den alten Baracken des ehemaligen Arbeitsdienstlagers in Jettenbach beschäftigen. 1933, kurz nach Hitlers Machtergreifung, war dieses Arbeitslager entstanden, in dem zunächst Männer untergebracht wurden, die den »Nonnenwald« rodeten und Äcker, Wiesen und Weinberge anlegten. Vorübergehend beherbergte das Lager auch Angehörige des weiblichen Arbeitsdienstes. Nach dem Kriege wurden die Baracken noch bis in die sechziger Jahre mit Flüchtlingen und Vertriebenen belegt.

Am 11. April 1954 wählten die Schmidhausener Bürger Karl Bihr mit großer Mehrheit für weitere zwölf Jahre zum Bürgermeister. In der darauffolgenden Gemeinderatssitzung vom 6. Mai 1954 akzeptierten die »Volksvertreter« den Vorschlag der Obstbauberatungsstelle des Landkreisamtes Heilbronn, »auch in diesem Jahr für abgegebene Wespen- (10 Pfennig) und Hornissenköniginnen (20 Pfennig) Prämie zu zahlen«. Die Feuerwehr blieb ein Dauerthema. Diskutiert wurden der Tausch von Motorspritzen und die »Beschaffung eines Batterieladegerätes«. Auch die Sicherung der Trinkwasserversorgung spielte Mitte der fünfziger Jahre eine nicht unerhebliche Rolle. Späth lernte Kommunalpolitik von der Pike auf.

Während die Weltöffentlichkeit der Waffenstillstand in Indochina und die Teilung Vietnams beschäftigte, traten die Schmidhausener Räte zusammen und stritten sich über die »Gewährung von kleinen Geschenken anläßlich der Geburtstage der über 75 Jahre alten Personen«. Beschlusse darüber wurden allerdings bis »zu einer besseren Finanzlage der Gemeinde« zurückgestellt.

Auf der Septembersitzung des Gemeinderates im selben Jahr – die französische Nationalversammlung hatte gerade den Vertrag über die Europäische Verteidigungsgemeinschaft abgelehnt – wurden die Schöffen und Geschworenen für das Amtsgericht Marbach gewählt. Fünf Tage nach Unterzeichnung der Pariser Verträge, in denen der Nato-Beitritt der Bundesrepublik festgelegt wurde, kam der Schmidhausener Gemeinderat wieder zusammen. Wichtigstes Thema war für ihn: Straßenbeleuchtung und Bullenhaltung.

Am 16. Dezember 1954 nahm der Gemeinderat die »Satzung über den Einzug einer Schafweideumlage« an und beschloß die Weihnachtsbeihilfe für Beamte und Angestellte der Gemeinde Schmidhausen. Danach bekam der Verwaltungskandidat Lothar Späth 40 DM ausbezahlt.

Im neuen Jahr, auf der ersten Sitzung des Gemeinderates am 17. Februar 1955, wurden ein Rebschutzwart bestellt, die Kelterpresse zum Verkauf angeboten und wieder einmal Prämien für den Abschuß von Elstern (1 DM) gewährt. Im nichtöffentlichen Teil der Sitzung ging es um die Besoldungsregelung von Bürgermeister Bihr. Er beantragte eine Erhöhung seines Grundgehaltes auf 5800 DM pro Jahr. Einstimmig schlossen sich die Ratherren dem Antrag an und stellten einen Gehaltserhöhungsantrag beim Innenministerium. Der pauschale Reisekostensatz von jährlich insgesamt 495 DM wurde beibehalten.

Von Schmidhausen nach Gronau

Schmidhausen mit seinen 650 Einwohnern hatte kein nennenswertes Steueraufkommen. Mit anderen Worten: Der Ort war knapp bei Kasse. Die Sparsamkeit des Bürgermeisters nahm manchmal groteske Züge an. Um einen neuen Bleistift zu erhalten, mußten Schreibkraft und Stift ihre Bleistiftstummel vorzeigen. Briefumschläge wurden grundsätzlich mehrfach verwendet, Schreibpapier war Mangelware.

Heilfroh waren die Angestellten im Gemeindehaus, daß der schwierige, zuweilen ungerechte Karl Bihr nur an zwei Tagen in der Woche anwesend war. Der autoritäre Gemeindechef warf, wenn er wütend wurde, mit Gegenständen, brüllte und schlug auch schon mal zu. Niemand wagte aufzumucken. Jeder war froh, Arbeit zu haben. Bihr herrschte wie ein König und duldete keine Widerworte. Die Angestellten der beiden Rathäuser von Schmidhausen und Gronau benachrichtigten sich rechtzeitig, wenn der Schultes auf seinem Motorrad anrollte.

Auch der achtzehnjährige Späth muckte nicht auf, obwohl er ein ausgeprägtes Selbstbewußtsein besaß. Er, der einst den Prügelstock des Volksschullehrers zurückgeworfen und sich mit Paukern angelegt hatte, wenn er sich ungerecht behandelt fühlte, hielt den Mund und kuschte. Nur gegenüber anderen Mitarbeitern verhielt er sich recht aufmüpfig. »Wenn man versuchte«, erinnert sich Linda Blind, »ihm etwas beizubringen, dann überlegte er zwei Minuten und sagte . . . das könnte man aber auch so machen!« Und Lore Schäfer fährt fort: »Ich bin 45 Jahre auf dem Rathaus gewesen, aber so lebhaft, so redselig, ja geschwätzig wie der Lothar war niemand! Doch er hat nicht nur geredet, er hat auch viel geleistet . . . Und wenn er was gesagt hat, war das intelligent und zutreffend . . . Im Vergleich mit anderen Stiften war er der beste . . . Immer wieder versuchte er, Sachen anders zu machen, als sie bisher erledigt wurden . . . Doch er hatte a Saugoschen!«

Es ärgerte den Schreiber Späth, wenn seine Kollegin Linda morgens die Zeitung las und dabei besonders die Todes- und Heiratsanzeigen studierte, während sie den politischen Teil des Blattes kaum zur Kenntnis nahm.

Nach zweijähriger Lehrzeit in Schmidhausen wechselte der Verwaltungskandidat Späth ins Rathaus der Nachbargemeinde Gronau, zu der auch die kleine Ortschaft Prevorst gehört. Viel änderte sich für ihn nicht. Bürgermeister Bihr, sein alter und neuer Lehrherr, traute dem jungen Späth immer mehr zu. Er durfte selbständig Verträge über Grundstückskäufe oder Pachten entwerfen. Und der Kandidat verstand sein Geschäft so gut, daß Bihr nur noch unterschreiben mußte.

Die Probleme der Gemeinde Gronau glichen denen von Schmidhausen. Auch hier drehte sich das Leben um bösartig gewordene Bullen oder um die Anschaffung eines neuen »Vatertieres«. Hilde Jäger und Lore Schäfer, die beiden Gronauer Verwaltungsangestellten, verfolgten die Bemühungen des immer selbstbewußter werdenden Kandidaten mit Staunen. »Was der so alles hinlegte!« Von der Waldbrandversicherung über Holzverkäufe bis zum Baulandumlegungsverfahren – Späth entpuppte sich als gewiefter, gewitzter Alleskönner. Manches liest sich wie der Strukturaufriß zu einer Bauernkomödie: »Und Lothar war dabei!«

Beteiligt war Späth auch bei der Aufstellung einer Satzung über Vergnügungssteuer, die der Gronauer Gemeinderat in seiner Sitzung vom 22. April 1955 einstimmig annahm. Im September 1955 wurde der Ziegenbock »Lothar« bei der Bockhaltung in Gronau abgekört. Der Gemeinderat beschloß deshalb am 3. September, einen Ziegenbock Klasse drei bei dem Landesverband der württembergischen Ziegenzüchter zu erwerben. Beschlossen wurde auch, die Gemeindewaschküche zu renovieren und einen doppelwandigen Waschkessel anzuschaffen. In der Oktobersitzung des Gronauer Gemeinderates ging es um die »Bekämpfung der Trichomonadenseuche«. Die Bauern hatten sich beklagt, daß ihre Tiere nicht mehr trächtig würden oder frühzeitig abkalbten. Man beschloß, sich umgehend an das Regierungspräsidium zu wenden.

In der nichtöffentlichen Sitzung des zwölfköpfigen Gronauer Gemeinderates teilte Bürgermeister Bihr außerdem mit, daß »Verwaltungskandidat Lothar Späth seine Lehrzeit am 31. 3. 1956 beendet. Er scheidet aus den Diensten bei der Gemeinde Gronau und Schmidhausen aus, um eine Gehilfenstelle bei der Stadtverwaltung Giengen (Brenz) anzutreten.«

In ihrer Januarsitzung des Jahres 1956 beschlossen die Volksvertreter die »Beschaffung eines Radioapparates für die Gronauer Schule« und »nach Eintreffen desselben den alten Radioapparat im Wege der Versteigerung zu verkaufen«. Die letzte Gemeinderatssitzung, die Späth als Schreiber in Gronau miterlebte, fand am 23. März 1956 statt. Diesmal waren genau zehn Tagesordnungspunkte zu beraten. Die Trichomonadenseuche hatte sich mittlerweile auch auf den Teilort Prevorst ausgedehnt und mußte nachhaltig bekämpft werden. Dafür stellte der Gemeinderat die Zahlung entstehender Kosten in Aussicht. Weitere wichtige Punkte: Wasserversorgungsanlage und Blitzschutzanlage für das Rathaus. Angenommen wurde auf gleicher Sitzung die »Satzung über die Erhöhung des Feuerwehrbeitrages« und die Einrichtung einer Stromleitung zum gemeindeeigenen Dreschplatz. Schließlich genehmigten die Dorfräte dem Gesangverein Liederkranz Gronau einen Betrag von 500 DM zur Beschaffung eines neuen Klaviers. Außerdem ging es in der Märzsitzung noch um die Aufforstung eines Wiesengrundstükkes. Letzter Punkt der Tagesordnung war der Beschluß, »die neu beschaffenen, gummibereiften Fronkarren an die Einwohner von Gronau nicht auszuleihen«.

Fragen an Lothar Späth

Welche schwäbischen Tugenden sind für Sie wichtig geworden?

Fleiß und Sparsamkeit sind sicherlich die herausragenden schwäbischen Tugenden. Aber auch der Satz, ohne Fleiß kein Preis, ist wichtig für mich. Das heißt sich um das Morgen kümmern, sich um die andern kümmern – und trotzdem jeden nach seiner Façon selig werden zu lassen. Am bedeutendsten ist für mich diese Kombination von Weltoffenheit und Heimatverbundenheit, die typisch für viele Schwaben ist.

Welche Erkenntnis verdanken Sie Ihrer Mutter?

Sie hat mich gelehrt, durch energisches Anpacken Probleme zu bewältigen. Weiter verdanke ich ihr die Erfahrung von menschlicher Wärme und Hilfsbereitschaft und die Erkenntnis, daß der Glaube eine starke Stütze im täglichen Leben sein kann.

Wer war außerhalb des Elternhauses die wichtigste Persönlichkeit für den heranwachsenden Lothar Späth?

Der Bruder meiner Mutter, Dr. Karl Lillich. Er war Rechtsanwalt in Reutlingen, in seiner Umgebung habe ich meistens meine Ferien verbracht, und er hat mit mir viel über religiöse und politische Fragen gesprochen.

Welche Erinnerungen an das »Dritte Reich« hafteten im Achtzehnjährigen?

Eigentlich sehr wenige. Es gibt ein paar vage Erinnerungen an einen Begriff wie Hitlers Geburtstag, an Sirenengeheul und an die Nacht, in der ein großer Bombenangriff auf die Kreisstadt Heilbronn stattfand, die dann in Flammen stand. Ich habe damals in Ilsfeld, einem Dorf mit 2000 Einwohnern und vielen Evakuierten, gelebt.

Welche Erziehungsziele – glauben Sie – haben Ihre Eltern gehabt?

Ich glaube, ihr Erziehungsziel war, etwas Rechtes aus dem Sohn zu machen. Es gab keine hochfliegende Pläne, sondern das Bemühen, mich fürs praktische Leben vorzubereiten.

Was bedeutet für Sie Heimat?

Heimat bedeutet für mich, geborgen zu sein. Auf sicherem Boden zu stehen. Verwoben zu sein in langfristige menschliche Beziehungen, Beziehungen zur Natur und Umwelt. Wurzeln zu schlagen, aus denen man Kraft schöpfen kann. Ich fühle mich am meisten verbunden mit dem Heidegger-Wort, daß der Mensch alles Große, was er leistet, nur leisten kann, weil er eine Heimat hat.

Was bedeuten Bildung und Ausbildung für Ihre politische Karriere?

Im nachhinein betrachtet war es sicherlich ein Glück für mich, frühzeitig mit handfesten praktischen Problemen konfrontiert worden zu sein. Das hat mir einerseits den Blick geschärft für die vielen konkreten Probleme und Sorgen, die den Bürger meist mehr beschäftigen als die große Politik. Aber andererseits auch für die Bedeutung, die Vertrauen in den gesellschaftlichen Beziehungen hat, und wieviel man mit Energie, Fleiß und Zuwendung und auch einem Stück Risikobereitschaft erreichen kann.

Welche Vorteile, welches Rüstzeug verdanken Sie der Inspektorenlaufbahn?

Die Möglichkeit, sehr früh im Leben praktische Verantwortung zu tragen – zunächst für kleine und dann für immer größere Bereiche. Wichtig war auch, die Folge von Entscheidungen – oder Fehlentscheidungen – in einem überschaubaren Raum beobachten zu können; die nicht seltenen Spannungen zwischen dem formalen Recht und den tatsächlichen Bedürfnissen der Bürger und die sich daraus ergebenden Konfliktlagen zu erleben.

Alles mit links

»Lothar, wenn du jetzt für fünf Minuten deine Gosch hältst, bekommst du eine Tafel Schokolade«, raunzte die Verwaltungsangestellte Lore Schäfer, als sie mit Späth das Steuersatzprotokoll zu formulieren hatte. Er redete und redete. Bedächtigen Schwaben war sein Redefluß nicht ganz geheuer. Doch diesmal bezähmte sich der Stift, hielt seine Klappe und bekam die versprochene Tafel Schokolade. In jener Zeit eine Köstlichkeit, die Lore Schäfer immerhin 5 DM kostete. Und das bei einem Monatsverdienst von 120 DM.

Mitte der fünfziger Jahre erlebte Lothar Späth seine erste große Liebe. Er verknallte sich in eine gleichaltrige hellblonde Ilsfelderin, mit der er zunächst gemeinsam an einem »Eilschrift-Stenokurs« im Ort teilnahm. Den Kurs der Heilbronner Volkshochschule – von Januar bis März 1954 – beschloß der Linkshänder mit einer »durchschnittlichen Geschwindigkeit von achtzig Silben«.

Zügig und flott absolvierte der Rathausschreiber auch einen Tanzkurs in seiner Heimatgemeinde. Späth wird als temperamentvoller, guter Tänzer beschrieben, trotz fehlender Musikalität. Seiner Freundin Edith Müller widmete er mehrere Gedichte.

»Links gleich linkisch, sonderbar, böse«, faßte eine Psychologin die überkommenen Vorurteile gegenüber Linkshändern zusammen. Zu den Menschen, die jahrelang alles mit links machten – und dabei oft linkisch wirkten –, gehört auch Lothar Späth. Er steht damit in einer Reihe bekannter Namen wie Ludwig van Beethoven, Pablo Picasso und Paul McCartney.

In der Bundesrepublik leben heute rund acht Millionen Menschen, die den ganzen Tag »seitenverkehrt denken und handeln müssen«, weil sie Linkshänder sind. Heute gibt es für Linkshänder alles, was in Späths Jugendzeit ein Problem war: vom Büchsenöffner bis zum Schalthebel im Auto.

Späth spekulierte nie über jene Frage, die für einige Wissenschaftler bedeutsam wurde: Rechtshänder besäßen die größere Sprachbegabung und dächten analytischer ... Linkshänder dagegen lägen da vorne, wo Intuition gefragt sei, wo Kreativität und vor allem auch bildhaftes, räumliches und perspektivisches Vorstellungsvermögen wichtig sei.

Fest steht, daß Linkshändigkeit bis heute allgemein als eine etwas unglückliche Veranlagung angesehen wird, die nach Späths Aussagen für ihn »kein Problem« darstellte. Doch schon früh trimmte er sich auf rechts um. Heute kann er sowohl mit rechts als auch mit links schreiben. Tennis spielt er als Linkshänder. Das Argument mancher Wissenschaftler, die Probleme umgeschulter Linkshänder seien außerordentlich groß, bedenkt er mit einer abfälligen Handbewegung. Ihm scheint die Umgewöhnung ebenso leichtgefallen zu sein wie vieles andere in seinem Leben. Als wir ihn mit dem Satz eines Therapeuten konfrontierten, die Umgewöhnung von der starken auf die schwache Hand sei der »massivste Eingriff in das menschliche Gehirn ohne Blutvergießen«, lächelt er nachsichtig. Seine Linkshändigkeit erbte er von seiner Mutter. Sie schrieb nur links, bügelte, nähte, pflanzte, wusch nur mit der linken Hand.

Den Rathausstift störte diese Veranlagung nicht. Seine Schrift war zwar nicht schön, wurde aber für »lesbar« gehalten. Er notierte schnell, schrieb zügig, protokollierte geschwind. Und flott blieb seine Schreibe bis zum heutigen Tag.

Vorkurs für Verwaltungskandidaten

Neben der praktischen Tätigkeit im Rathaus mußte Späth ab August 1955 auch für seinen theoretischen Überbau büffeln. Jeweils mittwochs, sechs Stunden lang von 8 bis 15 Uhr, mit zweistündiger Pause, besuchten rund 50 Auszubildende des Landkreises Heilbronn den »Vorkurs für Verwaltungskandidaten«. Der Unterricht fand Jahr für Jahr – sechs Monate lang

– von August bis Februar im Heilbronner Kreisverbandsgebäude statt. Lehrer oder Dozenten waren Bürgermeister, Stadtamtmänner, Stadtinspektoren, Regierungsinspektoren und Stadtpfleger. Praktiker, die die gleiche Ausbildung erfahren hatten, wie Späth sie anstrebte. An diesem Vorkurs nahmen Verwaltungskandidaten ab dem zweiten Lehrjahr teil. Späth stieß im dritten Ausbildungsjahr dazu.

Im allgemeinen Teil des Verwaltungsrechts wurden viele, viele Stunden Gemeinde- und Kreisverordnungsrecht gelehrt. Späths besonderes Interesse galt der Friedensgerichtsbarkeit und den Strafsachen. Im besonderen Teil des Verwaltungsrechts wurde über Wohnungs-, Siedlungs-, Flüchtlings- und Gesundheitswesen informiert. Das Fürsorgerecht spielte im Vorkurs eine ebenso wichtige Rolle wie all jene Themen, die unter »Staatsangehörigkeit« behandelt wurden: Reisepässe, Kennkarten, Meldewesen, Ausweisung, Sonntagsschutz, Tanzlustbarkeiten und Polizeistunde. Die Kandidaten mußten Vorträge über öffentlichen Verkehr, über Wirtschaftswesen, über Jugendschutz, über Bau- und Feuerlöschwesen hören. Nicht vergessen wurden auch Vorlesungen über Personenstandswesen, Gemeinde- und Kreisordnung, Gemeindewirtschaftsrecht und Sozialversicherung, über Steuerrecht und Staatskunde. Eine Vorkursabschlußprüfung gab es nicht. In einem sogenannten Leistungswettbewerb erfuhren die Teilnehmer, ob sie den Stoff beherrschten oder nicht.

Insgesamt fünf Jahrgänge von Verwaltungskandidaten – vom Anfänger bis zum Fortgeschrittenen – drängten sich in einem gemeinsamen Raum. Stoff und Diskussionen waren nicht immer weltbewegend. Oft schwänzten die älteren Kandidaten den Kurs, blieben nach der Mittagspause verschwunden. Sie bummelten durch Kneipen oder besuchten das Kino. Im Vorkurs ging es locker und unbeschwert zu. Der Ilsfelder Kandidat Späth fiel durch seine Schlagfertigkeit auf. Er zeigte unverhohlen Ehrgeiz, war dabei vorlaut und kuschte selten. »Im Verhältnis zu anderen war er schneller mit der Zunge«, sagt ein ehemaliger Heilbronner »Kommilitone«, »wir mußten kämpfen, um mithalten zu können. Meistens drehte Lothar die Sachen so, daß er günstig dastand. Oft brachte er die Lehrer in Rage, weil er häufig widersprach und oft einen konträren Standpunkt bezog und Alternativen aufzeigte.« Zum Erstaunen der Lehrer verfaßte Späth damals einen Bericht, in dem er beschrieb, wie die Ausbildung im gehobenen Verwaltungsdienst reformiert werden müsse. »Für Veränderungen war er stets zu haben. Doch wurden seine Verbesserungsvorschläge nicht ernst genommen«, erinnert sich ein Kursteilnehmer.

Zehn Jahre später, Mitte der sechziger Jahre, gehörte der Stadtamtmann Späth aus Bietigheim selbst vorübergehend zu den Heilbronner »Vorkursdozenten«. Er lehrte Verwaltungsrecht.

Im Frühjahr 1956 hatte der Verwaltungskandidat Späth drei Jahre Lehrzeit hinter sich gebracht. Die Ausbildungsrichtlinien für den gehobenen Dienst in Baden-Württemberg schrieben vor, ein Jahr lang als »Gehilfe« in eine Stadt zu gehen. Doch zuvor mußte der Stift in Schmidhausen seinen »Ausstand« geben. Nach seiner letzten Gemeinderatssitzung im März 1956 lud Lothar Späth den gesamten Rat ins »Waldhorn« ein. Die »Viertele« Rotwein sollen derartig hastig hinuntergeschüttet worden sein, berichten Teilnehmer, als gäbe es nichts mehr zu trinken. Während die meisten Ratsherren ihre zwölf bis vierzehn Viertele »stemmten«, kam der Rathausschreiber Späth schon mit seinen sechs Gläsern »hart an die Grenze des Erträglichen«. In weiser Voraussicht hatte er mit der »Waldhorn«-Wirtin, bei der er jahrelang zu Mittag gegessen hatte, vereinbart, daß sie ihm ab dem sechsten Viertele statt des Rotweins Johannisbeersaft einschenken sollte. Stunden später waren sämtliche Gemeinderatsmitglieder volltrunken. »Einige weinten vor Elend, andere lagen bereits unter dem Tisch«, als Späth sein siebzehntes Viertele trank.

Am anderen Morgen sprach jeder im Dorf vom »sauffesten« Stift, der bei seinem Abschied siebzehn Viertele getrunken und dann noch wie eine deutsche Eiche gestanden habe. Dieser Ruf blieb Späth bis zum heutigen Tag erhalten.

Zum Abschied stellte Bürgermeister Karl Bihr seinem ehrgeizigen Schreiber mit Datum vom 31. März 1956 ein Lehrzeugnis aus, auf das Lothar Späth stolz sein konnte. Hier ein Auszug: »Dem Kandidaten wird bezeugt, daß er sich während der Lehrzeit dienstlich wie auch außerdienstlich tadellos geführt hat. Die ihm übertragenen Arbeiten hat er mit Eifer, großem Geschick, rasch, sauber und gewissenhaft erledigt. Er war ehrlich, treu und verschwiegen. Während seiner Ausbildungszeit war ihm Gelegenheit gegeben, sich mit allen auf dem Rathaus vorkommenden Arbeiten vertraut zu machen, ganz besonders aber mit dem Rechnungs-, Steuer- und Voranschlagswesen. Dank seiner guten Auffassungsgabe hat er sich schnell an selbständiges Arbeiten und Denken gewöhnt. Ich kann Herrn Späth in jeder Hinsicht nur bestens empfehlen.«

Einflüsse

Mutter Helene Späth war eine temperamentvolle, weitsichtige Frau. Sie erkannte früh Lothars Talente, seine Stärken und Schwächen. Mit ihrer Tochter Gudrun mußte sie erleben, wie schwer es ist, bei fehlender Begabung weiterzukommen, »mit dem Brecheisen« Ziele anzustreben. Gudrun, am 22. April 1934 geboren, gut dreieinhalb Jahre älter als der Bruder, litt vermutlich ziemlich stark unter ihrem Bruder. Sie war ein stilles, friedliches Mädchen. Das Energiebündel Lotharle erledigte schnell, locker und zugleich erfolgreich seine Angelegenheiten. Gudrun war umständlicher, komplizierter, langsamer. Sie mußte unendlich viel pauken, um über die Runden zu kommen. Trotz unermüdlichen Lerneifers gab sie nach der Untertertia auf und wurde Verkäuferin. Später heiratete sie einen Schlosser und baute mit ihrem Mann ein Haus auf den

Löwensteiner Bergen. 1986 starb sie völlig unerwartet an Krebs.

Helene Späth führte Lothar mit sanfter Hand durchs Leben. Sie förderte sein Wissen, ohne ihn zum ehrgeizigen Streber zu erziehen. Für ihre Kinder nahm sie sich Zeit, auch für die Nachbarskinder, mehr jedenfalls als die meisten Ilsfelder Bauersfrauen. Bei aller notwendigen Strenge verwöhnte sie ihren Sohn. Sie putzte seine Schuhe noch bis ins hohe Pennäleralter, tröstete ihn bei seinen Wehwehchen, sorgte sich um seine kirchliche Erziehung.

Nach seiner Konfirmation in der Ilsfelder Bartholomäus-Kirche im Frühjahr 1950 stellte Lothar sich immer häufiger als Helfer bei Kindergottesdiensten zur Verfügung. Eugen Härle, langjähriger Bürgermeister von Ilsfeld, erinnert sich: »Bald war er auch bei der Jungschar des CVJM aktiv. Statt der Peitsche führte er jetzt den Wimpel. Mit Begeisterung folgten ihm die Alterskameraden bei Heimabenden, Wanderungen und Radtouren. Schon im Sommer 1954, als es für einen Deutschen beinahe unmöglich war, nach Frankreich zu fahren – es gab noch keine Reisepässe –, gelang es Lothar, nach Paris zu kommen, um dort an einer CVJM-Tagung teilzunehmen. Er muß diese Reise mit offenen Augen und Ohren erlebt haben. Jedenfalls war er danach so beeindruckt, daß er in der damals noch vorhandenen Notkirche in Ilsfeld einen ausführlichen und lebendigen Vortrag hielt.«

Lothar Späth wurde Gruppenführer. Er leitete und organisierte gut. Zu dem evangelischen Pfarrer Paulus fand er engen Kontakt. Von diesem Kirchenmann zeigte er sich begeistert. Oft begleitete er ihn im Beiwagen des Motorrades, das Pfarrer Paulus steuerte.

Noch heute erinnert sich Späth lebhaft an ein Zeltlager, für das er als Fünfzehnjähriger allein verantwortlich war. Damals geschah beim Kartoffelschälen ein Unfall, der ihn »in Angst und Schrecken versetzte«. Ein scharfes Küchenmesser war auf den nackten Fuß eines Jungschärlers gefallen und hatte eine tiefe Fleischwunde verursacht. Gruppenführer Späth mußte den Verletzten mit dem Fahrrad ins Krankenhaus bringen, dann dessen Eltern benachrichtigen und die Resttruppe beruhigen. Erstmals empfand er uneingeschränkte Verantwortung und erfuhr, was Gemeinschaftssinn heißt.

Jugendkreis- und CVJM-Arbeit entsprachen den erzieherischen und religiösen Vorstellungen seiner Mutter. Zu ihr stand Lothar in enger, unverkrampfter Beziehung. Sie war für ihn die wichtigste Bezugsperson. Er galt als »Mutterkind«, ohne seinen Vater geringzuschätzen. Ernsthafte Vater-Sohn-Konflikte gab es in dieser Zeit kaum.

Friedrich Späth ging völlig in seinem Beruf als Lagerhausverwalter auf. Selbst an Sonn- und Feiertagen arbeitete er von morgens sechs Uhr bis mittags. »Weil er dann am besten schaffen konnte«, sagt sein Sohn, »und niemand bedient werden wollte.« Wie kein anderer errechnete »Fritz« den Bauern, wieviel Samen oder Dünger sie für ihre Ackerflächen benötigten, welche Sorten und Arten am besten für den jeweiligen Boden geeignet waren. »Alles hat immer hundertprozentig gestimmt«, berichtet ein Nebenerwerbsbauer aus Ilsfeld.

Wenn Vater Späth sich nicht im Lagerhaus abrackerte, half er seinen Wohnungsvermietern, der Familie Schütz, bei der Ernte und hin und wieder auch befreundeten Nachbarn beim Mähen. Zeit für Lothar oder Gudrun hatte er kaum. Nie ging er zur Kirche, oft aber ins Wirtshaus. Er mochte die Viertele. Diese Neigung führte zu mancher Auseinandersetzung mit seiner Frau, zumal Helene Späth mit ihrer pietistischen Grundauffassung wenig Verständnis für Alkoholgenuß hatte. Ebenso lehnte sie das Rauchen strikt ab.

Friedrich Späth war kein kommunikativer Mensch, eher ein in sich gekehrter, unauffälliger Mann. Doch er wußte genau, was er wollte. »Auch er besaß eine gewisse Knitzheit«, meint ein Ilsfelder Bauer, »war ganz schön vif und nahm nichts auf die leichte Schulter. Er war mindestens einen Kopf kleiner als seine Frau . . . schmächtig und schlanker als Lothar heute . . . knochig und ohne Bauch!«

Daß Lothar Späth seine »Schwert- oder Schlabbergosch« von

der Mutter geerbt habe, wird von Ilsfeldern, die beide gut kannten, hartnäckig bestritten. Die Mutter sei entscheidungsstark, resolut und absolut dominant gewesen, aber die »Gosch« müsse der Sohn anderswo herhaben.

Viele Talente erbte Lothar Späth von seiner Mutter. Kein Zweifel aber bei Ilsfelder Zeitzeugen, daß der Sohn auch manches vom Vater »abbekommen« hat. »Wie der Lothar so daherkommt ... wie er sich gibt ... das ist ganz der Vater ... Auch das verschmitzte, spitzbübische Lächeln ... die angehende Glatze ... die Haltung der Arme ... der Hände. Ganz der Vater!« Seine gesamte Motorik erinnert viele Ilsfelder an Vater Späth. »Wie es aus dem Lothar rauskommt, das ist sein Vater!«

Je älter Lothar wurde, desto schwieriger entwickelte sich sein Verhältnis zum Vater. Mit sechzehn Jahren hatte er den Vater »wissensmäßig« überflügelt. Dank seines fotografischen Gedächtnisses gelang es dem Rathauskandidaten immer häufiger, »den Vater auszustechen«. Alter und Lebenserfahrung konnten den halbstarken Lothar damals nicht überzeugen. »Mit meinem Vater konnte man nicht viel diskutieren ... Meine Gesprächspartner in der Jugendzeit waren Lehrer und Pfarrer«, verteidigt sich Lothar Späth heute. »Das Erziehungsprinzip zu Hause war ziemlich einfach: Der soll ein anständiger Kerl werden ... soll mal anständig Geld verdienen ... was Anständiges leisten ... so einfach war das!«

Nachzutragen bleibt, daß Lothar Späth als Kleinkind engen Kontakt zu den Großeltern hatte. Die Großmutter mütterlicherseits lebte bis zu ihrem Tod 1944 in der Ilsfelder Dammstraße. Und sein Großvater väterlicherseits brachte dem Jungen nicht nur das »Geigeln«, das Kartenspielen, bei. Der ehemalige Buchdrucker, »sozialdemokratisch angehaucht«, war ein begeisterter Leser und Pfeifenraucher, ein phantasievoller Geschichtenerzähler.

Der Trotzkopf

Das »Späthle« – wie Lothar in Ilsfeld hieß – fiel selten durch Frechheit auf. Er schlug sich nie, gab kaum Anlaß, geschlagen zu werden. »Ein Kerle war er net«, erinnern sich Zeitzeugen. »Selten verlor er die Fassung, blieb meistens kühl, war kein Hitzkopf, handelte nie unüberlegt ... aber irgendwie rastlos war er schon.« Klassenkameradinnen sagen: »Später ist er dann ein Mann geworden ... Und wenn man etwas gewußt hat, wußte er es meistens besser.« Und ein Klassenkamerad: »Recht hat er fast immer behalten ... Ich habe oft das Gefühl gehabt, daß er mich wieder einmal reinlegt.«

Lothar zeigte sich früh eigenwillig. Und damit ging er seinem Vater auf die Nerven. Der mundfaule Vater und sein zungenfertiger Sohn lagen sich immer häufiger in den Haaren. Vor allem im letzten Jahr vor Lothars mittlerer Reife. Vater Späth »brachte es sogar fertig«, erinnert sich heute schmunzelnd der Ministerpräsident, »die nicht allzu berauschenden Leistungen seines Zöglings in Englisch und Französisch anzusprechen«. Der Vater mokierte sich immer häufiger über die flotten und spitzen Redensarten seines Sohnes. Er haßte Aufschneiderei. »Wir lagen im Clinch, weil mein Vater mitbestimmen wollte, solange ich die Füße unter seinen Tisch stellte ... Dankbar sollte ich ihm für alles sein, für Ausbildung und Finanzierung ... Das hielt ich nicht mehr aus ... Ich wollte unabhängig, wollte eigenständig sein. Manchmal kochte es in mir!«

Natürlich fiel es der Familie schwer, das monatliche Schulgeld von 40 DM und das Fahrgeld zu zahlen. Lehrmittelfreiheit gab es noch nicht. Doch Lothar sollte unbedingt das Abitur machen. Dafür tat die Familie alles. Seinen Lebensunterhalt sollte er einmal mit dem Kopf verdienen und nicht mit den Händen. Lothar wollte Jura studieren und sollte später die Anwaltskanzlei seines Onkels in Reutlingen übernehmen.

Doch Anfang Januar 1953 fällte der eigensinnige, dem Vater oft widerspenstig erscheinende Lothar Späth eine folgenschwere Entscheidung. Er entschied, mit der mittleren Reife abzugehen, nahm Abschied von seinem Herzenswunsch, Anwalt zu werden.

Eine Kurzschlußhandlung? Wollte er dem Vater zeigen, wie unabhängig und erwachsen er war? Das »Späthle« ging – ohne lange zu fackeln – zum Arbeitsamt und erkundigte sich, was man mit seinem Schulabschluß »alles anfangen könne«. Der Arbeitsamtberater schlug die Hände über dem Kopf zusammen. Er machte dem Fünfzehnjährigen klar, daß die Bewerbungszeit für das neue Ausbildungsjahr längst abgelaufen sei. Lediglich in der öffentlichen Verwaltung seien die Aufnahmeprüfungen noch im Gange. Dort bestehe eventuell noch eine Chance, berücksichtigt zu werden.

Lothar Späth hatte Glück. Er bewarb sich beim Regierungspräsidium in Heilbronn für den gehobenen Verwaltungsdienst und wurde prompt zur Aufnahmeprüfung zugelassen. Innerhalb von vier Wochen waren die Weichen für seine berufliche Zukunft gestellt. Am 28. Januar 1953 bestand er die recht schwierige schriftliche und mündliche Prüfung. Von 120 Bewerbern gehörte er zu den 20 Glücklichen, die eine Anstellung als »Rathauslehrling« erhielten.

Als Lothar Späth am 31. März 1953 mit der mittleren Reife die Robert-Meyer-Oberschule in Heilbronn verließ, hatte er »die Nase gestrichen voll«. Sein Leistungsabfall in Mathematik und Physik machte ihm sehr zu schaffen. Es war ein Fehler gewesen, auf den naturwissenschaftlichen Zweig der Oberschule gewechselt zu sein. Doch was hatte er für eine Wahl gehabt? Für den neusprachlichen Zweig fehlten ihm Lateinkenntnisse. Zum erstenmal in seinem Leben war ihm klargeworden, daß er es »nur mit Hängen und Würgen geschafft« hätte.

Die trotzige, aufbegehrende Entscheidung beschäftigte und quälte den späteren Gemeindeinspektor noch jahrelang. Nach mehreren vergeblichen Anläufen, das Abitur nachzuholen, gab Späth erst 1960 endgültig auf, Jurist und damit »Anwalt der Gerechtigkeit« zu werden.

Die Heimat

Wenn Späth heute Heimat sagt, meint er in erster Linie: Ilsfeld. Damit aber auch Baden-Württemberg, das abwechslungsreiche Land zwischen Bodensee, Hochrhein und Oberrhein, um Neckar und Donau, umsäumt von Schwarzwald, Odenwald und Schwäbischer Alb.

16 Jahre lang ohne Unterbrechung, vom März 1940 bis zum März 1956, wohnte Lothar Späth bei seinen Eltern in Ilsfeld. Von da an bis 1964 besuchte er sie nur noch sporadisch. Erst mit 19 Jahren verließ er sein Elternhaus, um die Ausbildung in Giengen an der Brenz, dann in Bad Mergentheim und schließlich in Stuttgart fortzusetzen. Die Ilsfelder Jahre prägten Späth wie keine andere Zeit.

1950 – Lothar war Quartaner auf der Beilsteiner Oberschule – hatte Ilsfeld 2327 Einwohner, davon 2142 Protestanten und 181 Katholiken.

266 Heimatvertriebene wurden registriert. Die Statistik von 1950 weist 127 Pferde aus, 1146 Rinder und 970 Schweine. Im Jahre 1950 – Lothar Späth war 13 Jahre alt – kamen in Ilsfeld 36 Kinder zur Welt, 21 Menschen starben, 21mal versprachen sich Eheleute die Treue. Von den insgesamt 76 184 DM Steuereinnahmen entfielen 1950 1712 DM auf die Vergnügungssteuer.

Interessante Aufschlüsse über die politische Einstellung der Ilsfelder Bürger ergeben sich aus einigen Wahlergebnissen – von 1924 bis zur Bundestagswahl 1987.

Bei der Reichstagswahl am 4. Mai 1924 votierten von den 940 Bürgern, die zur Wahl gingen, 584 für den »Bauern- und Weingärtnerbund«. Die »Vereinigte Sozialdemokratische Partei« errang 141 Stimmen und die »Liste der Kommunisten« 70 Stimmen. Der »Vaterländisch-völkische Rechtsblock« zählte am Wahlabend 30, und die »Deutsche Demokratische Partei« errang 46 Stimmen. Knapp sechs Jahre später bei der Reichstagswahl vom 14. September 1930 entfielen von den 907 abgegebenen gültigen Stimmen nur noch 429 auf den »Bauern- und

Weingärtnerbund«, dafür aber 247 auf die »Sozialdemokratische Partei Deutschlands«, und die »Kommunistische Partei« erreichte gerade noch 38 Stimmen. Die »Nationalsozialistische Deutsche Arbeiterpartei« konnte 26 Stimmen verbuchen.

Recht aufschlußreich war das Ergebnis der Reichspräsidentenwahl 1932: Von den 1019 gültigen Stimmen entfiel eine knappe Mehrheit von 349 Stimmen auf Adolf Hitler gegenüber 345 Stimmen für Paul von Hindenburg, Theodor Duesterberg, Kandidat der »Kampffront Schwarz-Weiß-Rot« (rechtskonservative Gruppen) erhielt immerhin 203 und der Kandidat der »Kommunistischen Partei«, Ernst Thälmann, 119 Stimmen.

Bei der ersten Wahl zum Reichstag nach der nationalsozialistischen Machtergreifung am 5. März 1933 war der »Bauern- und Weingärtnerbund« praktisch mit 221 Stimmen halbiert. Auf die »Nationalsozialistische Deutsche Arbeiterpartei« entfielen 472 Stimmen. Die SPD errang nur noch 159, die »Kommunistische Partei« 102 Stimmen.

Bei der Bundestagswahl am 15. September 1957 – die Unionsparteien unter Adenauer erhielten bundesweit die absolute Mehrheit – votierten in Ilsfeld 542 Bürger für die FDP, 362 für die SPD und nur 325 für die CDU. 7 Stimmen kassierte die »Deutsche Reichspartei«. Bei der Bundestagswahl am 17. September 1961 entfielen auf die FDP 44 Prozent. Sie wurde wiederum stärkste Partei. Die SPD konnte 36 Prozent verbuchen, und die CDU erreichte nur noch 17 Prozent der abgegebenen Stimmen.

Knapp 16 Jahre später dagegen, bei der Bundestagswahl am 25. Januar 1987, entfielen von den insgesamt 2323 gültigen Stimmen in Ilsfeld (ohne Auenstein und Schozach) auf die CDU 1038 Stimmen, auf die SPD 707 Stimmen und auf die FDP 422 Stimmen. Die Grünen errangen 211 und die NPD 32 Stimmen.

Über die Lebensbedingungen in Ilsfeld während des Dritten Reiches ist wenig zu erfahren. Hier schweigen die sonst so redseligen Schozachtaler. Auch in der sechsundsiebzigjährigen Geschichte des berühmtesten Ilsfelder Vereins, des »Rad- und

Kraftfahrvereins«, sind die Jahre von 1933 bis 1945 praktisch ausgespart. Ebenso in der einhundertjährigen Geschichte der Ilsfelder Volksbank. Zu erfahren ist lediglich, daß Ilsfeld 1938 zum Landkreis Heilbronn kam.

Aktenkundig sind allerdings die Kriegsschäden von Ilsfeld. Nach einem Bericht des damaligen Bürgermeisters Eugen Härle an das württembergische statistische Landesamt in Stuttgart vom 1. November 1948 gab es »im Frühjahr 1940 öfters Einzelbombenabwürfe feindlicher Flugzeuge, die aber alle ins freie Feld gingen und zunächst nur geringen Flurschaden verursachten«. Am Tag des Großangriffs auf das 14 km entfernte Heilbronn am 4. Dezember 1944 war ab 19 Uhr das Geräusch der Detonationen zu hören. Brennende Flugzeuge überflogen Ilsfeld, eines von ihnen stürzte im Gemeindewald ab und brannte aus. Ab März 1945 waren Jagdbomberangriffe an der Tagesordnung. Die Landwirte bestellten nur noch unter Lebensgefahr ihre Felder. Im Bericht des Ilsfelder Bürgermeisters ist weiter zu lesen:

»Am 14. 4. 1945 erfolgte vormittags ein schwerer Jagdbomberangriff. Es gab acht Tote. Mehrere Wohnhäuser und Scheunen wurden eingeäschert. Da am Nachmittag bereits ein zweiter schwerer Angriff folgte, waren Löscharbeiten fast unmöglich, da Spreng- und Brandbomben geworfen wurden. Am 16. 4. 1945 nach 3 Uhr dann der dritte schwere Jagdbomberangriff. Es gab 5 Tote. Wieder wurden zahlreiche Wohnhäuser und Scheunen zerstört, außerdem entstand beträchtlicher Viehverlust. Insgesamt wurden 52 Wohnhäuser und 102 Scheunen und Nebengebäude zerstört. Darunter leider viele Gebäude, die erst 1905/1906 nach dem großen Brand von Ilsfeld neu aufgebaut worden waren. Am 11. April 1945 erwiderte die feindliche amerikanische Artillerie das Feuer der in der Gegend von Ilsfeld in Stellung befindlichen deutschen Batterien. Der Beschuß forderte ein Todesopfer. Am 12. 4. 1945 gab es feindliches Artilleriefeuer aus Richtung Lauffen, das 3 Todesopfer forderte. Am 13. 4. forderte der Artilleriebeschuß auf Ilsfeld 2 Todesopfer. Am 14. 4., dem schwarzen Tag von Ilsfeld, stand das Dorf bereits in der Frühe unter starkem Artilleriebeschuß, der bis zum 19. 4. anhielt.

In der Nacht vom 15./16. 4. 45 fluteten Unmengen deutscher Truppen durch Ilsfeld in südöstlicher Richtung. Als diese durchgeschleust waren, wurden von deutschen Pionieren trotz Bitten der Einwohnerschaft vormittags 9 Uhr die Schozachbrücken gesprengt. Am 15. 4. 45 mußten auf Befehl der NSDAP Panzersperren und Panzerfallen an den Ortseingängen gebaut werden, wobei der Ilsfelder Volkssturm eingesetzt wurde. Die Sperren wurden aus eichenen Balken errichtet und mit landwirtschaftlichen Maschinen verbarrikadiert. Am 15./16. April 1945 waren die ersten feindlichen Panzer auf die Gemarkung Ilsfeld vorgestoßen. Im Dorf hörte man das Panzerfeuer. Die Amerikaner wagten aber noch nicht die Durchfahrt durch das Dorf. Als die deutschen Truppen abgezogen waren und das feindliche Feuer und die Jagdbomberangriffe kein Ende nahmen, übergab Bürgermeister Heinrich nachmittags um 4 Uhr am 20. 4. 45 das Dorf. Es war höchste Zeit, da die Amerikaner gedroht hatten, das ganze Dorf zu zerstören, und diese Drohung auch bestimmt wahr gemacht hätten.

Die Amerikaner wurden mit gemischten Gefühlen aufgenommen. Doch war man froh, daß die Schießerei und die Zerstörung ein Ende hatten. Das Verhalten der Truppen war anfangs noch recht feindselig. Es wurden Hauskontrollen nach Waffen durchgeführt, wobei aber auch andere Gegenstände mitgenommen wurden. Mehrere Personen wurden aus unbekannten Gründen verhaftet und oft für mehrere Wochen mitgenommen. Später kamen vorübergehend schwarze Truppen, die sich nicht gut benahmen. Sie schleppten eine Frau gewaltsam weg in den Wald und vergewaltigten sie.« Soweit der Bericht des ehemaligen Bürgermeisters.

Nach dem Krieg wurde das politische und gesellschaftliche Leben in Ilsfeld genauso wie in den übrigen westlichen Besatzungszonen wiederaufgenommen.

Das größte Fest wurde im Sommer 1950 gefeiert, das neunzigjährige Jubiläum des Gesangvereins »Liederkranz«. Im Juli

1952 folgte das Heimatfest. Eine Woche lang feierten die Ilsfelder Bürger. Je ein Tag galt den Handwerkern, den Bauern, den Lehrern, der Jugend und den Kindern. Höhepunkt war der historische Festzug. Der Untertertianer Lothar war immer dabei. Er erlebte auch alljährlich den 24. August in Ilsfeld, den Bartholomäustag und den Holzmarkt. Im Juni 1953 wurde das Ilsfelder Freibad fertiggestellt, in dem der ehrgeizige Schwimmer Lothar – so oft es ging – seine Schwimmkunst unter Beweis stellte.

Am 10. November 1971 besuchte Bundespräsident Heinemann Ilsfeld. Im Zuge der Gebiets- und Verwaltungsreform von Baden-Württemberg, an der der Politiker Späth wesentlich beteiligt war, wurden 1972 die Nachbarorte Schozach und Auenstein zu Ilsfeld geschlagen. Heute ist Ilsfeld mit 6560 Einwohnern stolz auf ein Bildungszentrum mit Grund-, Haupt-, Real- und Sonderschule. Die dreiteilbare Sporthalle mit Mehrzweckeinrichtungen ist das neueste Schmuckstück. Für eine Lothar-Späth-Wahlversammlung allerdings viel zu klein. Nur noch selten besucht Späth seine alte Heimat. Die Ilsfelder ärgern sich jedesmal aufs neue, wenn sie in der Zeitung lesen, daß der Ministerpräsident ein Bietigheimer sei, nur weil er dort Finanzbürgermeister war.

II. Kapitel

Wanderjahre

Werner Filmer/Heribert Schwan

Weg von zu Hause

Die Bundesrepublik war Mitglied der Nato geworden, und die ersten 1000 Freiwilligen der Bundeswehr rückten in die Andernacher Kaserne ein. Der Warschauer Pakt existierte, und aus dem besetzten Österreich war ein souveräner, unabhängiger Staat ohne Besatzungstruppen geworden. Die Bundesrepublik hatte diplomatische Beziehungen zur Sowjetunion aufgenommen, und der erste sowjetische Botschafter bezog in Bonn sein Domizil. Die »Hallstein-Doktrin« fand ihre strikte Anwendung, und die DDR feierte die Gründung der Nationalen Volksarmee. In der Sowjetunion lief die Entstalinisierungskampagne unter Chruschtschow.

In Schmidhausen und Gronau avancierte der Rathausstift nach dreijähriger Ausbildung zum Gehilfen. Während seine ehemaligen Beilsteiner und Heilbronner Klassenkameraden ihr bestandenes Abitur feierten und ihre Hochschulstudien aufnahmen, bewarb sich Lothar Späth erfolgreich bei der Stadt Giengen an der Brenz, um seine Ausbildung als »Gehilfe« fortzusetzen. Die Stellen der Gehilfen waren im »Staatsanzeiger« von Baden-Württemberg öffentlich ausgeschrieben worden. Späth hätte auch in Badendorf, Kreis Ravensburg, das vierte Lehrjahr absolvieren können.

Giengen an der Brenz, Kreis Heidenheim, liegt 471 Meter über dem Meeresspiegel im mittleren Brenztal auf der Ostalb und ist 4 km von der Grenze zum Freistaat Bayern entfernt. Bis Ulm sind es 36 km und bis zur Landeshauptstadt Stuttgart 110 km. Giengen an der Brenz ist mit der Brenztalbahn Ulm–Aalen zu erreichen. Landrats- und Arbeitsamt, Amtsgericht und Finanzamt befinden sich allesamt in der Kreisstadt Heidenheim, 11 km von der heute 20 000 Einwohner zählenden Stadt Giengen entfernt. Aus der Feder von Lothar Späth stammt der Entwurf eines Zeitschriftenaufsatzes über Giengen an der Brenz für Bürgermeister Walter Schmid. »Eine Stadt auf dem Wege«, so lautet der Untertitel seines Aufsatzes aus dem Jahre 1959.

Lothar Späth

Eine Stadt auf dem Wege

»Will man die Stadt Giengen an der Brenz als Gemeinwesen verstehen, muß man sie als ein durch die Geschichte gewordenes, in dieser Geschichte aber nicht zur Ruhe kommendes Gemeinwesen sehen. Eine Stadt, immer auf dem Wege – vielleicht einmal eine kurze Rast, aber dann streben Stadt und Bürger neuen Zielen zu. Und das Ziel all dieses Strebens ist die geistige, politische und wirtschaftliche Freiheit, die auch von einer Stadt und ihren Bürgern immer wieder neu erkämpft werden will. Und dieses Ziel und das Streben nach ihm hat die Menschen dieser Stadt geprägt.

So konnte schon 1378 der damalige Herr von Blaubeuren, Giengen und Heidenheim, Johannes, ein Sohn Graf Ulrichs XIII., es nicht verhindern, daß sich Giengen, damals ein Städtchen mit 1000 Einwohnern, Reichsfreiheit nahm. Zäh, kraftvoll und zielbewußt seien schon damals die Giengener vorgegangen, so berichtet der Chronist. Und sie wußten sich trotz entgegenstehender Hemmnisse durchzusetzen. Und man möchte dem Chronisten zustimmen, wenn man von Westen her den gewaltigen Mauerblock, Teil der früheren Stadtmauer, der den Abschluß der Altstadt nach Westen bildet, fast trotzig auf das Brenztal hinabschauen sieht.

Diese Lebenseinstellung der Giengener Bürger war es auch, die sie all die schweren Jahre, die ihnen im Ablauf der Geschichte der vergangenen Jahrhunderte als Prüfstein gesetzt wurden, überstehen ließ. Was anderes als der gesunde Bürgerstolz, verbunden mit einer tiefen Liebe zur Heimat, befähigte sie, auf dem Brandschutt, in den die von der Schlacht bei Nördlingen siegreich heimkehrenden Spanier und Kroaten 1634 ihre Stadt verwandelten, eine neue Stadt zu bauen? Baumeister der neuen Kirche war der Pfarrer selbst, ein echter Giengener.

So entschieden sich die Giengener für den Aufbau ihrer Vaterstadt einsetzten, so energisch waren sie auch in ihren Bemühungen um wirtschaftlichen Fortschritt. Obwohl eine gewisse Traditionsgebundenheit auch zum Wesen des Giengener Bürgers gehört, so blieb er gerade auf wirtschaftlichem Gebiet nicht am Althergebrachten hängen. War es zunächst die Stadtmauer, die seit 1250 Gewerbe und Handel in das sichere Stadtinnere zog, so waren es später großzügig denkende Bürger, die ihren Blick über die Enge der Stadt und ihrer Mauer hinwegschweifen ließen und mit dem aufkommenden Industriezeitalter ihre Chance wahrnahmen.

So gründete der 20jährige Hans Haehnle 1858 die Wollfilzmanufaktur, heute als ›Vereinigte Filzfabriken‹ einer der bedeutendsten Industriebetriebe der Stadt.

Margarethe Steiff, eine seit ihrer Jugend gelähmte Näherin, stellte nicht ganz drei Jahrzehnte später aus Filzen einen kleinen Elefanten her; und zu welchem Begriff sind heute Steifftiere in aller Welt geworden?

Aber nicht nur selbst wollten die Giengener mit der neuen Zeit gehen, sondern sie boten auch dem Fremden Gelegenheit, am wirtschaftlichen Fortschritt in ihrer Stadt mitzuarbeiten. So gründete der Kaufmann Albert Ziegler aus Heslach bei Stuttgart 1891 eine Schlauchfabrik in Giengen. Immer mehr neue, mittlere und kleinere Industriebetriebe fast aller Branchen entstanden.

Waren es vorher die Zünfte, die das wirtschaftliche Leben der Stadt beherrschten, so war es nun die Industrie, die eine neue Epoche der dynamischen Entwicklung der Stadt einleitete. Auch die Einwohnerzahl, bisher mit rund 2000 Menschen etwa 500 Jahre lang gleichbleibend, begann jetzt zu steigen und stellte das Gemeinwesen vor immer neue Aufgaben. Hemmten wie allerorts auch in Giengen die beiden Weltkriege und die Zeit wirtschaftlicher Krisen die Entwicklung, so ging diese nach dem Zweiten Weltkrieg um so stürmischer weiter. Die Ansiedlung eines Zweigwerkes der Firma Robert Bosch GmbH, das inzwischen 3500 Beschäftigte zählt und seit seiner Gründung in Giengen 2 Millionen Kühlschränke produziert hat, brachte durch die neu geschaffenen Arbeitsplätze einen Strom von Menschen, vorwiegend Flüchtlinge des Zweiten Weltkriegs, in die Stadt. (Die Erweiterung der Kapazität der übrigen Betriebe ließ diesen Zustrom wachsen.) Die Probleme, die sich durch die Erhöhung der Einwohnerzahl von etwa 3500 bei Kriegsende auf heute 10 000 für das Gemeinwesen ergaben, sprengten fast den Rahmen des Möglichen.

Aber wieder war es die Bereitschaft des Bürgers, an der Lösung der kommunalen Probleme mit allen ihm zur Verfügung stehenden Kräften mitzuarbeiten und auch den Neubürger mit in diese Aufbauarbeit einzubeziehen. (Nicht durch den gemeinsamen Genuß der Prosperität, sondern durch die gemeinsame Aktivierung aller Kräfte wurde die Lösung der neuen Probleme vorangetrieben.) Und in dieser Zusammenarbeit von Alt- und Neubürgern vollzog sich ganz von selbst, weil die innere Bereitschaft und Toleranz auf beiden Seiten vorhanden war, die Integration zwischen Alt- und Neubürgern schnell und reibungslos.

Während der Aufschwung der Industriebetriebe und die Bautätigkeit ein ganz neues äußeres Stadtbild formten, haben die Stadt und ihre Bürger aber bei den ungeheuren Anstrengungen, die sie unternahmen, um die notwendigen öffentlichen Einrichtungen für die Bauenden zu schaffen, nicht übersehen, daß auch neue große kulturelle Aufgaben gelöst werden mußten. Der Ausbau des Gymnasiums zu einer Vollanstalt mit gleichzeitiger Erstellung eines nach modernsten Gesichtspunkten gestalteten Schulgebäudes, der Bau einer neuzeitlichen und großzügigen Freibadanlage, neue Sportplätze und vieles andere geben Zeugnis von dem Bestreben, auch in kultureller Beziehung die Stadt wachsen zu lassen. Und daß sich Alt- und Neubürger auch auf geistigem Gebiet nicht auseinanderlebten, erkennt man, wenn man sie vereint das traditionelle Jahresfest der Giengener, das Kinderfest, das an jedem Dienstag nach Pfingsten stattfindet, feiern sieht.

Noch wird die Stadt täglich größer, noch sind die Aufgaben fast unübersehbar, aber die Bereitschaft der Giengener, sich für den Fortschritt ihrer Stadt und die Lösung ihrer vielfältigen Aufgaben so wie bisher kraftvoll und mit der ihnen eigenen Zähigkeit einzusetzen, ist das beste Unterpfand für die Stadt und ihre Verwaltung, wenn sie an diese Aufgaben in Zukunft herangehen wird.

Mit Teddybär und Kühlschrank als Zeichen der äußeren Entwicklung und dem gesunden Bürgerstolz ihrer Einwohner geht die Stadt ihren Weg im Vertrauen auf ihre Bürger und ihre Geschichte und im Glauben an eine Zukunft in Frieden und Freiheit.«

Soweit Späths Aufsatzvorlage für den Bürgermeister von Giengen.

Werner Filmer/Heribert Schwan

Zimmer mit Porzellanschüssel

Mit dem Umzug von Ilsfeld nach Giengen im Frühjahr 1956 verließ Späth erstmals sein Elternhaus. »Das war so der Stil damals, daß man den Schneid hatte, ein Stück weg von zu Hause zu gehen«, bekennt der Ministerpräsident.

Lothar Späth verdiente im vierten Ausbildungsjahr monatlich 180 DM. Er fand ein Zimmer ohne fließendem Wasser – mit großer Porzellanschüssel – im Hause des Giengener Oberförsters. Zum Mietpreis von 25 DM wohnte er in dessen kleinem Einfamilienhaus in einer Neubausiedlung. Gästebesuch wurde ungern gesehen. »Von wegen Mädchen mitbringen, das ging natürlich nicht, das hat die Förstersfrau gleich verboten«, sagt Lothar Späth, spitzbübisch lächelnd.

Auch als Gehilfe bei der Stadt Giengen mußte Späth seine 48 Stunden pro Woche ableisten. Sein Dienst begann um 7.30 Uhr und endete entweder um 17 Uhr oder um 18 Uhr. »Darin war er sehr korrekt, blieb aber auch länger, wenn es notwendig war«, erinnert sich einer der damals rund 220 Arbeiter und Angestellten der Stadt. »Er war äußerst fleißig und ragte im Vergleich zu anderen schon ein bisserl heraus«, sagt der ehemalige Personalchef von Giengen, Karl Hodum. Und der ehemalige Bürgermeister Walter Schmid: »Späth war ein intelligenter Kerle und eine Hilfe im ganzen Betrieb. Er hat gerne von älteren Menschen Ideen angenommen, hat aber selbst eine Anlage gehabt, immer Neues in Bewegung zu setzen, neue Pläne zu entwickeln. Man mußte ihn sogar manchmal bremsen.«

Im Vergleich zu Gronau und Schmidhausen waren die Kommunalprobleme der 8500-Seelen-Stadt Giengen an der Brenz wesentlich gewichtiger und vielfältiger. Späth wurde durch alle Abteilungen der Stadtverwaltung geschleust. Er arbeitete unter anderem im Geschäftsbereich des Bürgermeisteramts, insbesondere in der Ortsbehörde für die Arbeiter- und Angestelltenversicherung, im Standesamt, in der Rathausschreiberei, im Einwohnermeldeamt, im Wahlamt, in der Ortspolizeibehörde und am Friedensgericht. In mehreren Ausschüssen des Gemeinderates beauftragte man ihn mit der Protokollführung. Im Hauptverwaltungsamt ging es um das Baurecht, um die Erschließung von Baugelände, um Straßen- und Kanalisationsbau. Späth führte erste Verhandlungen über Grundstücksverkäufe, verbrachte unzählige Stunden bei Bauern und »schwatzte ihnen die Grundstücke ab«. Der Giengener Gehilfe bekam in jener Zeit auch sein erstes Dienstfahrzeug: einen Motorroller der Marke »Bella«. Damit durfte er auch alle vier Wochen zu seinen Eltern ins 125 km entfernte Ilsfeld fahren.

»Mein Giengener Jahr war jene Zeit, in der ich mich am stärksten weiterentwickelt habe. Nach kurzer Zeit war ich allenthalben anerkannt«, resümiert Späth heute.

Ein alter Traum

Sein besonderes Interesse galt dem Friedensgericht, einer Institution, die es heute nicht mehr gibt. Die Friedensgerichtsbarkeit der Gemeinden und Städte umfaßte etwa die Aufgaben, die heute Amtsgerichte zu erledigen haben. Späth vertiefte sich intensiv in Rechtsfragen. Er formulierte Urteile über Geldstrafen und sogar über Gefängnisstrafen bis zu neun Monaten. Das Gemeinde- oder Friedensgericht war auch zuständig für Strafanzeigen, die von der Polizei kamen, auch für Verkehrsdelikte. Außerdem gab es Beleidigungsprozesse. Verhandelt wurde öffentlich, unter dem Vorsitz des Bürgermeisters, der sich von seinem Gehilfen gerne Details erläutern ließ und sich durchweg seinen Urteilsvorschlägen anschloß. Darüber hinaus wurde Späth von Hilfesuchenden bei offiziellen Zivil- oder Strafprozessen um Rechtsbeistand gebeten. Einige Male trat er sogar als »Anwalt« auf. Richtern und Staatsanwälten soll er regelrechte Wortgefechte geliefert haben und dabei in den meisten Fällen erfolgreich gewesen sein. Damals schaffte er sich ein juristisches Handwörterbuch an, »um den Volljuristen mit ihren eigenen Worten und Begriffen kontern zu können«.

Späth, der verhinderte Anwalt, schlug dem Giengener Bürgermeister vor, ein »Rechtsamt« zu errichten. Dieses Amt sollte alle rechtlichen Fragen der Verwaltung prüfen und beurteilen, alle Verwaltungsvorgänge auf ihren rechtlichen Gehalt kontrollieren. Sein Vorschlag wurde mit Interesse zur Kenntnis genommen, aber nicht weiterverfolgt und wird heute schmunzelnd als überraschende Späth-Initiative dargestellt.

Im Giengener Gehilfenjahr wurde es dem Ilsfelder immer klarer, daß er sich nicht mit dem Berufsziel Inspektor begnügen werde. Er wollte nach der Inspektorenprüfung das Abitur nachholen, um anschließend Jura zu studieren. Sein alter Traum. Er hatte begriffen und gespürt, daß eine qualifizierte Berufskarriere ohne akademischen Abschluß unmöglich war. Er wollte nicht im Verwaltungsmittelbau hängenbleiben. Späth hatte erfahren, daß »der Mensch nur vom Amtmann aufwärts zählte«.

Kleinkrämerarbeit

Im Jahre 1956 machte der Posener Aufstand Schlagzeilen in der Weltpresse, und der Ungarnaufstand hielt auch die Deutschen in Atem. Der Deutsche Bundestag verabschiedete das Wehrpflichtgesetz, und das Bundesverfassungsgericht verbot die KPD.

Der neunzehnjährige Späth spürte jedoch noch keine besonderen politischen Neigungen. Parteipolitisch hielt er sich nach allen Seiten offen. »Wir waren weder rot noch schwarz. Wir kritisierten die Regierungsparteien ebenso stark wie die SPD-Opposition. Wir waren eher neutral. Irgendeine politische Richtung lehnten wir ab. Adenauer, Erler, Ollenhauer, Wehner oder Mende – alle bekamen ihr Fett ab«, erinnert sich ein

Mitgehilfe aus Giengen. Und ein anderer Zeitzeuge: »Späths fachliche Stärken lagen in jenen Bereichen, in denen man sich rechtfertigen konnte, in denen man Gesetze oder Texte auslegen mußte oder Allgemeinwissen anzuwenden war. Er hatte immer einen guten, groben Überblick. Detailfragen interessierten ihn weniger, Spezialwissen langweilte ihn. Das galt für ihn als Kleinkrämerarbeit.«

Beobachter stellten einen ausgeprägten Ehrgeiz fest, der als Schlüssel zu seinem Weiterkommen gilt. »In Giengen wollte er eben die Dinge bewegen, er wollte nicht nur im Mittelpunkt stehen, sondern auch Erfolge sehen, Veränderungen durchsetzen, alternative Lösungen anbieten«, urteilt einer, der sein Freund war. Als Gehilfe in Giengen erledigte Späth vorübergehend die Aufgaben eines ausgebildeten Stadtinspektors und entwickelte ausgesprochene Arbeitswut. Er kniete sich in das Strafprozeßrecht hinein, bearbeitete Hausstreitigkeiten, Nachtruhestörungen und mußte sich sogar mit dem Krach der leichten Mädchen befassen. Sein Gehalt wurde von Bürgermeister Schmid nach massiven Forderungen auf 300 DM erhöht.

Späth legte sich mit dem Tiefbauamt an, stritt mit Architekten und Ingenieuren, bis sie »das Großmaul, den Pimpf, den elenden Halbjuristen« eines Tages aus Jux in einen großen Papierkorb steckten.

Für ein Sonderhonorar von 500 DM stellte der Gehilfe Lothar Späth 1956 den Rechnungsabschluß der Stadt Giengen auf. Etwa drei Monate lang, durchwegs nachts, arbeitete er am Zahlenmaterial neben seinem offiziellen »Geschäft«. Oft übernachtete er auf den Pritschen der Polizeiwache. Die Försterfamilie, bei der Lothar Späth einquartiert war, befürchtete das Schlimmste. Sie fand den Lebenswandel ihres Untermieters »skandalös«.

Späth spürte den Erfolg seiner Arbeit. Er hielt sich nicht zurück, wenn er seinem Lehrherrn aus seiner Sicht Alternativen zur Alltagsarbeit aufzeigen konnte. Dabei kam es mehrfach zu heftigen Auseinandersetzungen. Allein zweimal entließ Bürgermeister Walter Schmid wutentbrannt seinen Zögling fristlos, stellte ihn aber nach Rücksprache mit seiner Frau am selben Tage wieder ein.

Walter Schmid, der zweite Lehrherr des Ilsfelders, hatte eine ähnliche berufliche und politische Wegstrecke zurückgelegt wie Karl Bihr, der Bürgermeister von Schmidhausen und Gronau; NSDAP-Mitglied und während des Krieges Soldat. Am 1. April 1948 wurde er Bürgermeister von Giengen an der Brenz.

Der gebürtige Schwarzwälder galt als volkstümlich und unkonventionell. Er haßte das Amtschinesisch und begab sich nur widerwillig in den komplizierten Paragraphendschungel. Er »schwatzte« immer so, daß ihn auch der Mann auf der Straße verstand.

Späth hat dem Giengener »Schultes« viel zu verdanken, denn er übertrug ihm in jungen Jahren Verantwortung. Er förderte den Ilsfelder und prägte ihn auch. Der kinderlose Schmid nahm den Gehilfen unter seine Fittiche, erlaubte ihm manches, was er anderen nicht gestattete, segnete vieles im nachhinein ab, was er anderen nicht hätte durchgehen lassen. Für Späth verlief das Giengener Gehilfenjahr wunschgemäß. Was er anpackte, klappte. Was ihm aufgetragen wurde, erledigte er zur Zufriedenheit seines Vorgesetzten.

Einmal pro Woche, sechs Monate lang, besuchte Späth den Vorkurs, der für die Brenztal-Verwaltungskandidaten in Aalen abgehalten wurde.

Im Vergleich zum Heilbronner Vorkurs verlief dort jedoch alles schulmäßiger und strenger. Es gab eine richtige Sitzordnung in einem richtigen Klassenzimmer. Arbeiten und Aufträge wurden nachgesehen und bewertet. Der angebotene Stoff entsprach inhaltlich dem Heilbronner Lehrpensum. In Aalen aber wurden Manuskripte ausgearbeitet, es wurde mitgeschrieben und »geschuftet wie nie zuvor«. Späths persönliches Engagement jedoch hielt sich in Grenzen.

Ehrgeizig zeigte er sich nur, wenn Ratssitzungen vorzubereiten waren. In seiner Giengener Lehrzeit vom 1. April 1956 bis zum 31. März 1957 tagte der Rat der Stadt insgesamt neunzehnmal. In Vertretung von Amtmann Karl Hodum übernahm Späth sogar einmal den Posten des Schriftführers. Bei den Gemeinderatswahlen am 11. November 1956 erhielt die »Bürgerliche Wählergemeinschaft« vier Sitze. Auf die »Wahlgemeinschaft der Vertriebenen und Entrechteten« entfielen zwei Sitze, ebenso auf die Sozialdemokratische Partei. Hinter der »Bürgerlichen Wählergemeinschaft« steckten wahrscheinlich CDU- und FDP-Wähler. Damit kamen ein Ölmühlenbesitzer, ein Bankvorstand, ein Kaufmann und ein Landwirt in den Rat der Stadt. Für die Sozialdemokraten zogen ein kaufmännischer Angestellter und ein Zimmermeister ins Rathaus ein, schließlich für die Vertriebenen ein Ingenieur und ein »Einsteller«.

Gehilfenzeugnis

Wichtige Themen in den Sitzungen des Rates waren immer wieder Bebauungspläne, Wasserversorgung, Straßenbau, Wasserzinserhöhungen, Müllabfuhrgebühren, Vatertierhaltung, Schlachthofgebühren und Pflegekosten des Städtischen Krankenhauses. Immer wieder ging es um Haushaltspläne, um die Vergabe von Bauaufträgen. Keine Mehrheit fand sich im Rat der Stadt für die »Erhöhung von Vergnügungssteuern für öffentlich aufgestellte Fernsehapparate«. Beschlossen wurden dagegen die Errichtung einer Kriegsopfergedenkstätte und der Schulhausneubau. Die Erhöhung der Leichenschaugebühren wurde 1956 aus Kostengründen unausweichlich. In den insgesamt neunzehn Sitzungen des Rates genehmigten die Ratsherren oft Baugesuche und Bauvorhaben. Dem Gymnasiumsneubau wurde ebenso zugestimmt wie dem Bau eines Wasserturms. Außerdem wurde die Hundesteuer erhöht und neues Lehrpersonal für Schulen eingestellt. In der Sitzung des Rates vom 28. März 1957, der letzten, an der Späth teilnahm, wurde der Wahl des stellvertretenden Kommandanten der Freiwilligen Feuerwehr zugestimmt.

Am Ende seiner einjährigen Gehilfenzeit in Giengen bescheinigte Bürgermeister Schmid Späth überdurchschnittliche Leistungen. Hier ein Auszug aus dem Gehilfenzeugnis: »Herr Späth hat bei seiner Tätigkeit außerordentlich gutes theoretisches und praktisches Wissen verwertet. Es kann ihm bezeugt werden, daß er die ihm übertragenen Aufgaben mit außergewöhnlichem Fleiß erledigt hat. Er war nach kurzer Einarbeitungszeit in der Lage, selbständig zu arbeiten und einzelne besondere, teilweise schwierige Fälle öffentlich-rechtlicher und privatrechtlicher Natur bis zum Abschluß zu bearbeiten, insbesondere auf dem Gebiet des Grundstücksrechts, des Baurechts, des Verkehrsrechts und am Friedensgericht. In zahlreichen Verhandlungen, insbesondere Grundstückserwerbsverhandlungen, und im Verkehr mit dem Publikum hat er Gewandtheit und Verhandlungsgeschick bewiesen. Seine gute Auffassungsgabe gestattet ihm, rasch, pünktlich und gewissenhaft zu arbeiten. Auf seinen Wunsch wurde er auch mit dem Rechnungswesen bei der Stadtpflege bekannt gemacht, er hat zusammen mit einem weiteren Verwaltungskandidaten unter der Aufsicht des Stadtpflegers den Rechnungsabschluß 1955 gefertigt. Besonders hervorzuheben sind seine Bescheidenheit und sein offenes Wesen. Sein dienstliches Verhalten war einwandfrei, über sein außerdienstliches Verhalten ist nichts Nachteiliges bekanntgeworden. Bei seiner Pflichtauffassung und seinen Fähigkeiten wird er sich zu einem guten Beamten entwickeln. Ich kann Herrn Späth, der mein volles Vertrauen besaß, bestens empfehlen und bedauere, ihn als Mitarbeiter zu verlieren.« Soweit das Zeugnis von Bürgermeister Walter Schmid.

Zum Abschied schrieb Späth 32 Verse von je vier bis acht Zeilen über 32 Menschen, die ihm im Laufe seiner einjährigen Ausbildungszeit besonders aufgefallen waren: positiv und negativ. Mit dem Gedicht »Reigen der Belegschaft« verabschiedete sich Späth nicht für immer von Giengen, er blieb der Stadt im Brenztal vielmehr für alle Zeit verbunden. Er hatte hier seine spätere Frau kennengelernt und kam schon deshalb nach kurzer Zeit wieder zurück.

Der Kanzleigehilfe

Die Verwaltungskandidaten des gehobenen Verwaltungsdienstes mußten sich jeweils selbst um die Stellen bemühen, die durch Ausbildungsrichtlinien vorgeschrieben wurden. Im fünften Jahr der Inspektorenausbildung war das Landratsamt an der Reihe. Wieder wurde der »Staatsanzeiger« gewälzt, wieder wurden Bewerbungsschreiben losgelassen. Späth und sein Freund Werner Proksch zeigten sich festentschlossen, in den »äußersten Zipfel des Landes zu gehen«. Nach Hohenlohe, Künzelsau oder Bad Mergentheim wollte kein anderer der Gehilfen.

Bereits im November 1956 ließ sich der Giengener Rathausgehilfe Späth ein »vorläufiges Dienstzeugnis« ausstellen, das im Inhalt seinem späteren endgültigen Gehilfenzeugnis entsprach.

Mit diesem Zwischenzeugnis konnte Späth sich sehen lassen und wurde in Mergentheim mit »Kußhand« aufgenommen. Am 2. Mai 1957 trat er als »Kanzleigehilfe« – so hieß der Verwaltungskandidat im fünften Lehrjahr – seinen Dienst beim Landratsamt Bad Mergentheim an.

Inzwischen war das Saarland zehntes Bundesland der Bundesrepublik geworden, und der Deutsche Bundestag verabschiedete eine umfassende Rentenreform. In Rom waren die Verträge über EWG und Euratom unterzeichnet worden. In der sogenannten »Göttinger Erklärung« forderten deutsche Atomforscher, die Bundeswehr nicht mit Atomwaffen auszurüsten. Die ersten 10 000 Wehrpflichtigen des Jahrganges 1937, zu dem auch Späth gehörte, waren eingezogen worden. Doch der Ilsfelder wurde nicht benötigt. Denn damals nahm die Bundeswehr nur Rekruten auf, die einen Musterungsbescheid ohne Einschränkungen besaßen. Bei Späth ergaben die Untersuchungen beim Kreiswehrersatzamt einige körperliche Unzulänglichkeiten. Er kam auf die Reserveliste und wurde nicht eingezogen.

Zum Kreis Bad Mergentheim gehörten damals 51 durchweg

ländliche Gemeinden, von denen nur vier einen Fachbürgermeister hatten. Die meisten Ortschaften wurden von ehrenamtlichen Bürgermeistern geführt, die entweder Bauern oder Handwerker waren. Für rund 50 000 Einwohner war das Landratsamt insgesamt zuständig.

Späths spezifische Aufgabe bestand darin, das Verwaltungsgeschäft des Landratsamtes als untere Verwaltungsbehörde und kommunale Behörde kennenzulernen. Der Ausbildungsplan regelte, daß die Kanzleigehilfen Späth und Proksch alle Abteilungen des Amtes durchlaufen mußten, vom Baurecht bis zur Sozialhilfe. Die Kanzleigehilfen lernten auch die Kämmerei kennen, saßen in der Verkehrsabteilung und auf dem Jugendamt. Praxisnah befaßten sie sich mit Fragen des Naturschutzes und Problemen der unteren Jagdbehörde. Im Landratsamt wurde beispielsweise festgelegt, wieviel Rehe geschossen werden durften. In der Verkehrsbehörde mußten sie sich darum kümmern, wo Schilder aufgestellt werden sollten, ob ein Taxiunternehmen genehmigt wurde oder wann Gaststätten kontrolliert werden mußten. Die Gehilfen gingen mit dem Rechnungsprüfer vor Ort und kontrollierten das Finanzgebaren der kleinen Gemeinden. Zur Ausbildung gehörte auch eine vierwöchige Hospitanz bei der Allgemeinen Ortskrankenkasse (AOK). Im Mittelpunkt stand dort die praxisnahe Anwendung des Krankenversicherungsrechts. Schließlich arbeiteten die beiden Kanzleigehilfen auch für einen Monat bei einer Bank, um sich Einblick in alle Abteilungen zu verschaffen.

Auch während dieser Zeit sorgte ein Vorkurs für die theoretische Ausbildung. Pro Woche gab es fünf Stunden Unterricht. Gegen Ende der einjährigen Ausbildungszeit mußte eine Vorprüfung abgelegt werden. Ihr erfolgreicher Abschluß bildete die Voraussetzung für die Zulassung an der staatlichen Verwaltungsschule in Stuttgart.

Drei Jahre lang war Späth in Schmidhausen und Gronau »Mädchen für alles« und rechte Hand des Bürgermeisters gewesen. Nach dem Gehilfenjahr in Giengen an der Brenz beendete er am 30. April 1958 sein Kanzleigehilfenjahr.

Regierungsrat Dr. Werner Kern, damals erster Landesbeamter auf dem Landratsamt, heute Leitender Ministerialrat im Stuttgarter Kultusministerium, stellte Späth ein Dienstzeugnis aus, das Seltenheitswert besitzt: »Der Kandidat hat die ihm zugewiesenen Geschäfte mit Eifer, Fleiß und bemerkenswertem Geschick zur vollen Zufriedenheit erledigt. Er besitzt gute Rechtskenntnisse und eine rasche Auffassungsgabe. Er arbeitete zügig, pünktlich und gewissenhaft, seine Leistungen waren überdurchschnittlich. Seine Dienstauffassung war lobenswert. Dem Kandidaten konnten auch Geschäfte zur selbständigen Erledigung übertragen werden. Seinen Vorgesetzten und den übrigen Bediensteten des Landratsamtes gegenüber zeigte er sich zuvorkommend und umgänglich. Im Verkehr mit dem Publikum war er höflich und gewandt. Über sein außerdienstliches Verhalten ist nichts Nachteiliges bekanntgeworden.«

Späth und sein Freund und Zimmergenosse Proksch hatten »ein vielseitiges, aktives, lustiges, unbeschwertes, ja tolles Jahr in Mergentheim« erlebt. Für 60 DM im Monat hausten beide in der Dachkammer der Familie Breitenbach – ohne Heizung, ohne fließendes Wasser. Sie nannten sich »Minderbemittelte«, weil sie mit den 220 DM Ausbildungsbeihilfe selten auskamen. »Es hat nie gereicht«, erinnert sich Späth.

Die Kanzleigehilfen waren im Landratsamt ein »bißchen verschrien«, weil sie außerhalb der Arbeit »häufig eins drauf hauten«. Sie genossen die angenehmen Seiten der Badestadt. Beide galten nicht als die Fleißigsten im Amt. Späth verhielt sich in Mergentheim, wie er sich schon immer verhalten hatte: Er stellte sein Können gern unter Beweis und war allein schon deshalb nicht der Beliebteste. Manchem Inspektor oder Amtmann las der junge Kanzleigehilfe die Leviten, sagte klipp und klar, was sie falsch oder richtig machten. Er »traute sich eine Menge zu«.

Wenn die »Jägerbar« geschlossen hatte und keine Tanzvergnugungen angeboten wurden, las Späth stundenlang, oft bis in die tiefe Nacht hinein. Er las, was er in die Finger bekam, ob Nietzsche oder allgemeines Verwaltungsrecht. Schon als Zwanzigjähriger brauchte er kaum Schlaf, er war immer fit. Doch bei mancher Bier- oder Weinseligkeit, bei aller Unbeschwertheit: Auch in Bad Mergentheim bewegte ihn wieder die Frage, ob er den richtigen Weg eingeschlagen hatte. Mehrfach konsultierte er seinen Ausbilder Dr. Werner Kern und bat ihn um Rat. Er fragte ihn, ob er die Inspektorenausbildung nicht abbrechen solle, um das Abitur nachzumachen. Wieder einmal dachte Späth laut über bessere Startmöglichkeiten nach, erkannte im Vergleich zum gehobenen Beamten seine Nachteile als einfacher »Inspektor«. Diese Frage quälte ihn, ließ ihm keine Ruhe. Es schmerzte ihn, kein Abitur zu haben. Er wußte, daß er das Ende der Fahnenstange schon bald erreicht haben würde.

Stuttgart, Kienestraße 18

Späth erlebte die Bundestagswahl vom September 1957 noch in Bad Mergentheim. Die CDU errang unter Adenauer die absolute Mehrheit. Wie Millionen anderer Menschen verfolgte auch Späth den Start des sowjetischen Satelliten »Sputnik«, sah, wie Bonn die »Hallstein-Doktrin« erstmals anwendete und die diplomatischen Beziehungen zu Jugoslawien aufkündigte. 1958 brach Späth seine Zelte in Bad Mergentheim ab und siedelte nach Stuttgart zu seiner Tante über. Vom 2. Mai an besuchte er die staatliche Verwaltungsschule, die im Gebäude des Landesgewerbeamtes in der Kienestraße 18 untergebracht war. 120 Kandidaten nahmen am Lehrgang 1958/59 teil. Späth gehörte zu den begeisterten Beamtenanwärtern und übernahm gleich das Amt des stellvertretenden Kursobmanns. Er organisierte eine Reihe von Reisen und Besichtigungsfahrten.

Auf seine Initiative hin besichtigte der Kurs den Neckarhafen, unternahm eine Neckarfahrt, besuchte das Dampfkraftwerk in Marbach und die »Daimler-Benz AG« in Untertürkheim. Als »Meilenstein auf der Entdeckungsreise in die schwäbische Wirtschaft« galt der Besuch der »Dinkelacker Brauerei«.

Außerdem wurde eine Studienfahrt zum Europarat nach Straßburg veranstaltet. Berichtet wird auch vom Planspiel »Korntal«. Dabei mußten die Kursteilnehmer verschiedene Aufgaben und Rollen übernehmen. Späth legte Wert darauf, die Hauptrolle des Bürgermeisters zu übernehmen.

Lehrer und Dozenten der staatlichen Verwaltungsschule waren höhere Beamte der Regierungspräsidien oder Richter. Es lehrten aber auch Praktiker des Gemeindetags oder der Landesministerien. Späth schwänzte eine Reihe von Vorlesungen, um als Rechtsbeistand zu arbeiten. Er beschaffte sich eine Zulassung und verdiente so ein ansehnliches Zubrot. Kurskameraden berichten übereinstimmend von ihm als »ausgesprochen auffälligen Verwaltungskandidaten« an der Stuttgarter Verwaltungsschule. »Auffällig wegen seiner großen Klappe, die einem Maschinengewehr glich und ihm Meriten einbrachte.« Und weiter: » Er kühlte sein Mütchen am liebsten dadurch, daß er ehrenwerte Dozenten durch Zwischenfragen aus dem Konzept brachte. Manche Experten konnten sich nur mit Mühe in die Pause retten.« Einer erinnerte sich: »Was anfangs für den Kurs noch eine Gaudi war, hielten viele gegen Ende der Schulzeit für störend.« Nicht selten erntete der Zwischenfrager bereits Pfiffe und Buhrufe der lieben Kollegen, wenn er sich nur zu Wort meldete. Ja, mancher verdächtigte ihn sogar gewisser »Linkstendenzen«.

Der »Vorlesungsbetrieb« begann morgens um 8 Uhr und endete meist zur Mittagszeit. Zweimal in der Woche wurde auch nachmittags unterrichtet. Gelehrt wurden etwa die gleichen Fächer wie im Vorkurs. Der Lehrstoff war allerdings umfangreicher, schwieriger und vielschichtiger. Knapp acht Monate dauerte der Unterricht. Daran anschließend, von Dezember 1958 bis Februar 1959, hatten die Beamtenanwärter Zeit, sich auf die schriftliche und mündliche Abschlußprüfung vorzubereiten. Fünf Tage lang wurde im Februar die schriftliche Prüfung »durchgezogen«.

Im April 1959 fand die mündliche Prüfung statt. Fünf Kandidaten wurden über zwei Stunden lang von mehreren Prüfern geprüft. »Späth war sehr gut. Er legte sich mit einem Dozenten an und es kam zum harten Streitgespräch, bis ein anderer Dozent sagte: ›Herr Kollege, der Prüfling hat recht‹«, erinnert sich ein Späth-Freund. Streitpunkt war ein Thema aus dem Verwaltungsrecht.

Drittbester

Von den 120 Kursteilnehmern schnitt der Ilsfelder als Drittbester ab. Er bestand die »Prüfung für den gehobenen Verwaltungsdienst mit dem Zeugnis zweiter Klasse, Unterabteilung B«. »Eigentlich hätte er eine bessere Note verdient«, meint ein Kurskollege heute, »doch seine Schwertgosch hatte er zu häufig aufgerissen, und das ließen ihn die Dozenten spüren.« Dem ehrgeizigen Späth reichte die Note dennoch. Sein Berufsziel blieb: Bürgermeister einer mittleren Kleinstadt.

Wer heute die Liste der Kursteilnehmer von 1958/59 durchblättert, trifft auf spätere Bürgermeister, Direktoren und Geschäftsführer. »Die gute alte Ausbildung zum württembergischen gehobenen Verwaltungsmann bot viele Möglichkeiten.« Einer der Kursteilnehmer erinnert sich: »Praxisbezogen eben, so ging es damals auf den Rathäusern zu. Selbst wenn man am Samstag der Frau Bürgermeister beim Wäscheaufhängen helfen durfte – gegen eine Vesper! – oder dem Gemeindepfleger beim Hausschlachten – gegen mehrere Vesper! –, das hat keinem geschadet. Und viele lernten gleich das richtige Mädle auf dem Rathaus kennen.« Bei manchen blieb es nicht bei »einem Bratkartoffelverhältnis«.

21 Kursteilnehmer des Jahrgangs 1937 sind heute als aktive Bürgermeister oder als Beigeordnete tätig. In Baden-Württemberg kommen 77 Prozent der Bürgermeister aus der staatlichen Verwaltungsschule. Nur 7 Prozent sind Absolventen einer Universität.

Noch hatte Späth sein Prüfungszeugnis nicht in der Hand, da

bemühte er sich bereits um eine Anstellung. Wieder studierte er den »Staatsanzeiger«. Gefallen fand er an einer Ausschreibung der Gemeinde Königsfeld im Schwarzwald. Dort bewarb er sich und bat gleichzeitig einen seiner Lehrer von der Stuttgarter Verwaltungsschule, Regierungsrat Müller, ein Empfehlungsschreiben an den Bürgermeister von Königsfeld zu richten. Darin heißt es unter anderem: »Herr Späth hat den Lehrgang 1958/59 in der staatlichen Verwaltungsschule in Stuttgart besucht. Während des Lehrgangs ist Herr Späth mir mehrfach aufgefallen. Er war ein Hörer, der sich von den übrigen Hörern der Verwaltungsschule wesentlich abhob. Herr Späth ist während seines Studiums sehr tief in die Materie eingedrungen. Er unterschied sich von den üblichen Hörern insbesondere dadurch, daß er den unübersehbaren Stoff nicht schulmäßig in sich aufnahm, sondern sich durch ein tiefgründiges Studium zweifellos ein Wissen angeeignet hat, das über die Kenntnisse der anderen, auch guten Hörer wesentlich hinausragt. Ich glaube nicht zuviel zu sagen, wenn ich die Behauptung aufstelle, Herr Späth kann sich mit einem Durchschnittsjuristen ohne weiteres messen. Es steht deshalb auch zu erwarten, daß er ein recht gutes Examen abgelegt hat. Sollte er nicht der erste unter den mehr als 100 Prüfungsteilnehmern sein, was ich gar nicht für ausgeschlossen halte, dann hätte dies seinen Grund wohl darin, daß Herr Späth bei seinem Studium nicht wie die meisten Kandidaten auf ein umfangreiches Prüfungswissen abhob. Herr Späth war darauf bedacht, sich die Kenntnisse anzueignen, die für einen besonders qualifizierten Verwaltungsbeamten in der Praxis nötig sind. Er hat sich deshalb mit Fragen des öffentlichen und privaten Rechts eingehend befaßt, die bei seinem Examen nicht von ausschlaggebender Bedeutung sind.

Ohne Einschränkungen sollten Sie sich bei dem Bewerber Späth nicht scheuen, ihn zu bewegen, in Ihre Verwaltung überzutreten. Ich sage sicher nicht zuviel, wenn ich Ihnen versichere, daß Sie nie eine bessere Kraft finden werden und bei weitgehenden Zugeständnissen kein Risiko eingehen. Bei einer persönlichen Rücksprache mit Herrn Späth werden Sie selbst feststellen können, daß er die Persönlichkeit ist, die Sie sich selbst wünschen und die wie keine andere für einen Platz bei der Gemeinde Königsfeld bei deren besonderen Verhältnissen besonders geeignet ist.«

Der Verwaltungspraktikant

Ende April 1959 entschied sich Späth jedoch, nicht in den Schwarzwald zu ziehen, sondern in jene Stadt zurückzukehren, in der er sich wohl gefühlt hatte und wo eine Frau lebte, die ihm nicht gleichgültig war. Der frischgebackene Inspektorenanwärter nahm das Angebot seines alten Lehrherrn an, ins Rathaus von Giengen an der Brenz zurückzukehren. So saß Späth am 2. Mai 1959 nach sechsjähriger Ausbildung mit 21½ Jahren als Verwaltungspraktikant – es gab keine Planstelle als Inspektor – im Giengener Rathaus. Sein Gehalt betrug 500 DM.

Ausschlaggebend für Späths Rückkehr nach Giengen war sein fester Wille, hier das Abitur nachzumachen. Vormittags Penne, nachmittags Tätigkeit auf dem Rathaus. Das war sein Plan, der von Bürgermeister Walter Schmid auch unterstützt wurde. Dem Energiebündel machte die Doppelbelastung zunächst wenig aus.

Späth ging mutig in die Obersekunda und drückte im zweiten Halbjahr der elften Klasse wieder die Schulbank. Für die Lehrer war es ein Experiment. Der Rathausspezialist spielte eher eine Gastrolle, die Lehrer schonten ihn, verhielten sich abwartend. Für die Mitschüler war der Ilsfelder der weitaus Erfahrenere, der Ältere, der Altkluge. Seine schnelle Zunge brach recht selten aus, und seine Leistungen in Deutsch und Geschichte waren gut. In Englisch und Französisch »glänzte er nicht sonderlich«. Der Mathematikunterricht aber fiel ihm sichtlich schwer, und auch Biologie und Chemie machten ihm kaum Spaß. Beim Klassenlehrer Heinz Weinschedel, der auch sein Mathematiklehrer war, nahm Späth Nachhilfeunterricht und ließ sich in die Geheimnisse der Differentialrechnung einführen.

Späth schuftete Tag und Nacht, vor allem nachts. Doch trotz seines eisernen Durchhaltevermögens mußte er nach einem halben Jahr passen. Er erkannte, daß die Hochschulreife so nicht zu schaffen war. Er gab auf, brach das Experiment ab und nahm endgültig Abschied von seinem Wunsch, das Abitur nachzumachen.

Der »Verwaltungspraktikant« übernahm jetzt »Sonderaufgaben für den Bürgermeister«. Er entwarf Reden, formulierte Aufsatzveröffentlichungen, bereitete Gemeinderatssitzungen vor. Die Probleme, Themen und Aufgaben der Stadt Giengen waren unverändert geblieben: Haushaltspläne wurden geschmiedet, Tief- und Straßenbauarbeiten vergeben, eine biologische Sammelkläranlage beschlossen, ein Leichenwagen angeschafft, Bebauungspläne und Baugesuche beraten.

Auch auf die Stadtjugendpolitik nahm Späth Einfluß. Auf seinen Vorschlag hin schlossen sich sämtliche Jugendorganisationen zum »Stadtjugendring« zusammen. Vorsitzender wurde Lothar Späth. Er gründete ein Jugendparlament, ließ sich zum Fraktionschef der Linken wählen und lieferte seinen Kontrahenten harte Wortgefechte. Er organisierte mit dem Stadtjugendring auch eine Jugendbuchwoche. Zur Eröffnung hielt er eine flammende Rede gegen die Eltern, die zu selten gute Bücher kauften. Ein anwesender Vertreter des Bertelsmann-Verlags bot ihm spontan den Job eines Bezirksvertreters an. Monatsgehalt 3000 DM. Doch dieses Angebot lehnte Späth ebenso ab wie das der Giengener Volksbank, zweiter Direktor zu werden. Bei den Gehaltsverhandlungen – immerhin kam es so weit – muß Späth horrende Forderungen gestellt haben.

Spuren hinterließ Späth auch im Rathaus. Als »Späthsche Satzungen« dokumentiert die junge Stadtgeschichte sowohl die Satzung über Erschließungsbeiträge (Straßenanliegerbeiträge) als auch die Wasserabgabesatzung und schließlich die Satzung über Kläranlagebeiträge. Bereits in Giengen bediente Späth sich modernster Rathaustechnologie: Er benutzte ein Plattendiktiergerät.

1960 war Heinrich Lübke Bundespräsident der Bundesrepublik Deutschland geworden, Chruschtschow besuchte die USA und beschwor den »Geist von Camp David«. Die DDR-Volkskammer beschloß, die schwarzrotgoldene Staatsflagge mit Hammer und Sichel zu ergänzen, in Bad Godesberg verabschiedete die Sozialdemokratische Partei Deutschlands ihr berühmtes »Godesberger Programm«, und in der Sahara hatten die Franzosen ihren ersten Atombombenversuch unternommen.

Am 21. Februar 1960 stieg Lothar Späth für alle überraschend aus den Diensten der Stadt Giengen aus. Noch einmal formulierte Bürgermeister Schmid ein Dienstzeugnis, in dem unter anderem zu lesen ist: »Als geprüfter Verwaltungsfachmann des württembergischen gehobenen Verwaltungsdienstes versah er hier die Stelle eines Stadtinspektors, jedoch im Rahmen eines Dienstvertrages im Angestelltenverhältnis. Herr Späth hat von der ihm in reichlichem Maße gebotenen Möglichkeit, seine in der staatlichen Verwaltungsschule Stuttgart erworbenen Kenntnisse anzuwenden und in der Praxis zu verwerten, guten Gebrauch gemacht. Seine Geschäftsbereiche erstreckten sich besonders auf die Bearbeitung aller in der Verwaltung vorkommenden Rechtsbehelfe, besonders von Beschwerden und Anfechtungsklagen auf dem Gebiete des Steuerbeitragsrechts, sowie die Führung von Prozessen öffentlich-rechtlicher und zivilrechtlicher Art und ganz allgemein auf die Bearbeitung schwieriger Angelegenheiten des Grundstücksrechts, des Baurechts, des Verkehrsrechts und teilweise des Friedensgerichts.

Herr Späth besitzt eine genaue Kenntnis des allgemeinen und des besonderen Verwaltungsrechts und eine weit über dem Durchschnitt liegende Kenntnis des bürgerlichen Rechts sowie ein ausgezeichnetes Wissen, das es ihm ermöglicht, die Systematik des öffentlichen und des bürgerlichen Rechts zu erkennen und zu verwerten. In zahlreichen Verhandlungen und im Verkehr mit dem Publikum sowie im Vortrag gegenüber dem Gemeinderat hat er Gewandtheit und Verhandlungsgeschick bewiesen. Er besitzt eine gute Auffassungsgabe und arbeitet trotz seines verhältnismäßig jugendlichen Alters rasch, sicher und selbständig. Besonders hervorzuheben sind seine Bescheidenheit und sein offenes Wesen. Sein dienstliches Verhalten war einwandfrei. Über sein außerdienstliches Verhalten ist nur Gutes bekanntgeworden. Er hat sich insbesondere während seines Hierseins der Jugend angenommen, den Stadtjugendring aktiviert und tatkräftig an der Entwicklung der verschiedenen Jugendgruppen hier mitgewirkt. Herr Späth ist ein fähiger Verwaltungsbeamter, der mein volles Vertrauen besaß. Er war mir eine wertvolle Hilfe, weshalb ich ihn sehr empfehlen kann und bedauern muß, ihn als Mitarbeiter zu verlieren. Er scheidet aus, um eine Beamtenplanstelle bei einer anderen Stadtverwaltung zu übernehmen. Für seine Zukunft wünsche ich ihm alles Gute.«

III. Kapitel

Bietigheimer Jahre

FRIDTJOF THEEGARTEN

Ein Mann für alle Fälle

Ende November 1959 erschien im Staatsanzeiger von Baden-Württemberg eine nicht ungewöhnliche Stellenanzeige. Dennoch sollte sie schicksalhafte Auswirkungen haben. Sie war der Beginn eines neuen wichtigen Abschnitts – sowohl für die Kommunalpolitik der sich stürmisch entwickelnden Stadt Bietigheim mit damals etwa 16 000 Einwohnern als auch für die Christlich-Demokratische Union und für das Land Baden-Württemberg.

Die Stadt unter dem Enzviadukt suchte für ihre Stadtpflege und ihr späteres Finanzreferat einen Stadtoberinspektor, der vorwiegend im Bereich des Liegenschaftsamts tätig sein sollte. Gesucht wurde »ein tatkräftiger und dynamischer Beamter, der etwas von seinem Geschäft versteht und an seine Aufgabe mit viel Freude, Liebe und Lust herangeht«. »Wir brauchen einen Mann voll sprühender Ideen, der Eigeninitiative entwickelt und sich im Bereich der Grundstückspolitik auskennt«, hieß es in der Stellenanzeige weiter. Den heute selbstverständlichen Hinweis auf leistungsgerechte Bezahlung und so weiter gab es im Jahre 1959 noch nicht. Ein Stadtoberinspektor wird nach A 10 bezahlt. Und das waren seinerzeit für einen Unverheirateten brutto etwa 700 DM.

Diese Anzeige las auch der 23jährige Stadtinspektor Lothar Späth, damals bei der Stadtpflege der Stadt Giengen im Brenztal tätig. Gut kannte er das schwäbische Bietigheim, eine malerische Stadt in der Nähe Stuttgarts mit einem schönen alten Fachwerkrathaus und dem Marktbrunnen davor, und auch ihren Bürgermeister Karl Mai, der ein engagierter Kommunalpolitiker war. Der damals 50jährige gehörte über die Fraktion der FDP/Freie Wähler dem Ludwigsburger Kreistag an, wo er dem Landrat Dr. Hermann Ebner scharf auf die Finger sah und als einer der maßgebenden Männer im Kreisrat – dem damals unmittelbaren Gremium im Kreistag – bekannt dafür war, daß er zum Frühstück gern einen Landrat »verspeiste«.

Auf die Anzeige gingen weit über 20 Angebote ein – für die damalige Zeit außerordentlich viel –, ein Beweis dafür, wie interessant die Stelle war. Fünf kamen in die engere Wahl, darunter auch die Bewerbung eines »gewissen« Lothar Späth. »Was, der ist kaum 23 Jahre alt, der ist doch viel zu jung für einen so verantwortungsvollen Posten mit hohen Aufgaben«, meinten einige bei der Durchsicht der Bewerbungsschreiben. Anders Bürgermeister Mai: »Den seh' ich mir mal an«, sagte der Rathauschef mit sicherem Gespür für Kommunalpolitik, zumal auch die Referenzen aus dem Giengener Rathaus vorzüglich waren. »Der junge Späth ist ein Talent«, lautete das Urteil. »Er hat im Grundstücksgeschäft eine geschickte Hand und hier viel geleistet. Wir halten ihn für die Aufgabe in Bietigheim enorm geeignet.«

So wurde Späth nach Bietigheim eingeladen. Am 19. Januar 1960 saß neben vier weiteren Kandidaten auf der Holzbank im Vorraum des Sitzungssaales im zweiten Obergeschoß des ehrwürdigen Rathauses ein junger Mann mit scharfen, flinken Augen und einer schwarzen Hornbrille, der etwas aufgeregt war. Doch als er zur Vorstellung vor dem gemeinderätlichen Verwaltungsausschuß als dritter der Bewerber aufgerufen wurde, gab er sich einen Ruck und trat selbstbewußt auf.

Der junge Mann sprühte nur so vor Ideen. Mit Sicherheit und Überzeugungskraft, dennoch verbindlich, spritzig und locker, stellte er sich dem Gremium vor, dem seinerzeit auch sein späterer erster Gegenspieler auf der politischen Bühne angehörte: der 35jährige »rote Maurer« und SPD-Stadtrat Claus Weyrosta, im Berufsleben Architekt in Bietigheim. Schon damals zeigte Späth seine Naturbegabung und bestach durch die oft erwähnte »Schwertgosch«.

»Den nehmen wir und keinen anderen«, verkündete Bürgermeister Mai, wie sich der damalige CDU-Fraktionsvorsitzende Fritz Rüffer noch gut entsinnen kann. »Mai hatte die richtige Nase. Der Späth war wirklich ein vifes Männle.«

Und damit war die Angelegenheit bereits entschieden. Der Form halber stellte sich Späth am 16. Februar 1960 noch dem Gesamtgemeinderat vor, der den jungen, lebhaften Mann inzwischen bereits kennengelernt hatte. Auch dort gab es keine Zweifel, daß der dynamische und bewegliche Mann der geeignete Bewerber sei. Ohne nennenswerte Diskussion oder Beratung entschied sich das Gremium für Späth. Und zwar einstimmig.

Späths erste große Aufgabe war der Erwerb von Grundstükken, weil eine möglichst breite Grundlage für den Bau von Mietwohnungen geschaffen werden sollte. Anfang 1960 gab es in Bietigheim mit seinen vielen Heimatvertriebenen und einer sich expansiv entwickelnden Industrie noch große Wohnungsnot, die man nicht einfach »kleckerlesweise« beseitigen konnte. Hier war Späth mit seiner Taktik erfolgreich, auch Grundstücke in den angrenzenden Markungen zu erwerben, um damit wiederum auf dem Tauschweg in den Besitz von Grundstücken und schließlich Bauland auf der eigenen Bietigheimer und der Metterzimmerner Markung zu gelangen. Mit geschickter Hand kaufte der kommunale Makler ganze Hofstellen in Bietigheim, Metterzimmern und dem angrenzenden Kleinsachsenheim auf. Die Landwirte wurde aus- und umgesiedelt, indem ihnen in der engeren oder weiteren Heimat meist größere Bauernhöfe vermittelt wurden.

Die »Wohnbau«

Zwar verfügte die Stadt Bietigheim bereits seit Jahren über eine »Gemeinnützige Baugenossenschaft Bietigheim GmbH«, die aber keineswegs der Aufgabe gewachsen war, die akute Wohnungsnot zu lösen. Denn die Stadt hatte einen überdurchschnittlichen Bevölkerungszuwachs zu bewältigen. Weit über 1000 Familien, meist mit niedrigen Einkommen, suchten dringend Wohnungen zu erschwinglichen Preisen. Deshalb mußten – möglichst schnell, preiswert, modern und die Stadt finanziell nicht arg belastend – Wohnungen gebaut werden. Mit den bisherigen, eher kleinkarierten Methoden war dies nicht möglich. Deshalb gründete die Stadt am 16. Februar 1961 die »Bietigheimer Wohnbau GmbH«, als deren geistiger Vater sich der damalige Bürgermeister Karl Mai bezeichnet. Seit langem hatte er sich für eine stadteigene Baugesellschaft ausgesprochen. »Dieser Schritt war kommunalpolitisch notwendig und der richtige Weg, zumal man mit den neuen Wohnungen später auch Lehrer und Arbeitskräfte für die Industrie gewinnen konnte«, sagte Mai.

Das Stammkapital der neuen Gesellschaft betrug eine Million DM. Die Stadt Bietigheim war Hauptgesellschafterin mit einem Geschäftsanteil von 999 000 Mark. Einen Anteil von 1000 DM hielt die »Baugenossenschaft Bietigheim«. Den Gesellschaftervertrag unterzeichnete Bürgermeister Mai für die Stadt. Lothar Späth und Karl Spiess unterschrieben für die Genossenschaft. Späth wurde zum ersten Geschäftsführer bestellt.

»Daß die damalige Wohnungsnot praktisch in wenigen Jahren behoben werden konnte, ist ein entscheidender Verdienst des tüchtigen Geschäftsführers Lothar Späth«, stellt im Rückblick Karl Mai fest, der zwanzig Jahre lang Aufsichtsratsvorsitzender der »Bietigheimer Wohnbau GmbH« war. Entscheidend in dieser Pionierzeit war, daß der 24jährige Geschäftsführer Späth mit Gerhard Mayer, Wolfgang Fink und anderen über ein junges Team phantasiebegabter Leute verfügte, das neue Wege ging und alte Denkstrukturen und Handlungsmethoden überwand. »Das war ein Stück aktiver und jüngster Stadtgeschichte. In jenen Jahren gingen eine Bewegung und ein Ruck durch die Kommunalpolitik«, meint heute der Architekt und Politiker Claus Weyrosta. Mit einer Mitarbeiterin begann Späth die Arbeit der »Bietigheimer Wohnbau« in einem Klassenzimmer der alten Oberschule nahe dem Bietigheimer Rathaus. Bereits im ersten Jahr hatte die »Wohnbau«, wie sie in der Bürgerschaft kurz genannt wurde, eine Bilanzsumme von 1,3 Millionen Mark. Ihr größtes Kapital waren Grundstücke, die die Stadt als Mitgift eingebracht hatte. Bereits 18 Monate nach ihrer »Geburt« konnte die stadteigene »Tochter« auf einen Auftragsbestand von über 18 Millionen Mark verweisen. Nach dem ersten Mietwohnungsobjekt mit 81 Wohneinheiten in der Buchstraße gab es eine kontinuierliche Aufwärtsentwicklung. Der tüchtige Geschäftsführer hatte alles im Griff. Wichtigste Aufgabe war, gut zu koordinieren und zu rationalisieren, Baustellen zusammenzufassen und durch die Sicherung von Anschlußaufträgen zu richtig gewählten Terminen die Baupreisentwicklung zu beeinflussen. Zum ersten Mal wurden kombinierte Architektenwettbewerbe für Hoch- und Bebauungsplanung ausgeschrieben.

Noch spätabends brannte in dem einstigen Schulraum, dem ersten Büro der »Wohnbau«, Licht. Dort saß der junge Stadtoberinspektor Späth über Akten, Rechnungen, Schreiben und Bauplänen. Wie kein anderer sah der Senkrechtstarter Späth im Wohnungsbau die zentrale Aufgabe unserer Gesellschaft: »Ich bin ein großer Anhänger der schwäbischen Häuslebauthese. Eine Familie wird durch nichts so frei wie durch Eigentum, allen voran das Wohnungseigentum, in dem sie unabhängig ist. Wohnungseigentum ist für mich geradezu symbolisch für verwirklichte Freiheit. Die persönliche Freiheit, nicht die durch den Staat allein vermittelte kollektive Sicherheit, läßt sich am ehesten innerhalb einer Familie verwirklichen.«

Innerhalb kurzer Zeit wurde Späth, der bereits 1962 zum Stadtoberamtmann befördert und mit der Leitung des neu geschaffenen Liegenschaftsamts betraut wurde, zum Motor einer neuen Kommunal- und Wohnungspolitik mit einer modernen Städteplanung.

Besonders zeigte sich dies im neuen Stadtteil Buch. Die verdichtete Bauweise forderte neue städtebauliche Konzepte. Von Anfang an mußten Bodenordnung, Städtebau, Erschließung und Hochbau aufeinander abgestimmt werden. Das junge Unternehmen übernahm die Koordination solcher Projekte und erwarb sich schnell Anerkennung. Bald horchte man in schwäbischen Kommunalkreisen auf. Der Name Späth wurde ein Markenzeichen.

»Der sitzt auf dem richtigen Dampfer!«

»Der hat erkannt, wohin der Weg geht. Der sitzt auf dem richtigen Dampfer«, stellten immer häufiger Fachleute anerkennend fest. Die äußerst flexible »Wohnbau« hatte den Zug der Zeit erkannt, reagierte auf neue Rahmenbedingungen.

Neben über 700 sozialen Mietwohnungen allein in den ersten fünf Jahren, mehrgeschossigen »Punkthäusern« sowie einem 18- und einem 21geschossigen Hochhaus ging der Trend immer stärker zu Eigentumswohnungen und Eigenheimen. Sorgen machten nur die mangelnde Baukapazität und die lange Baudauer bei konventioneller Bauweise. Doch auch hier wußte Späth Rat und Hilfe. Abordnungen von Gemeinderat und »Wohnbau«-Aufsichtsrat unternahmen eine Informationsreise nach Schweden und besichtigten dort das Montagessystem der Firma Ohlsen & Skarne. Wenige Wochen später produzierte in Buch eine aus dem Boden gestampfte Feldfabrik hochmoderne Fertigbauteile.

Die »Wohnbau« und vor allem ihr Manager Späth wurden zum »Mädchen für alles« auf dem Bau. Die Gesellschaft baute auch Spiel- und Sportplatze, Kindergärten und vieles andere mehr. Wegen der zunehmenden Nachfrage nach Altenwohnungen errichtete die »Wohnbau« in der Gartenstraße 40 in

Bietigheim ein Altenpflegeheim, dem 40 Altenwohnungen angeschlossen sind. Um die Zusammenarbeit mit den Bewohnern der Siedlung Buch zu verbessern, stellte die Gesellschaft sogar eine Sozialarbeiterin ein. Gegen teilweise heftigen Widerstand wurde auch ein Fernheizwerk gebaut, das die gesamte Siedlung versorgte. Das Wohngebiet Buch – einst Bauernland der Hofdomäne – wurde im Laufe der Jahre immer lebendiger, freundlicher und bunter.

Anerkennung und Lob für die tatkräftige und weitblickende Arbeit blieben nicht aus. So wurde der »Wohnbau« der Hugo-Häring-Preis für die städtebauliche Gestaltung des Wohngebiets Buch verliehen; sie erhielt den Landessiegertitel bei dem Wettbewerb »Wohnen in der Stadt«; schließlich zeichnete die Zeitschrift »Eltern« die »Bietigheimer Wohnbau GmbH« als »kinderfreundlichsten Hausbesitzer« aus.

So wichtig auch die Tätigkeit von Späth als quirligem Manager der »Wohnbau« war, nicht weniger wichtig wurde seine eigentliche Arbeit bei der Stadtpflege im Finanzwesen. Kaum war er im Frühjahr 1962 zum Stadtamtmann befördert worden, entwarf er eine Denkschrift über die allgemeine Finanzpolitik der Stadt. Schon damals äußerte er Gedanken, die er später als Beigeordneter in seiner Finanzpolitik verwirklichen sollte. Als er am 1. Oktober 1965 zum Ersten Beigeordneten mit dem Referat Finanzwesen gewählt wurde, war der gerade 27jährige der an Jahren jüngste Stellvertreter eines Bürgermeisters, wie er auch schon der jüngste Stadtamtmann im Land gewesen war. Wieder machte Späth im Finanzbereich Nägel mit Köpfen. Der zweite Mann im Bietigheimer Rathaus erkannte, daß die Kommunen künftig im Verwaltungs- und Finanzbereich neue Wege gehen mußten, wenn sie die noch bevorstehenden Aufgaben lösen wollten. Als erster Kommunalpolitiker stellte er für den Gemeinderat ausführliche Unterlagen über die permanente Finanzkraft und die Vermögenslage der Stadt zusammen. Dazu gehörten auch umfassende Analysen sowie mittel- und langfristige Finanzpläne, die später auch in Bund und Ländern zu ähnlichen Lösungen führten. Finanzpläne sind inzwischen überall selbstverständlich geworden und schlagen sich im Gemeindewirtschaftsrecht nieder.

Der 1. Januar 1967 war ein weiterer Markstein auf dem Erfolgsweg des dynamischen Beamten. Bietigheim mit seinen 20 827 Einwohnern wurde Große Kreisstadt, Karl Mai Oberbürgermeister, und der gerade 29jährige Späth wurde Bürgermeister. Längst brachte der Mann mit der außergewöhnlichen Auffassungsgabe und der schwäbischen Eloquenz im Gemeinderat alljährlich den Haushaltsplan ein, zu dem – dies war ein Novum – eine mittelfristige Finanzplanung über fünf Jahre gehörte, die jährlich fortzuschreiben war. Nicht nur bei den mit Sachkenntnis und Brillanz gehaltenen Haushaltsreden zeigte sich: Späth denkt so schnell, wie er spricht, und bleibt mit den Füßen auf dem Boden. Vom ersten Arbeitstag in seinem Zimmer im Arkadenbau über dem Bietigheimer Marktplatz an galt er als umsichtiger und bienenfleißiger Schaffer und Wühler. Er war alles andere als ein penibler und typischer Beamter, kletterte in den folgenden Monaten und Jahren Sprosse um Sprosse empor und behielt dennoch ein gutes Verhältnis zu seinen Mitarbeitern. Sein Arbeitsstil war effizient, sein Führungsstil sicher, fest und doch unauffällig. Er war ein Mann des Ausgleichs, verstand, andere mitzureißen. Er hörte zu, war empfänglich für Ratschläge und konnte abwägen. Spontan ließ er sich begeistern. Er hatte viele Ideen, die er allerdings auch oft und manchmal zu schnell wieder fallenließ.

Im Schnellschußverfahren

Späth war nicht nur ein Mann, der mit Zahlen umzugehen wußte und etwas von Finanzwirtschaft verstand. Von Anfang an hielt er Kontakt zu Bürgern und Vereinen, dort fühlte er sich zu Hause. Eine seiner beliebten Stammkneipen war die »Baracke« des Deutschjugoslawen Ivo Sucic an der Ecke Gustav-Rau- und Freiberger Straße, dem späteren Hotel-

Restaurant »Alka«. Zu seinen Lieblingskindern gehörten die »Wobachspatzen« der Chorvereinigung Bietigheim, die älteste Karnevalsgesellschaft in der Stadt, deren Ehrenmitglied er noch heute ist. Das war etwas für Lothar Späth. Da war er in seinem Element. Den Weg zu den Narren fand er durch den Krankenhausverwaltungsdirektor Karl Baumert, der damals Präsident des Karnevalsvereins war. Bald gehörte der junge Stadtamtmann der närrischen Riege an, wurde Elferratsmitglied und trug mit Charme, Schwung und Heiterkeit den rot-weißen Narrenfrack und die »Kapp«. Als Hemdenkönig »Ebbe« Bezner in der Saison 1964/65 Karnevalsprinz war, kletterte Späth im Aurainsaal erstmals mit seiner Büttenrede von »Ho Chi Minh« (dem »Erleuchteten« und kommunistischen Führer in Vietnam) in die Bütt. »Der Lothar war schon großartig, so richtig in seinem Lebenselement«, erinnert sich Heiner Frintrop, seinerzeit Zeremonienmeister. »Seitdem ist keiner mehr so gut gewesen.« Zwei Jahre lang war Späth Sitzungspräsident der närrischen Gilde.

»Das Prinzenpaar regiert im Saal, nur wir Narren sind normal«, verkündete lauthals Bürgermeister Späth dem närrischen Volk. Büttenreden waren seine Spezialität. Er hätte es glatt mit den »Määnzern« aufnehmen können. Die Reime flossen ihm mühelos aus der Feder. Oft schrieb er sie noch während des laufenden Programms um und fügte Verbesserungen ein. Frintrop sagte: »Es war im Schnellschußverfahren, doch jede Zeile und jeder Reim saßen.«

In jenen Jahren begann – zunächst hinter den Kulissen – die politische Karriere des Lothar Späth. Die Kommunalpolitik brachte ihn zur Landespolitik, denn – so Späth – »durch Politik kann man wie in keinem anderen Beruf im gesellschaftspolitischen Sinne gestalten.«

Bereits drei Jahre zuvor hatte sich im Wahlkreis 12 (Ludwigsburg) ein Generationswechsel vollzogen. Landtagsabgeordneter der CDU – das erstemal noch über die Zweitstimme – war der junge Rolf Schöck geworden, heute Präsident der »Landeskreditbank« in Karlsruhe. Auch im benachbarten

Wahlkreis 14 (Bietigheim-Bissingen) wurde ein Wachwechsel notwendig. Der damalige verdiente Landtagsabgeordnete Erwin Zinger aus Ludwigsburg kandidierte altershalber und aus gesundheitlichen Gründen nicht mehr. Die Union hielt Ausschau nach einem geeigneten Nachfolger, nach einem jungen tatkräftigen Mann mit Wissen, Erfahrung und Stil. Und vor allem: Er mußte beim Bürger ankommen, denn der Wahlkreis 14 galt als ein sicherer SPD-Wahlkreis, in dem 1964 der Großingersheimer Bürgermeister Karl Braun satte 46,2 Prozent für die Sozialdemokraten geholt hatte. Inzwischen war für ihn der 41jährige Claus Weyrosta nachgerückt, doch weiterhin galt der Wahlkreis als eine »rote Domäne«. Die Christdemokraten waren also in Nöten und auf der Suche nach dem richtigen Mann.

Späth kommt nie zu spät

Bereits seit einiger Zeit waren in Bietigheim der CDU-Fraktionsvorsitzende im Gemeinderat Fritz Rüffer, der Direktor der »Deutschen Linoleum-Werke« Dr. Karl Maerz und der damalige CDU-Ortsvorsitzende Rolf Zechner auf einen Mann aufmerksam geworden, der talentiert zu sein schien: Lothar Späth. Wenn er im Gemeinderat seine finanzpolitischen und wirtschaftlichen Überlegungen vortrug, war etwas los. Späth hatte klare Vorstellungen und besaß Bürgernähe. Er kam an. Ist er der richtige Mann? fragten sich die Unionspolitiker.

»Ich erinnere mich noch genau an den Tag und an unser zweistündiges Gespräch. Der redete frei von der Leber weg«, meinte der heutige CDU-Landtagsabgeordnete und Rechtsanwalt Dr. Karl Lang aus Kornwestheim. Es war ein regnerischer Sonntag, der 13. April 1967. In dem renommierten Hotel-Restaurant »Adler« in Asperg trafen sich an jenem Tag gegen 10 Uhr der frühere Kreisvorsitzende Karl Lang, Fritz Rüffer, Rolf Zechner und Lothar Späth. »Ich kannte den jungen Mann überhaupt nicht näher, ich mußte erst einmal sondieren und ihn mir politisch ansehen, ob er überhaupt auf unserem Boden steht«, so Karl Lang im Rückblick. Bei dem zweistündigen Gespräch machte Späth aus »seinem Herzen keine Mördergrube«. Er kam aus einer Familie, die traditionell zum typisch schwäbischen Liberalismus neigte. In jungen Jahren hatte er – wie er offen bekannte – in der einen oder anderen Frage auch Sympathien für die Sozialdemokraten empfunden. Doch »die Thesen der Erhardschen Wirtschaftspolitik und der sozialen Marktwirtschaft haben mich entscheidend mit zur CDU geführt. Diese Partei hat eine ökonomische Struktur, bei der der einzelne nach Leistung eine Chance hat. Vor allem ist die CDU die Partei, die nur soviel Staat wie nötig und soviel Eigenverantwortung wie möglich anstrebt«, sagte er später.

Der Bund wurde besiegelt, und Späth wurde noch am selben Tag Mitglied der Christlich-Demokratischen Union. Kurze Zeit später stellte er sich in Ludwigsburg dem erweiterten Kreisvorstand vor. Dazu gehörten auch alle Ortsvorsitzenden – unter dem damaligen Kreisvorsitzenden Prof. Dr. Heinz Griesinger aus Markgröningen, Abteilungsdirektor bei der Firma »Bosch« in Stuttgart.

»Wir waren ehrlich begeistert von der Frische, Überzeugung und Ausstrahlungskraft des Kandidaten«, wertet Griesinger den damaligen Eindruck. Einhelliges Urteil: »Das ist der richtige Mann, das ist unser Mann.« Zweitkandidat wurde Rektor Franz Köhler aus Heutingsheim, ein Heimatvertriebener.

Kaum einen Monat später war alles perfekt. Am 3. Mai, wiederum im »Adler« in Asperg, entschied sich die Kreisversammlung für die beiden Bewerber. Lothar Späth wurde mit 56 von 60 Stimmen bei drei Enthaltungen und einer ungültigen Stimme nominiert. Er konnte es kaum fassen: Es hatte nicht eine einzige Gegenstimme gegeben. Nach der Nominierung zum Landtagskandidaten der Christdemokraten stand der Bietigheimer Bürgermeister und Leiter des Finanzreferats wie der »Ochs vorm Berg«. Vom Finanzwesen und Haushaltsplänen verstand er natürlich etwas. Aber einen Wahlkampf führen, das war für ihn Neuland. Doch der junge und oft fast unbekümmerte Mann sagte sich: »Kommt Zeit, kommt Rat.«

In jenen Tagen bildete sich ein Wahlkampfkomitee. An der Spitze Dr. Karl Maerz, Fraktionsvorsitzender Fritz Rüffer, Ortsvorsitzender Zechner und Stadtrat Eberhard Bezner, Chef der Hemdenfabrik »Olymp« und ein wichtiger Mann im lokalen Geschehen. Irgend jemand hatte auch zu Dr. Walter Brodbeck, dem Leiter der Werbe- und Presseabteilung bei den »Deutschen Linoleum-Werken« in Bietigheim, gesagt: »Komm doch mal mit.«

Am Abend saßen sie alle zusammen und warteten auf Späth, der noch einen Termin in der Villa Reitzenstein bei dem damaligen Ministerpräsidenten Dr. Hans Filbinger hatte. Als er endlich mit reichlicher Verspätung (»Auch der Herr Ministerpräsident ist einverstanden«) eintraf, meinte Brodbeck treffsicher und mit trockenem Humor: »Lothar Späth kommt nie zu spät.« An jenem Abend wurde sozusagen aus dem Stegreif der Slogan geboren, der in den nächsten Wochen auf Hunderten von Buttons stand, die später die Wahl des jungen Aufsteigers mitentscheiden sollten. Als Tage später der SPD-Abgeordnete und Späths Gegenkandidat Claus Weyrosta den schlagkräftigen Slogan zum ersten Male hörte, soll ihm – so berichten Zeitzeugen – schwarz statt rot vor Augen geworden sein. Er soll gemurmelt haben: »Na, dann gute Nacht.«

Weyrosta behielt recht. Denn ein junges Wahlteam führte in den nächsten Wochen einen unkonventionellen Wahlkampf nach amerikanischem Muster, der bei den vielfach zu Unrecht als bieder geltenden Schwaben glänzend ankam. Viele blickten erstaunt auf, als in den Wochen vor dem alles entscheidenden 28. April 1968 besonders an den Wochenenden ein Korso mit zehn Oldtimern und »Schnauferles« durchs Land fuhr. Lautsprecheransagen dröhnten durch die Ortschaften. Fünfzehn schmuck gekleidete Hostessen rührten die Werbetrommel für »ihren Lothar«, verteilten Luftballons und Blumen mit Visitenkarte des engagierten Landtagskandidaten. Ostern durchfuhr die Wagenkolonne den Wahlkreis von Löchgau bis Oberstenfeld, von der Schillerstadt Marbach (Neckar) bis in die Weinbaugemeinden Mundelsheim, Hessigheim und Kirchheim. Das Wahlkampfkomitee hatte einen Lastzug mit über 10 000 Osterglocken geordert, die von hübschen jungen Damen – meist Mitgliedern der Jungen Union – verteilt wurden. Schon damals machte der heutige Ludwigsburger Bundestagsabgeordnete und wirtschaftspolitische Sprecher der Union, Matthias Wissmann, der in jenen Tagen noch die Schulbank drückte, Wahlkampf für den späteren Landeschef. Und natürlich wurden Buttons verschenkt. Nach diesen Ansteckern mit »Lothar Späth kommt nie zu spät« in der Erkennungsfarbe Grün griffen besonders Kinder und Jugendliche gern.

»Der ganze Wahlkampf war eine ungeheure Fleißarbeit«, erinnert sich die heutige Werbemanagerin Brunhilde Schmukker aus Bietigheim-Bissingen, die zu den unermüdlichen Wahlhelferinnen gehörte. Ein reiner »Persönlichkeitswahlkampf«. Signum der Anzeigen war »L.S.k.n.z.sp . . .!«. Das zog wie ein Magnet. Die Rede war von »cleveren Leuten« – wie Lothar Späth. Und schon hieß er das »Cleverle«.

Der Wahlkampf wurde personenorientiert geführt, das heißt, der Kandidat sprach die Wähler direkt an, so wie sie es bisher kaum erlebt hatten. Nur am Schluß der Anzeige stand der Hinweis auf die CDU. In einer solchen Anzeige mit der Einladung zum Besuch in einer Sprechstunde des Kandidaten hieß es: »Bei einem Glas Bier oder einer Tasse Kaffee spricht man sich leichter aus. Vielleicht für Lothar Späth. Wir sind fast sicher, denn wir haben lange gesucht, bis wir den besten Mann hatten.«

»Politik ist Sorge für unsere Mitmenschen«, erklärte der junge Kandidat den Bürgern. Er schrieb viele Wählergruppen an: die Betriebsvorsitzenden, die Landwirte und die Weingärtner, die Hausfrauen und natürlich die Erstwähler. Der Christdemokrat – den wenige Monate zuvor in den Reihen der Union nur wenige kannten – kam in seinem Wahlkreis an. Viele Bürger glaubten ihm. Sympathiewerbung wurde betrieben: farbig, faszinierend und dennoch informativ. Wochenlang fuhren Späth und seine Mannschaft jeden Tag und jeden Abend durchs Land. Der Kandidat redete in Gaststätten, Turnhallen und Vereinsheimen. Sonntags wurden politische Frühschoppen durchgeführt. Späth präsentierte sich als Mann, der in Weinlokalen und am Stammtisch das Gespräch mit dem Bürger sucht, der mit ihnen zusammenhockt, der mehr das Menschliche berührt und über Politik »nur« diskutiert, wenn es notwendig ist. Jeder Abend verlief als ausgesprochener »Spät(h)-Hock«. Bald kannte der Mann, der Politik machen wollte, jedes Wirtschäftle, jedes Sportheim und jeden Winkel im Wahlkreis Ludwigsburg 14. Wer es auch war, Späth fand schnell zu ihm Kontakt.

Gekämpft wurde um jede Stimme. Wie eine »Eins« standen alle hinter ihm. Vor allem der Kreisvorsitzende Prof. Heinz Griesinger und sein Vorgänger Raban Graf Adelmann vom Weingut auf Schloß Schaubeck, der besonders im Bottwartal und in Weinbaukreisen ein Begriff ist. Der eigentliche Wahlkampf begann am 3. März mit einem »Frühschoppen« in der Weinbau- und ehemaligen Oberamtsstadt Besigheim (Neckar). Bis zum 27. April wurden 44 offizielle Veranstaltungen durchgeführt. Daneben lief der »kleine Wahlkampf« von Mensch zu Mensch, von Familie zu Familie, von Haustür zu Haustür.

Der letzte Aprilsonntag des Jahres 1968 brachte die lang erwartete Entscheidung. Späth hatte sich von Anfang an keine Illusionen gemacht, denn sein roter Gegenkandidat hockte in einem »warmen und sicher erscheinenden Nest«. Doch der ehrgeizige Newcomer wollte es packen. Nur zu gut wußte er: Wenn es diesmal nicht gelingt, wird es so leicht und so schnell nicht mehr möglich sein.

Viel zu langsam verlief für ihn an jenem Abend die Auszählung in den Wahllokalen. Zu zögernd trafen die Meldungen ein, Späth saß mit seiner Frau Ursula und dem engsten Wahlkomitee in seiner Wohnung. Die ersten Ergebnisse waren nicht schlecht. Doch dann kamen deprimierende Zahlen wie aus dem Wahllokal »Kammgarnspinnerei«. Späths anfänglicher Optimismus wurde gedämpft, doch seine Frau Uschi tröstete ihn:

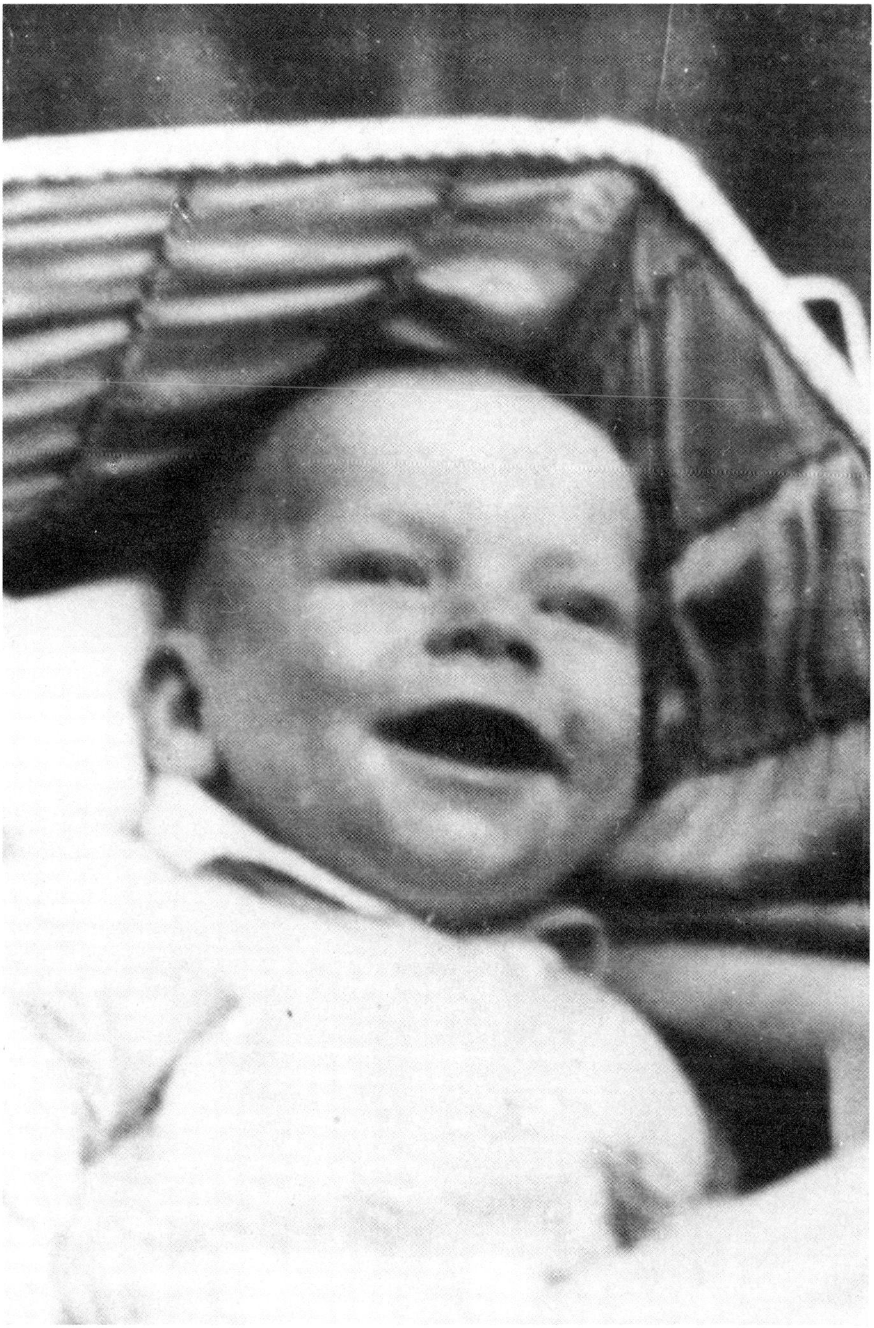

Lothar Späth einjährig in Sigmaringen

Beim Spaziergang mit zweieinhalb Jahren

Lothar Späth (links) und Schwester Gertrud (rechts), in der Mitte die Schütz-Geschwister in Ilsfeld

Das Haus in der Dammstraße: Mutter Helene (links),
Tante Martha Schütz und der kleine Lothar

Tante Martha Schütz und Geschwister, Lothar mit Peitsche
(Ilsfeld, 1941)

Lothar, ein Freund und Schwester Gertrud (von rechts)

Vater Späth bei seiner Lieblingsbeschäftigung

Lothar mit seiner Schwester und Tante Martha Schütz

Lothar (rechts) im Kindergarten von Ilsfeld (1941)

Ländliche Idylle auf dem Nebenerwerbshof Schütz in Ilsfeld, links Lothar

1. Schultag in der Volksschule von Ilsfeld, August 1943, Lothar 1. Reihe dritter von links

»Abwarten ... nicht aufgeben ... so schnell ist nichts entschieden!«

Erst nach 20 Uhr stand das Ergebnis fest. Eine Sensation, die Schlagzeilen in der Presse machte. Der Jubel in der Wohnung im 14. Stockwerk der Berliner Straße 8 wollte kein Ende nehmen. Es war kaum zu fassen. Der unbekannte Späth hatte der SPD einen sicheren Wahlkreis abgejagt. Er hatte 25 873 Stimmen erhalten. Das waren 3020 Stimmen – oder 4,3 Prozent mehr als Claus Weyrosta. Vier Jahre zuvor hatte der SPD-Kandidat Karl Braun noch 8664 Stimmen – das waren satte 17 Prozent – Vorsprung gehabt. Späth führte, so erinnert sich ein Teilnehmer der Siegesfeier an jenem Abend, vor Begeisterung regelrechte Freudentänze auf.

In den ersten Wochen des Jahres 1970 hatte der Autor, seit vielen Jahren Lokalredakteur der »Stuttgarter Nachrichten« im Landkreis Ludwigsburg, das »Gras wachsen« hören. Späth, der seit zwei Jahren im Stuttgarter Landtag saß und dort Karriere machte, hatte ein verlockendes Angebot als Geschäftsführer der neugegründeten »Städtebau« bei der »Neuen Heimat« erhalten, die seinerzeit umfangreiche Aufgaben im kommunalen Bereich – beispielsweise Krankenhausbauten – anpacken wollte. Die Information war brandheiß und »top secret«. Für einen Journalisten gerade das richtige. Also rief ich den Abgeordneten und Bürgermeister Späth an. Auf die Frage »Stimmt es?« rang er offenbar nach Luft und knirschte bei erneutem Nachfragen mit den Zähnen. »Wenn du es nicht verheben kannst, dann bring es eben.« Ich tat es.

Am 28. April 1970 saß Bürgermeister Späth (MdL) zum letztenmal im Ratssaal neben Oberbürgermeister Karl Mai. Nach zehnjähriger Tätigkeit wurde er offiziell verabschiedet. Voller Anerkennung würdigte OB Mai die Arbeit und Leistung des Zweiunddreißigjährigen, der die Geschichte Bietigheims mitgestaltet und geprägt hatte. »Bürgermeister Späth hat im zentralen Bereich der umfassenden kommunalen Tätigkeit neue Wege einer modernen Kommunalpolitik gesucht und mit Erfolg beschritten«, stellte Karl Mai heraus.

Claus Weyrosta
SPD-MdL

Mein schwarzer Bruder

Hat die Journalistin recht, die da fragt, was am Ende ein Mensch wird, der alle Privilegien in jungen Jahren erreicht und genießt? Was ist das für ein Mann, der unter den Auswirkungen zu leiden beginnt, von vielen, möglichst von allen, wenn nicht geliebt, so doch geachtet und gekannt zu werden?

Ich bin nicht vermessen genug zu behaupten, jeweils seine innersten Regungen zu kennen, aber ein wenig besser als andere kenne ich ihn schon, Lothar Späth, den viele meinen »schwarzen Bruder« nennen. Was für eine Verbindung, für Dritte nicht nachvollziehbar, vielleicht für uns beide in den letzten psychologischen Tiefen auch nicht.

Wir sind Gegner – aber keine Feinde. Wir sind befreundete Kollegen – aber keine Duzkumpane. Wir begegnen uns offen, dennoch mit sensiblen Wahrnehmungen, seit langem.

1960 tauchte ein bleicher, schmallippiger Verwaltungsinspektor in meiner Stadt Bietigheim, einem 30 000 Einwohner zählenden Industriestädtchen im Norden Stuttgarts, auf. Der junge, ungestüme Architekt, »roter Maurer« genannt, auf dem Weg in den Stadtrat, erregte sein Interesse. Er sah in ihm einen Partner, Anreger, und kompetenzverlangend nahm er ihn an. Regie zu führen, das war seine Sache – schon damals. Natürlich schlug er auch Pflöcke in anderen Fraktionen. Sein Naturtalent, Einflußnetze zu stricken, zeigte erste Erfolge.

Während der Oberbürgermeister nur im Streit den Kauf eines neuen Dienstfahrzeuges durchsetzen konnte, hatte sein junger Stadtamtmann längst einen Dienst-BMW mit Autotelefon als inzwischen avancierter Geschäftsführer seiner »Bietigheimer Wohnbau GmbH«.

Dieses in der damaligen Zeit ungewöhnliche, für eine Kommune unübliche Dienstleistungsinstrument, von ihm mit billigsten Bodenvorräten einer aufgelösten Staatsdomäne gefüttert, erhielt sein Kapital durch die schlichte Anhebung der Bodenpreise und ließ die lokalen Banken und staatlichen Förderinstitute willfährig in die Restfinanzierungen seiner nun auf Stapel gelegten Wohnungsbauprojekte einsteigen.

Tägliche Kontentransaktionen ließen den Normalbeschauer schwindlig werden. So begann Späth, seinen Ruf als Finanzexperten zu nähren. Eine Pressekonferenz jagte die andere. Die Bauvorhaben schossen aus dem Boden, Goldgräberstimmung brach aus. Weitere Gesellschaften, Tochterorganisationen, wurden aus dem Boden gestampft. Zwar entzog sich der Geschäftsführer in allen Etagen weitgehend der Kontrolle des Stadtrats, aber in den Aufsichtsräten konnten die Stadtväter am Ruhm teilhaben, und der Oberbürgermeister war immer deren Vorsitzender. Seine Autos wurden schneller, die ersten elektrischen Schreibmaschinen und Diktiergeräte in seinen immer größer werdenden Mitarbeiterstäben entsprachen seinen Arbeitsmethoden. »Die Revolution habe begonnen«, schwärmte er euphorisch. Und wer wollte bei dieser Entwicklung nicht dabei sein?

Er vereinnahmte sie alle. Sein Selbstbewußtsein stieg grenzenlos. Er vereinnahmte alle, seine Mitarbeiter, die Architekten, die Handwerker und Firmen, seine Geschäftspartner, alle Fraktionen im Stadtrat. Er war wieselflink, immer in Bewegung. Bis »späth« in die Nacht. Seine Frau: » . . . wenn ich Weyrostas Volkswagen höre« – ich fuhr weit nach Mitternacht von meinem Büro an seiner Wohnung vorbei –, »dann kommt Lothar auch bald.«

Morgens aber wachte sein Gesicht nicht vor neun Uhr auf. Vor allem dann, wenn in Wahlkämpfen die Versammlungen der Parteien besucht wurden. Franz Josef Strauß mußte sich der Zwischenrufe mit der Bemerkung erwehren: »Macht ihr erst einmal euer Abitur.« Späth reagierte mit wütendem Kettenrasseln auf der Empore des Versammlungssaales.

Er war die Unruhe in Person. Die Reisewelle begann. Ins Ausland: USA, ČSSR, Schweden. Flugzeugtickets schafften sich wie S-Bahn-Fahrkarten an. Wir legten oft zusammen, den

Rest unseres Geldes, und – ich verdiente damals mehr. Tagsüber Konferenzen, Gespräche, Kontakte, abends Nobelrestaurants – er hielt viel von gepflegter Speisekarte –, Bars, Clubs. Man muß sie kennen, viele, wenn es geht – alle. Die anschließenden Berichte über Erfahrungen, Erlebnisse, farbig ausgeschmückt, erfuhren eine ständig sich steigernde, glitzernde Fortschreibung.

Als Begleiter, Teilnehmer war man stets vereinnahmt. Ein kokettes Rollenspiel. Erstaunen, welche Position man zugewiesen bekam. Er machte Staat.

Dem jungen Mann, dem man aufgrund seiner Statur anfangs nicht viel zugetraut hatte, war man – aufgetaut – schnell vertraut. Politik? Für ihn kein Thema.

»... wie froh bin ich, nicht im Dritten Reich groß geworden zu sein, ich weiß nicht, was ich gemacht hätte ...«

»... wenn ich Sie so vom Krieg erzählen höre, ich möchte nie Soldat sein ...«

Er hörte zu, als wäre ich sein großer Bruder. Ich war 12 Jahre älter, aber für ihn annehmbar, weil jungenhaft geblieben. Praktische Dinge, auch Musik und Kunst betrachtete er mit Abstand. Sie lagen ihm nicht. »... mit fremdem Geld kann er besser umgehen als mit seinem eigenen ...«, stöhnte seine junge Frau Uschi, sie, die ständig auf ihn warten mußte.

1967 – mein Einzug ins baden-württembergische Landesparlament – war für ihn ein Ärgernis. Ich spürte es deutlich. Sein Ehrgeiz war berührt. Jahre vorher hatte er mich animiert, als Zweitbewerber hinter einem schon alten Landesparlamentarier zu kandidieren. Dann aber, als ich nachrückte, weil mein Vorgänger erkrankte, störte ihn mein Vorbeiziehen.

Wenn ich mich richtig erinnere, gab es auch andere Unstimmigkeiten. Unsere Partnerarbeit geriet in eine Krise.

Es kam – wie man es bei ihm erwarten mußte. 1968 – einen Tag vor der offiziellen Nominierung zum Landtagskandidaten – trat er der CDU bei: Er, den viele für einen Sozialdemokraten gehalten hatten. Freunde von mir dachten schon früher über eine Bundestagskandidatur für die SPD von ihm nach.

Der CDU war es recht, den inzwischen zum Beigeordneten der Stadt Aufgestiegenen gegen mich antreten zu lassen.

1968 schlug er mich, mir blieb das Zweitmandat.

Um diesen Vorgang rankten sich viele Stammtischstorys. Streichhölzer sollen wir in einer Hotelbar bei einer US-Reise gezogen haben, wer bei welcher Partei für Parlamentsmandate antritt. Nichts dergleichen. An meiner Position als Sozialdemokrat war nichts zu deuteln.

So erzählten andere, wenn es den Weyrosta nicht gegeben hätte, wäre Späth wohl bei der SPD gelandet.

Ich glaube nichts dergleichen.

»... Ach, Sie mit Ihren toten Fischen ...« spottete er später über meine in den sechziger Jahren ungewöhnlichen Umweltaktivitäten.

Längst war er an mir vorbeigezogen, seit Mai 1972 war er CDU-Fraktionschef, Lothar Späth kommt nie zu spät, hatte er verkünden lassen.

Er, der NH-Manager von Vietors Gnaden, managte seine Fraktion. Er, der in den Landtag gezogen war, Aufgaben zu lösen und nicht wie Weyrosta schnöde Parteipolitik zu machen.

Aber seine spitzbübische Schlitzohrigkeit war geblieben, knitz und agil besorgte er mit seinem Intimus, Landessprecher Kleinert, seinem Freund »Matt«, das Besetzen von Themen. Das war für ihn bereits Erfolg und bewies Kompetenz. Von staatsmännischen, philosophischen Gesamtbetrachtungen hielt er nicht viel. Er wollte für den Mann auf der Straße dasein, seine Stimmungen aufnehmen.

Dann kam der Filbinger-Sturz zu Stuttgart. »Soll ich oder soll ich nicht, das ist die Frage ...« Es gab einen mitternächtlichen Spaziergang um den Landtag. Ich warnte: »Zu früh!« »Ich pack's, eine solche Chance kommt nie wieder ...« Er griff zu und wurde Ministerpräsident von Baden-Württemberg.

Er, der sich gerne in Einzelbetrachtungen verstieg, versucht nun die Versöhnung von Technik und Kultur, gleichgültig, ob die Zwänge der Technik bestimmen. Er vereinnahmt Kultur und Kunst, denn für ihn bleibt alles alles. Er ist unbekümmert genug, jede Herausforderung anzunehmen.

Er vereinnahmt auch sie.

Vielleicht bin ich sein akzeptierter roter Bruder, weil ich mich von ihm nicht vereinnahmen lasse?

Martin Born

Unternehmerisches Genie oder furchtbarer Manager?

Als der Berliner Bäcker Horst Schiesser die »Neue Heimat« für eine Deutsche Mark kaufte, war der baden-württembergische Ministerpräsident Späth entsetzt. Kein Wunder, Lothar Späth war alter »Neue-Heimat«-Mann von 1970 bis 1974; er hatte bis zu dem 1-Mark-Deal mit dem »Neue-Heimat«-Sanierer Meier-Preschany Verbindung gehalten. Aber Späth war nicht nur entsetzt, Späth, der Mann vom Bau, mußte sich auch an seine eigene Baukarriere erinnern. Er selbst hatte einmal ein Bauunternehmen für eine Deutsche Mark gekauft. Damals war er noch bei der »Bietigheimer Wohnbau« und leitete nebenbei noch die nicht gemeinnützige »Bietigheimer Städtebau«. Die Firma hatte mit einer schwedischen Fertigbaufirma zusammengearbeitet. Als die Schweden pleite machten, kaufte Späth die »Skarne-Systembau« für eine Mark, um seine Projekte in Bietigheim fertigzubauen. Nach Bietigheim war Späth 1960 gekommen als dreiundzwanzigjähriger Verwaltungsbeamter des gehobenen Dienstes. Als der Bürgermeister von Bietigheim ihn anstellte, sagte er abends zu einem Freund: »Heute habe ich einen intelligenten Kerle eingestellt, aus dem wird noch was.«

Späth lernte das Handwerk des Wohnbaus nebenbei. Er war zwar aktiv, aber Oberbürgermeister Mai hatte keine Probleme, den jungen Baulöwen zu zähmen. »Der hat nur das gemacht, was ich zugelassen habe«, erinnert sich »Häuptling Mai«. Dieser ließ auch zu, daß sich Späth mit seiner Planung aus der gemeinnützigen Tätigkeit hinauswagte und die »Bietigheimer Städtebau« gründete, um in Bietigheim und in den angrenzenden Gemeinden auch mal eine Schule zu bauen oder eine Sanierung zu planen. Die Idee mit der »Städtebau« war geradezu revolutionär. Nicht viele Gemeinnützigen wagten sie. Vorgemacht hatte es die große »Neue Heimat« in Hamburg. Obwohl es unter Fachleuten immer umstritten war, ob eine gemeinnützige Gesellschaft ein nicht gemeinnütziges Kind haben dürfe. Als die »Neue Heimat Städtebau« in Baden-Württemberg gegründet wurde, hatte sie ein Problem: die »Städtebau Bietigheim«. Wo immer die NH-Leute im Großraum Stuttgart bei den Verwaltungen anklopften, war Lothar Späth schon dagewesen.

Vollgas und los!

Späth kannte alle Bürgermeister und fast alle Gemeinderäte, Dem Bietigheimer »Häuptling Mai« wurde mit der Zeit seine »Städtebau« doch zu groß – trotz seiner Kontrolle. Und der Finanzbürgermeister und Geschäftsführer spielte nicht nur Vertreter seiner Bietigheimer Firma – er fuhr auch mal nach Köln zu einer Tagung der gemeinnützigen Wohnungsbauunternehmen. Dort schaffte es der eloquente Schwabe, in ein Gremium gewählt zu werden, indem er einen Mann der »Neuen Heimat« aus Stuttgart bei der Wahl schlug. Dies imponierte einem anderen »Neue-Heimat«-Mann: Albert Vietor. Der spätere »King Albert« setzte seinen Mann für Baden-Württemberg und Bayern auf Späth an, Ludwig Geigenberger. Auf dem Heimflug nach Stuttgart sprach Geigenberger mit Späth. Geigenberger machte Späth ein Angebot für die Geschäftsführung der »Neue-Heimat-Städtebau« in Baden-

Württemberg. Die »Städtebau« in Stuttgart krebste nämlich herum, und Vietor hatte erkannt, daß er einen CDU-Mann brauchte, der »leichter in die Rathäuser hineinkommt«. Inzwischen war Späth nicht nur CDU-Mann, sondern CDU-Landtagsabgeordneter. Geigenberger bewunderte Späth geradezu. Er sagte zu ihm im Flugzeug: »Wenn ich mir so Ihre ›Bietigheimer Städtebau‹ ansehe . . . Toll! Aber wissen Sie was, Bietigheim ist zu klein für Sie. Kommen Sie zu uns! Sie werden Geschäftsführer unserer Städtebaugesellschaften, auch Geschäftsführer im gemeinnützigen Bereich, aber Schwerpunkt Auf- und Ausbau des Städtebauunternehmens in Baden-Württemberg.«

Geigenberger blieb der Boß für Baden-Württemberg und Bayern. Späth sollte als einer der Geschäftsführer die »Neue Heimat Baden Württemberg« erst richtig in Schwung bringen. Aber da war noch die »Bietigheimer Städtebau«. Würde sie weiterwachsen mit einem so guten Geschäftsführer, wie Späth einer war, dann hätte Späth nicht so gute Startchancen in seiner »Neuen Heimat« gehabt. Späth brachte deshalb die »Bietigheimer Städtebau« als Morgengabe dar. Er brachte sie einfach mit. Seinen Bietigheimer Oberbürgermeister entschädigte er durch einen Beiratsposten bei der »Neuen Heimat Städtebau«, und für ein paar Wochen war Lothar Späth Finanzbürgermeister der Stadt Bietigheim, Geschäftsführer der »Bietigheimer Wohnbau«, der »Städtebau«, der »Neuen Heimat Städtebau« und CDU-Landtagsabgeordneter. Die Städtebaugesellschaften gingen zusammen, die »Bietigheimer Wohnbau« hat alle Rezessionen überlebt, sie hat ihr 25jähriges Jubiläum gefeiert, sie baut noch heute 100 Wohneinheiten im Jahr, und bis 1977 war Späth noch im Aufsichtsrat.

Dann aber konzentrierte sich Späth ganz auf die »Neue Heimat« und die Politik. Über diese Zeit wurde bisher nur bruchstückhaft berichtet.

Als Späth bei der »Neuen Heimat« wirbelte, bewegte er auch gleichzeitig die Landespolitik. Die landespolitischen Journalisten waren begeistert von Späth, der im vereisten Konservatismus des Ministerpräsidenten Filbinger wie ein kleiner flinker Eisbrecher unterwegs war. Sie kamen nur selten auf die Idee nachzufragen, was Späth eigentlich alles bei der »Neuen Heimat« machte. Es genügte, daß sich herumsprach, er sei erfolgreich. Seine Aktivitäten waren so vielfältig, daß es schon damals schwierig gewesen wäre, eine Übersicht zu erhalten. Inzwischen, nachdem die »Neue Heimat« viel durchgemacht hat, war Zeit, auch in Baden-Württemberg Schuldige zu suchen.

Als die »Neue Heimat« auch im Bundestagswahlkampf noch eine Rolle zu spielen begann, versuchten einige SPD-Abgeordnete, Späths Rolle überzubewerten, damit die CDU nicht zu laut gegen die »Neue Heimat« polemisieren konnte. Der »Vorwärts« schrieb vom »Schwarzen Riesen und roten Zwergen«, von dem »Minus-Mann Späth, der sich rechtzeitig abgeseilt hat«. Doch solange Späth bei der »Neuen Heimat« war, gab es kaum Kritik von der SPD-Seite. Späth kannte zu viele SPD-Genossen im gemeinnützigen Wohnungsbau. Der Niedergang der »Neuen Heimat«, der Bundestagswahlkampf, der Aufstieg Späths in der Bundes-CDU führten aber dazu, daß immer wieder nach Späths Vergangenheit bei der »Neuen Heimat« gefragt wurde. Auch von CDU-Leuten. Zudem hat Späth selbst dazu beigetragen, daß sein Abgang bei der »Neuen Heimat« noch heute manchmal auch bei seinen eigenen Parteifreunden kommentiert wird: »Offenbar hat er dort Fehler gemacht und ist rechtzeitig gegangen.« Denn schließlich hat Späth selbst nie gesagt, warum er die »Neue Heimat« verließ. Es gab nur vorsichtige Erklärungen, er wolle sich mehr der Politik widmen. Es kann nicht sein, daß ihm eine Fee im Traum erschien, die ihm sagte, er solle sich langsam auf den Posten des Ministerpräsidenten vorbereiten.

Als mitten im Wahlkampf zur Bundestagswahl 1987 die SPD im Stuttgarter Landtag noch einmal versuchte, alte Sünden aufzuzählen, hielt sich Späth zurück und fuhr nur eine gebremste Verteidigung. Obwohl es ihm manchmal schon leichtfällt, auf Aussagen zurückzugreifen, die beweisen sollen, daß er bestimmte Entwicklungen geahnt hat – bei der »Neuen Heimat« hat er es nicht gesagt. Aber: Hier hat er es nicht nur geahnt, er hat es gewußt – schon 1970. Späth wußte, daß die »Neue Heimat« auf Talfahrt war. Er wußte es noch genauer, als er ging. Deshalb ging er. Dem Wachstumsmanager Späth war das Wachstum der »Neuen Heimat« zu unkontrolliert und zu windig finanziert. Aber zunächst wollte er es nicht glauben. Derjenige, der ihn zur »Neuen Heimat« holte, Ludwig Geigenberger, hat es ihm gesagt. Geigenberger hat sich aus diesem Grund von seiner »Neuen-Heimat«-Karriere verabschiedet: entschädigungs- und grußlos, wie er stolz sagt. Aber selbst als Geigenberger ging, wollte es Späth noch nicht glauben. Er glaubte es erst, als er der Nachfolger Geigenbergers geworden war. Zunächst aber, im Jahre 1970, managte Späth die »Neue Heimat Städtebau Baden-Württemberg« wie ein Motorradfahrer seine Fahrt im Frühlingswind: Vollgas und los.

Späths erschöpfte Mitarbeiter waren schon mit den Nerven fertig, wenn er zur Bürotür hinausging. Sie wußten, wenn er wieder zurückkommt, hat er ein Paket neuer Aufträge unter dem Arm mit noch mehr Arbeit. Späth auf seinem Lieblingstrip: Verkaufen – Ideen, Planung, Gebäude, Bauland. Und Einkaufen – Ideen, Planung, Gebäude, Bauland, Mitarbeiter. Als Späth kam, sahen ihn rund 250 Mitarbeiter der »Neuen Heimat Baden-Württemberg« erwartungsvoll an, als er ging, blickten 400, genauer 412, verständnislos. Doch das waren schon 45 weniger als im Jahr zuvor. Das heißt, im Jahr des Weggangs von Lothar Späth war der Einbruch schon deutlich. 1970 hatte die »Neue Heimat Baden-Württemberg« mit ihren Tochtergesellschaften ein Bauvolumen von 9300 Objekten, 1972 waren es 16 000, 1973 12 000 und 1974 8400. Offenbar war Lothar Späth zu dem Schluß gekommen, daß sich nicht nur eine Rezession in der Bauwirtschaft anbahnte, sondern sich auch die Voraussagen seines Vorgängers Geigenberger und eigene Erkenntnisse bewahrheiteten.

Welche Steigerungsraten es beim Bauland gab, zeigt sich schon an einem Punkt der Geschäftsberichte. Bei der Position »Zum Verkauf bestimmte unbebaute Grundstücke« werden im

Geschäftsbericht 1969 100 Millionen Mark genannt, 1974 das Anderthalbfache. Es schien, als wollte Späth Baden-Württemberg aufkaufen, und als das nicht gelang, wurde er Ministerpräsident. Doch ganz so einfach sind die Aktivitäten des Baumanagers Späth nicht zu formulieren. Dafür war das Geschäft bei der großen Gesellschaft viel zu schwierig. Da gab es Landkäufe, mit denen er nichts zu tun hatte, weil er zunächst hauptsächlich nur für die »Städtebau» zuständig war; außerdem gab es Landkäufe, die schon angelaufen waren, als Späth zur »Neuen Heimat« kam; ferner gab es Landkäufe, die von Hamburg stärker beeinflußt waren als von Stuttgart, und schließlich gab es Landkäufe, die eine Fehlspekulation des Geschäftsführers Lothar Späth waren. Zunächst aber waren da die Berufsschulzentren, die Schulen, die Kindergärten und Krankenhäuser, die Späth verkaufen konnte. Späth ist der einzige deutsche Politiker, dessen Leistungen außerhalb der Politik in Kubikmeter umbauten Raumes und Quadratmeter Bodens zu bestaunen sind.

In Geschäftsberichten läßt sich nachlesen, ob er effizient gewirtschaftet hat, in Baugebieten läßt sich erkennen, ob der Baumanager Späth langfristig denken konnte. Und das in einer Zeit, die sich wirtschaftspolitisch einem Höhepunkt näherte, um dann einen Umbruch vorzubereiten. Während andere Jungpolitiker die Aktentaschen von Altpolitikern trugen, betonierte Lothar Späth Politik. Welcher Politiker kann auf solch einem betonierten Teststand bestehen? Und wie Späth sich auf den Test konzentrierte! Als sein Chef Geigenberger ihn einmal begleitete, wurde dem beinahe schwindelig: »Eine solch einmalige Kontaktfähigkeit ist mir in meinem Leben nie mehr begegnet. Da saßen Gemeinderäte, die waren gegen uns eingeschworen, weil wir von der großen ›Neuen Heimat‹ waren, die hat der Lothar in einer halben Stunde am Finger gehabt, und dann hat er sie aufgewickelt, wie er wollte. Als er die Verhandlung verließ, ging er als der große Freund.«

Ähnlich schaffte es Späth, in dem neuen Umfeld der »Neuen Heimat«, bei der SPD und bei den Gewerkschaften, Freunde zu gewinnen. Ein baden-württembergischer CDU-Mann, der es nicht mit der IG Metall kann, der weiß nicht, in welcher Gewerkschaft ein Teil seiner Wähler ist.

Späth brachte Schwung in die »Städtebau«, und das »Neue-Heimat«-Umfeld sah es mit Wohlgefallen. Doch bei aller Aktivität und bei allem Geschäftserfolg zeigte sich auch ein Schwachpunkt. Mitarbeiter konnten nicht immer nachvollziehen, was alles geplant und beschlossen wurde, wenn Späth allein verhandelte. Ein Mitarbeiter versuchte, wenigstens bei Dienstfahrten mit ihm im Auto zu sitzen, um Planungen nachzuvollziehen, zu präzisieren. Um dies zu schaffen, versuchte er sogar, bei Fahrten in Stuttgart im Auto zu sitzen und jede Minute auszunutzen. Aber manchmal war die Fahrt zum Flughafen zu kurz, um alles zu klären. Auch Chef Geigenberger erkannte das schnell und jammerte: »Die Schweißarbeit am Schreibtisch interessiert ihn relativ wenig. Aber dazu hat er auch den guten Xander.« Den »guten Xander« hatte Späth von der »Bietigheimer Wohnbau« mitgebracht – heute ist der »gute Xander« nicht nur immer noch Späths Tennispartner, sondern auch Chef der landeseigenen baden-württembergischen Baugesellschaft »LEG« (Landesentwicklungsgesellschaft).

Die Droge Wachstum

Der Baulöwe Späth stand damals unter der allgemein üblichen Droge Wachstum. Heute, nachdem die Droge wegen schwerwiegender Folgeschäden aus dem Verkehr gezogen worden ist und die Entzugserscheinungen abgeklungen sind, kann sich ein Beobachter aus dem Jahre 1987 kaum noch in die Wahnträume von 1970 hineindenken. Da planten die CDU-Politiker im Landtag eine Universität in Ulm – die »Neue Heimat« plante gleich mit. Wachstumsideologen aus zwei Lagern phantasierten zusammen. Die Universität war 1967 gegründet worden, die Planungen bei der »Neuen Heimat« liefen schon, als Späth kam. Es ging um 20 000 Studenten und um 60 000 Personen sogenannter Folgebevölkerung sowie um 152 Hektar Land auf dem neu zu bauenden Stadtteil Eselsberg. Heute lernen in Ulm rund 5000 Studenten, und es wird mit einer zusätzlichen Bevölkerung von 6000 Menschen gerechnet. Auf dem Eselsberg werden auf einem Teil der Fläche Einfamilienhäuser gebaut statt Hochhäuser. Auch die »Neue Heimat« hat mehrfach ihre Planung revidiert, doch zu oft werden die Fehlplanungen Lothar Späth angerechnet. Richtig ist, daß Späth diese Planungen in seiner Zeit nie über den Haufen geworfen oder gestoppt hat. Doch dies wäre damals so unvorstellbar gewesen wie die Präsenz der Grünen im Stuttgarter Landtag. Angelaufen waren auch große Projekte der »Neuen Heimat« in Heidelberg und Mannheim, die ebenfalls Späth vorgehalten werden, weil auch sie zum Teil in der Rezession versandeten. Beide waren jedoch auch in Hamburg mitentschieden worden und waren Folgeprojekte von schon bestehenden »Neue-Heimat«-Unternehmungen.

In Mannheim-Wallstadt wurden Grundstücke in Abstimmung mit der Stadt gekauft, die erst zehn Jahre später mit Mühe und Not im Flächennutzungsplan der Stadt als Baulandreserve untergebracht wurden. Die Stadt hatte eben ihren Baubedarf an die geänderten Zeiten angepaßt. Die »Neue Heimat« stand mit ihrer überzogenen Planung und den Grundstücken ohne Baurecht da. In Mannheim wäre auch Lothar Späth beinahe auf eisigem Grund ausgerutscht. Um zu verhindern, daß bekannt wurde, daß die »Neue Heimat« in Mannheim wieder Land kaufte, erledigte die Grundstückskäufe eine »Objekta-Grundstücksverwertungs GmbH« – Sitz in Stuttgart. Die Gesellschaft war eigens für Grundstücksgeschäfte der »Neuen Heimat« gegründet worden – von »Neue-Heimat«-Managern. Auch von Lothar Späth. Diese an sich nicht amoralische Idee ist ja dann immer mehr pervertiert worden bis zur »Terrafinanz«, die ihren Gesellschaftern immer mehr Geld einbrachte, bis zum Schluß nicht mehr klar war, ob diese Gesellschaften gegründet wurden, um zusätzliche Gelder für die Manager beizuschaffen oder um der »Neuen Heimat« beim Grundstückskauf zu helfen. Daß eine Privatfirma von Managern einer gemeinnützigen Gesellschaft Privatgelder abwirft, erscheint heute nach soviel »Heimat«-Geschichten immer noch unvorstellbar. Doch auch Späth war nicht gerade ein Moraltheologe mit Lehrstuhl in Tübingen, eher witterte er wie ein Indianer auf dem Kriegspfad Gefahr. Schließlich wußte er von seiner politischen Tätigkeit, wie schwerwiegend kleine Schwächen bei der finanziellen privaten Bereicherung sein können. Späth hatte als Finanzbürgermeister in Bietigheim knapp 3000 DM verdient. Als er zur »Neuen Heimat« kam, hatte er sein Gehalt mehr als verdoppelt. Als er von der »Neuen Heimat« wegging, verdiente er fast 30 000 DM im Monat. Aber zusätzliche Gelder, leicht verdient, nicht illegal aufgelaufen, vom Hamburger Vorstand genehmigt, da lehnt so schnell keiner ab. Zum Jahresende 1971 stieg Späth aus der »Objekta-Gesellschaft« aus und verzichtete auf 250 000 DM Gewinn. Fast scheint es, Späth wundert sich noch heute, wie er sich damals verhalten hat, denn seine Partner hatten keine Bedenken mit den Gewinnen. Seine eigenen Bedenken konnte er aber als der »Neue« in der »Neuen Heimat« nicht weitergeben. Die Sache mit der »Objekta« und Mannheim fielen in die Zeit, als Späth den Vorsitz in der Geschäftsführung der »Neuen Heimat Baden-Württemberg« übernommen hatte – ein Jahr nach seinem Eintritt. Vorgänger Geigenberger trat den Rückzug an.

Späth war auch verantwortlich für den gemeinnützigen Teil der »Neuen Heimat«. Doch nicht immer sind die Geschäfte klar zu trennen. Oft wurde zusammen in Abstimmung geplant – gemeinnützig und »Städtebau« und nebenbei auch politisch im Landtag oder auch dagegen. Ein Beispiel ist die Ortschaft Aldingen zwischen Ludwigsburg und Stuttgart: In der 5000-Seelen-Gemeinde plante Späth ein Satellitendorf mit 4500 Einwohnern, er kaufte 35 Hektar und plante Hochhäuser – wie damals üblich. Als ein Mitarbeiter Späth darauf hinwies, daß es schwierig sein würde, dort ein Baurecht zu bekommen, weil die Ortschaft mit diesem Wachstum in der staatlichen Regionalplanung gar nicht vorgesehen sei, ließ Späth den Bedenkenträger unwirsch wissen, daß dies nicht dessen Sorge zu sein habe. Auf diesem Baugebiet leben heute, fünfzehn Jahre danach, keine 4500 Aldinger, sondern in einem ersten Bauabschnitt 300 Menschen in Ein- und Zweifamilienhäusern. Der zweite Bauabschnitt wird gerade vergeben, und es geht die Sage, hier habe Lothar Späth mit seiner größenwahnsinnigen Planung der »Neuen Heimat« eines von vielen Löchern gerissen. Doch eine Planung für Hochhäuser im Mietwohnungsbau und gut verkaufter Baugrund sind zweierlei. Die »Neue Heimat« hat für rund 100 DM den Quadratmeter gekauft und für rund 600 DM verkauft. Ein Geschäft, dessen Endabrechnung noch nicht vorliegt, aber ein gutes, positives Ende ist schon absehbar. Millionengewinne. Wenn gar ein weiterer Bauabschnitt verwirklicht wird, kann die »Neue Heimat« noch ein vergoldetes Erinnerungsfoto an den Urheber und Grundstücksspekulanten Späth verschicken. Ähnliches gilt für das noch viel größere Wohngebiet Tamm auf der anderen Seite von Ludwigsburg. Es gab aber auch andere Fälle. Zum Beispiel das Gelände von Strohmeyersdorf in Konstanz. Gleich in seinem ersten Jahr bei der »Neuen Heimat« kaufte Lothar Späth das Gelände für rund 8 Millionen DM. Direkt am Bodensee war eine dichte Bebauung geplant. Bestärkt und gedrängt wurde Späth in dem Kauf von der Stadtverwaltung und dem Gewerkschaftsbund, weil die Firma Strohmeyer in Bedrängnis war. Doch dann hielt sich die Stadt nicht mehr an Absprachen, zögerte die Baugenehmigung hinaus, hinzu kam ein Bodensee-Erlaß der Landesregierung über die Bebauung des Bodenseeufers, und Späth saß mit seinem Einfluß im Landtag und in Konstanz da. Er hatte kein Baurecht. Nach sechzehn Jahren kaufte die Stadt Konstanz das Gelände von der »Neuen Heimat« für knapp die halbe Summe. Wer schon einmal 8 Millionen DM sechzehn Jahre finanziert und Zinsen bezahlt hat, weiß, was das bedeutet.

Ähnlich erging es Späth auch mit einem anderen Seegrundstück in Konstanz. 1972 kaufte die »Neue Heimat« die »Villa

Douglas« mit großem Grundstück für rund 16 Millionen DM. Doch es gab kein Baurecht. Erst 1986 wurde ein Teil der Gebäude und des Grundstückes weiterverkauft. Jetzt muß rund die Hälfte der Kaufsumme nicht mehr finanziert werden. Das Beispiel Strohmeyer in Konstanz weist aber auch darauf hin, daß Späth nicht immer in seinen Entscheidungen ganz frei war. Als die »Neue Heimat« in Leonberg zwei Hochhäuser mit 17 und 21 Stockwerken bauen wollte, kam nach Fertigstellung des ersten Gebäudes die Rezession. Späth wollte bei dem zweiten Hochhaus die Baugrube abdichten und abwarten. Da bekam der große »King Albert« in Hamburg Besuch von der Gewerkschaft IG Bau, Steine, Erden, und Späth erhielt die Weisung, auch das zweite Hochhaus zu bauen. Verlust: 12 Millionen DM. Doch darüber spricht Späth nicht. Die SPD auch nicht.

Dafür ist Späth noch heute begeistert von den damaligen Plänen seiner Gesellschaft auf dem Gelände »Löwentor« in Stuttgart, ein Gebiet, das von einer vierspurigen Bundesstraße und der Bundesbahn begrenzt wird – hier wollten Späth und seine ausgeflippten Architekten ein kleines schnuckeliges »Manhattan« mit einigen tausend Insassen schaffen – mit Hochhäusern und Schnellbahnanschluß.

Aber dies war eben der ausgeflippte Zeitgeist. Aus heutiger Sicht käme niemand mehr auf solche Ideen, und man ist in der Versuchung, sich nur noch über die frühen siebziger Jahre lächerlich zu machen. Doch Späth fühlte sich wohl in diesem Zeitgeist. Es war nicht seine Sache, über das Ende des Zeitgeistes nachzudenken und die Bauplanungen darauf einzustellen. So kam es, wie es kommen mußte: Das Löwentorgelände wurde später dürftig mit Behördenbauten besiedelt – am Anfang stand nur ein großes schmuckes Bürogebäude auf der windigen Fläche: das neue Gebäude der »Neuen Heimat Baden-Württemberg«. Das Gebäude steht immer noch, andere kamen dazu, doch mit dem Niedergang der »Neuen Heimat« kam auch der Auszug aus dem Gebäude. Doch weder Planung, Einzug noch Auszug hat Lothar Späth miterlebt. Er mußte nur noch erleben, daß das Löwentorgelände noch einmal mit seinem Namen in einem »Neue-Heimat«-Untersuchungsausschuß erwähnt wurde. Dieser Hamburger Untersuchungsausschuß rügt auf Seite 267, daß Lothar Späth gleichzeitig Geschäftsführer der »Löwentor-Zentrum-Gesellschaft für Grundstücksverwertung mbH« war. Doch Späths Mitarbeiter schwören noch heute, daß dies keine Strohfirma war, sondern eine reine Beteiligungsgesellschaft, um die verschiedenen Grundstückseigentümer zusammenzubekommen. Jetzt, da das Abenteuer am Löwentor für die »Neue Heimat« zu Ende ist – die Grundstücksanteile sind verkauft –, spricht alles dafür, daß es so war. Wieder hatte Lothar Späth, obwohl seine seherischen Kräfte begrenzt sind, nach fünfzehn Jahren noch Glück: Das Löwentor wurde keine Löwengrube für Millionen – die »Neue Heimat« hat kein Minus zu verzeichnen.

Aber hier, in der »Neuen Heimat Städtebau«, fühlte sich Späth am wohlsten. Er wußte, daß mit gemeinnützigen Großprojekten nicht viel Ehre und Geld zu erreichen ist. Immerhin wurde trotz der anlaufenden internationalen Tätigkeit der »Neuen Heimat« Späth bei seinem »King Albert« Vietor so bekannt, daß es auf einmal keinen anderen Kandidaten mehr gab, als Ludwig Geigenberger resigniert ging. Dies war das große Treppchen für Lothar Späth. Geigenberger sah zwar mehr denn je eine finanzielle Katastrophe auf die »Neue Heimat« zukommen, er traute aber nur Lothar Späth zu, zumindest für den süddeutschen Raum annehmbare Geschäftsergebnisse zu erzielen. Geigenberger sagte noch einmal »King Albert« und dem künftigen Landesfürsten Lothar, daß nach seiner Meinung die »Neue Heimat« falsch finanziert sei und die Gesellschaft über kurz oder lang große Probleme bekäme. Geigenberger versuchte alles, um Späth auf den Posten zu hieven, obwohl ihm zwischendurch auch noch etwas Bedenken kamen, ob Späth nicht zu früh zu mächtig würde. Aber als er ging, unterstützte er Späth voll, doch da nahmen die Gewerkschaftler bei der »Neuen Heimat« in Hamburg Witterung auf und vermißten den Stallgeruch bei Lothar Späth. Späth war ja inzwischen nicht mehr nur einfacher CDU-Landestagsabgeordneter, sondern CDU-Fraktionsvorsitzender. Kein Wunder, daß bei den SPD-Mitgliedern die Warnlampen aufleuchteten. Der DGB-Vorsitzende Vetter war gefühlsmäßig gegen Späth wegen dessen CDU-Position. Dagegen waren auch ÖTV-Chef Kluncker und IG-Bergbau-Chef Schmidt. Doch Albert Vietor brachte seinen Lieblingskandidaten durch, Vetter beugte sich den geschäftspolitischen Argumenten. Aber leicht war das Nominierungsverfahren nicht. Späth mußte in das Düsseldorfer Gewerkschaftshaus anreisen, um zu einer dreistündigen Klausur mit Arbeitnehmervertretern über seine Einstellung zu gesellschaftspolitischen Fragen des sozialen Wohnungsbaus Auskunft zu geben. Doch dann gab es das o. k., Späth wurde zuständig für Baden-Württemberg und Bayern.

Dann war Späth im Allerheiligsten der »Neuen Heimat Hamburg« – im Vorstand. 1973 mit 36 Jahren. Der Schritt durch die Vorstandstür war für Späth ein Schritt weiter in einer Wunderwelt der Macht, der Geschäftswelt und der Aufregung. Das war es, was Späth wohl am meisten reizte und ihn auch später nicht mehr losließ: Er wollte Zugang zur Aristokratie des Industriemanagements – nicht aus gesellschaftlichen Gründen, sondern um Einblick zu bekommen und um mitmischen zu können. Sonntagsabends und montagsmorgens flog Späth nach Hamburg, meist anschließend nach München, um dort nach den Geschäften zu schauen. Kam er manchmal direkt von Hamburg nach Stuttgart, mußte er in seinem Büro einen Cognac trinken, um den Vorstandsfrust abzubauen. Die Vorstandstätigkeit wurde eine Enttäuschung. Der Vorstand diskutierte kaum Grundsätze oder Schwachpunkte der Geschäftspolitik, Späth wurde auch nicht gefragt – höchstens ab und zu, ob auch im Süden noch gut gebaut werde. Ansonsten ging es nur um Fortschreibung der Bautätigkeit, um das faszinierende Auslandsgeschäft. Wenn Späth Einfluß nehmen wollte, mußte er wie andere auch mit »King Albert« direkt sprechen. Aber bei solchen Anlässen hat Späth selten versucht, seine kritischen Erkenntnisse über die »Neue Heimat« weiterzugeben. Am

Anfang – das ist verständlich – überhaupt nicht. Vorgänger Geigenberger: »Späth hat erst mal die Karriere interessiert. Im übrigen hat er gedacht: ›Puh, das mach' ich schon‹, außerdem hat er wahrscheinlich gedacht: ›Ich bin geschickter, ich bring' das hin.‹«

Wie auch immer, Späths Selbstbewußtsein muß in dieser Zeit gewaltig gewachsen sein.

Er schanzte seiner »Neuen Heimat Städtebau« die Stuttgarter Landtagsdrucksachen als Auftrag zu. Der Schulentwicklungsplan II ging praktisch als Bauplanung und Bauauftrag zur »Neuen Heimat«. Die »Neue Heimat« als Monopol. Die »Neue Heimat« rechnete Schülerzahlen für Berufsschulen nach wie ein zweites Kultusministerium und plante die Berufsschulzentren in Baden-Württemberg. Gebaut wurden zehn solcher Zentren. Der Universitätsausbauplan lief ebenso über die »Neue Heimat«. Für die Universitäten wurde sogar ein neues Finanzierungsmodell in der »Neuen Heimat« entwickelt mit – wie könnte es in Baden-Württemberg auch anders sein – Bausparverträgen, die das Land übernahm. Gebaut wurde in fast allen Universitätsstädten, in Stuttgart, Heidelberg, in Mannheim, in Freiburg die Mensa, insgesamt für 300 Millionen DM.

Zwischen allen Erfolgen auch wieder einmal eine Fehlentscheidung, die auch typisch war. Späth kaufte für rund 2 Millionen DM am Rand von Baden-Baden das Schlößchen Seelach von der polnischen Gräfin Nadja Nadeste Walnjewa für die »Städtebau«. Dort sollte für den »Steigenberger«-Hotelkonzern ein Sporthotel entstehen. Späth hatte Zusagen von »Steigenberger« und dem Baden-Badener Oberbürgermeister. Aber wie manchmal – zwar selten, aber dennoch – hatte Manager Späth sein Risiko nicht ganz kalkuliert. Es gab keinen Bebauungsplan und keine Baugenehmigung. Gutgläubig, wie Späth manchmal ist, hatte er den Zusagen vertraut, doch in Baden-Baden schlug die Stimmung um, statt einer Baugenehmigung kam die Ausweisung zum Landschaftsschutzgebiet. Aus dem 200-Betten-Hotel wurde nichts, und so besitzt die Nachfolgegesellschaft der »Neuen Heimat Städtebau« in Baden-Baden ein vergammeltes Schlößchen in einem alten Park. Typisch für die Zeit und für die Arbeitsweise war auch ein Gutachten, das die »Neue Heimat« im Zusammenhang mit dem geplanten Hotel erstellte. Ein Mitarbeiter erinnert sich, daß er einmal Zweifel bekam an den Zahlen über die Entwicklung Baden-Badens. Doch in einer Diskussion wurden die Zweifel und die pessimistischen Zahlen weggewischt.

Übrig blieb eine positive Bevölkerungsentwicklung für Baden-Baden. Darauf wartet Baden-Baden heute noch. Gefragt war nicht Zweifel, sondern Selbstbewußtsein. Das »Neue-Heimat«-Umfeld war auch nicht dazu angetan, die Manager zur Nachdenklichkeit anzuregen. Die mehrtägigen Geschäftsführertagungen waren feudale Festlichkeiten. Eine Tagung kostete zwischen 40 000 und 80 000 DM. Dies ist nicht Späths Stil, aber er war sicher beeindruckt. Frau Späth war da noch kritischer, für sie war das Damenprogramm ein »Aufmarsch der Goldfasane«. Wenn »King Albert« in Stuttgart nächtigte, wurde kein Hotelzimmer bestellt, sondern eine Suite. Als einmal eine Tagung im Schloßhotel »Monrepos« bei Ludwigsburg stattfand, wollte der Geschäftsführer gegen Morgen Schluß machen, aber Albert Vietor brüllte ihn an, er werde den Schuppen kaufen, wenn er nichts mehr zu trinken bekäme. Offenbar hat er noch etwas zu trinken bekommen, denn das Hotel ging nicht an »King Albert«, sondern gehört immer noch dem Herzog von Württemberg. Aber als Lothar Späth seinen Einstand als CDU-Fraktionsvorsitzender bei den Journalisten der Landespressekonferenz in Stuttgart gab, zelebrierte er eine »Neue-Heimat«-ähnliche Party. Im 21. Stock des »Neue-Heimat«-Baus »Asemwald« gab es unter anderem Spanferkel, mit Wachteln gefüllt. Noch Jahre danach schwärmten die nicht gerade anspruchslosen Journalisten von dem Fest der Feste. Auch Ministerpräsident Filbinger hatte unter der zunehmenden Bedeutung Späths zu leiden, nicht nur, daß die CDU-Fraktion politisch immer selbständiger wurde. Auch im persönlichen Gespräch hatte es Filbinger immer schwerer, den Aufsteiger

Späth klein zu halten. Als Filbinger dem Fraktionsvorsitzenden Späth einmal klarmachen wollte, daß er bei ihm nie etwas werde, wies Späth trocken darauf hin, daß das Gehalt eines Ministerpräsidenten nicht ausreiche für seine Pensionsrückstellungen bei der »Neuen Heimat«. Und Mitglieder des CDU-Präsidiums erinnern sich, wie einmal Späth der Runde begeistert von der »Neuen Heimat« erzählte, von »King Albert«, von seinen Aufträgen, von einem Sonderauftrag, die Lage in Brasilien zu erkunden, wie er sich selber in der Begeisterung wegriß, aufstand, die Arme ausbreitete und vormachte, wie er über Brasilien flog, um nach Land für die »Neue Heimat« zu suchen. Ein Teil der Runde war fasziniert, andere fanden es witzig, andere peinlich. Diese Anekdoten sprechen schon dafür, daß der Wachstumsrausch Lothar Späth fest im Griff hatte. Dies ist es, was manche früheren Mitarbeiter der »Neuen Heimat« ihm trotz aller Erfolge heute noch übelnehmen. Sie anerkennen die Leistungen Späths bei der »Neuen Heimat«, fragen sich aber, ob es nicht zu den Aufgaben eines Vorstandsmitgliedes gehört, früher als andere zu erkennen, wann schwierige Zeiten anbrechen. Das sind Mitarbeiter, die von Späth begeistert waren, als er kam und frischen Wind in die »Neue Heimat« brachte. Das sind Mitarbeiter, die mit Späth ein Wachstumskonzept durchboxten, die auch meinten, man müsse einfach das Siebenfache eines Bauprogramms an Bodenvorrat bereithalten, um so weiterbauen zu können wie bisher oder mit solchen Steigerungsraten. Das sind Mitarbeiter, die auch daran glaubten, man könne immer Ackerland kaufen, und die große mächtige »Neue Heimat« mit Späth werde das Baurecht schon bekommen. Diese Mitarbeiter haben Späth nie als Bremser erlebt, der zur Vorsicht mahnte. Sie haben Späth noch im Ohr, wie er auf einer Betriebsversammlung der »Neuen Heimat« in Stuttgart – ein Jahr, bevor er ging – noch energisch dafür plädierte, das jährliche Wohnungsbauprogramm zu steigern, als dort Stimmen laut wurden, um Späth zu bremsen. Vergebens. Doch es gibt auch Aussagen von Mitarbeitern aus dem engen Zirkel um Lothar Späth, daß er längst über einen Abbau der Bauprogramme nachdachte. Auch Späths Gegner sind jedoch der Meinung, daß auf einer »Neuen-Heimat«-Betriebsversammlung keine rationale Diskussion über Geschäftspolitik möglich war. Die Gewerkschaft hätte sofort einen Skandal entdeckt, wenn dort Späth einen anderen Kurs angedeutet hätte. Bei solchen Diskussionen ging es nicht nur um Geschäftspolitik, sondern auch um Arbeitsplätze bei der »Neuen Heimat«. Die Gewerkschaftsvertreter waren mindestens so vom Wachstum fasziniert wie Späth.

Auf falschem Kurs

Es entspricht aber schon Späthscher Politik, in einem Jahr noch ein Prämiensystem zur Anwerbung von Mitarbeitern zu entwerfen und im nächsten Jahr mehr oder weniger heimlich über einen grundsätzlichen Kurswechsel nachzudenken. Daß dies Späth tat, dafür gibt es Anzeichen. Auf einmal wollte er ein Gelände der »Brauerei Wulle« in Stuttgart nicht mehr kaufen, obwohl es da auch einen politischen Druck der Stadt Stuttgart und in der CDU gab. Auf einmal erkannte Späth die Grenzen des Wachstums. Das war im letzten Jahr seiner Tätigkeit bei der »Neuen Heimat«. Späth bemerkte immer deutlicher, daß er die »Neue Heimat« nicht beeinflussen konnte. Sobald er über sein Lieblingsthema Wohnungseigentum bei Vorstandssitzungen philosophierte, spürte er immer mehr Widerstand. Seine Kollegen reagierten mit kaltem Unverständnis, wenn Späth davon sprach, mehr Eigentumswohnungen statt Mietwohnungen zu bauen, Mietwohnungen an Mieter zu verkaufen. Bei diesem Thema mußte Späth auch einmal einen Wutanfall von Heinz Oskar Vetter ertragen. Dabei hatte gerade diese Späthsche Politik die süddeutsche »Neue Heimat« noch sanierungsfähig erhalten. Auch deshalb konnte Späth 1986 immer wieder sagen, so schlecht könne seine Politik nicht gewesen sein, wenn die süddeutschen Gesellschaften besser daständen als die anderen. Auf einmal merkte Späth, was fünfzehn Jahre später ein »Neue-Heimat«-Untersuchungsausschuß in Hamburg auch bemerkte, daß schon Anfang der siebziger Jahre in der »Neuen Heimat« die falschen Entscheidungen gefällt worden waren. Zunächst mit Späth, Ende 1973 plötzlich mit Warnungen von Späth und dann ohne Späth, weil er in seinem letzten halben Jahr nicht mehr an Vorstandssitzungen teilnahm.

Späth, der Wachstumsfanatiker, sprach sich intern sogar gegen das Projekt der Hamburger Satellitenstadt Billwerder aus. Das war ein letzter großer Versuch, die Idee von der Satellitenstadt endgültig zu übertreiben. Es sollte eine postmoderne Stadt mit Grachten und Booten geben in den Sümpfen von Hamburg. Späth erkannte, daß die »Neue Heimat« wie ein Ozeanriese mit falschem Kurs fährt und eine Kursänderung nicht mehr möglich ist, auch ein Abstoppen nicht erreicht werden kann. Noch einmal sprach Späth mit seinem alten Förderer Geigenberger, der schon ausgestiegen war. Wieder erzählte ihm Geigenberger die Geschichte, wie er einmal vor Gesamtgesellschaftern der »Neuen Heimat« bei einer Sondersitzung im Hotel »Rießersee« versucht hatte, eine Kursänderung durchzubekommen. Geigenberger hatte vorgeschlagen, der »Neuen Heimat Städtebau« eine Art wirtschaftlichen Hintergrund zu geben, einen Anlagenfonds. Vielleicht gewerkschaftsexklusiv.

Geigenberger meinte, dann sei es vielleicht sinnvoll, ein Hotel in Monte Carlo zu bauen – so aber, wie es gebaut worden sei – vollkommener Blödsinn. Doch die »Neue Heimat«-Gesellschafter wollten nichts von einem Niedergang wissen, schon gar nicht von einer geänderten Finanzpolitik. Es lief ja scheinbar alles bestens. Wachstum noch und noch. Geigenberger über die damalige Sitzung: »Man hat mich also mit einem Bodycheck an der Bande erledigt.« Bei Geigenberger holte sich Späth letzte Gewißheit über eine Entwicklung, die Geigenberger ihm schon drei Jahre vorher vorausgesagt hatte, die aber Späth nicht hatte glauben wollen und die er fälschlicherweise geglaubt hatte, verhindern zu können, wenn er erst einmal seinen Karriereaufstieg geschafft hatte. Hinzu kam, daß sich eine zusätzliche »Neue-Heimat«-Karriere Späths im Auslandsgeschäft zerschlug und die baden-württembergische Landespolitik rief.

In Späths Biographien ist allerdings nur zu lesen, daß Späth die »Neue Heimat« verließ, um mehr Zeit für die Politik zu gewinnen. Späth selbst erklärt zu seinem Weggang bei der »Neuen Heimat« nichts – so hat er es Vietor bei dem Abschiedsgespräch versprochen. Vietor war von Späth enttäuscht, denn Vietor war von Späth ähnlich begeistert gewesen wie Geigenberger. Der »König« hatte einen Adoptivsohn gefunden, der denken konnte wie er, der aber wie im Märchen von anderer Hautfarbe war. Mit dieser anderen politischen Hautfarbe konnte der Adoptivsohn aber nicht Kronprinz werden. Wer die »Neue-Heimat«-Episode des Lothar Späth wertet, muß zu dem Schluß kommen, daß Späth für die Firma »Neue Heimat« ein Gewinn war. Späths wenige Fehlentscheidungen fallen kaum ins Gewicht. Er war kein furchtbarer Manager. Der frühere Minister Seifriz hat Lothar Späth gemahnt, er solle doch ein »bißle vorsichtiger« sein. Späth antwortete, »er sei nicht dazu da, vorsichtig zu sein«. Mit dieser Aussage würde der Manager Lothar Späth bei der international anerkannten »European Business School« in Wiesbaden nicht durchfallen. Der Leiter der Managerschule meint, ohne den Namen zu kennen, diese Aussage spreche für einen risiko- und innovationsfreudigen Manager. Dieser Manager müsse dann nur noch das Risiko kalkulieren können.

Mit der Risikokalkulation hat Späth allerdings manchmal Probleme. Auch mit seiner Kontaktfähigkeit – die zunächst nur Positives zu haben scheint. Aber manchmal ist der Manager Späth wie auch der Politiker Späth bei einigen Personen zu gutgläubig. Eine »normale«, geschäftlich nüchterne Distanz ist nicht Späths Stärke – dazu ist er fast nicht fähig. Wenn ihm jemand gefällt, nagen bei ihm keine großen Zweifel. So hat sich während der Zeit bei der »Neuen Heimat« zwischen Lothar Späth und dem Bauunternehmer Hans Schlampp in Hockenheim – später Mannheim – eine lange Freundschaft entwikkelt. Für Späth ist Schlampp das Sinnbild für einen baden-württembergischen einfallsreichen, fleißigen Unternehmer. Schlampp hat aus einem kleinen badischen Bauunternehmen einen internationalen Baukonzern mit 2500 Beschäftigten hochbetoniert. Schlampp war in der Bautechnik immer vorn, jetzt arbeitet bei ihm ein prozeßgesteuerter Industrieroboter. Der erste Europas. Davon können andere Bauunternehmer nur träumen, wie Schlampp es fertigbringt, immer die neueste Technik in seinem Bauhandwerk einzusetzen. Vom Fertigbau bis zum Computer. Späth, sowieso von High-Tech fasziniert, war beeindruckt von Schlampps Bautechnik. Überall, wo Späth am Bau war, tauchte auch Schlampp auf, entweder parallel oder später. Bei der »Neuen Heimat«, beim Baukonzern »Baresel«, bei der »Bietigheimer Wohnbau«. Späth verreiste mit Schlampp im Urlaub in alle Erdteile der Welt, wo sich ein Bauboom ankündigte. Dabei war auch Schlampps nebenberuflicher Justitiar, der CDU-Landtagsabgeordnete aus dem Schlampp-Wahlkreis, Landtagspräsident Lothar Gaa. Nebenbei brachte Späth auch mal die »Neue Heimat« und die »Süba« in Brasilien zusammen, und als Späth von der »Neuen Heimat« wegging, war er Berater bei Schlampp für drei Jahre. Diese Beratertätigkeit kam erstmals im Zusammenhang mit den Recherchen zu diesem Buch zum Vorschein. Eine Meldepflicht für solch eine Berater- und Lobbytätigkeit gab es damals in Stuttgart noch nicht.

Wenn diese Tätigkeit 1982 bekannt gewesen wäre, dann hätte Späth doch Schwierigkeiten gehabt, sich aus der Affäre Gaa herauszuhalten. Denn Gaa und die »Süba« zogen sich den Ärger des badischen Mittelstandes im Baugewerbe zu. Die Handwerker fühlten sich gegenüber dem Baukonzern bei der Vergabe von Aufträgen benachteiligt und alarmierten die CDU-Mittelstandsvereinigung. Schließlich stürzte Gaa über seine Unfähigkeit, Geschäft und Politik zu trennen, und über seine ungenauen Angaben im Landtagshandbuch. Späth hatte seine liebe Not, sich gegenüber Gaa und Schlampp genügend abzugrenzen. Doch Späth konnte nachweisen, daß es bei ihm keine Verwischungen gab. Die Verbindungen wurden kaum öffentlich diskutiert. Privat waren allerdings die Verbindungen nur zu deutlich, aber nicht umstritten. Natürlich darf ein Ministerpräsident, der früher in der Baubranche war, mit einem Baumanager befreundet sein. Natürlich darf er dort einmal Berater gewesen sein. Selbstverständlich darf er mit ihm verreisen und Urlaub machen, und sicherlich spielt es keine politische Rolle, wenn der private Steuerberater des Ministerpräsidenten auch Berater bei der »Süba« ist, und es ist auch eine private Angelegenheit, wenn alle zusammen Anteile in einer Elektronikfirma »System Kontakt« in Bad Friedrichshall bei Heilbronn besitzen. Unter Umständen werden aber die Bande zwischen dem früheren Baumanager Späth und dem praktizierenden Baumanager Schlampp gelockert. Bei der Firma Schlampp war Ende 1986 die Staatsanwaltschaft tätig wegen Vorteilsgewährung und Subventionsbetrug. Schlampp mußte seinen Paß abgeben und eine beachtliche Kaution von zweieinhalb Millionen DM stellen, um auf freiem Fuß zu bleiben. Die Anteile aus der Elektronikfirma hat Späth 1982 wieder verkauft.

Obwohl es keine rechtlichen Probleme gegeben hätte, befürchtete Späth offenbar doch politische Angriffsfläche, und so hatte er seine halbe Million DM Ersparnis aus seiner Tätigkeit bei der »Neuen Heimat« nicht gerade gewinnbringend angelegt. Wie Späth überhaupt auf dem Gebiet der privaten Geldanlage nicht gerade eine glückliche Hand hatte. 1971/72 beteiligte er sich mit 8 Prozent an einem Grundstückskauf im badischen Bad Krozingen. Dort sollte eine Kurklinik gebaut werden. Späth wollte Geld aus dem »Neue-Heimat«-Gehalt für die Altersversorgung anlegen. Den Bauunternehmer Alois Selz kannte Späth von der »Neuen Heimat«, für die auch Selz baute. 1973 bemerkte Späth, daß es Schwierigkeiten mit dem Baurecht auf dem Grundstück gab. Um politischen und größeren finanziellen Ärger zu vermeiden, stieg der Privatmann Späth aus dem Geschäft aus und ließ sich seine knapp 200 000 Mark wieder auszahlen. Das Ergebnis war eine unrentable Geldanlage – aber wie so oft, er hatte es nicht von Anfang an, aber noch rechtzeitig gemerkt. Der Bauunternehmer Selz ging 1977 in Konkurs.

Fragen an Lothar Späth

Was halten Sie für Ihre wichtigsten Leistungen in Bietigheim?

Meine wichtigsten Leistungen in Bietigheim sehe ich im Wohnungsbau und in der Stadtentwicklung. Dabei konnte ich einer großen Zahl von vor allem jungen Familien Wohnungen und Eigentum verschaffen und neue Wege unternehmerischer Kommunalpolitik gehen.

Welche Bedeutung hatte für Sie seinerzeit Hauseigentum? Wie ist das heute?

Für mich ist damals wie heute Hauseigentum in besonderer Weise mit dem Freiheitsbegriff verbunden. Da ist kein Vermieter, der sich beschwert, was ihm alles nicht gefällt, etwa an einer Mehrkinderfamilie. Den Innenbereich einer Wohnung selbst gestalten zu können, Einbauvorrichtungen anzubringen, also das Gestalterische seiner Lebensumwelt selbst in die Hand zu nehmen und nicht nur »geliehen« mit der Familie zu leben, das ist für mich der große Vorteil eines eigenen Hauses. Damals war ich der Meinung, daß die Wohnungsversorgung mit Eigentum das vordringlichste

Ziel sein müsse. Heute ist meine Einstellung zur Bedeutung der Wohnumwelt differenzierter. Ich messe dem Wert von alten Gebäuden, dem Wert einer menschlich gestalteten Wohnumwelt sehr viel mehr Bedeutung zu.

Was war die »Neue Heimat« zu Ihrer Zeit?

Die »Neue Heimat« hat auf mich deshalb einen Reiz ausgeübt, weil sie ein großes Instrumentarium war, um solche Ziele – wie ich sie gesehen habe – umfassender zu erreichen. Insbesondere die damals aufkommende Idee, vom Wohnungsbau zu einer geschlossenen Städtebaukonzeption zu gelangen, und die Möglichkeit, dies zu verwirklichen, hat mich fasziniert. So konnten wir Wohnviertel bauen, bei denen nicht nur Architekten und Finanziers mitzureden hatten, sondern auch Stadtplaner, Grünplaner, Soziologen – wie Alexander Mitscherlich in Heidelberg – und die bekanntesten Städtebauer Deutschlands.

Wie dachten Sie damals, wie denken Sie heute über Gemeinnützigkeit?

Für mich war damals Gemeinnützigkeit für eine solche Einrichtung, gleich welcher Größenordnung, selbstverständlich. Heute denke ich, daß Gemeinnützigkeit in so großen Strukturen natürlich auch eine Verführung ist und daß deshalb die Vorteile der Gemeinnützigkeit vielleicht beschränkt werden sollten. Gemeinnützigkeit sollte heute wohl vor allem den Selbsthilfeeinrichtungen in Genossenschaftsform oder auch in anderen Rechtsformen, aber jeweils in beschränkten Größenordnungen, vorbehalten sein.

Wie wurden Sie Gesellschafter der Firma »System-Kontakt-Gesellschaft für elektronische Bauelemente« in Bad Friedrichshall, und warum stiegen Sie aus?

Nachdem ich mein Engagement bei der »Neuen Heimat« beendet und eine Aufgabe in der privaten Bauwirtschaft (»Baresel«) übernommen hatte, dachte ich daran, mich später eventuell mit einer eigenen Firmenbeteiligung selbständig zu machen. Es reizte mich, gemeinsam mit einem Elektronikingenieur, der voller Ideen und Konzepte war und der mich mit seinen deutschen und amerikanischen Partnern zusammenbrachte, etwas in diesem Bereich zu versuchen. Bei diesem Engagement lernte ich dann auch, wie wichtig es ist, einen langen Atem zu haben und Rückschläge in der modernen Technologie zu verkraften. Dann kam das wiederholte Angebot von Ministerpräsident Filbinger, das ich im Februar 1978 annahm, in die Landesregierung von Baden-Württemberg einzutreten. Ich habe damals die privatwirtschaftlichen Beteiligungen aus grundsätzlichen Erwägungen heraus aufgegeben und meine Anteile treuhänderisch meinem Steuerberater übertragen, der ebenfalls an der Firma beteiligt war. Nachdem später über diesen Vorgang auch in der politischen Öffentlichkeit diskutiert wurde, habe ich den Treuhandvertrag aufgelöst und die Anteile den anderen Gesellschaftern der »System Kontakt« zum Buchwert überlassen.

Helmut Xander
Vorsitzender der LEG-Geschäftsführung

Was ich von ihm gelernt habe?

Es war im Frühjahr 1960, als mir nach knapp einjähriger Tätigkeit bei der Stadt Stuttgart eine neue Stelle bei der Stadt Bietigheim angeboten wurde, nachdem ich dort bereits während meiner Ausbildung ein kurzes Praktikum absolviert hatte. Dabei stieß ich nach dem gemeinsamen Studium an der Verwaltungsschule wieder auf Lothar Späth, der einige Monate zuvor seinen Dienst in Bietigheim angetreten hatte. Sein erst kurzes Wirken hatte innerhalb der Verwaltung bereits Spuren hinterlassen. Seine vorpreschende, die festgefügten Üblichkeiten verdrängende Art löste in der Beamtenschaft nicht nur Beifall aus, ganz im Gegenteil. Die etablierte Rathauscrew reagierte zunächst zurückhaltend bis ablehnend. Es war für sie beängstigend, beobachten zu müssen, wie Späth die Gunst des souveränen, doch autoritär operierenden Oberbürgermeisters für sich und seine Tätigkeit erschloß. Für die meisten war es einfach unvorstellbar gewesen, daß ein junger Verwaltungsmann in so kurzer Zeit einen derart bestimmenden Einfluß auf einen legendären, sowohl in der Bevölkerung als auch in Fachkreisen geschätzten und bei den staatlichen Behörden fast gefürchteten Oberbürgermeister gewinnen konnte.

Ich muß bekennen, daß auch ich mich in meiner Einordnung in der etablierten und durch Späth im Umbruch befindlichen Verwaltungshierarchie zunächst schwertat. Aus der gemeinsamen Studienzeit hatte ich keine besondere Beziehung zu Späth. Weder war ich ein guter Skatspieler, was für die Pausenbeschäftigung und darüber hinaus für ihn wichtig war, noch war ich besonders in Erscheinung getreten. Späth dagegen war eine, wenn nicht überhaupt die zentrale Figur unserer Kursgemeinschaft. Er war von Anfang an eine dominierende Persönlichkeit, die Aufmerksamkeit auf sich lenkte. Es war ihm keine Frage, keine Diskussion mit den Dozenten zuviel, was ihm nicht immer die Sympathie der Studentenschaft und oftmals auch nicht das Verständnis der Dozenten einbrachte, weil sein bohrendes Drängen und bestimmendes Vertreten von Positionen auch für diese unbequem war. Auch wenn er sich vordergründig das Odium des Strebers verschaffte, war bald erkennbar, daß seine Fähigkeit, die Diskussion an sich zu reißen, substantiell verankert war.

Es war schon beeindruckend, mit welchem Elan und mit welchen Ideen Späth über das städtische Liegenschaftsamt, das ihm anvertraut war, die Stadtentwicklungspolitik dieser Großen Kreisstadt zu bestimmen begann. Natürlich kamen die hehren Verwaltungs- und Organisationsgrundsätze einer Stadtverwaltung gehörig durcheinander, wenn ein junger Stadtinspektor einen Dienstwagen beanspruchte, wo dies als das alleinige Privileg des Oberbürgermeisters galt. Dabei war Späth nicht einmal ein guter Autofahrer. Aber das war für ihn weniger eine Statusfrage als vielmehr ein Arbeitsmittel, weil der Schreibtisch nicht mehr sein Hauptarbeitsplatz war. Sein Interesse verlagerte sich schnell von der Beherrschung verwaltungsrechtlicher Vorgänge auf die Gestaltung der Stadtentwicklungspolitik.

Dabei war er sich für keine Arbeit zu schade. Er half genauso tatkräftig beim Ausbau des Jazzkellers für den von ihm selbst gegründeten Stadtjugendring – dessen erster Vorsitzender er selbstverständlich war – wie bei der Weinlese in den städtischen Weinbergen. Besonders engagierte er sich bei der jährlichen Erarbeitung der Haushaltspläne, die in seine Verantwortung als späterer Finanzbürgermeister fielen. Seine jährlichen Etatreden, die manchmal in einer Nacht entstanden und zu denen ich als Stadtkämmerer in der gleichen Zeit die Einzelerläuterungen liefern mußte, wurden jedes Jahr mit Spannung erwartet; sie ließen deutlich seine politische Veranlagung erkennen. Daß man unter einem bestimmten Druck beachtliche Leistungen zu erbringen vermag, war eine meiner dabei vermittelten Erfahrungen.

Späth erkannte schnell, daß die Stadtentwicklung nicht an

den Markungsgrenzen haltmacht und daß eine weitsichtige Grundstückspolitik Grundvoraussetzung für jede Stadtentwicklung ist. Flankiert wurde diese weitsichtige Grundstückspolitik durch die Gründung »seiner« Bietigheimer Wohnbau, einer städtischen Wohnungsbaugesellschaft, die unter seiner alleinigen Geschäftsführung die Liegenschafts- und Stadtentwicklungspolitik unmittelbar in die gebaute Stadt umsetzte und darüber hinaus den Nachbarstädten als Entwicklungsinstrument zur Verfügung stand. Es war schon ein gekonnter Schachzug, die vorhandene Baugenossenschaft und die sie tragenden Mitglieder davon zu überzeugen und dafür zu gewinnen, eine andere Gesellschaftsform zu wählen, um beweglicher auf die Herausforderungen der Stadtentwicklung reagieren zu können.

Ich halte dies für die nennenswerteste politische und unternehmerische Leistung, die Späth in Bietigheim vollbracht und mit der er das heutige Bild dieser Industriestadt geprägt hat. Späth war an der Stalltüre und in der Küche der Landwirte ebenso zu Hause wie am Verhandlungstisch mit dem Management der heimischen Industrie. Er verstand es hervorragend, sich auf seine jeweiligen Gesprächspartner einzustellen. Er faßte in Bietigheim schnell Fuß, wobei ihm seine anfängliche Logiszeit in der Gaststätte »Harmonie« beim »Fraule«, wie die Wirtin ob ihrer mütterlichen und fürsorglichen Art liebevoll genannt wurde, geholfen hat. Er wurde dort nicht nur familiär aufgenommen, sondern war trotz seiner Jugend rasch als unterhaltsamer Gast am Stammtisch akzeptiert, was bekanntlich in einer schwäbischen Wirtschaft einiges besagen will.

Ich war immer wieder überrascht, von wie vielen Dingen er etwas verstand und wie selbstverständlich er darüber fachsimpeln konnte – sei es mit Bildhauern und Malern über Kunst oder mit dem Hausfrauenbund über das Kochen.

Als er dann nach seiner Heirat eine Etagenwohnung bezogen hatte, waren meine Frau und ich seine Gäste. Wir waren gespannt, ob er vom Kochen tatsachlich so viel verstand, wie er in Unterhaltungen immer wieder zum besten gab. Alle Zweifel waren beseitigt, als er uns mit einem hervorragend zubereiteten

»Filetsteak in Senfhülle« bediente, wie er auch später immer ein außergewöhnlicher Gastgeber gewesen ist. Dabei machte er mich zum erstenmal auf sein Kunstinteresse aufmerksam. Er holte eine Sammlung von Originalen und Drucken aus seiner Etagenabstellkammer hervor und führte sie vor. Voller Begeisterung erzählte er, welchen Spaß er an einem neuen Kerkovius-Bild habe, und dies vor allem deshalb, weil dieses Bild heute schon den doppelten Wert besitze als zum Zeitpunkt seines Kaufes. Ich war mir seinerzeit nicht sicher, ob sein zunehmendes Kunstinteresse in der denkbaren Mobilisierung eines Wertzuwachses oder im Kunstgenuß begründet lag. In jedem Fall wurde über diese Begegnung mein Interesse für die Kunst geweckt. Seine nachhaltige Sammlerleidenschaft und sein heutiges Engagement zeigen, daß ihm Kunst etwas anderes bedeutet als ein bloßes Geschäft.

Wenn ich rückblickend nach über 25jähriger Verbundenheit eine Zwischenbilanz ziehe, bin ich überzeugt, daß Lothar Späth sein Rüstzeug für seine politische Laufbahn an der kommunalen Front in Bietigheim bekommen hat. Er fand fort den richtigen Spielraum und das Vertrauen vor, das seinem Typus als Vorwärtsstrategen entspricht. Er riß die Initiative an sich, agierte und bestimmte die Richtung. Sich in Geduld zu üben und abzuwarten gehörte nicht zu seinen ausgeprägtesten Eigenschaften. Er ist von einer Idee und dem möglichen Erfolg viel zu sehr fasziniert. Um so mehr habe ich seine Verläßlichkeit und stetige Hilfsbereitschaft zu schätzen gelernt. Trotz seiner positiven Denkweise läßt Späth immer ein Stück Ungewißheit zurück; es liegt ihm nicht, totales Vertrauen, schon gar nicht offenes Lob zu verbreiten, womit er seine Partner manches Mal enttäuscht, häufiger aber neuen Ansporn schafft.

Ich habe von ihm vor allem gelernt, an die Veränderbarkeit offenbar festgefügter Umstände zu glauben und nicht nur abzuwarten. Ich habe weiter von ihm gelernt, daß für das Gelingen eines Vorhabens die Idee und deren Initiierung entscheidend sind, wobei das Nachfassen und Umsetzen durch verläßliche Partnerschaften gesichert werden muß. Diese

Erkenntnisse haben mir geholfen, Aufgaben mit unternehmerischer Verantwortung, die ich außerhalb der vorgezeichneten Verwaltungslaufbahn gesucht habe, zu übernehmen.

MANFRED LIST

CDU-Oberbürgermeister

Der Verhandlungskünstler

Man schrieb das Jahr 1974. Die Kommunalreform im Lande Baden-Württemberg war in vollem Gange. Zahlreiche freiwillige Eingemeindungen waren bereits erfolgt. Die Regierung des Landes hatte in einem Gesetzeswerk ihre Zielsetzung für die Kommunalreform formuliert: leistungsfähige kommunale Einheiten mit entsprechender Verwaltungs- und Finanzkraft zu bilden. Die freiwillige Lösung wurde versüßt mit großzügigen Dotierungen seitens des Landes, den sogenannten »Fusionsprämien«. In den Fällen, in denen auf freiwilliger Basis nichts zustande kam, waren wegen der Einheitlichkeit der kommunalen Verhältnisse im Lande gesetzliche Regelungen nach Anhörung durch die Bevölkerung vorgesehen.

Die Stadt Bietigheim und die Gemeinde Bissingen waren durch die erhebliche Flächenentwicklung in den Jahren nach dem Zweiten Weltkrieg aufeinander zugewachsen. Ein Ortsfremder konnte den Übergang von einer zur anderen Kommune nur schwer erkennen. Dazu kamen enge sozioökonomische Verflechtungen. Andererseits war die Liebe zwischen den Bietigheimern und den Bissingern nicht besonders groß.

Die Zielplanung der Landesregierung sah eine Einheitsgemeinde vor, gebildet aus den bisherigen Kommunen Bietigheim (24 000 Einwohner) und Bissingen (11 000 Einwohner).

Ein erster Anlauf zu einem Zusammenschluß war schon im April 1971 gescheitert; in Bissingen hatten sich 74 Prozent der Stimmberechtigten gegen eine solche Lösung ausgesprochen.

Nachdem die Zielplanung vorlag, wurden neue Verhandlungen aufgenommen. Eine Anhörung der Bevölkerung im Januar 1974 ergab in Bietigheim ein eindeutiges Ja zum Zusammenschluß, in Bissingen ein ebenso eindeutiges Nein. Die Verhandlungen waren total festgefahren.

Lothar Späth, seit 1968 Abgeordneter des Wahlkreises Bietigheim, war zwischenzeitlich Fraktionsvorsitzender der CDU-Mehrheitsfraktion im Landtag von Baden-Württemberg geworden. Er war ein Verfechter der Kommunalreform und nahm die Abgeordneten seiner Fraktion in die Pflicht, durch intensive Überzeugungsarbeit in den Gemeinden freiwillige Lösungen zu erreichen: Gesetzlicher Zwang bringe eine psychologische Negativstimmung in die Bevölkerung.

Der Erfolg der Kommunalreform hinge aber wesentlich davon ab, inwieweit sie von den Gemeindebürgern akzeptiert werde. Wie aber wollte er glaubhaft wirken, wenn es nicht gelang, in seinem eigenen Wahlkreis die Fusion von Bietigheim und Bissingen freiwillig durchzubringen? Landesweit wurde also der Fall Bietigheim/Bissingen zur Nagelprobe.

Aber die Fronten zwischen Bietigheim und Bissingen waren verhärtet; tiefe Gräben waren in den Abstimmungskämpfen aufgerissen worden. In dieser wenig aussichtsreichen Situation kurbelte Späth eine neue Verhandlungsrunde an. Diese stand unter gewaltigem Zeitdruck; das Reformgesetz sollte Ende Juni 1974 in die letzte Lesung gehen und am 1. Juli in Kraft treten.

Ich war als Finanzbürgermeister Mitglied der Verhandlungsdelegation der Stadt Bietigheim, die unter Vorsitz von Späth am drückendheißen Pfingstmontagnachmittag des Jahres 1974 mit der Bissinger Delegation zusammentraf. Psychologisch geschickt hatte Späth Bissingen als Verhandlungsort gewählt. Mit der ihm eigenen Überzeugungskraft und geschickter Rhetorik beschwor er die Delegationen, alle Ressentiments und Vorbehalte über Bord zu werfen und einen neuen Anfang zu wagen. Er erreichte damit zunächst nur eine atmosphärische Besserung. In der Sache war zunächst keine Bewegung zu spüren. Trotzdem sah ich bei Späth keinerlei Anzeichen von Resignation, obwohl er bei seinem ausgeprägten politischen Instinkt wissen mußte, daß die Meßlatte ungewöhnlich hoch lag!

Zunächst war das einzige, was vereinbart werden konnte, ein weiterer Begegnungstermin. Späth schob rasch einen raffinierten Schachzug nach, indem er die Delegationen bat, ihre Vorstellungen kurzfristig in einem Papier zu formulieren, »denn auch im Falle einer gesetzlichen Regelung müßten die beteiligten Kommunen ja eigene Vorstellungen zu den wesentlichen Kriterien des Zusammenschlusses entwickeln«. So schaffte er es bereits, für das wenige Tage später folgende Gespräch eine Art »Verhandlungsgrundlage« zu haben. Späth gelang es, die Delegationen zur Diskussion von Sachfragen zu bewegen. Dies war ein von mir fast nicht für möglich gehaltener Durchbruch. Instinktsicher erkannte Späth die sich dadurch eröffnende Chance und ging – wenn auch in konzilianter Form – aufs Ganze. Dabei entwickelte er ein unwahrscheinliches Geschick, in Einzelfragen – ohne das Gesamtziel aus den Augen zu verlieren – Kompromisse zu schließen, womit er auch den Delegationen ihre Erfolgserlebnisse verschaffte.

Dennoch schienen bei vier Themen die unterschiedlichen Auffassungen unüberwindbar. In dieser Situation, als die Verhandlungen endgültig festgefahren schienen und neun von zehn Politikern resigniert hätten, griff Lothar Späth in Einzelgesprächen mit den Delegationen zum Mittel der Seelenmassage. Dem großen Partner Bietigheim impfte er ein, es zeichne den Stärkeren aus, großzügig zu sein, und er habe auch im nachhinein in der neuen Konstellation das Sagen. Dem kleineren Partner Bissingen führte er immer wieder vor Augen, daß die starke Stadt Bietigheim für die freiwillige Gesamtlösung großzügige Opfer bringe, die über die zu erwartende gesetzliche Regelung hinausgingen. Und schließlich nahm er mit beschwörenden Worten die gesamte Delegation in die Verantwortung für eine freiwillige Regelung, denn nur so könne atmosphärisch der Boden für ein positives Miteinander in der Zukunft gelegt werden.

Die Argumente kamen an! Späth hatte es geschafft, die

Vertreter beider Seiten von den unbestreitbaren Vorzügen eines freiwilligen Zusammenschlusses zu überzeugen. Aber die entscheidende Verhandlung in den beiden Gemeinderäten stand noch bevor. Ich wagte keinerlei Voraussage, wie dort die Beratungen ausgehen würden. In der entscheidenden Runde tagten gleichzeitig, aber getrennt die Gemeinderäte. Späth hielt sich als Vermittler beider Gremien bereit. Schon bald zeigte sich die Notwendigkeit seines Eingreifens. Der Gemeinderat Bietigheim ließ die Muskeln spielen. Es zeichnete sich ab, daß eine Mehrheit für einen Kompromiß zur Bewältigung der ungeklärten Sachthemen nicht zu erreichen war. Bietigheim wollte einfach den von Bissingen geforderten Namen der neuen Stadt »Bietigheim-Bissingen« und die automatische Übernahme des Bissinger Bürgermeisters als Beigeordneten der neuen Stadt nicht akzeptieren.

Fünf vor zwölf drohte also die Einigung zu scheitern. Es war das einzige Mal, daß in den ganzen nervenaufreibenden Verhandlungen Späth sichtbar »Wirkung zeigte«. Aber er fand die richtige Mischung aus Bitten und Drohen: Der Gemeinderat Bietigheim müsse es verantworten, wenn eine Jahrhundertchance wegen einiger Formalien verpaßt werde. Er möge dies dann auch vor der Öffentlichkeit verantworten! Langsam bröckelte die Ablehnungsfront.

Im Stile Henry Kissingers pendelte Späth laufend zwischen den beiden Gemeinderäten hin und her und erreichte ein schritt- und stückweises Nachgeben. Mitternacht war längst vorbei, als letztendlich alle Hindernisse aus dem Weg geräumt waren.

Innerhalb von drei Wochen hatte Späth aus einer fast aussichtslosen Ausgangsposition dieses Ergebnis erreicht. Neben seinem politischen Gespür, seinem diplomatischen Geschick und seiner Gabe, die Menschen meistens an der richtigen Stelle zu packen, waren für mich besonders sein unwahrscheinliches Stehvermögen und sein Durchhalten auch in nahezu aussichtslosen Situationen beeindruckend.

Beide Delegationen waren sich einig, daß ohne Späth die

neue Stadt auf freiwilliger Basis nicht zustande gekommen wäre. Die Journalisten, die mit kritischer Distanz die Bemühungen verfolgt hatten, waren von seiner Leistung außerordentlich angetan. Auch sie waren der Auffassung, daß er der Geburtshelfer der neuen Stadt war.

Heute ist die neue Stadt Bietigheim-Bissingen eine Selbstverständlichkeit. Die Bürger begreifen sie als kommunalpolitische Einheit, und ich bin sicher, daß bei einer Abstimmung heute ein überwältigendes Pro-Ergebnis herauskäme. Dies wäre mit Sicherheit nicht so, wenn die neue Stadt per Gesetz verfügt worden wäre.

Werner Filmer/Heribert Schwan

Ein- und Ausstiege

Im Herbst 1959 hatte sich der Stadtinspektor im Angestelltenverhältnis Späth zum letztenmal in seinem Leben schriftlich beworben. Parallel zur Bewerbung bei der Stadt Bietigheim bemühte er sich auch bei der Stadt Tuttlingen um die Planstelle eines Oberinspektors. Entschieden hatte der enge Kontakt zwischen dem Giengener Bürgermeister Walter Schmid und dem Bietigheimer Verwaltungschef Karl Mai. Beide kannten sich gut und wußten, wen sie wem empfehlen konnten. Die ehemaligen Parteigenossen trafen sogar eine Abmachung: »Wenn der was ist«, so Mai zu Schmid, »dann zahle ich eine Flasche Wein ... Aber wenn der nichts ist, mußt du eine Flasche spendieren.« Bereits nach einer Woche schickte Späths neuer Chef Mai eine Flasche besten Rebensaftes ins Giengener Rathaus.

Wo immer Späth wirkte, hinterließ er Spuren, von denen manche noch heute zu bewundern oder auch zu kritisieren sind. Auffällig ist, wie schnell er Abschied nehmen, »Menschen hinter sich lassen konnte«. Bereits in Giengen gehörten die

Rathäuser von Schmidhausen und Gronau zur »grauen Vorzeit«. Späth »hakte ab«: Menschen, Aufträge, Aufgaben, Lehrmeister, Mitarbeiter. Den Stadtoberinspektor in Bietigheim interessierte kaum noch, was in Giengen oder Mergentheim geschah. Späth strebte neuen Menschen, neuen Problemen zu. Rastlos.

Als Späth zur »Neuen Heimat« wechselte, war Bietigheim für ihn fast Geschichte. Die Kommunalpolitik hatte er abgehakt, die meisten Menschen ebenso. Nach vierjähriger »Neue-Heimat«-Tätigkeit ähnliche Verläufe. Wer ihm geholfen, wen er beerbt, wer ihn unterstützt und gefördert hatte – alles schien vorbei zu sein. Auch private Kontakte wurden gekappt. Späth schaute nach vorn, neugierig auf neue Menschen, auf andere Fragen, herausfordernde Aufgaben. Er schien der Welt zeigen zu wollen, was in ihm steckt. Wo immer er sich neu installierte – bis auf eine Ausnahme –, hievte er niemals vertraute Mitarbeiter in neue Positionen. Eingespielte und profilierte Mit- und Zuarbeiter nahm er nie mit auf seinen Karrieretrip. So verhielt er sich auch, als er Vorstandsmitglied eines Stuttgarter Bauunternehmens wurde.

Der Akquisiteur

Auf eine neunundneunzigjährige Firmengeschichte blickte das renommierte Stuttgarter Bauunternehmen »C. Baresel AG« zurück, als der siebenunddreißigjährige CDU-Fraktionschef im baden-württembergischen Landtag und ehemalige Spitzenmann der »Neuen Heimat« Anfang 1975 Vorstandsmitglied wurde.

Seit 1973 kämpfte auch dieses Unternehmen ums Überleben. Ruinöser Wettbewerb und starker Preisverfall hatten zu Personalabbau und anderen kostensenkenden Maßnahmen geführt. Damals versuchte die »Baresel AG«, Tritt auf Auslandsmärkten zu fassen, um der Flaute im Inland zu begegnen. Etwa zur gleichen Zeit war einer der führenden »Baresel«-Mitarbeiter gestorben. Dr. Gerhard Todenhöfer, graue Eminenz der baden-württembergischen CDU, politischer Berater Kurt Georg Kiesingers und Vorstandsvorsitzender des Stuttgarter Bauunternehmens. Er hatte als Kapazität mit unzähligen politischen und persönlichen Verbindungen gegolten und war ein glänzender Akquisiteur im In- und Ausland gewesen. Sein Tod hinterließ eine kaum zu schließende Lücke.

Lange Zeit suchten Headhunter einen qualifizierten Nachfolger und stießen schließlich auf Späth. Als dieser bei der »Neuen Heimat« ausstieg, besaß er längst ein Angebot des Unternehmens, fast alles war bereits vertraglich geregelt. Angeheuert für die »Baresel AG« wurde der Fraktionschef der CDU vom Oberlenninger Papierfabrikanten und »Baresel«-Aufsichtsratsvorsitzenden Dr. Klaus Scheufelen, einem Parteifreund Späths und außerdem einflußreich in- und außerhalb des Ländles. Scheufelen führte auch die entscheidenden Vertragsverhandlungen. Späth erhielt ein jährliches Grundgehalt von 180 000 DM plus Tantiemen bis zu 60 000 DM pro Jahr. Obwohl er im Vergleich zur »Neuen Heimat« rund 100 000 DM weniger verdiente, willigte er ein.

Falls Späth damals glaubte, durch den Unternehmenswechsel mehr Zeit für seine politische Tätigkeit zu gewinnen, täuschte er sich. Zwar begründete er den Wechsel von der »Neuen Heimat« zu »Baresel« damit, sich vom aufreibenden Leben eines »Neue-Heimat«-Managers zurückziehen zu wollen, um sich am »Gestalten und Verwalten eines mittelständischen Bauunternehmens« zu beteiligen, doch damit erlag er einer Selbsttäuschung.

Der Fraktionschef wurde bei »Baresel« stellvertretender Vorstandssprecher und übernahm das Auslandsgeschäft. Es bestand wesentlich in der Zusammenarbeit mit anderen Unternehmen. Mindestens ein Drittel seines Umsatzes mußte »Baresel« im Ausland machen, um über die Runden zu kommen. Späth stand unter erheblichem Erfolgszwang.

Damals beschäftigte das Unternehmen rund 2000 Mitarbeiter

und machte einen Umsatz von etwa 300 Millionen DM im Jahr. In den siebziger Jahren unterhielt die Firma Niederlassungen in Berlin, Heilbronn, Lindau, Mainz, München, Nürnberg, Sindelfingen, Tübingen und Ulm. Tochtergesellschaften existierten in Innsbruck, Stuttgart und Lagos (Nigeria). Ein wichtiges Standbein des Unternehmens bildeten die »Baresel«-Betriebe »Beweco« (Betonwarenindustrie) Stuttgart und Stein- und Kieswerke bei Böblingen, Rottenburg und Sigmaringen, außerdem die Betonprüfstelle in Vaihingen. In den zwanziger Jahren hatte »Baresel« bedeutende Leistungen erbracht, darunter die Nürburgrennstrecke und die Zugspitzbahn mit 4,5 km Tunnelstrecke, Gipfelstation und Seilbahn. Zwischen den Kriegen prägte der Autobahnbau das Auftragsbild. Nach dem Zweiten Weltkrieg engagierte sich das Unternehmen im Hoch- und Tiefbau, im Brücken- und Tunnelbau.

Lange bevor Lothar Späth kam, führte »Baresel« eine Reihe von Großprojekten im Ausland durch: eine Wasserkraftanlage in Sarobi, die Salangstraße in Afghanistan, den Banihaltunnel in Indien sowie Wasserleitungsstollen in Quiedo (Spanien) – Beispiele internationaler Pionierleistungen. Besonderes wurde auch vom hochkarätigen Akquisiteur erwartet. Zunächst pflegte der Neue die bestehenden Auslandsverbindungen, die nicht sehr zahlreich waren. Dann stürzte er sich auf neue Kunden, neue Auftraggeber, neue Geschäfte. Nigeria wurde zum Schlüsselerlebnis des agilen Managers. Mehrfach reiste er in dieses schwierige Entwicklungsland und versuchte, mit Vertretern der Militärregierung ins Gespräch zu kommen. Immer wieder wurden die langwierigen und äußerst komplizierten Verhandlungen unterlaufen, Absprachen wurden nicht eingehalten. Späth geriet nicht nur durch die erbarmungslos scheinende afrikanische Sonne ins Schwitzen. Nigeria galt für »Baresel« als Startrampe. Allerdings konnte das unter Späth zustande gekommene Geschäft erst 1986 endgültig abgewickelt werden, und was damals als »Späth-Baby« betrachtet wurde, mauserte sich nie zum stattlichen Jüngling. Unter dem Strich kam »Baresel« mit einem blauen Auge davon.

Neben Nigeria galt auch Kuwait als zukunftsträchtiges Baugebiet. Hier schaffte Späth den Auftrag zum Bau eines riesigen Krankenhauses heran. Doch »Baresel« mußte diesen Auftrag mit einem belgischen Unternehmen teilen. Der ehemalige Baulöwe der »Neuen Heimat« wedelte durch Frankreich, Belgien, Großbritannien, Venezuela, Kolumbien und Saudi-Arabien. Er zeigte seine Anpassungsfähigkeit und sein kaufmännisches Geschick.

»Baresel«-Mitarbeiter erinnern sich, daß Späth ein erfolgreicher Akquisiteur war, auch weil er stets auf Berater zurückgriff. Manches Auslandsgeschäft – von Späth initiiert – wäre bachab gegangen, hätte »Baresel« nicht technische oder juristische Berater mit- oder nachgeschickt. Beispielsweise fiel es dem gelernten Kommunalbeamten zunächst schwer, englisches von deutschem Recht zu unterscheiden. Bei »Baresel« begriff er endgültig, wie wichtig die Details ausgehandelter Verträge sind.

Späths Initiativen und Aktivitäten beschränkten sich nicht nur auf das Ausland. Soweit seine Zeit und seine politischen Kontakte reichten, akquirierte er – soviel er konnte – auch im Inland.

Der Wirbelwind

Anfangs betrachtete der »Baresel«-Vorstand Späths Arbeit noch recht skeptisch. Der »junge Wirbelwind« mußte sich immer wieder Klagen anhören, weil einer sich übergangen fühlte, ein anderer seine Pläne als »Spinnerei« abtat. Doch erwarb sich Späth in seiner zweijährigen Tätigkeit vor allem bei Technikern und Ingenieuren hohes Ansehen. Sie wußten zu schätzen, daß er sich Zeit für sie nahm, »immer ein offenes Ohr« hatte. Sie lobten sein »unglaubliches Gedächtnis« und die Tatsache, daß er ihre Argumente begriff. »Einmal erklärt«, sagte ein ehemaliger Mitarbeiter, »speicherte Späth alle technischen Einzelheiten über Monate.« Späth war der dynamische Youngster im konservativ-statischen »Baresel«-Vorstand, er galt als Energiebündel und treibende Kraft. »Er konnte verletzen«, erinnert sich eine Mitarbeiterin, »und wenn er selbst verletzt wurde, schlug er unerbittlich zurück.« Wenn Späth Aufträge »ranschaffte«, mußten seine Kollegen daraus etwas machen. »Wehe, wenn etwas schiefging, dann platzte er aus allen Nähten und wurde außerordentlich unangenehm.«

Der Ilsfelder Wirbelwind setzte sich durch. »Der war immer auf Neues aus, regelrecht gierig«, bilanziert einer seiner Kollegen, »der saß in der Firma und jagte von einer Sitzung zur anderen. Zwischendurch las er noch Akten, die von der CDU-Fraktion gebracht wurden ... Besucher kamen und gingen ... dazwischen Anrufe ... Oft fuhr er für ›Baresel‹ los, dann erreichte ihn unterwegs ein Telefonat: Unbedingt in die Fraktion kommen, sogleich änderte Späth die Fahrtrichtung ... War das ein aufreibendes Leben!«

Selten lenkte der Vierzigjährige sein Auto selbst. Dienstwagen, Fahrer, Autotelefon waren ihm seit der »Neuen Heimat« unentbehrliche Requisiten geworden. »Während der Dienstfahrten telefonierte er oder studierte Akten«, erinnert sich ein Mitarbeiter, »mal für die CDU, mal für ›Baresel‹.« Arbeitstrennung kannte Späth kaum. Er hetzte von Termin zu Termin durchs Ländle oder durch die Welt. »Manchmal wußte er nicht, ob Frühling oder Herbst war. Die Zeit jagte dahin, und er schien die Zeit zu jagen«, sagte uns eine ehemalige Vertraute.

Späth sprach damals kaum Englisch. Auf Auslandsreisen wurde er von Dolmetschern begleitet. Doch sein oft zitiertes fotografisches Gedächtnis speicherte schnell und exakt viele Vokabeln, Sentenzen, Redewendungen. Außerdem nahm er zu jener Zeit Nachhilfestunden. Heute kann sich der Ministerpräsident leidlich mit breitem schwäbischem Akzent auf englisch unterhalten, besitzt gute Detailkenntnisse. Ob die Grammatik stimmt oder die Aussprache, ist ihm völlig egal. Wichtig ist ihm, verstanden zu werden. Und das wird er.

Politik als Beruf

»Ein gesundes Individuum, das zur Macht gekommen ist«, schrieb der Washingtoner Psychoanalytiker Harvey Rich 1982, »liebt die Macht.« Der Stuttgarter Fraktionschef Späth war gesund und nahm seinen Vorstandsposten bei »Baresel« ernst. Und doch liebäugelte er Mitte der siebziger Jahre mit der Vorstellung, sich ganz in die Politik zu stürzen. Im Februar 1978 sah er den Zeitpunkt gekommen. Er verließ das Unternehmen – überraschend für ihn selbst, überraschend auch für die Mitarbeiter. Ministerpräsident Hans Karl Filbinger bildete seine Regierung um, und Späth übernahm das Amt des baden-württembergischen Innenministers.

Obwohl Späth nur zwei Jahre für die Firma »Baresel« gewirkt hatte, hinterließ er auch dort Spuren. Allerdings waren einige »glanzvolle Ideen« – beispielsweise die Umstellung der Verwaltung auf EDV – wegen der Unbeweglichkeit des Gesamtvorstandes untergegangen. Andere Reformvorschläge hatten sich bereits nach oberflächlicher Prüfung als undurchführbar erwiesen. Manche Späth-Idee war eilfertig niedergebügelt und nicht weiterverfolgt worden. Er hatte die Verwaltung verändern wollen, »diesen unüberwindlichen Wasserkopf«, und trug Blessuren davon.

Als sich Späth von Freunden, Kollegen und Neidern bei »Baresel« verabschiedete, ging ein Aufatmen durch das Unternehmen. Mancher Entscheidungsträger war froh, daß der Betrieb »endlich wieder zur Ruhe kam« und vieles wieder in geordneten Bahnen verlief.

Klaus Fischer

Der Parlamentarier

Man hat dem Ministerpräsidenten Späth angekreidet, daß er sich einmal an einem albernen Wettbewerb im Kirschkernweitspucken beteiligte – das vertrage sich, so seine Kritiker, nicht mit der Würde seines Amtes. Hinter diesem überzogenen Vorwurf verbirgt sich eine Denkweise, die aus Zeiten der Monarchie überkommen ist und eine starke Überhöhung politischer Ämter verrät, die sich in einer modernen Demokratie eigentlich überlebt haben sollte.

Als der »mittlere Verwaltungsbeamte« Späth, immerhin schon im Amt eines Bürgermeisters der Stadt Bietigheim bewährt, als Dreißigjähriger in den Landtag von Baden-Württemberg einzog, herrschten dort noch recht altväterliche Sitten. Es war nichts Unübliches, daß der Landtagspräsident einen Journalisten, der sich an einem heißen Sommertag seines Jacketts entledigt hatte und hemdsärmelig seiner Arbeit auf der Pressetribüne des stickigen Parlamentssaals nachging, nachdrücklich auf die Würde des Hauses hinwies, die sich seiner Überzeugung nach auch in einer korrekten Kleidung ausdrückte. Entsprechend steif war der Umgangston im Stuttgarter Parlament, dessen führende Persönlichkeiten in allen Fraktionen vornehmlich auf würdiges Verhalten bedacht waren. Die Bezeichnung »Honoratiorenclub« für den Landtag wurde zwar nicht gerne gehört – und schon gar nicht gerne gelesen –, traf aber zumindest teilweise zu.

Entsprechend verlief auch das politische Tagesgeschäft, dessen Verlauf durch eine strenge Geschäftsordnung und eine Vielzahl ungeschriebener Gesetze geregelt war. Diese bezogen auch die Rollen ein, welche im Wechselspiel zwischen Regierungspartei und Opposition sowie zwischen der Regierung und der sie tragenden Fraktion zu befolgen waren. So verstand sich die CDU-Fraktion, sogar – und erst recht – zu Zeiten der Koalitionen mit FDP und SPD, in erster Linie als Erfüllungsgehilfe der Landesregierung. Es war kaum denkbar, daß die vornehme Aufgabe des Parlaments, die Regierung zu kontrollieren, in der CDU soweit durchschlug, daß partei- oder fraktionsinterne Kritik, die es hie und da durchaus gab, in öffentlicher Auseinandersetzung zum Ausdruck kam.

Späth, bei der Landtagswahl des Jahres 1968 mit dem Direktmandat des Wahlkreises Bietigheim ausgestattet, brachte zusammen mit einer Reihe junger CDU-Abgeordneter, die sich rasch von seinen ansteckenden Ideen und seiner unkomplizierten Umgangsart beeinflussen ließen, frischen Wind ins Parlament. Späth hatte eine fundierte Ausbildung in der »Pflanzschule der Demokratie«, der Kommunalverwaltung, hinter sich. Schon als »Stift« in verschiedenen württembergischen Rathäusern hatte er gelernt, wo den Bürger der Schuh drückt und wo Politik konkret wird; seinen engen Bezug zur Basis hat er nie verloren, was mit Sicherheit ein gut Teil seiner nachmaligen Popularität ausmacht. Seine speziellen Kenntnisse der Finanzwirtschaft und des Wohnungsbaus brachte der junge Abgeordnete unverzüglich ins parlamentarische Geschäft ein, und damit schuf er sich rasch Namen und Position innerhalb der Fraktion.

Späth, der erst ein gutes Jahr vor seinem Eintritt ins Landesparlament Mitglied der CDU geworden war, befand sich seinerzeit in einer persönlichen Orientierungsphase; er hatte sich keinesfalls etwa schon für eine Laufbahn als Berufspolitiker entschieden. Im Gegenteil, nachdem er im Jahre 1970 Geschäftsführer der »Neuen Heimat Baden-Württemberg« und Vorstandsmitglied der »Neuen Heimat Hamburg« geworden war, sah es ganz so aus, als ob ihn nichts mehr reizte als das große Management. Damals ergriff ihn jene Reiselust, von der er später nie mehr lassen konnte. Der Umgang mit viel Geld und finanzschweren Bossen, der Gebrauch luxuriöser Dienstkarossen und schneller Flugzeuge, die Zugehörigkeit zu den Mächtigen der Wirtschaft scheint auf den Sohn »kleiner Leute« eine ungeheure Anziehungskraft ausgeübt zu haben. Jedenfalls genoß er es sichtlich und ließ im Umgang mit weniger versierten Abgeordnetenkollegen und Journalisten gerne durchblikken, welch wichtige Türen ihm offenstanden und was sich für ihn dahinter für Möglichkeiten eröffneten. Als er dann auch noch Aufsichtsrats- beziehungsweise Vorstandsmitglied der weltweit tätigen Baufirma »Baresel AG«, Stuttgart, wurde und seine Geschäftsreisen in ferne Länder ausdehnen durfte, gab es sicher nicht viele Beobachter, die erwartet hätten, daß Späth an der vergleichsweise provinziell anmutenden Landespolitik auf Dauer großen Gefallen finden würde.

Dafür sorgte schließlich paradoxerweise ein Mann, der damals wesentlich mitverantwortlich war, daß der Landespolitik ein penetrant provinzielles Rüchlein anhaftete: Erich Ganzenmüller. Der Abgeordnete aus Schwäbisch Gmünd, Dozent und nachmaliger Professor an der Pädagogischen Hochschule dortselbst, war Vorsitzender der CDU-Fraktion im Landtag. Als solcher verstand er seine Rolle überwiegend als zu respektierender Repräsentant sowie als Diener der Regierung – letzteres nicht zuletzt deshalb, weil er zu gerne Kultusminister geworden wäre und ihm dazu ein devotes Verhalten gegenüber dem allmächtigen Staatsministerium und dessen omnipotentem Chef, Ministerpräsident Hans Filbinger, als am wenigsten hinderlich schien.

Aber die Rolle des Vorsitzenden der regierungstragenden CDU-Fraktion war Ganzenmüller doch ein bißchen zu groß. Dies zeigte sich immer dann, wenn er irgendwo im Lande auftrat und dort forsche Reden hielt. Als Ganzenmüller 1971 bei einer CDU-Veranstaltung in der oberschwäbischen Provinz den damaligen Bundeskanzler Willy Brandt beschuldigte, dieser habe den Friedensnobelpreis nur durch Beziehungen erhalten, und diese Aussage in den Zeitungen veröffentlicht wurde, worauf sich sogar Ministerpräsident Filbinger von ihm distanzierte, schwand sein Ansehen in der Fraktion vollends. Doch konnte er sich bis zum Ende der Legislaturperiode im Amt halten und fühlte sich dort bald wieder so sicher, daß er nach der Landtagswahl des Frühjahrs 1972 seinen Anspruch auf den Posten des Fraktionschefs bekräftigte.

Aber es gab auch einen prominenten Steigbügelhalter für den Newcomer Späth: Hans Filbinger. Dieser ließ sich nach der gewonnenen Landtagswahl (die der CDU rund 53 Prozent der Stimmen einbrachte) großzügig darauf ein, einem recht ungewöhnlichen Wunsch der CDU-Fraktion zu entsprechen und diese bei der Besetzung des neuen Landeskabinetts mitmischen zu lassen. Entsprechende Voten sollten bei einer Fraktionssitzung in Mannheim beschlossen werden, in deren Verlauf auch der neue Fraktionsvorsitzende zu wählen war. Warum als Tagungsort gerade Mannheim bestimmt worden war, ist nicht eindeutig auszumachen; tatsächlich aber wurde diese Sitzung maßgeblich von der »Mannheimer Runde« beeinflußt. Hinter dieser harmlosen Bezeichnung verbarg sich eine Gruppe von CDU-Landtagsabgeordneten, die sich in der vergangenen Legislaturperiode zusammengefunden und so etwas wie eine konspirative Zelle unterhalten hatten, von der manche Initiative, aber auch gelegentlich Kritik ausging. Einen Anführer hatte die Gruppe, zu der ein knappes Dutzend Abgeordnete aus verschiedenen Teilen des Landes zählte, nicht eigentlich; ihr gemeinsames Ziel war, ein Gegengewicht zu dem verkrusteten Establishment im Landtag, vor allem in der CDU-Fraktion, zu schaffen. Nachdem die meisten Mitglieder der »Mannheimer Runde«, von denen es nachmals mehrere zu Ministerehren, andere immerhin zu Staatssekretärsposten gebracht hatten, sich selber etabliert oder mehr privaten Interessen zugewendet hatten, brach sie auseinander. Aber damals in Mannheim wußte sie ihre Chancen zu nutzen.

Die »Mannheimer« verfolgten zweierlei Ziele: Sie wollten die Fraktion erneuern, indem sie wichtige Positionen mit geeigneten Leuten zu besetzen trachteten, und sie wollten Einfluß auf die Regierung nehmen, indem sie an der Aufstellung des neuen Kabinetts mitwirkten, wozu ihnen Filbinger Gelegenheit eingeräumt hatte. Zunächst sollte der längst als untragbar empfundene Ganzenmüller als Fraktionschef aus dem Wege geräumt werden. Deshalb wurde Späth bedrängt, sich als Gegenkandidat aufstellen zu lassen. Späth, der sich als finanzpolitischer

Sprecher einen Namen gemacht hatte und auch sonst überwiegend positiv aufgefallen war, ließ sich nicht lange bitten. Auf die ihm eigene sportliche Art kündigte er Ganzenmüller offen an, er werde in Mannheim gegen ihn als Herausforderer antreten; jener nahm dies amüsiert zur Kenntnis und ließ den damals 34jährigen Späth gönnerhaft wissen, er werde sich dabei allenfalls eine blutige Nase holen.

In Mannheim konnte Erich Ganzenmüller gerade noch 18 Stimmen auf sich vereinigen, sein Gegenkandidat Lothar Späth erhielt 35 und wurde auf diese Weise die Nummer eins der Fraktion. Übrigens war die »Mannheimer Runde« auch bei der Wahl der Stellvertreter insofern erfolgreich, als drei von vier Posten mit Männern ihrer Wahl besetzt wurden, und sie zog auch zusammen mit dem neuen Fraktionsvorsitzenden Späth an den richtigen Drähten, als es um die Vorentscheidungen für die Aufstellung des künftigen Landeskabinetts ging.

Lothar Späths nachmalige Erfolge als Fraktionschef sind selbstverständlich nicht ihm alleine zuzuschreiben, wiewohl er stets Inspirator, treibende Kraft und nach innen wie nach außen der unangefochten führende Kopf war. Er scharte auch die richtigen Mitarbeiter und Mitstreiter um sich, wußte diese einzusetzen, zu begeistern und notfalls bei der Stange zu halten, nicht zuletzt dadurch, daß er die Mitglieder seiner Fraktion in ungewohnter Weise an der langen Leine wirken ließ. Diese Gabe, die einen guten »Riecher« und eine großzügige Menschenführung miteinander verband, entwickelte sich beim Fraktionschef Späth in dem Maße, in dem sein eigenes, nicht eben zu kurz gekommenes Selbstbewußtsein wuchs, und auf diese Weise band Späth nach und nach auch Leute an sich, die anfangs keineswegs auf seiner Seite gestanden hatten. Daß er als unversiegbare Quelle von Einfällen von niemandem in der Fraktion erreicht, geschweige denn übertroffen wurde, machte seine Position auch dann unangreifbar, wenn sich seine ungewöhnlichen Ideen, wie es nicht selten der Fall war, als platzende Luftballons erwiesen. Aber für jeden Ballon, der zum Irrläufer wurde, schuf er ein Dutzend neue und ließ diese mit derartigem Aufwand steigen, daß die Fehlschläge stets rasch vergessen waren.

Da es im politischen Geschäft vornehmlich auf Außenwirkung ankommt, war es außerordentlich wichtig, daß Späth seine Politik auch richtig »verkaufte«. Das Glück des Tüchtigen besorgte ihm für diese Aufgabe einen Mann, den er eigentlich seinem Vorgänger Ganzenmüller zu verdanken hatte: Matthias Kleinert. Dieser war »Pressechef« der Fraktion geworden, nachdem der frühere Amtsinhaber zum Zweiten Deutschen Fernsehen nach Mainz gewechselt war. Der Berliner Diplompolitologe und Journalist Kleinert war nicht nur Späths berüchtigter »Schwertgosch« gewachsen, sondern konnte sich auch ohne Schwierigkeiten auf dessen reichlich unkonventionelle Denk- und Handlungsweise einstellen und ergänzte diese mit seiner fundierten politischen und journalistischen Erfahrung aufs beste. Kleinert verkörperte in so idealer Weise »his master's voice«, daß er binnen kurzem in Späths Namen Presseerklärungen herausgab, von denen dieser erst erfuhr, wenn sie schon in den Zeitungen standen oder über den Rundfunk verlautbart worden waren.

Solche Vorgehensweise war freilich zumindest in der Zeit, da Späth beruflich noch anderweitig engagiert war, nachgerade zwingend. Es kam durchaus vor, daß Kleinert den Manager Späth am Flughafen abholte und ihm auf der Fahrt zum Landtag mitteilte, was in den vergangenen Tagen als Verlautbarungen des Fraktionsvorsitzenden an die Presse gegangen war oder was er in wenigen Minuten in einer Pressekonferenz, einer Fraktions- beziehungsweise Landtagssitzung zu tun und zu sagen habe. Noch mehr: Da Kleinert durch ein einschlägiges Studium wie durch seine journalistische Praxis, nicht zuletzt aber durch ein hohes Maß an Begabung und letztlich aufgrund seiner täglichen Tätigkeit kontinuierlich die politischen Entwicklungen verfolgen, analysieren und bewerten konnte, war er zusammen mit anderen Mitarbeitern und den maßgeblichen Abgeordneten der Fraktion dem Vorsitzenden nicht selten mit Wissen voraus. Tatsächlich erwies es sich zumindest intern zunehmend als Mangel, daß Späth zu viele Interessen und zu viele Aufgaben am Hals hatte, als daß er den Pflichten und Ansprüchen, die der Fraktionsvorsitz mit sich brachte, auf Dauer in ausreichendem Maße genügen konnte. Deshalb entstand auch bald innerhalb von Fraktion und Partei und nicht zuletzt in Filbingers Staatsministerium Kritik gegen den eigenwilligen Politstil Lothar Späths, der nicht nur manche Abgeordnete überforderte.

Die sprunghafte Arbeitsweise des Managers Späth hatte schon in dessen ersten vier Parlamentsjahren vor allem die ältere Generation innerhalb der Fraktion in erhebliche Irritationen versetzt. Späth, dem im Verlauf späterer Legendenbildung nachgesagt wurde, er verfüge über eine Fähigkeit, die es ihm ermögliche, gleichzeitig an mindestens zwei verschiedenen Orten aufzutreten, kam zu Sitzungen der Fraktion und der Landtagsausschüsse meist zu spät, meldete sich aber in der Regel schon zu Wort, noch ehe er Platz genommen hatte. Bis er nach der Rednerliste dran war, hatte er mit Hilfe seiner raschen Auffassungsgabe bereits das Thema ausgemacht und den Stand der Diskussion registriert; den Rest bewältigte er mit »Chuzpe« sowie seinem rhetorischen Talent und seiner erstaunlichen Fähigkeit zur Improvisation.

Über längere Zeit gehörte es zu seinem Terminplan, daß er am Montagmorgen an der Vorstandssitzung der »Neuen Heimat« in Hamburg teilnahm, abends in gleichem Auftrag nach München jettete, um dortselbst seiner Präsenzpflicht zu genügen, und am Dienstag bereits auf der Fraktionssitzung in Stuttgart auftrat. Das ungeheure Tempo, das Späth an den Tag legte, schreckte manchen Parlamentarier, der eine gemächlichere Gangweise gewohnt war, ab und andere auf, nicht wenige aber ließen sich davon mitreißen. Im übrigen ließ Späth, obwohl er gerne und viel delegierte, niemals vergessen, wer der Chef war – ein weiteres Geheimnis seiner Führungskunst. Dabei war er keineswegs immer der verbindliche, allzeit freundlich lächelnde Mitmensch, als den ihn seine Bürger so gerne erleben. In der Tat kann Späth durchaus auch Härte einsetzen, wenn er sonst nicht zum Ziele kommt. Bei Sitzungen der Fraktion präsentierte er seine sachlichen und politischen Vorgaben und überließ die Details seinen Zu- und Mitarbeitern, achtete aber beim Grundsätzlichen streng darauf, daß niemand ausscherte. Muckte jemand in dieser Phase auf, parierte Späth rasch und hart und erstickte auf diese Weise Einwände meist schon im Keim. Nur wenige seiner Fraktionsmitglieder brachten dann den Mut auf, ihm nachdrücklichen Widerstand engegenzusetzen. Und man mußte (und muß) in so einem Falle wissen, daß Lothar Späth nichts vergißt.

Zunächst brachte Späth auf solche Weise Bewegung in die CDU-Fraktion und in den Landtag insgesamt. Er verfolgte von Anfang an die Idee, daß das Landesparlament aus dem elfenbeinernen Turm, in dem sich viele seiner Mitglieder durchaus wohl zu fühlen schienen, heraustreten müsse, um den Kontakt zum Bürger zu suchen und zu fördern. Dies geschah auf vielfältige Weise. Der neue Landtag war noch kaum konstituiert, da begann die CDU-Fraktion beispielsweise mit einer Vielzahl von Gesprächen mit allen möglichen Gruppen, zum Auftakt mit jungen Arbeitnehmern, die über die Sozialausschüsse der CDU vermittelt worden waren. Ein raffinierter Einfall, mit dem Späth mehrere Fliegen mit einer Klappe schlug: Er festigte nicht nur den Kontakt zu den in der Partei ziemlich vernachlässigten Sozialausschüssen, sondern signalisierte damit auch nach außen, daß nicht allein die SPD für Arbeitnehmerfragen offen sei; und schließlich erhielt er damit schon deshalb die erwünschten Schlagzeilen, weil diese Informationsgespräche ganz einfach eine Novität darstellten.

Die »Öffnung nach draußen« gehörte bald zum festen Programm des Fraktionsvorsitzenden. Späth forderte insgesamt einen neuen Stil des Dialogs mit der Bevölkerung und erinnerte die Parlamentarier an ihre Rolle als »Dolmetscher des Bürgerwillens«. Das Aufkommen ungezählter Bürgerinitiativen, die sich praktisch für und gegen alles einsetzten, schreckte ihn nicht ab, wie viele Politiker, sondern brachte ihn zu der Frage, wie die Parlamentarier als Volksvertreter mit derlei Basisbewegungen umzugehen und welche Folgerungen sie daraus zu ziehen hätten. Auf diese Weise mobilisierte Späth nicht nur die dafür offeneren parlamentarischen Kräfte in allen Fraktionen, sondern signalisierte den Bürgerbewegungen – beispielsweise der starken Widerstandsgruppe gegen das von Ministerpräsident Filbinger hartnäckig geforderte Kernkraftwerk Wyhl – auch Bereitschaft zum Gespräch.

Zu den tauglichsten Einfällen Späths zählte das Schlagwort »Hilfe zur Selbsthilfe«, das er ungeniert für jedwelche politische Initiative einsetzte, die etwa vom Land ins Werk gesetzt und gegebenenfalls bezuschußt, am Ende aber etwa von den Gemeinden oder anderen Träger zu bezahlen war. Ideen dieser Art wurden von dafür empfänglichen Bevölkerungsgruppen dankbar aufgenommen, etwa die Anregung, daß jedes Kind von drei Jahren an einen Platz im Kindergarten haben solle. Späth baute die »Hilfe zur Selbsthilfe« auf unkonventionelle Weise auch in der Richtung aus, daß zahlreiche traditionelle hoheitliche Aufgaben, beispielsweise die Müllabfuhr, keineswegs von staatlichen Institutionen besorgt werden müßten, wenn sie auch anderweitig, nämlich nichtstaatlich, zu erfüllen seien. Solche Anregungen wurden nicht zuletzt von der freien Wirtschaft, die dahinter ein ausbaufähiges politisches Konzept entdeckte, dankbar aufgenommen.

Einen seiner glänzendsten Einfälle zur Belebung der parlamentarischen Arbeit seiner Fraktion hatte Späth, der die Beziehung zur Basis trotz seines steten Strebens nach Höherem nie aus den Augen verlor, mit der »Vor-Ort-Aktion«. Dahinter verbarg sich die Idee, »draußen im Lande« in den 70 Landtags-Wahlkreisen nach und nach jeweils mit der geballten Masse der Fraktion einzufallen und so viel Lärm zu erzeugen, daß die lokalen Zeitungen tagelang damit zu tun hatten, dieses Ereignis aufzuarbeiten. Schon die erste Veranstaltung dieser Art, die Fraktionsgeschäftsführer Norbert Schneider (nachmals mit dem Amt eines Staatssekretärs belohnt) in seinem eigenen Wahlkreis Freudenstadt organisierte, geriet zu einem derartigen Erfolg, daß sich dies noch am Tag des Geschehens bis nach

Stuttgart herumsprach. Ein Filbinger-Intimus soll, wie ein Gerücht wissen will, den Regierungschef telefonisch darüber informiert haben, wie glänzend Späth sich ins Bild setze. Filbinger sagte unverzüglich andere Termine ab und eilte selber zur abendlichen Hauptveranstaltung nach Horb, um der Fraktion und ihrem Vorsitzenden den Erfolg (und die entsprechende Berücksichtigung in den Medien) nicht allein zu überlassen.

Wen sich die Partei mit Lothar Späth herangezogen hatte, war dem Ministerpräsidenten Hans Karl Filbinger wohl schon während der ersten Wochen des neuen Landtags, in dem Späth die CDU-Fraktion führte, aufgegangen. Späth wollte unverzüglich deutlich machen, daß die Landtagsfraktion der CDU künftig ohne Gängelung durch die Landesregierung einen eigenständigen Kurs zu steuern gedachte. Dazu kam ihm die erste Gelegenheit gerade recht: die Aussprache über Filbingers Regierungserklärung. Dabei brachte der CDU-Fraktionschef das Kunststück fertig, sich nachdrücklich zur Rolle des Parlaments als Kontrollorgan der Regierung zu bekennen, ohne das Geschäft der Opposition zu betreiben. Durch weitgehenden Verzicht auf die sonst bei derlei Gelegenheiten üblichen Deklamationen, die er durch die Aufzählung konkreter politischer Ansatzpunkte ersetzte, gelang es Späth (und nicht zuletzt den am Zustandekommen dieser Rede Beteiligten), sich und seiner Fraktion im Landtag wie bei der Regierung und in der Öffentlichkeit Respekt zu verschaffen. Einige landespolitische Beobachter stellten sogar anerkennend fest, Späth habe Filbingers »dünner« Rede die »eigentliche Regierungserklärung« entgegengesetzt. Es war damit klar, daß die Zeit der rhetorischen Unverbindlichkeiten der regierungstragenden Partei im baden-württembergischen Landtag vorbei war.

Daß Späth gewillt und in der Lage war, auch praktisch in die große Politik einzusteigen, bewies er mit einem nachgerade genialen Finanzcoup, in dessen Verlauf er den baden-württembergischen Landeshaushalt weitgehend umkrempelte, mehrere hundert Millionen Mark quasi aus dem Hut zauberte und damit fast noch den Rücktritt des Finanzministers provoziert hätte. Es war der berühmt gewordene »Matratzentrick«: Im Herbst des Jahres 1974, während der Bonner Finanzminister Hans Apel zunehmend düstere Ausblicke auf die zukünftige wirtschaftliche Entwicklung der Bundesrepublik eröffnete und einen unsicheren 154-Milliarden-DM-Etat vorlegte, wollte auch Baden-Württembergs Finanzminister Robert Gleichauf einen sichtbaren Beitrag zur allgemeinen Konjunktur- und Stabilitätspolitik leisten. Unter dramatischen Hinweisen auf die zu erwartenden Schwierigkeiten der bevorstehenden Haushaltsjahre präsentierte der übervorsichtige Gleichauf einen Doppeletat für 1975/76, den er einen »Haushalt der harten Realitäten und großen Risiken« nannte. Dieser hatte ein Volumen von rund 20 beziehungsweise 22 Milliarden DM und wies eine jährliche Steigerung von 9 Prozent auf, wobei der zur Verfügung stehende Spielraum, die sogenannte freie Verfügungsmasse, lediglich noch 8,7 Prozent betragen sollte.

Mit derlei harten Realitäten wollte sich Späth, der auch große Risiken nicht scheute, nicht zufriedengeben. Er griff die Anregung eines einfallsreichen Fraktionsmitarbeiters auf, der sein Augenmerk auf die von Gleichauf gepflegte Vorhaltepolitik lenkte, welche vor allem darin bestand, daß im Etat ein gesundes Polster zum Auffangen von Eventualitäten wie Tariferhöhungen, außerplanmäßigen Schulden oder geringeren Steueraufkommen eingebaut war. Diese Reserven wollte Späth nicht brachliegen lassen, sondern nahm sie als Grundlage eines Umschichtungsprogramms, das sich nicht zuletzt durch ein gewagtes Umsteigemanöver vom realen Ist- zum spekulativen Soll-Ausgleich am Ende auf rund 400 Millionen DM auswuchs. Späths Mitarbeiter kehrten praktisch noch die letzten Ecken des umfangreichen Etatentwurfs aus und sorgten so dafür, daß beispielsweise allein 100 Millionen DM zusätzlich für den Straßenbau ausgewiesen werden konnten – ein besonders geschätztes Geschenk für Abgeordnete, die damit zahlreiche Wünsche ihrer Wahlkreise erfüllen konnten und schon deshalb voll hinter Späths kühner Idee standen.

Die politischen Folgen dieses frühen Späth-Werks waren weitreichend. Das Parlament hatte sein »Königsrecht«, die Gestaltung des Landeshaushalts, entdeckt. Bisher war es üblich gewesen, daß die Landesregierung Etatentwürfe vorlegte, in denen jeweils ein angemessener Spielraum für das Parlament enthalten war; das Gesamtwerk wurde dadurch nicht wesentlich verändert, und der schließlich verabschiedete Etat entsprach im wesentlichen der ursprünglichen Regierungsvorlage. Dieses Rollenspiel funktionierte jetzt nicht mehr – fürderhin mischte der Landtag kräftig mit. Ministerpräsident Filbinger beging wieder einmal einen taktischen Fehler, indem er nicht etwa das Etatkonzept seines eigenen Finanzministers verteidigte, sondern mehr oder weniger elegant auf Späths Linie einschwenkte, sobald er gesehen hatte, wie der Hase lief. Damit stellte Filbinger allerdings den redlichen Gleichauf bloß.

Als Späth beim darauffolgenden Haushalt seine spektakuläre Aktion mit ähnlichem Erfolg wiederholte, kommentierten Journalisten, der CDU-Fraktionschef habe sozusagen bereits die Regierung übernommen, und die parlamentarische Opposition verlangte den Rücktritt von Finanzminsiter Robert Gleichauf. Dieser, von Haus aus kein Finanzfachmann, hatte nämlich etwas vorschnell verlautbart, im neuen Etatentwurf befinde sich »keine müde Mark mehr unter der Matratze«, was von der SPD später mit dem ätzenden Hinweis aufgegriffen wurde, entweder habe Gleichauf bewußt die Unwahrheit gesagt, oder – noch schlimmer – er sei nicht in der Lage, seinen eigenen Etat zu überschauen. Gleichauf soll daraufhin gegenüber Filbinger erklärt haben, er könne sich das nicht bieten lassen; nach einer anderen Version hat er sogar seinen Rücktritt angeboten. Doch Filbinger wußte solche Irritationen geschickt zu überspielen und behielt Späth, der damit seinen Ruf als begabter, einfallsreicher Politiker auszubauen wußte, scharf im Auge.

Nach und nach entwickelte sich zwischen der CDU-Fraktion und der Landesregierung eine Beziehung, die als fruchtbares Spannungsverhältnis bezeichnet werden kann. Nachdem

Späth bei mehreren Gelegenheiten gezeigt hatte, daß die Fraktion als ernst zu nehmender Partner und nicht als bloßer Handlanger der Regierung betrachtet werden müsse, entwickelten sich zwischen den beiden Lagern praktikable Spielregeln, die beispielsweise in der Teilnahme von Abgesandten der Regierung an den Sitzungen der Fraktion und in allfälligen fairen Absprachen bestanden. Späth verfeinerte seinerseits seine Taktik und lernte zusehends, sich weniger für Nebensächlichkeiten einzusetzen, sondern sich mehr auf Grundsätzliches zu konzentrieren.

Dies zahlte sich für Fraktion und Regierung gleichermaßen aus, als der Landtag in mühevoller Arbeit die Gemeinde- und Kreisreform in Angriff nahm, ein Jahrhundertwerk, dessen Grundlagen bereits zu Zeiten der Großen CDU-SPD-Koalition gelegt worden waren. Die Reform selber stellt sich heute natürlich im Detail als fehlerhaft und korrekturbedürftig dar; der gesamte Vorgang behält aber seinen Stellenwert als eine der ganz großen Leistungen der neueren baden-württembergischen Landespolitik, vornehmlich des Landesparlaments. Es kam vieles zusammen: Die Zeit war reif für eine Reform der Verwaltung auf vielen Feldern, die Große Koalition (vor allem der damalige SPD-Innenminister Walter Krause) hatte die wesentlichen Vorarbeiten geleistet, denen eine jahrelange breite Diskussion gefolgt war; Ministerpräsident Filbinger befand sich im Zenit seiner Laufbahn (und liebäugelte bereits mit dem Amt des Bundespräsidenten), und Lothar Späth hatte sich bestens in das Geschäft des Fraktionsmanagements eingewöhnt und zunehmend Gefallen daran gefunden.

Als das Reformwerk im Frühsommer 1974 im Parlament eingebracht wurde, befand sich ganz Baden-Württemberg in heller Aufregung. Aller Augen richteten sich auf den Stuttgarter Landtag, den ununterbrochen Bittsteller und Delegationen aus allen Teilen des Landes aufsuchten. Niemals zuvor waren die einzelnen Abgeordneten mit derartigen Pressionen konfrontiert, nie war die Zusammenarbeit der Fraktionen solchen Belastungen unterworfen gewesen. Vor allem die CDU, von deren Mehrheitsentscheidungen die Selbständigkeit einzelner Gemeinden und der Bestand ganzer Landkreise abhingen, war starken Anfechtungen ausgesetzt. Damals vollbrachte Späth ein weiteres Meisterstück, indem er die Fraktionsdisziplin zu wahren wußte und gleichzeitig die wesentlichen Kompromißvorgaben der Regierung loyal mittrug. Seine feste Haltung im eigenen Wahlkreis, wo er unter großem persönlichem Einsatz und gegen starke Widerstände den Zusammenschluß der nachmaligen Stadt Bietigheim-Bissingen durchsetzte, wirkte beispielhaft unter den wankelmütigen Abgeordneten seiner Fraktion und schuf ihm auch im Lager der Opposition Respekt und Anerkennung.

In jenen Wochen und Monaten hatte Späth wiederholt Gelegenheit, seine außergewöhnliche Begabung als parlamentarischer Taktiker hohen Ranges zu beweisen. Die theoretische Vorarbeit zur Verwaltungsreform hatte ihn nur beiläufig interessiert, und er überließ sie gerne seinen Fachleuten; aber in den parlamentarischen Vollzug stieg er voll ein. Die stundenlangen Auseinandersetzungen, die sich oft bis tief in die Nacht hinein hinzogen, forderten ihn mehr und mehr heraus. Am besten war Späth dann, wenn es in der Debatte richtig hitzig zuging oder wenn eine verfahrene Situation einen besonders raffinierten Schachzug erforderte.

Einmal, während der zweiten Lesung der Gemeindereform, landete die SPD einen ungewöhnlich schmerzhaften Volltreffer gegen die Regierung, als einer ihrer Wortführer die Behauptung aufstellte, das Innenministerium habe einer bestimmten Kommune schriftlich den Bestand ihrer Selbständigkeit zugesagt, dieses Versprechen aber schmählich gebrochen, scheinbar ein handfestes Beispiel dafür, wie wortbrüchig diese Regierung sei und wie wenig man ihr trauen könne. Diese angeblich schwarz auf weiß beweisbare Behauptung der Opposition, in einer besonders kitzligen Situation geschickt plaziert, löste im Landtag nicht nur einen ohrenbetäubenden Tumult aus, sondern verursachte bei der in hochgradiger Erregung befindlichen CDU-Fraktion lähmendes Entsetzen. Nicht so bei Späth: Er meldete sich sofort zu Wort und bezichtigte die SPD unumwunden der frechen Lüge. Auf Betreiben der Regierung verfügte schließlich der Präsident eine kurze Sitzungspause, die dazu genutzt werden sollte, den angeblichen Zusagebrief an jene Gemeinde ausfindig zu machen, um die Wahrheit herauszufinden. Späth, während dieser Unterbrechung von einem Journalisten befragt, gab diesem gegenüber augenzwinkernd zu, daß er den Vorgang überhaupt nicht kenne und dem weiteren Fortgang selber mit Spannung entgegensehe. Zehn Minuten später war jener Brief gefunden, und Späth teilte dem Parlament mit größter Genugtuung mit, das Innenministerium habe selbiger Gemeinde lediglich zugesagt, ihr Fall werde wohlwollend geprüft.

Daß Späth vier Jahre darauf Innenminister des Landes Baden-Württemberg wurde, hatte mit der mittlerweile vollzogenen Verwaltungsreform höchstens indirekt zu tun. Es war einfach so, daß der ehrgeizige Fraktionsvorsitzende dem Ministerpräsidenten Filbinger mit der Zeit zu stark geworden war, weshalb im Staatsministerium mehrere Pläne erwogen wurden, Späth wegzuloben oder in die Kabinettsdisziplin einzubinden. Die erstgenannte Überlegung zielte darauf ab, Späth an seine kommunalpolitische Vergangenheit zu erinnern und ihn dazu zu bewegen, sich als Kandidat für die Nachfolge des Stuttgarter Oberbürgermeisters Arnulf Klett zur Verfügung zu stellen. Dieser Gedanke verfing indessen nicht; statt Späth wurde Staatssekretär Manfred Rommel unter sanftem Druck zur Kandidatur veranlaßt, und dieser gewann die Wahl (was ihn nicht hinderte, sich später gegen Späth um die Nachfolge Filbingers im Amt des Ministerpräsidenten zu bewerben).

Im Frühjahr des Jahres 1974 war Späth aus der »Neuen Heimat« ausgeschieden. Auf entsprechende Fragen von Journalisten erklärte er, seine künftigen Ambitionen seien »in erster Linie landespolitischer Art«. Schon damals wurde er als designierter Nachfolger Filbingers gehandelt, ließ sich auf Spekulationen dieser Art jedoch gar nicht erst ein, sondern baute seine Position als Fraktionsführer weiter aus. Mittlerweile hatte er sich auch zunehmend stärker um die Partei gekümmert, hielt bei allfälligen CDU-Treffen vielbeachtete Reden und wurde beim Landesparteitag im Herbst 1975 schließlich mit der höchsten Stimmenzahl in den Landesvorstand gewählt. Nach der Landtagswahl 1976 schien es allerdings soweit, daß sich Späth dem Antrag Filbingers, in sein Kabinett einzutreten, nicht länger widersetzen könne; die allgemein diskutierte Frage war lediglich, in welchem Ressort (vorzugsweise Inneres oder Wirtschaft). Doch Späth, mittlerweile 38 Jahre alt, entschied sich schließlich für die Fortsetzung seiner Tätigkeit als Vorsitzender der Fraktion. Er begründete dies mit dem Hinweis, er sei von den CDU-Abgeordneten einmütig dazu gedrängt worden; überdies sei er angesichts des erzielten guten Wahlergebnisses mehr denn je von der Notwendigkeit einer klaren Kontrollfunktion des Parlaments gegenüber der Regierung überzeugt und sehe seine Aufgabe in erster Linie darin.

Späths damalige Entscheidung dürfte nicht zuletzt dadurch beeinflußt gewesen sein, daß im neuen Landtag der frühere Bundesminister Erhard Eppler als Abgeordneter und Fraktionsvorsitzender der SPD eine auch für ihn ungewöhnliche Rolle übernahm. Außerdem hatte auch die FDP in Gestalt des politischen Nachwuchstalents Jürgen Morlok einen neuen, vielversprechenden Fraktionsführer. Von beiden wurde allgemein erwartet, daß sie der CDU mit schwerer Munition aufwarten würden, und dem sei, wie es im besorgten Regierungslager hieß, allenfalls der mit allen Wassern gewaschene Späth gewachsen.

Doch die Befürchtungen, mit Eppler erfahre die Landes-SPD einen für die Stellung der CDU gefährlichen Aufschwung, erwiesen sich als weitgehend unbegründet. Eppler fand sich auf der bescheidenen Ebene des Landesparlaments nicht sonderlich gut zurecht; seine inhaltsschweren Reden schienen häufig eher für eine Akademietagung geeignet denn für das intellektuell weniger anspruchsvolle Auditorium des Landtags. Die mit unterschiedlicher Begeisterung erwarteten Parlamentsduelle zwischen Eppler und Späth waren selten und meist enttäuschend, weil beide sozusagen in verschiedenen Sprachen redeten. Eppler und Späth erwiesen sich als derart verschiedene Charaktere, daß der zwingende Eindruck entstand, sie hätten sich nichts zu sagen.

Ministerpräsident Filbinger erlebte im Frühjahr 1977 noch einmal einen persönlichen Triumph, als er offen als Kandidat für das Amt des Bundespräsidenten gehandelt wurde. Als er angebliche Absichten dementierte, war dies für Späth Anlaß zu der Feststellung, er wolle zwar auf dem bevorstehenden Landesparteitag der CDU zum stellvertretenden Landesvorsitzenden der Partei gewählt werden, sei am Amt des Ministerpräsidenten aber nicht interessiert. Siebzehn Monate später hatte er dieses Amt inne.

Denn Filbingers Erfolgskurve war jäh nach unten gefallen. Die Auseinandersetzungen um das geplante Kernkraftwerk Wyhl, um das Hochschulgesetz und um eine Änderung des Kommunalwahlgesetzes, deren Verfassungsmäßigkeit von der SPD mit Erfolg bestritten wurde, eine Anzahl weiterer Pannen und schließlich die Folgen der Stammheimer Selbstmorde von Mitgliedern der Baader-Meinhof-Gruppe, die den Rücktritt von Justizminister Traugott Bender zur Folge hatten, bewirkten, daß die Landesregierung schwer ins Schleudern geriet. Wie nie zuvor muckte die Parteibasis auf und verlangte eine Umbildung des Kabinetts. Die kam im Frühjahr 1978, ging aber keineswegs so glatt über die Bühne, wie von Filbinger beabsichtigt. Dieser hatte geplant, Innenminister Karl Schiess und Kultusminister Dr. Wilhelm Hahn abzulösen, aber Hahn legte sich quer und wollte freiwillig nicht gehen. Es war bezeichnenderweise Lothar Späth, der zusammen mit einer kleinen Kommission dem verdienten Kultusminister einen halbwegs ehrenvollen Abgang eröffnete. Dessen Amt übernahm Roman Herzog – und Lothar Späth wurde Innenminister.

Der Wechsel war abrupt. Späth, der schärfste Kritiker einer schwerfälligen Staatsverwaltung und einer starrsinnigen Beamtenschaft, war jetzt seiner im Parlament genossenen Unabhängigkeit verlustig gegangen und mußte mit ebendiesem Verwaltungsapparat erst einmal eine Ebene der Zusammenarbeit finden und sich gleichzeitig eine ihm adäquate Rolle an Filbingers Kabinettstisch erkämpfen. Es war für alle Beteiligten nicht leicht, und Späths Einfühlungsvermögen, dessen Ausmaß in umgekehrtem Verhältnis zu dem seiner Geduld steht, wurde einer harten Prüfung unterzogen. Überdies wurde er in der Fraktion schmerzlich vermißt. Mit Erwin Teufel war zwar ein ungemein fleißiger und begabter Nachfolger als Fraktionschef gekommen, aber er war vom Naturell her sozusagen das genaue Gegenteil des leichtfüßigen Späth, der oft den ansteckenden Eindruck vermittelt hatte, das Parlamentsgeschäft sei ein einziger Spaß.

Lothar Späth lernte, wie immer, ziemlich rasch, sich auf die Anforderungen seiner neuen Aufgabe einzustellen und die ministeriellen Pflichten und Würden zu erfüllen. Trotzdem war es nicht verwunderlich, daß in den verschiedensten politischen Lagern anhaltend die Frage diskutiert wurde, wie lange Späth sich mit der für ihn undankbaren Rolle eines unter Ministerpräsident Filbinger in die Kabinettsdisziplin eingebundenen Innenministers bescheiden werde. Doch niemand konnte ahnen, wie schnell sich gewisse Spekulationen, wonach sich Späth insgeheim auf das Amt des Regierungschefs vorbereitete, erfüllen würden.

Als Ministerpräsident Filbinger im Sommer 1978 über den Fall Hochhuth stolperte, in dessen Verlauf seine Tätigkeit als Marinerichter während des Zweiten Weltkriegs ans Licht kam, gab der Minister und stellvertretende CDU-Landesvorsitzende Späth zunächst zwar Erklärungen ab, für einen Rücktritt Filbingers vom Amt des Ministerpräsidenten gebe es keinen Grund; es war aber leicht durchschaubar, daß er solchen Pflichtübungen nur halbherzig oblag. Später wurde offenbar, daß der kluge Späth schon früher als viele andere damit gerechnet hatte, Filbinger sei auf Dauer nicht zu halten – und daß er darin seine große Chance erkannte. Als Filbinger schließlich stürzte und die CDU möglichst umgehend einen Nachfolger küren mußte, hatte Späth im stillen schon vorgesorgt. Bei der entscheidenden Abstimmung in der Landtagsfraktion stellten sich Späth und der allseits angesehene Stuttgarter Oberbürgermeister Manfred Rommel zur Wahl, die mit 42 zu 27 Stimmen eindeutig zugunsten von Späth ausfiel. Er hatte das Terrain weitsichtig und zielstrebig vorbereitet, wie es seine Art war; und damit war er endlich wieder in einer ihm angemessenen Position – Nummer eins. Daß er seinen alten Elan rasch wiederfand und das neue, schwere Amt des Regierungschefs auszufüllen und zu neuem Ansehen zu führen verstand, beweist das Ausmaß seiner Fähigkeiten, die ihn fraglos auch für noch höhere Aufgaben empfehlen.

Das Kirschkernspucken hat der Ministerpräsident nicht wiederholt. Aber die Bürgernähe, die darin zum Ausdruck gekommen war, hat er nachgerade zum Prinzip erhoben; er ist tatsächlich ein »Ministerpräsident zum Anfassen« geworden.

WERNER FILMER/HERIBERT SCHWAN

Der Innenminister

Schon nach der Landtagswahl 1976, die der Union in Baden-Württemberg die absolute Mehrheit bescherte, wollte Filbinger den »heimlichen Regierungschef« Späth in sein Kabinett einbinden, um ihn endlich am Zügel führen zu können. »Späth macht, was er für richtig hält, und Filbinger wird es ertragen müssen«, so ähnlich flüsterte man in der Fraktion und unter den Journalisten.

Noch bevor der überwältigende Wahlsieg der Union 1976 endgültig feststand, bestellte der Sonnenkönig Filbinger seinen eigentlichen Widersacher in seine Dienstvilla auf der Solitüde, um ihm das Amt des Innenministers anzutragen. Das geschah am Nachmittag des Wahlsonntags. Mit dem Amtsinhaber Karl Schiess hatte der Regierungschef kein Sterbenswörtchen gewechselt. Für Späth eine »unerträgliche Lage«, in die ihn

Filbinger brachte. Doch der gewiefte Taktiker fand einen Ausweg. Er erklärte, mit der Ressortzuständigkeit nicht einverstanden zu sein, stellte Forderungen, beantragte neue Gestaltungsfreiräume. Beispielsweise forderte er die Landeskreditbank ein, um für die Strukturpolitik ein wichtiges Instrument zu haben. Für den Fall einer Amtsübernahme behielt er sich weitere, nicht näher definierte Sonderrechte vor.

Tagelang ging es hin und her. Sollte er? Wollte er überhaupt Minister werden? Sollte er seine Unabhängigkeit und seine vielfältigen Einwirkungsmöglichkeiten auf die Landespolitik aufgeben? Er rang mit sich. »Späth gibt Filbinger einen Korb«, hieß es im Lande. Die Presse lobte seine Standfestigkeit und amüsierte sich über Filbingers vergebliches Bemühen, den Kontrahenten im Fraktionsvorsitz gefügig zu machen. Späth lehnte schließlich ab und blieb Fraktionsvorsitzender. Immerhin beeinflußte er mit dieser Entscheidung die Regierungsbildung, denn es gab kaum Veränderungen. Es gab nur eine einzige Personalentscheidung: Filbinger berief Späths Vertrauten Gerhard Weiser ins Kabinett.

Knapp zwei Jahre später entstand für Späth eine neue Situation. Am 18. Oktober 1977 brachten sich in Stammheim die Terroristen Gudrun Ensslin, Jan Carl Raspe und Andreas Baader um. Justizminister Traugott Bender trat zurück. Filbinger sah sich gezwungen, seine Regierung umzubilden.

Im Oktober 1977 war Späth Stellvertreter Filbingers im Vorsitz der südwestdeutschen CDU geworden. Es hatte sich eine enge Freundschaft zwischen Traugott Bender und ihm entwickelt. Bevor der Justizminister seinen Rücktritt einreichte, besprach er alle weiteren Schritte mit dem Fraktionschef, der ihm zum Rücktritt geraten hatte. Filbinger war über Späths Einfluß und Beratung verschnupft. Verletzt, aber selbstherrlich entschied er über Benders Nachfolge. Außerdem strebte er eine umfassende Regierungsumbildung an, denn er wollte endlich seinen ungeliebten Innenminister Karl Schiess loswerden und auch Kultusminister Hahn aufs Altenteil schicken.

Radtour mit der evangelischen Jugendgruppe von Ilsfeld –
Lothar vornweg (1948)

Gertrud Späth mit Bruder und Eltern am Konfirmationstag

Die beiden ersten Klassen der Oberschule in Beilstein (1948),
Lothar oberste Reihe, dritter von rechts

Der Konfirmand Lothar Späth, zweiter von rechts

Der Lehrling im Rathaus von Schmidhausen (1954)

Lothar mit Tanzstundendame auf dem Schlußball »Südliche Nächte«
(1954)

Beim Schlußball »Südliche Nächte« in Ilsfeld (1954)

Gruppenabend des CVJM in Ilsfeld (1956)

Betriebsausflug der Giengener Stadtverwaltung nach Oberstaufen (1956)

Der frischgebackene Inspektorenanwärter, Staatl. Verwaltungsschule Stuttgart (1958)

Fasching der TSG in Giengen/Brenz, 1960

Noch immer spürte Späth keine große Neigung, in das Kabinett Filbingers einzutreten. Dann aber wurde sein Freund Hanns-Martin Schleyer entführt. Als der Industriemanager am 19. Oktober 1977 tot aufgefunden wurde, entschloß sich Späth, doch das Innenressort zu übernehmen. Im Februar 1978 wurde er Innenminister und mitverantwortlich für die Aufklärung des Mordes an Schleyer.

Filbinger glaubte nun, den »unheimlich mächtigen, starken und einflußreichen Späth« unter Kontrolle zu haben. Der Rücktritt seines Vorgängers im Amt, Karl Schiess, erfolgte nach außen »ganz freiwillig«. Dennoch mußte Späth nachhelfen. Nachdem er sich entschieden hatte, Minister werden zu wollen, unternahm er alles, was in seiner Macht stand, um es auch zu werden.

»Ich bin nicht der Herr Minister, ich bin der Herr Späth«, stellte er sich seinen Beamten und Angestellten vor. »Hemdsärmelig, unkonventionell, unbürokratisch, direkt und offen«, so erinnert sich ein enger Mitarbeiter, ging Späth an die Arbeit. Noch spürte man seine Unsicherheit im Umgang mit der Verwaltung. Der ehemalige »Neue-Heimat«-Manager und »Baresel«-Vorstand mußte sich »gewaltig umstellen«. Umsichtiges Handeln, vor allem aber Behutsamkeit und Zurückhaltung wurden von ihm gefordert. Anfangs fiel ihm das schwer. Nach seinen Erfolgen in der freien Wirtschaft mußte er, »der ein ausgeprägtes Selbstbewußtsein« besaß, seinen Führungsstil finden. Im Personalbereich wahrte er zu Beginn »soviel Kontinuität wie möglich«. Allerdings verlor der neue Innenminister Gegner und Minenleger nie aus den Augen. Viele schaltete er frühzeitig und nachhaltig aus. Damals wie heute legte er Wert auf Professionalität und Erfahrung. Ihn interessierte wenig, ob »seine Leute« christdemokratisch geprägt waren oder der FDP beziehungsweise der SPD nahe standen.

Zunächst stürzte sich der Einundvierzigjährige auf den Polizeibereich. Er setzte um, was sein Vorgänger gewollt hatte: mehr Beamte, bessere Unterbringung, bessere Ausrüstung. Die Zeit war günstig, um die Änderungen durchzusetzen. Die Bundesrepublik verlangte nach mehr innerer Sicherheit.

Wer heute in Baden-Württemberg mit älteren Polizeibeamten über ihren ehemaligen Ressortchef spricht, sieht verklärte Blicke. Die meisten schwärmen von dem »polizeifreundlichsten Innenminister, den es je in Baden-Württemberg gegeben habe«. Keiner seiner Nachfolger oder Vorgänger habe mehr für die Polizei getan als Späth. Oft tauchte der neue Innenminister unverhofft – manchmal sogar unerkannt – morgens auf, um bei einer Fahndung mitzumachen. In dem halben Jahr seiner Amtszeit profilierte sich Späth dort, wo Breitenwirkung zu erzielen war. Für seine 20 000 Polizisten setzte er sich ein, ohne als »Hardliner«, als kalt berechnender Knüppelmeister, in die Landesgeschichte einzugehen.

Ein weiterer Schwerpunkt seiner Arbeit lag im Wohnungsbereich. Seine Landesplanung reichte bis weit in die achtziger Jahre. Noch beflügelten ihn Planungsvisionen aller Art. Der tägliche Verwaltungskram interessierte ihn weniger. Administration schien den ehemaligen Stadtinspektor nicht mehr zu faszinieren. Auch um den Rechtsbereich kümmerte er sich wenig.

Als Innenminister fielen auch die Probleme der Vertriebenen in sein Ressort. Mitarbeiter hatten den Eindruck, dieser Bereich kümmere ihn mehr parteipolitisch als sachlich. Spürbares Interesse habe Späth an Personalfragen gehabt. Bei der Besetzung führender Positionen nahm er sich viel Zeit, um optimale Entscheidungen zu treffen.

Drei Monate lang war Späth im Amt, als der Schriftsteller Rolf Hochhuth den Marinerichter Hans Karl Filbinger entdeckte und damit einen Konflikt entfachte, der die Nation berührte. Späth wußte, daß seine Zeit gekommen war.

Fragen an Lothar Späth

Was war der wesentliche Grund für Sie, CDU-Mitglied zu werden?

Die Politik Ludwig Erhards und noch mehr der konzeptionelle Hintergrund, den Müller-Armack für die soziale Marktwirtschaft entworfen hatte. Die soziale Marktwirtschaft war für mich immer ein System, das zwar Leistung und Wettbewerb betont, zugleich aber auch die sozial Schwachen solidarisch in das Leistungsergebnis mit einbindet. Das Prinzip der Leistungsgesellschaft mit dem Prinzip der Solidargesellschaft zu verbinden ist für mich auch eine Forderung der christlichen Soziallehre.

Welche Fähigkeiten muß der Chef einer Landtagsfraktion vor allem besitzen?

Er muß eine so heterogene Gruppe von Individualisten, wie sie eine Landtagsfraktion darstellt, die fast nur aus direkt gewählten Abgeordneten besteht, motivieren, mit Zielen vertraut machen und zu einer gemeinsam handelnden Kraft einschwören können. Er muß Konfliktpotentiale rechtzeitig erkennen, sie gelegentlich auch zum Durchbruch kommen lassen, aber im entscheidenden Augenblick tragfähige Kompromisse zur Erreichung des gemeinsamen Zieles vorlegen.

Was reizte Sie letztlich, baden-württembergischer Innenminister zu werden?

Zum einen war ich tief betroffen über die Ohnmacht des Rechtsstaates, wie sie sich bei der Ermordung von Hanns-Martin Schleyer gezeigt hatte. Hinzu kam der Rat meiner Freunde, insbesondere des inzwischen verstorbenen damaligen Justizministers Traugott Bender, das Amt anzunehmen. Schließlich reizte mich die Möglichkeit, im Kommunalressort und auf dem Städte- und Wohnungsbausektor ein meinen besonderen Neigungen entsprechendes Betätigungsfeld zu finden.

Welche Fähigkeiten besitzt Manfred Rommel, um die Sie ihn beneiden?

Die Ruhe und Gelassenheit, auch mal eine Weile Entwicklungen zu beobachten und sie sich selbst zu überlassen; außerdem beneide ich ihn um seine philosophische Ader und seinen tiefgründigen Humor.

Weshalb war Ihnen das Amt des CDU-Landesvorsitzenden wichtig?

Die Partei mit ihren vielen Gliederungen ist das Rückgrat und das Fundament der politischen Arbeit bis hinein in die örtliche Ebene. Wer ein Land, das mit absoluter Mehrheit regiert wird, richtig führen will, muß auch die Strömungen der Regierungspartei aufnehmen und sie zielgerichtet führen können.

IV. Kapitel

Auf Reitzenstein

JÖRG BISCHOFF

Der Ministerpräsident

Politische Feinschmecker horchten auf, als am 30. August 1978 im Landtag von Baden-Württemberg ein neuer Regierungschef gewählt wurde: Lothar Späth, mit vierzig Jahren zwar gerade erst in das Alter gekommen, da man im Schwäbischen »gescheit« zu werden pflegt, aber doch sonst ein völlig Unbekannter auf der Bühne des deutschen Föderalismus, klein von Statur, schwäbelnd in seiner flatternden Redeweise, des Komparativs auch nach Jahren noch nicht mächtig.

Ein Begriff waren der deutschen Öffentlichkeit vielmehr jene, die er listig aus dem Felde geschlagen hatte: Hans Karl Filbinger war auf dem Höhepunkt seiner Macht in Staat und Partei über die nur schleppend vorgenommene Bewältigung seiner Vergangenheit als Marinerichter gestürzt. Und da war Manfred Rommel, ältester Sohn des legendären Afrikageneralfeldmarschalls, der vier Jahre zuvor bei der Stuttgarter Oberbürgermeisterwahl den SPD-Gegenkandidaten souverän besiegt hatte und damit die CDU-Macht im deutschen Südwesten auf ewige Zeiten besiegelt zu haben schien. Rommel war obendrein als liberal-pragmatischer Geist eingeführt, wie man dies im Südwesten mag: Er hatte die Beerdigung der RAF-Terroristen Baader, Ensslin und anderer in Stuttgart genehmigt und damit gezeigt, daß auch in Filbingers Staat noch ein Stück schwäbisch-liberaler Toleranz lebendig geblieben war.

Diesen Mann aber hatte Lothar Späth, der politische Winzling aus Bietigheim, in der CDU-Landtagsfraktion mit 42 gegen 27 Stimmen geschlagen. Wir wissen heute, daß dies Späths eigentlicher Kraftakt in seiner ganzen politischen Karriere gewesen ist. Zwar hatte er es sechs Jahre zuvor schon einmal geschafft, sich als gerade vierjähriger Parlamentarier auf den Stuhl des CDU-Landtagsfraktionschefs zu schwingen und den Amtsinhaber auf den Posten des Landtagspräsidenten abzudrängen; aber als Filbingers Sturz so jäh über die baden-württembergische CDU hereinbrach, da war auch der ehrgeizige Youngster mit den schnellen Karrieresprüngen noch keineswegs auf Höheres vorbereitet.

Wenige Monate zuvor erst hatte er das Amt des Fraktionschefs nach langem Zögern mit dem Ministersessel im Stuttgarter Innenministerium vertauscht und kaum Zeit gehabt, sich als Amtsperson einen Namen zu machen. Und in der Fraktion rückte ein Mann auf, mit dem es Späth bis zum heutigen Tage nicht kann und dieser auch nicht mit ihm: Erwin Teufel, wie Späth ein Sproß jener einflußreichen, weil kenntnisreichen Riege baden-württembergischer Verwaltungsinspektoren, die – nachdem sie die ehrwürdigen Bauernschultheißen komplett aus den Rathäusern des Landes verdrängt haben – nun dabei sind, auch den akademisch gebildeten Juristen in der Landesverwaltung die Chefsessel in den Landkreisen, in den großen Städten und selbst in den Ministerien wegzunehmen.

Im Unterschied aber zum Protestanten Späth, der seine Karriere im Management der »Bietigheimer Wohnbaugesellschaft« und später der »Neuen Heimat« geformt hatte, ist Teufel ein Mann schwereren Geblüts vom Lande: Katholisch und aus der Baar stammend, jenem kältesten Winkel des deutschen Südwestens, verfolgt er auch heute nur mit kühlem Auge die Winkelzüge des unruhigen politischen Geistes im Staatsministerium.

Im Fraktionschef also konnte Späth nicht automatisch einen

Fürsprecher finden, erst recht nicht bei jenen Abgeordneten, die noch unter Kurt Georg Kiesinger groß geworden waren, für die Kontinuität, Zuverlässigkeit und staatsmännischer Glanz im Wörterbuch der Landespolitik ganz oben zu stehen hatten, jedenfalls weit vor dem Begriff »Management«, der nun gelten sollte. Doch als Fraktionschef hatte Späth eine Garde junger Leute herangezogen, mindestens zehn an der Zahl, die – weil gezielt gefördert – mit ihm zusammen schon zu Filbingers Zeiten das lebendige Element der langsam erstarrenden CDU-Politik verkörpern konnten. »Die eigentliche Opposition ist die CDU-Fraktion«, hatte Späth einmal stolz verkündet. Diesen etwa zehn Abgeordneten, allesamt zwischen dreißig und vierzig, hatte der Kandidat Fortsetzung ihres Einflusses und ihres Renommees versprochen, wenn sie ihn wählten. Bei Rommel dagegen würden sie es nicht so gut haben. Der Gewählte hat Wort gehalten: Alle bis auf zwei wurden schon im ersten Kabinett Späth politische Staatssekretäre, in jedem der zehn Ministerien tauchten solche politischen Gehilfen des Ressortchefs nun auf.

Hermann Reiff, altgedienter Ministerialdirektor unter Filbinger, hat den damit verbundenen Stilwandel der Landespolitik treffend beschrieben: Mit Späth und seiner Gefolgschaft der Praktiker aus Rathäusern, mittleren Verwaltungen und kommunalen Zweckverbänden habe eine Generation mit dem Regieren begonnen, für die »Gefahren, Prüfungen, Hunger, Not, Unterdrückung durch eigene und haßerfüllte Verachtung durch Fremde nur noch verblassende Geschichte« sei. Sie finde ein »ansehnliches Erbe vor, an dem sie einiges auszusetzen hat, ohne es ausschlagen zu wollen«, eine Generation, die, »durch böse Erlebnisse nicht gehemmt, frei ausschreitet und der es an Selbstbewußtsein nicht fehlt«. Abgesehen von der Ernennung der Staatssekretäre, die ihm beiläufig auch noch eine Sperrminorität in der Landtagsfraktion verschafften, bildete Späth, anders als bei seinem legendären Gewaltstreich vom April 1980, das von Filbinger übernommene Kabinett kaum um. Der neue »Herr auf Reitzenstein«, wie man die Regierungschefs nach ihrem Dienstsitz nennt, knüpfte ganz gezielt an die Erfolge der Kabinette Filbingers an. Er wußte ja, daß er nur achtzehn Monate Zeit bis zu seiner ersten großen Bewährungsprobe, der Landtagswahl, hatte. »Kontinuität im Grundsätzlichen, eigene Handschrift im einzelnen«, gab er als Devise aus. Auch unter den Beamten der Staatskanzlei gab es nur unbedeutende Wechsel.

Und so begann Späth mit dem Regieren. Eine Wirtschaftswunderkarriere, die innerhalb von zwanzig Jahren vom Rathauslehrling des Dörfchens Gronau in das höchste Staatsamt des Landes geführt hatte, schien vollendet, ein Selfmademan hatte sich selbst bewiesen.

Späth wußte, daß er ein Unbekannter war, als er im Landtag seinen Amtseid schwor. Er war sich auch dessen bewußt, daß er die Gegenfigur zu Hans Filbinger darstellte, aber er ahnte wohl auch, daß sich der Typus seines Vorgängers überlebt hatte, sich jedenfalls überleben würde, je mehr er, der Neue, an dieser Wende arbeitete. Deshalb warb er für sich und ließ für sich werben, wie ein Manager ein neues Produkt am Markt einführt. »Bekanntheitskampagne« hat er diesen Lebensabschnitt hinterher offen genannt. Das sollte ein Feuerwerk von Aktivitäten werden, das ihm so liebevoll-kritische schwäbische Unnamen wie »Cleverle« oder »Tapferle« einbrachte und das einen Kritiker einmal an die alte Volksweisheit erinnern ließ, Späth sei einer, »der der Kuh am Euter ansieht, was dr Butter en Paris kostet«*.

Ein Mann zum Anfassen

Späth war überall: auf der Bonner Szene und beim CDU-Kreisverband, bei der Fraunhofer-Gesellschaft, öffentlich fotografiert beim Friseur und in der Stuttgarter S-Bahn. Der Regie-

* Der Butter (schwäbisch)

rungschef machte mit beim Kirschkerneweitspucken auf der Schwäbischen Alb und repräsentierte natürlich auch bei Staatsempfängen im Marmorsaal des Stuttgarter Schlosses, wo er auch heute noch auf seltsame Weise deplaziert wirkt. Matthias Kleinert, eilig aus dem Wartestand der Fraktion herbeigeholter Mitstreiter aus alten Tagen, verkündete als Regierungssprecher, Späth sei der »Ministerpräsident zum Anfassen«, jeder im Lande dürfe ihm schreiben. »Bürgernähe«, ein aus spröden Zeiten der Verwaltungsreform stammender und nie eingelöster Begriff von Reformplanern, erhielt völlig neue Leuchtkraft.

Es war eine Fülle von Stellproben auf der politischen Bühne, ein Hitchcock-Film mit atemberaubender Dramaturgie und schnellem Szenenwechsel. Das strategische Ziel der »Bürgernahen« war offenkundig: Es galt, jene 56,7 Prozent CDU-Stimmen zu halten, die Hans Filbinger 1976 vorgelegt hatte. Späth wußte, daß er Feinde in der CDU hatte, und er erinnerte sich auch seiner eigenen Instrumente, die er gegen Filbinger eingesetzt hatte. Es gab unbelehrbare Anhänger des Alten, und es gab solche Christdemokraten, die den neuen Mann im Staatsministerium abfällig nur als »das Lotharle« bezeichneten. Rommel selbst hielt sich anständig zurück, aber seine Anhänger gingen in Lauerstellung.

In den ersten achtzehn Monaten bis zur Landtagswahl hat denn Späth auch mehr entschieden, mehr schockiert und mehr Beifall geerntet als in dem Jahrzehnt danach. Kaum im Amt, da schenkte er gegen den Willen der Pädagogen den Schülern des Landes schon zwei schulfreie Samstage im Monat. Er legte einen »Sonderplan Wasserversorgung« vor und führte die Umweltverträglichkeitsprüfung ein; im Zuge einer schon von Filbinger eingeleiteten Entbürokratisierungskampagne wurden 78 alte Gesetze gestrichen und allein 3000 Erlasse der Justiz in den Papierkorb befördert; drei pädagogische Hochschulen, davon eine zehn Jahre zuvor erst gebaut, wurden aufgelöst; umstrittene Autobahnbauten ließ der Chef aus dem Straßenbauplan streichen; 17400 landeseigene Wohnungen wurden an die Mieter verkauft. Es gab 2000 DM »Familiengeld« für Mütter, die nicht arbeiten, sondern ihr Kind betreuen wollten. Persönlich schaltete er sich in die Verhandlungen mit der Bundesbahn über den Bau der Schnellfahrstrecke Mannheim–Stuttgart ein und erreichte unter Einsatz von Millionen, daß die Gleise auf langen Strecken in Tunnels verlegt wurden, so daß auch die Bauern ihren Späth liebhaben konnten. Eine Medienkommission für ein Landesmediengesetz wurde ebenso eingerichtet, wie er sich mit Landeskunstwochen, einer Barockausstellung, einem Landesmuseum für Technikgeschichte, einem Denkmalprogramm, einer »Stiftung Humanismus heute« und Heimattagen bei der schwäbischen Intelligenz ins Poesiealbum eintrug.

Die Abfolge dieser Initiativen war in der Tat so kunterbunt, wie sie hier geschildert wurde. Einen Stil, eine Linie vermochte kaum ein Zuschauer zu erkennen. Es waren die Anfangsjahre des Lothar Späth, die ihm den Ruf des Unberechenbaren, des agilen Wirrkopfs einbrachten, ein Odium, mit dem er heute noch zu kämpfen hat. »Bewegung ist Richtung genug«, urteilte damals der Stuttgarter Schauspieldirektor Hansgünther Heyme.

Erhard Eppler, den Oppositionsführer der SPD im Landtag bis 1980, hat Späth in diesen hektischen Monaten am meisten fürchten müssen, weil Eppler ihn durchschaute. Seine messerscharfen Angriffe trafen Späths »Bekanntheitskampagne« dort, wo sie am verwundbarsten war: in ihrer werbetechnischen Leere, in ihrem nur taktisch erklärbaren Sinn und in ihrem hohen Risiko für die politische Kultur des Landes. In einer vielbeachteten Generalabrechnung hat Eppler Wendungen gefunden, die Späth auch heute noch schmerzen, obwohl er keinen ebenbürtigen Widersacher in der Landtagsopposition mehr besitzt. Eppler rief Späth höhnisch zum »Helden der politischen Arbeit« aus, er sprach von einer »nur energieaufwendigen Methode des Regierens«, das an Gehalt nicht mehr vorzuweisen habe als das, was »in den Motoren der Staatskarossen und Hubschrauber steckt«. Auf die Frage nach Späths politischem Standort gibt es nach Eppler nur eine Antwort:

»Späth steht da, wo die Forelle auch steht: Wo es etwas zu fressen gibt.«

Held der politischen Arbeit

In der Tat waren Späths Jahre der politischen Bewährung eine Zeit von nur schwach erkennbarer Logik. Programme wurden geändert, kaum daß sie geboren worden waren. Im August 1980 beispielsweise verkündete er, als die Chronisten arm an Nachrichten waren, das Land Baden-Württemberg »schwimmt in Liquidität«, will sagen: Für das Trommelfeuer von Steuerentlastungsplänen, mit dem der Neue aus Stuttgart die Bonner sozialliberale Koalition in ihren letzten Jahren bedachte, sei reichlich Geld in den Landeskassen vorhanden. Wenige Monate später las man es anders: Späth rief das wohl rigideste Sparprogramm aus, das je ein Bundesland in Angriff genommen hatte: Bis 1985 werde das Land die Neuverschuldung von damals jährlich 3 Milliarden DM auf »Null« vermindern, eine rein finanztechnisch gegriffene Zahl, die gleichwohl ihren Werbewert nicht verfehlte. Tausende von Lehrerstellen sollten gestrichen werden, unabhängig von der Gefahr der »Vergreisung« der Lehrerkollegien. Späth forderte einen Eigenanteil der höheren Beamten an den Krankheitskosten und wollte die Personalaufwendungen des Landes von damals 42 Prozent des Haushalts auf 35 Prozent senken.

Es ist vieles anders gekommen: Musikschulen erhielten zunächst großzügige 25 Prozent Landeszuschüsse für ihre Lehrer, aber schon nach einem Jahr war es um dieses Wahlgeschenk wieder geschehen. Einmal wollte Späth die Verbrauchssteuern abschaffen, aber heute steht er wieder auf der Seite derer, die die indirekte Besteuerung zu Lasten der direkten Steuern ausdehnen wollen. Zwei Jahre zuvor hatte Erhard Eppler diesen Vorschlag auch schon gemacht, war aber auf Hohngelächter bei Späths CDU gestoßen. Auch die Abschaffung der Grunderwerbssteuer und die Einführung der Plakettensteuer für Kraftfahrzeuge standen einmal auf der Wunschliste des Stuttgarter Regierungschefs.

Im April 1979 erläuterte er einer beifällig reagierenden Schar von kirchlichen Journalisten, die Bundesrepublik sei ein »Einwanderungsland«, weshalb Ausländer, besonders solche der zweiten Generation, mit vielerlei Hilfen zu integrieren seien. Heute gehört Späth zu denjenigen, die am eifrigsten genau für solche Rückkehrhilfen an Gastarbeiter streiten, die Vorgänger Hans Filbinger 1975 schon einmal vorgeschlagen und von denen sich Späth drei Jahre später energisch distanziert hatte.

Auch für die jüngste Zeit sind Schwenks in der politischen Zielrichtung zwar seltener registriert worden, jedoch noch keineswegs ausgeschlossen. Im April 1979, nach dem Kernkraftunfall von Harrisburg in den USA, rief Eppler seinem Widersacher Späth noch weissagerisch zu: »Sie werden Ihr Energiekonzept mit Sicherheit ändern.« 1983 war es in der Tat soweit. Einem staunenden Publikum erläuterte Späth, daß das Kernkraftwerk Wyhl, bis dahin Kampf- und Prestigeobjekt der CDU-Energiepolitik in Baden-Württemberg, bis zum Jahr 1990 gar nicht mehr gebaut werden müsse, weil das Land ausreichend Strom habe. Zwei Jahre später setzte Späth zu einer Kehrtwendung in Sachen umweltfreundliches Auto an. Hatte er bis dahin Bundesinnenminister Friedrich Zimmermann (CSU) noch mit der Forderung in Schach gehalten, den Katalysator schon für das Jahr 1986 vorzuschreiben, so zuckte er nach einem Urlaub mit »Daimler-Benz«-Manager Niefer plötzlich zurück.

Es hieße Späth freilich verkennen, wollte man in ihm nur den Fahrer jenes »Omnibusses Baden-Württemberg« sehen, der nach einem anderen berühmten Wort Epplers derart ungestüm in die Kurven fahre, »daß es dem Publikum schlecht wird«. Späths Wahlsieg von 1980 mit 53,4 Prozent der CDU-Stimmen machte den »Designatus« (Hans Filbinger) mit einem Schlag wesentlich ruhiger. Zwar hatte Filbingers Frau Ingeborg in der Wahlnacht angesichts der Stimmenverluste noch hoffnungsvoll ihrem Gatten bedeutet: »Hans, wir werden wieder gebraucht«, aber das sollte sich als voreilige Prognose erweisen. Späth saß fest im Sattel.

Der stürmische Einsatz hatte sich gelohnt. Schon vor der Landtagswahl meldeten ihm Demoskopen einen Bekanntheitsgrad von 88,8 Prozent, 5 Punkte mehr als ein halbes Jahr davor und nur noch 1,8 Punkte weniger als Filbinger auf dem Höhepunkt seines landespolitischen Ansehens. Bis Ende 1979, also sechzehn Monate nach seiner Wahl zum Regierungschef, hatte Späth alle 35 baden-württembergischen Landkreise und fünf der sechs Stadtkreise besucht, hatte sich in den USA, in Südamerika, in China und selbstverständlich auf dem europäischen Kontinent fotografieren lassen. Auch eine Kreistagswahl signalisierte ihm, daß er zufrieden zurückblicken durfte.

Dieser kometenhafte Aufstieg wäre freilich nicht denkbar gewesen ohne die geschickte Art, mit der Späth die CDU hinter sich gebracht hatte. Als er den Amtseid schwor, war der gescheiterte Filbinger noch CDU-Landesvorsitzender gewesen, angeschlagen zwar, aber er konnte wenigstens noch mit den Pfunden des Mitleids wuchern. Späth tat alles, um die Partei nicht auch noch mit einem Machtwechsel an der Spitze des Landesverbands zu schockieren. »Filbinger ist und bleibt Landesvorsitzender«, verkündete Späth ohne Unterlaß, aber jeder in der CDU wußte, daß dies nur die humane Beschreibung eines Rücktritts auf Raten war.

Sein Glück

Der Konsolidierung im Wege war freilich für einige Wochen die Kanzlerkandidatur des CSU-Vorsitzenden Franz Josef Strauß für die Bundestagswahl von 1980. Wochenlang taktierte Späth hin und her, wohl wissend, welche Bedrohung von der Idee einer »vierten Partei« ausging. Konservative CDU-Leute in Oberschwaben nahe der bayerischen Grenze drohten, Späth die Gefolgschaft aufzukündigen, wenn er sich gegen Strauß ausspreche und damit ihre Direktmandate in den tiefschwarzen oberschwäbischen Wahlkreisen gefährde. Späths Glück: Für einige Wochen konnte er so tun, als ob Filbinger als Landesvorsitzender die Verantwortung für die schwierige Entscheidung trüge. Am Ende aber mußte Späth doch Farbe bekennen, zumal sich die CDU-Landesgruppe im Bundestag schon für den Bayern ausgesprochen hatte. Sein Votum für Strauß hat ihn viele Sympathien gekostet, zumal ausgerechnet jener Mann, der in Baden-Württemberg ein neues Zeitalter des Liberalismus ausgerufen hatte, nun auf einmal an der Seite des Konservativismus zu finden war. Aber Späth bestand auch diese Prüfung.

Was Filbinger betrifft, so hat Lothar Späth größeres Glück gehabt. Beim Bundesparteitag der CDU in Kiel erhielt der frühere Ministerpräsident, der noch keineswegs die Hoffnung auf einen Neubeginn aufgegeben hatte, den Todesstoß. Man wählte ihn nicht mehr ins Parteipräsidium – ob mit oder ohne Mitwirkung Späths, mag dahingestellt bleiben. Jedenfalls war damit Filbingers Schicksal besiegelt. Er verzichtete auf den CDU-Landesvorsitz und wollte nach Tagen des Zögerns auch nicht mehr für den Landtag kandidieren. Damit war Späths Weg auch an die Spitze der Landes-CDU frei. Mit großer Mehrheit wurde er im Juli 1979 in dieses Amt gewählt, nachdem er zuvor die letzten Zweifler vollends damit eingenommen hatte, daß er das wenig gelittene Amt des CDU-Generalsekretärs im Land abschaffte und auch den Schatzmeister wechselte.

Aber nicht nur die Landtagswahl von 1980, auch die Fußangeln der politischen Praxis haben Späth ruhiger, gemäßigter und damit auch weniger schwankend gemacht. Zwar gelang es ihm, durch aufregende Kabinettsumbildungen eine Ministerrunde zu schaffen, die sich in der Furcht des Herrn halten läßt; aber mit den 200 000 Beamten des Landes stand ihm eine Macht gegenüber, die Späths Winkelzüge eher mit Mißtrauen als mit Begeisterung verfolgte und für die Berechenbarkeit und Verläßlichkeit einen größeren Stellenwert besitzen, als es Späths »Bekanntheitskampagne« verhieß.

Abgesehen von den kurzen Abschnitten als Bietigheimer Bürgermeister und als Innenminister, hatte er ja in seiner Laufbahn bis dahin nur geringe Erfahrungen als »Dienstherr« gemacht. Auch die Vielfalt des Landes mit seinen Badenern, Kurpfälzern, Franken und Schwaben, die sich in der Beamtenschaft widerspiegelte, stand seinen Neigungen, dem Land seinen Willen aufzuprägen, entgegen. Als Fraktionschef hatte Späth sich diese Vielfalt noch dienlich machen können. Den Regierungschef aber holte das Amt schnell ein.

Der Dienstherr

Welche Schwierigkeiten Späth mit der Verwaltung bekam, mag eine Anekdote aus der Anfangszeit verdeutlichen: Als er einmal in bekannt flotter Weise äußerte, er werde jeden Beamten »ins Archiv versetzen«, der Regierungsgeheimnisse vorzeitig ausplaudere, da hatte er mit allen Einwänden, nur mit einer Reaktion nicht gerechnet: Der Chef der unter Wissenschaftlern hochangesehenen Landesarchivverwaltung schrieb ihm entrüstet, er lasse den Vorwurf nicht auf sich sitzen, wonach die Archive des Landes zum Strafbataillon für geschwätzige Staatsdiener gestempelt würden.

Mit Hilfe seines souveränen Kultusministers Roman Herzog gelang es Späth noch, der von der Gewerkschaft Erziehung und Wissenschaft (GEW) inszenierten »Aktion gläserne Schule« zu begegnen. Mit dieser Aktion wollte die Gewerkschaft just zu einer Zeit, da die Länderministerpräsidenten gerade ein Stillhalteabkommen geschlossen hatten, die Eltern für die Forderung nach Arbeitszeitverkürzung der Lehrer mobilisieren. Aber seine spontane Idee, die Beamten sollten einen Teil ihres Weihnachtsgeldes opfern, um auf diese Weise mehr Junglehrer einstellen zu können, mußte er nach geharnischten Protesten zurückziehen. »Solidarität«, jener immer wieder in den Reden auftauchende Begriff, hatte sich im konkreten Fall als Appell von nur begrenzter Wirksamkeit erwiesen. Kürzung der Krankenbeihilfe, Beförderungs- und Wiederbesetzungssperren sowie andere nicht unbedingt sinnlose Reformvorschläge für den öffentlichen Dienst kamen hinzu – aber der oberste Dienstherr Späth hat für solche Eingriffe Lehrgeld bezahlen müssen.

Den Vorschlag mit dem Weihnachtsgeld zog er selbst wieder zurück, andere Kürzungen hatten nur kurze Zeit Bestand. Bei der Landtagswahl von 1984, so mußte der Ministerpräsident mit Erschrecken feststellen, trug die Wahlenthaltung der Landes- und Kommunalbeamten mit dazu bei, daß er seine absolute Mehrheit nur noch knapp behaupten konnte. »Späth kommt mit der Verwaltung nicht zurecht«, hieß es in der »Schwäbischen Gesellschaft«, einem Stuttgarter Gesprächskreis der Oberschicht.

In der Tat ist mit Späth nicht einfach zusammenzuarbeiten. Zwar nimmt er die Fürsorge für seine Mitarbeiter sehr ernst, aber »Teamarbeit« ist seine Stärke nicht. Er weiß immer etwas mehr, etwas besser und auch etwas schneller als alle anderen, worum es geht. Reden, die seine Ghostwriter verfassen, werden selten so gehalten, wie sie geschrieben wurden. Mehrfach hat er die Staatskanzlei gründlich umgestülpt, Abteilungsleiter ausgetauscht und persönliche Referenten verbraucht.

Auch die Nachwuchspflege liegt im argen, weshalb er jetzt auf Drängen einer Expertenkommission eine »Führungsakademie« nach dem Vorbild der französischen Eliteschule »École Nationale d'Administration« eingerichtet hat. Spitzenkräfte sind rar, und wenn sich Löcher auftun, so schiebt Späth ohne Rücksicht auf die erforderliche Kontinuität der Häuser Amtschefs von einer Stelle zur anderen. Auch Freunde Späths geben zu, daß der Beamtenapparat des Staatsministeriums nicht mehr das Niveau besitzt, das unter Filbinger bestanden hatte. Daß der Chef der politischen Abteilung lange Zeit kein Jurist, sondern Diplom-Landwirt war und daß sein Protokollchef der klassischen Diplomatensprache Französisch nicht mächtig sein soll – solche Details nimmt man ihm übel.

Pingpongspiel

Begreiflicherweise ist auch die »Wende« in Bonn von 1982 nicht spurlos an Späth vorübergegangen. Konnte er bis dahin als Ministerpräsident gegenüber der sozialliberalen Bundesregierung Beweglichkeit demonstrieren, in jene Rolle zurückfinden, die er als Fraktionschef so bravourös ausgefüllt hatte, so wurde er mit dem Regierungsantritt Helmut Kohls in die Loyalität der Union in Bund und Ländern eingebunden. Zwar gilt für ihn nach wie vor, daß er vieles besser machen würde als »die in Bonn«, aber das Vorwitzige seiner Äußerungen mußte nachlassen.

Die Marktnische, die er sich angesichts des engeren parteipolitischen Spielraums geschaffen hat, besteht in zunehmenden Kontakten auf der »Südschiene« mit Franz Josef Strauß, besonders augenfällig in der Medienpolitik; zum anderen streicht er immer stärker die wirtschaftliche Leistungskraft seines Landes hervor, die es den Baden-Württembergern angeblich erlaube, auf den Rest der Welt zu pfeifen. Grenzschilder an den Autobahnen sind größer und mächtiger als die von Rheinland-Pfalz, »Landesgefühl« wird gezielt gepflegt. Auf Messen im Ausland läßt er Unterlagen auslegen, in denen das Ruhrgebiet als »sterbende Zone« bezeichnet wird, während Baden-Württemberg als das »Silicon Valley« der Bundesrepublik gepriesen wird.

Späth war der erste, der die Regionalisierung der Agrarpolitik gefordert hat, der dem Bund die Rückgabe der Kompetenzen in der Krankenhausfinanzierung abtrotzte und der auch im Wohnungsbau auf eigenen Füßen stehen will. Daß Baden-Württemberg mit zeitweise 80 Prozent Ausgleichsleistungen der »Zahlmeister der Nation« im Länderfinanzausgleich ist, läßt er in einer Weise verbreiten, die nicht nur die Probleme des Ausgleichssystems verdeutlicht, sondern oft genug auch die Grenze der geforderten Bundestreue erreicht. Wenn es um die von ihm formulierten »Interessen des Landes« geht, steht er bald Franz Josef Strauß nicht mehr nach, freilich mit dem gewichtigen Unterschied, daß ihm das Druckmittel einer

Schwesterpartei CSU nicht zur Verfügung steht. Oft genug sieht er sich deshalb im CDU-Präsidium in der Isolation.

Unbeirrbar freilich verfolgt er sein Ziel, die baden-württembergische Wirtschaft zu modernisieren und zukunftweisende Technologien ins Land zu holen. Auch dabei lassen ihn Bundesinteressen ziemlich kalt. Grenzüberschreitende Zusammenarbeit pflegt er enger mit seinen Nachbarn in Frankreich, der Schweiz oder Italien als etwa mit dem benachbarten CDU-Land Rheinland-Pfalz. Demonstrativ kündigte er 1980 seinem CDU-Kollegen Bernhard Vogel die Zusammenarbeit beim Kabelpilotprojekt Ludwigshafen auf, weil er seine eigene Medienpolitik machen will.

Späth weiß, daß die These von der »mittelständischen Struktur« des Landes Baden-Württemberg allenfalls für Wahlkämpfe taugt, mit der Wirklichkeit freilich nicht allzuviel zu tun hat. Es sind Großunternehmen, die auch die Wirtschaftskraft Baden-Württembergs bestimmen, hauptsächlich die Autoindustrie, von der kein Regierungschef des Landes sicher wissen kann, wie lange sie die Steuerkassen noch zu füllen und die Arbeitslosenquote niedrig zu halten vermag. Solche Strukturprobleme, die ähnlich auf dem Dienstleistungssektor zu erkennen sind, sucht er durch ein Forschungsprogramm von ungeahnten Ausmaßen auszugleichen. Selbst in Zeiten strenger Sparsamkeit saßen Späth die Millionen noch allemal locker, wenn es darum ging, den modernsten Hochleistungsrechner der Welt zu kaufen, kaum daß das Vorgängermodell bezahlt war. Polymerforschung, Informatik, Gentechnologie – es gibt kaum ein zukunftverheißendes Forschungsgebiet, für das die Wissenschaftler bei Späth nicht anklopfen dürften. Technologieparks, Existenzgründungshilfen und Technologieförderung, die das von den Vätern der sozialen Marktwirtschaft gesetzte Maß überschreiten, kommen hinzu. »Was kümmert mich soziale Marktwirtschaft, wenn es um die Exportchancen der baden-württembergischen Industrie geht«, sagt Späth dazu und beweist damit, daß es der Pragmatiker und nicht der Ideologe ist, der da waltet.

Wer nach den großen Linien in Späths Weltbild als Regierungschef sucht, wird sie am besten in seiner eigenen Karriere finden. »Entfaltung des Menschen«, »Stärkung der Freiräume«, »Abbau kollektiver Strukturen« – das sind Aussagen, die nicht nur bei ihm anzutreffen sind. Aber bei Späth haben sie eine besonders enge Verbindung zu seinem eigenen Aufstieg. Am eigenen Leib hat er verspürt, was Menschen leisten können, wenn man sie nicht hemmt, und dieses Leitbild überträgt er auf die gesamte Gesellschaft. Niederlagen, soweit sie sich im alltäglichen Pingpongspiel des politischen Geschäfts bewegen, erträgt er mit sportlicher Gelassenheit. Aus der Fasson aber gerät er, wenn eine Schlappe in jenen innersten Bereich eindringt, der den politischen Heimwerker Späth betrifft. Daß ihm sein ehemaliger Rivale Rommel 1986 die Vision einer großen öffentlich-rechtlichen Bank aus der Hand geschlagen hat, mag er dem früheren Konkurrenten verzeihen. Aber er verzeiht sich selbst nicht, daß damit ein Stück Späth mit entzweiging, zumal in einer Frage, bei der er mehr Beständigkeit und Beharrlichkeit an den Tag gelegt hatte als bei allen Entscheidungen zuvor.

An dem Plan, eine große öffentlich-rechtliche Bank als Konkurrenz zu der landfremden Deutschen Bank oder der Bayerischen Vereinsbank zu schaffen, war schon Vorgänger Hans Filbinger gescheitert. Das Selbstbewußtsein der potenten, aber kleinen kommunalen Sparkassen stand der Neigung der Regierungschefs entgegen, sich ein Steuerungsinstrument für das Auslandsengagement der baden-württembergischen Industrie zu schaffen und gleichzeitig den unterentwickelten Dienstleistungssektor des Landes nach dem Muster Hessens auszubauen. Auch die Westdeutsche Landesbank stand Pate bei den Überlegungen, freilich mit dem Unterschied, daß die baden-württembergischen Banken, die Späth vereinen wollte, im Spargeschäft der kleinen Kunden besser abgesichert gewesen wären als die West-LB. In einer Nacht-und-Nebel-Aktion, während der »Chef« im französischen Lyon gerade neue Partnerschaften schloß, kündigte die große Landesgirokasse unter

Führung Rommels und des mächtigen Vorstandsvorsitzenden Walther Zügel Späth die in zweijährigen Verhandlungen mühsam abgerungene Zustimmung zu dem Projekt wieder auf und bescherte ihm damit die bisher wohl schmählichste Niederlage seiner politischen Laufbahn. Selten hat man Späth derart aus der Fassung geraten sehen als an jenem Abend des 17. Juni 1986, als ihm die Schreckensnachricht in Lyon gereicht wurde.

Andere Niederlagen kamen hinzu. Im Frühjahr 1987 erklärte das Bundesverfassungsgericht das Enteignungsverfahren für die geplante Autoteststrecke der »Daimler-Benz AG« in Boxberg im Main-Tauber-Kreis für verfassungswidrig. Dieses Urteil schmerzte Späth mehr, als er öffentlich zugeben mochte. Denn das Testgelände, für das er sogar die Oppositionsparteien FDP und SPD hatte einnehmen können, wollte er zum Renommierobjekt für eine neue Regionalförderpolitik des Lothar Späth ausbauen. Endlich nämlich schien es einmal zu gelingen, das Gießkannenprinzip in der regionalen Wirtschaftsförderung abzuschaffen und ein neues Dienstleistungszentrum auf das flache Land zu bringen, das geeignet gewesen wäre, sich aus eigener Kraft und ohne Zuschüsse des Staates am Leben zu erhalten. Vergeblich drängte Späth die »Daimler-Benz«-Manager nach dem Urteil, den Modellfall Boxberg über ein vom Gericht gefordertes Sondergesetz doch noch zu retten. Des zehnjährigen Prozessierens müde, winkte »Daimler« jedoch ab.

Dagegen konnte Späth sich in fast zweijährigem Ringen mit Erwin Teufel und der Industrie bei einem anderen Lieblingsprojekt am Ende durchsetzen, das für Späth weniger politisch-praktische denn philosophische Bedeutung besitzt: dem Wasserpfennig. Trinkwasserverbraucher müssen künftig in Baden-Württemberg 10 Pfennig je Kubikmeter Abgabe bezahlen, deren Erlös Landwirten zugute kommen soll, die in Wasserschutzgebieten Bewirtschaftungsbeschränkungen unterliegen. Die Rücksichtslosigkeit, mit der Späth bei der Diskussion um den Wasserpfennig alle Einwände gegen die inneren Widersprüche dieser Abgabe, gegen die Umkehrung des Verursacherprinzips im Umweltschutz oder gegen die Zusatzbelastung der mittelständischen Industrie vom Tisch fegte, läßt vermuten, daß es sich in diesem Fall um ein missionarisches Anliegen für ihn handelte. Er wollte wissen, ob es in einer Gesellschaft wachsender Individualität wirklich unmöglich sein sollte, den Begriff der »Solidarität« am praktischen Beispiel zu erproben. Er kämpfte den Kampf, in dem seinerzeit Ludwig Erhard mit seiner Idee der »formierten Gesellschaft« unterlegen war.

Der Wasserpfennig ist denn auch für Späth keine schiere Frage des Umweltschutzes, sondern eine solche der Gesellschaftspolitik, ein Thema, bei dem der Stuttgarter CDU-Politiker bisher nur Leidenschaften, aber keine Erfolge zu verbuchen hatte. Mobilisierung des Eigennutzes in der Wirtschafts- und Technologieförderung oder auch in der Kunstpolitik – auf diesen Feldern hatte sich Späth noch allemal als Sieger beweisen können. Wenn es aber darum geht, vom einzelnen Opfer zugunsten Benachteiligter abzuverlangen, war er noch immer steckengeblieben. Mit der Gebärde eines ungeduldig aufstampfenden Buben wollte er deshalb beim Wasserpfennig beweisen, daß die Probe auf das Solidaritätsgefühl möglich sein müsse.

Norbert Schneider, einer der vielen, die einmal mit ihm zusammenarbeiteten und wieder gingen, hat Lothar Späth einmal als Tennisspieler im Doppel charakterisiert. Er sei ein glänzender Ausputzer vorn am Netz. Für die beständige Arbeit an der Grundlinie tauge er weniger. Das galt noch vor fünf Jahren. Heute dagegen nähert sich Späth der Grundlinie.

Fragen an Lothar Späth

Wie lange dauerten Ihre Lehrjahre als Ministerpräsident?

Im engeren Sinne von 1978 beim Amtsantritt bis nach der Wahl 1980. Aber man lernt natürlich auch als Ministerpräsident, ebenso wie in jedem anderen Beruf, niemals voll aus.

Welche Aufgabe fiel Ihnen anfänglich am schwersten? Würden Sie genauso wieder handeln?

Die Geduld zu haben, langfristige Entwicklungen einzuleiten und ihre Ergebnisse abwarten zu können. Ich bin anfangs oft der Versuchung erlegen, alles auf einmal und jedes Tagesproblem anpacken zu wollen, bis ich gespürt habe, daß die Zustimmung zu einer Führungspersönlichkeit nicht nur durch Aktion, sondern vor allem durch Vertrauen wächst. Deshalb würde ich heute alles ruhiger, gelassener, langfristiger anfassen.

Wie wichtig ist für den Ministerpräsidenten Personalpolitik? Was darf nicht versäumt werden?

Personalpolitik ist eine Schlüsselaufgabe. Ohne hervorragende – ebenso kritische wie loyale – Mitarbeiter kann ein Ministerpräsident wenig bewirken. Dies gilt für seine Kollegen im Kabinett wie für die Verwaltung. Darüber hinaus muß er Wege finden, sich einen breiten Beraterstab für alle Lebensbereiche zu erschließen und mit wichtigen Personen der verschiedensten gesellschaftlichen Gruppen ein Vertrauensverhältnis aufzubauen, so daß er auch bei gegensätzlichen Meinungen offen und konstruktiv auf deren Sachverstand zurückgreifen kann.

Was halten Sie für Ihre herausragendste Führungseigenschaft?

Ich denke, ich habe die Fähigkeit, Strömungen, Entwicklungen und Tendenzen rechtzeitig aufzuspüren und daraus Konsequenzen zu ziehen. Man muß komplizierte Sachverhalte zusammenfassen und daraus Handlungs- und Strategiekonzepte entwickeln können.

Woran krankt nach Ihrer Einschätzung politische Führung?

Politische Führung ist nach meinem Eindruck zu oft ausschießlich darauf ausgerichtet, Machtstrukturen zu erhalten und zu sichern. Sie ist zuwenig bereit, auch persönliche Risiken einzugehen und – statt sich der jeweiligen augenblicklichen Stimmungslage anzupassen – um Zustimmung auch dann zu kämpfen, wenn bestimmte Konzepte auf große Widerstände stoßen.

Glauben Sie, daß es auch in Industriegesellschaften so etwas gibt wie das Führungsbedürfnis der Massen?

Es gibt zweifellos ein Bedürfnis der Menschen, Zukunftsvorstellungen, vielleicht sogar Visionen vermittelt zu bekommen, und dies wird von der politischen Führung wohl auch erwartet. Das ist aber keine unkritische Gefolgschaft (weswegen ich mit dem Begriff »Massen« nichts anfange), sondern eine Art Grundvertrauen in die Zukunftsfähigkeit der Politik, auch wenn man mit einzelnen Handlungen nicht einverstanden ist. Für mich ist der wichtigste Wähler der, der mir in einer Einzelfrage gegebenenfalls sogar öffentlich widerspricht, dann aber sagt: Unabhängig von dieser Meinungsverschiedenheit habe ich zu diesem Ministerpräsidenten das Vertrauen, daß er der ihm übertragenen Gesamtverantwortung gerecht wird.

Weshalb ist das Verhältnis zwischen führenden Politikern und Intellektuellen in der Bundesrepublik so gespannt?

Ich glaube, ein gewisses Spannungsverhältnis läßt sich niemals vermeiden und ist um der Sache willen sogar notwendig. Intellektuelle stellen in aller Regel höhere Anforderungen an die Politik, als diese erfüllen kann. Der Intellektuelle entwirft ein Idealbild zur Lösung gesellschaftspolitischer Probleme, und er braucht, weil in seiner Vorstellung alles schlüssig ist, keine Kompromisse zu machen. Der Politiker hat auch ein Idealbild – oder sollte es jedenfalls haben –, aber er weiß von vornherein, daß die Realität ihm viele Abstriche von seiner Wunschvorstellung abfordern wird. In diesen unterschiedlichen Positionen ist ein permanentes Spannungsverhältnis zwischen Intellektuellen und Politikern sozusagen strukturell angelegt. Entscheidend ist jedoch, was man daraus macht: Die eine Möglichkeit ist, gegenseitig in unfruchtbarer Konfrontation zu verharren und beleidigt zu sein, daß der andere einen nicht versteht. Das mag zwar subjektiv ganz bequem sein, hilft aber in der Sache nicht weiter und ist der politischen Kultur meistens abträglich. Der andere Weg dagegen heißt: aufeinander zugehen, im ständigen Dialog bleiben, Kritik als Ansporn für die eigene Kreativität zu begreifen, Idee und Wirklichkeit als zusammengehörige Gestaltungselemente des politischen Lebens zu akzeptieren. Ich ziehe diese Betrachtungsweise vor und versuche, entsprechend zu handeln.

Was heißt nach Ihrer Meinung politische Führerschaft in einem Industriestaat?

Die Politik muß im Industriestaat vor allem die komplizierten Lebenszusammenhänge erfassen, beurteilen und erläutern. Sie muß beispielsweise das Spannungsverhältnis zwischen industrieller Produktion und der Sicherung der natürlichen Lebensgrundlage konzeptionell soweit wie möglich auflösen und den Menschen dadurch ein Stück realen Zukunftsoptimismus vermitteln. Sie muß Pfade aufzeigen, die konsensfähig sind und auch gemeinsam gegangen werden können.

Wie hat der Amtsinhaber Späth die Reaktorkatastrophe von Tschernobyl erlebt? Was hat sich in Ihren Einstellungen verändert?

Tschernobyl ist ein Beispiel dafür, daß politische Entscheidungen immer abhängiger werden von technischen Beurteilungen und Ereignissen. Der Politiker muß wohl noch kritischer werden gegenüber sogenannten gesicherten wissenschaftlichen Erkenntnissen. Aber andererseits müssen gerade aus den technologischen Zwängen heraus immer wieder neue Beurteilungskriterien für die Abwägung zwischen Technologie und Fortschritt auf der einen Seite und der Sicherheit der Menschen auf der anderen Seite gefunden werden. Meine Grundeinstellung, daß wir nicht risikofrei leben können, hat sich nicht verändert; aber je höher das Risiko für die Gesamtheit der Menschen ist, um so sorgfältiger muß sich der Politiker Alternativen überlegen und Folgeprobleme bedenken, bevor er eine bestimmte Entwicklung akzeptiert und einleitet.

Müssen Politiker sagen, wohin es gehen soll? Welche Machtmittel stehen ihnen zur Verfügung?

Politiker müssen sagen, wohin es gehen soll; sie müssen verantwortlich abwägen, aber auch für ihre Entscheidungen die Risiken tragen. Das einzige Machtmittel ist im Grunde die Überzeugungskraft.

Was verlangen Sie von Beamten, was vermissen Sie?

Ich verlange von Beamten kritische Partnerschaft und Loyalität. Sie leben in einem natürlichen Spannungsverhältnis zum Politiker. Dieser wird immer den Hang haben, Konzepte zu entwickeln und Vorschläge zu machen, die sie kritisch prüfen müssen. Sie müssen alle formalen, rechtlichen und strukturellen Fragen klären; aber sie müssen auch bereit sein, nicht in einer Art Abwehrhaltung gegen Veränderungen zu verharren, sondern politische Impulse aufzunehmen und umzusetzen. Weder sollten sie in dem Politiker eine demokratisch verordnete Last des Selbstverständnisses einer gewachsenen Administration sehen, noch dürfen sie Loyalität so verstehen, daß sie eben alles unkritisch nachvollziehen, was der Politiker will.

Welchen gravierenden Fehler haben Sie bei dem Versuch einer Bankenfusion in Baden-Württemberg gemacht?

Ich habe das Sicherheitsbedürfnis und die mangelnde Risikobereitschaft meiner Partner unterschätzt.

Technologische Innovationen begeistern Sie. Woher rührt diese Begeisterung?

Eine moderne Industriegesellschaft mit einem so hohen Sozialstandard, wie ihn die Bundesrepublik aufweist, kann nur von ihrem Ideenreichtum, vor allem im technologischen Bereich, leben. Das ist keine blinde Fortschrittsgläubigkeit, sondern das Wissen, daß die Kreativität und der Ideenreichtum der Menschen auf dem Felde der Technik die Lebensverhältnisse verbessern und auch die humanitären Ansprüche besser befriedigen können als das bloße Beharren auf gestern und die Problembeschreibung der Gegenwart.

Wenn Sie über den Fortschritt der Technik nachdenken, was fehlt – wenn Sie Stichwörter wie Fortschritt der Ethik, mangelnde Moral, fehlende Maßstäbe berücksichtigen?

Fortschritt und Technik können nicht Selbstzweck sein; die ethischen Maßstäbe oder, besser gesagt, die Wertmaßstäbe einer Gesellschaft müssen immer Maßstab für die Akzeptanz von technischen Entwicklungen sein. Beispielsweise kann die Gentechnologie durch Neuzüchtungen helfen, die Hungersnot in der dritten Welt zu lindern. Sie kann aber auch zu Manipulationen an der Schöpfung führen, die wir nicht mehr akzeptieren dürfen. Technischer Fortschritt kann immer nur Teil der gesellschaftspolitischen Zukunftskonzeption sein. Es bedarf eines intensiven und permanenten Dialogs zwischen Politikern, Theologen, Philosophen, Geistes- und Naturwissenschaftlern, um den Fortschritt von Naturwissenschaft und Technik ethisch und gesellschaftspolitisch einzubinden.

Was können Sie heute anfangen mit dem Satz Christi, wenn dich einer auf die linke Backe schlägt, halte ihm die rechte hin?

Ich räume ein, daß ich persönlich mich mit dem Satz Christi über die Aufforderung zur Toleranz und zum Besiegen durch Duldsamkeit und Zuwendung sehr schwer tue. Darin liegt ein ungeheurer moralischer Anspruch, der wohl meistens über unsere Kräfte geht.

Wie denken Sie über den Vorwurf, »neomerkantilen Staatskapitalismus« zu betreiben?

Ich denke, daß diejenigen, die diesen Vorwurf erheben, überhaupt nicht wissen, was Neomerkantilismus eigentlich ist – selbst wenn sie bis in hohe Staatsämter aufgestiegen sind. Mit Neomerkantilismus bezeichnet man historisch die Wirtschaftspolitik zwischen dem Krieg 1870/71 und dem Ersten Weltkrieg und hier insbesondere die Schutzzollpolitik Bismarcks. Staatliche Wirtschaftsförderung zur Entwicklung der Binnenmärkte fehlte in dieser Zeit völlig. Was also hat Neomerkantilismus mit unserer Art zu tun, die wissenschaftliche und technologische Infrastruktur auszubauen, den Technologietransfer zu fördern und in gewissen, streng begrenzten Fällen einzelbetriebliche Unterstützung zu gewähren? Ich kenne nur eine Todsünde gegen den Geist der Marktwirtschaft, und das sind zeitlich unlimitierte Erhaltungssubventionen. Die kann jedermann gerne in Baden-Württemberg suchen, nur wird er sie nicht finden. Hingegen hat unsere Wirtschafts- und Technologiepolitik eine lange und respektable Tradition: Sie begann in Württemberg mit der Gewerbeförderung, die Ferdinand von Steinbeis ab 1848 als Präsident der Centralstelle für Gewerbe und Handel in Stuttgart auf Geheiß des Königs betrieb. Das war die Geburtsstunde der Industrialisierung Württembergs, und einer der Schützlinge von Steinbeis hieß Gottlieb Daimler. Übrigens nahm jener Ferdinand von Steinbeis seinen Hut, als Württemberg 1879 der Schutzzollpolitik Bismarcks – eben der neomerkantilistischen Richtung – beitrat. Ein besseres und glaubwürdigeres Beispiel, daß staatliche Gewerbeförderung und wirtschaftspolitische Liberalität sehr wohl zusammenpassen, läßt sich kaum finden. Aber manche Politiker sind von einem Klischee, das sie einem anderen anheften wollen, so begeistert, daß sie am Ende selbst daran glauben.

Welche ethische Frage stellt sich für Sie heute beim Streit um die Teststrecke bei Boxberg?

Boxberg hat exemplarisch deutlich gemacht, vor welche Probleme sich verantwortliche Politik heute bei der Abwägung zwischen Umweltschutzbelangen und den legitimen Ansprüchen der Menschen auf Arbeit und Zukunftssicherheit gestellt sieht. Einige Bauern sind nicht bereit, Grundstücke gegen Ersatzgrundstücke auszutauschen, obwohl sie sich dabei besserstellen würden als in jedem Flurbereinigungsverfahren. Es ist ihr gutes Recht, sich so zu verhalten. Damit das Ganze aber nicht so eigennützig aussieht, werden in der öffentlichen Diskussion ökologische Argumente vorgeschoben – die dann aber wiederum im gerichtlichen Überprüfungsverfahren überhaupt keine Rolle mehr spielen. Juristisch geht es nur um die Frage des Eigentums. Zur Unterstützung des ökologischen Trommelfeuers reisen zu jeder Kundgebung bundesweit Demonstrationsprofis an, die mit den konkreten Entwicklungschancen des Raumes überhaupt nichts im Sinn haben. Und hier wird die Sache gefährlich und auch unredlich: Das ökologische Argument, das vielen Menschen und auch der Politik sehr ernst ist, wird propagandistisch für andere Ziele mißbraucht. Damit schadet man der seriösen Umweltpolitik, und man verhindert zugleich strukturelle Entwicklungschancen für eine ganze Region. Auf der Strecke bleiben Arbeitsplätze, auf der Strecke bleibt aber auch ein Stück ökologische Glaubwürdigkeit. Ich sage nicht, daß die Lebens- und Berufsinteressen einer Bevölkerungsmehrheit immer automatisch ethisch höherrangig sein müssen. Aber es gibt für die Politik eine Pflicht zur Gesamtverantwortung und zur Abwägung von Interessen, und die Art und Weise, wie diese Gesamtverantwortung heute von wenigen unterlaufen werden kann, halte ich für sehr bedenklich.

Was halten Sie für Ihren größten politischen Erfolg als Ministerpräsident?

Daß viele Menschen in Baden-Württemberg mir vertrauen und mit meinem Konzept zur Zukunftssicherung, wenn auch mit durchaus kritischen Anmerkungen, überwiegend einverstanden sind.

Welche Bedeutung hat für Sie die neue Kulturpolitik in Baden-Württemberg? Was verbinden Sie damit?

Wir beobachten ein ständig wachsendes Interesse der Bürger an kulturellen Ereignissen. Das Freizeitvolumen hat sich in den letzten zehn, fünfzehn Jahren erheblich ausgeweitet, und die Ansprüche, diese Freizeit sinnvoll auszufüllen, sind gestiegen. Gleichzeitig findet ein tiefgreifender Strukturwandel statt, der zu mehr Dienstleistungsangeboten und zu einer neuen, hochtechnologischen Produktions- und Kommunikationsstruktur führt. Es ist klar, daß beides – mehr Freizeit und höhere Ansprüche einerseits, mehr technologische Beanspruchung andererseits – auf die Kulturpolitik große Auswirkungen hat. Wir brauchen sozusagen eine neue kulturelle Infrastruktur, die sich in den Städten wie auf dem Land bemerkbar machen muß. Diese kulturelle Infrastruktur muß, wenn ich es recht sehe, zwei Komponenten haben: Zum einen gilt es, der kreativen Phantasie von Menschen neue Betätigungsfelder zu erschließen, und zwar gerade im überschaubaren, nachbarschaftlichen Bereich. Das ist das Feld der Kleinkunst, der Werkstätten, der Stadtteilkultur, der soziokulturellen Zentren usw. Zum anderen müssen aber auch die Angebote kultureller Spitzenqualität – große Museen, Galerien, Theater und Orchester – verstärkt werden, weil deren Vorhandensein für viele Menschen bei der Entscheidung, wo sie leben und arbeiten wollen, eine wichtige Rolle spielt. Kultur ist also gleichermaßen als Faktor der Selbstverwirklichung und der kreativen Entfaltung wie als Maßstab der Lebensqualität, ja, sogar als wirtschaftliches Standortkriterium wichtig. Wir versuchen, in Baden-Württemberg Spitzen- und Breitenförderung, zentrale und dezentrale kulturelle Einrichtungen, das Traditionelle und das Experimentielle miteinander zu verbinden, und es gelingt uns, glaube ich, ganz gut. Nach meiner Einschätzung wird die gestiegene Bedeutung der Kultur längerfristig ebenso weitreichende Auswirkungen auf das gesellschaftliche Leben und auf das Bild unserer Städte und Dörfer haben wie der Siegeszug der Mikroelektronik.

Manfred Rommel

CDU-Oberbürgermeister

»Endlich hend mir oin . . .«

Kein Zweifel kann daran bestehen: Lothar Späth ist ein ungewöhnlicher Mensch. Machtbewußt, selbstbewußt, ehrgeizig, schlau, intelligent, kreativ, couragiert, witzig, schlagfertig, kämpferisch, vorausdenkend – Fähigkeiten und Eigenschaften, die in einer ungewöhnlichen Kombination und auch in einer ungewöhnlichen Intensität bei ihm festgestellt werden können.

Ich habe ihn das erstemal 1968 bei der ersten Sitzung der nach der Landtagswahl neugebildeten CDU-Fraktion erlebt. Es war damals noch der Brauch, daß neugewählte Abgeordnete zunächst einmal auf das hörten, was die Älteren zu sagen hatten, und nicht selber das Wort ergriffen. Lothar Späth hielt offenbar nichts von diesen Gebräuchen. Er bat sofort um das Wort, kritisierte die CDU-Wahlkampfkonzeption, was mich ärgerte, weil ich für sie zu einem erheblichen Teil verantwortlich zeichnete und weil das Wahlergebnis gar nicht so schlecht war. Aber es zeigte sich sofort, daß seine Ausführungen von vielen Fraktionsmitgliedern nicht mit Unmut zur Kenntnis genommen wurden, sondern mit Wohlwollen. Man war eigentlich froh, daß einer da war, der gegen die damals noch etwas in den Wolken des Olymps schwebende staatliche und parteiliche Obrigkeit aufmuckte. Der Fraktionsvorsitzende und spätere Landtagspräsident Erich Ganzenmüller sagte mir damals schon: »Endlich hend mir oin, der euch Ministerialbeamte auf die Finger klopft.«

Seitdem Lothar Späth Mitglied der Fraktion war, ließ sich in dieser eine erhebliche Unruhe beobachten, die in diesem Ausmaß vorher nicht dagewesen war. Späth war damals Finanzbürgermeister der Mittelstadt Bietigheim, hatte in dieser Eigenschaft verschiedene Unternehmen gegründet, die städtische Aufgaben erfüllten, ohne von lästiger Rechtsaufsicht heimgesucht zu werden. Er fuhr ein Auto, in das er sich – nach meiner Erinnerung auf Kosten einer seiner Gesellschaften – ein Autotelefon hatte einbauen lassen, um überall und jederzeit rasch in das Geschehen eingreifen zu können. Ein solches Autotelefon war damals ein unglaublicher Luxus, der sogar den Ministern verwehrt war. Die Oberen der »Neuen Heimat« wurden auf Lothar Späth aufmerksam und warben ihn ab.

Mit der ihm eigenen Dynamik wurde er daraufhin sofort in der »Neuen Heimat« tätig, baute seine Verbindungen aus, nützte sie für sein Unternehmen und für die CDU, ein Kunststück, das außer ihm niemand hätte zustande bringen können. Qualifikation und Dynamik waren unübersehbar. Er stieg auf der Leiter der Hierarchie in der »Neuen Heimat« bis zur höchsten Stufe, zog sich aber von dort rechtzeitig zurück.

Inzwischen war er selber Fraktionsvorsitzender geworden. Erich Ganzenmüller war wegen einiger unüberlegter Äußerungen zurückgetreten. Es war klar, daß es keinen besseren Nachfolger gab als Lothar Späth.

Späth sah von Anfang an seine Aufgabe nicht darin, das, was die Regierung wollte, auszuführen, sondern der CDU-Landtagsfraktion eine eigene Machtposition zu verschaffen. Natürlich erwartete er, daß eine stärkere Machtposition für die Landtagsfraktion auch eine stärkere Position für ihn selber bedeutete, und diese Erwartung ging voll in Erfüllung. Ich habe niemals einen Menschen erlebt, der in gleicher Wirksamkeit wie er andere Menschen dazu bringen konnte, seine Meinung anzunehmen, ohne dies zu bemerken. Zahlreiche Arbeitskreise wurden tätig, eine gewaltige Gruppendynamik entfaltete sich, aber überall zog Lothar Späth die Fäden, tatkräftig unterstützt von seinem Pressechef Kleinert.

Auch in der Partei spielte Späth von vornherein eine wichtige Rolle. Anfang der siebziger Jahre wurde die CDU, die vorher in Baden-Württemberg aus vier Landesverbänden bestanden hatte, zu einem einheitlichen Landesverband zusammengefaßt. Späth wurde ebenso wie ich in den ersten Vorstand gewählt. Wegen seiner zahlreichen Geschäfte und Geschäftigkeiten konnte er nicht immer an den Vorstandssitzungen teilnehmen. Aber wenn er es konnte, merkte man, daß er da war. Er meldete sich verhältnismäßig rasch zu Wort, nahm meistens kritisch zur Ausführung seines Vorredners Stellung, beeindruckte durch Eloquenz und Witz, schloß seine Ausführung ab und verließ den Saal, eine Aktentasche zurücklassend, mit der Bemerkung »ich komme nachher gleich wieder«. Ich glaubte aber zu beobachten, daß meistens nicht er kam, sondern sein Fahrer, der diskret die zurückgelassene Mappe abholte. Ich hatte überhaupt den Verdacht, daß Lothar Späth mehrere Mappen besaß, die er in verschiedenen Sitzungen als Zeichen für seine gute Absicht zurückließ, noch einmal wiederzukommen.

Obwohl er von seiner Persönlichkeitsstruktur eher ein Einzelkämpfer ist, gelang es ihm doch, nicht nur Bewunderer, sondern auch Freunde und Verbündete in beachtlicher Zahl um sich zu sammeln. Bis in die frühen Morgenstunden mit Freunden und Gesprächspartnern zusammensitzend, nicht ohne in der Zwischenzeit eine umfassende Telefonaktivität zu entfalten, war er doch am Morgen jeweils wieder topfit und in bester Kondition. Ein wichtiges Merkmal seiner Kondition ist, daß er schneller reden kann, als andere denken können, und zwar so, daß das, was er sagt, irgendwie Hand und Fuß hat und nicht einfach beiseite gewischt werden kann.

Es ist nun nicht so, daß Späth immer das gleiche erzählen würde – was so mancher Politiker mit großer Eloquenz und mit verblüffender Wirkung auf die, die ihn noch nie gehört haben, tut. Ich kenne keinen Menschen, der mit gleicher Geschwindigkeit und Sicherheit Informationen, Argumente, Gesichtspunkte und Gedanken aufgreift und in die eigene politische Meinung entweder positiv oder negativ einfließen läßt, wie Lothar Späth. Er bedient sich häufig des Adenauer-Worts, daß ihn nichts daran hindern könne, klüger zu werden. Ich glaube, daß diese Fähigkeit, den eigenen Standpunkt immer neu zu überdenken, zu ergänzen und zu erweitern, eine seiner großen Stärken ist. Es ist die Offenheit in praktischen Fragen, die ihn zum Typus des modernen Politikers macht. Schließlich wurden die großen Erfolge in Naturwissenschaften, Technik und Wirtschaft sehr wesentlich dadurch erzielt, daß Meinungen nicht für verbindlich erklärt, sondern immer wieder auf den Prüfstand der Vernunft und Praxis gestellt wurden mit dem Ziele, sie durch Ausscheiden des Unrichtigen oder unrichtig Gewordenen zu verbessern. Diese Beweglichkeit unseres Landesvaters ist manchen unheimlich, zumal sie sich paart mit Witz, Liebenswürdigkeit und moderatem Sarkasmus. Er versteht es einfach, wenn er will, höchst unangenehme Dinge so liebenswürdig darzustellen, daß die Betroffenen ihm auch noch applaudieren. Zum Beispiel löste er im Ruhrgebiet mit seinen Betrachtungen Applaus aus, wie falsch es ist, veraltete Strukturen gegen die wirtschaftliche Vernunft am Leben zu halten. Man trage den Sarg vor dem Friedhofstor hin und her, anstatt ihn endlich ins Grab zu senken. Die meisten Applausspender machten es sich, obwohl deutlich ausgesprochen, gar nicht bewußt, daß hiermit auch veraltete Wirtschaftsstrukturen im Ruhrgebiet gemeint waren.

Die Länder sind, nachdem die Basisgesetzgebung abgeschlossen ist, Körperschaften, in denen die Verwaltungsaufgaben wesentlich umfangreicher sind als die politischen Gestaltungsmöglichkeiten, wenn man einmal von der Mitwirkung der Länder an der Bundespolitik über den Bundesrat absieht. Ein so dynamischer Mensch wie Späth unternimmt zwangsläufig Ausbruchsversuche aus dem bürokratischen Traditionskäfig. Er hat auf jeden Fall die Verwaltung in Unruhe versetzt. Seine umfangreiche Sachkunde und auch Kompetenz in wirtschaftlichen Fragen verschaffen ihm den Respekt der Unternehmer im Land. Er hat erkannt, daß die Zukunft der deutschen Wirtschaft nicht darin liegen kann, in Konkurrenz zu Niedriglohnländern klassische Produkte herzustellen, sondern daß sie darin liegen muß, neue, qualitativ bessere, überlegene Produkte auf den Markt zu bringen. Hierzu ist es unter anderem notwendig, daß die Forschungstätigkeit der öffentlichen Hand, die schon seit jeher stark in Baden-Württemberg konzentriert war, koordiniert, auf wichtigen Gebieten intensiviert und besser mit der Wirtschaft abgestimmt wird.

Späth hat Beachtliches geleistet, um die Zukunftschancen der baden-württembergischen Wirtschaft und damit auch die ökonomischen Grundlagen der Sozialpolitik zu sichern. Er hat auch eine aggressive Umweltpolitik betrieben, die an die Stelle des emotionalen »Alles oder nichts« der Grünen realistische, konkrete und technisch machbare Konzeptionen setzte, von denen letztlich mehr Verbesserungen für die Umwelt erwartet werden können als von politischen Gefühlsaufwallungen. Er weicht den Experten nicht aus, sondern er zieht sie heran und nützt ihr Wissen für die Politik. Wenn er sich freilich eine Sache in den Kopf gesetzt hat, ist ihm ein widersprechender Expertenrat nicht immer willkommen. Ich hatte einmal das intellektuelle Vergnügen, im Rahmen der Diskussionen über eine Bankenfusion zu erleben, wie Späth durch seine Eloquenz hochqualifizierte Wirtschaftsprüfer zum Schweigen brachte. Sie waren zwar nicht überzeugt, aber tief beeindruckt. Einer von ihnen sagte mir: »Der Mann ist ja Weltklasse.«

Daß Lothar Späth alles selber kann, ist auch eine Schwäche. Die Minister des Landeskabinetts treten im Vergleich zu ihm in den Hintergrund. Die Öffentlichkeit ist sich nicht mehr bewußt, daß es sich bei dem Kabinett um ein Kollegialorgan handelt. Auch die Beamtenschaft in der Ministerialebene hat keinen großen Einfluß mehr. Vordergründig mögen Bürokratiefeinde dies begrüßen. Aber bei tieferem Einstieg in die Sache läßt sich nicht übersehen, daß eine sachkundige Beamtenschaft für einen Staat ein Element der Kontinuität ist.

Lothar Späth ist in jedem Falle ein Politiker eigener Prägung. Wo immer er auftritt, beeindruckt er – auch bei seinen Reisen, insbesondere nach Asien, um der baden-württembergischen Wirtschaft neue Märkte zu erschließen. Mir sagte einmal ein japanischer Journalist, bei uns weiß man nicht, was der Unterschied zwischen Ministerpräsident und Kanzler ist. Für viele von uns sehen auch die Europäer in etwa gleich aus. Wenn Späth in Asien war und Kohl sechs Monate später kommt, dann wundern sich manche darüber, wie sehr der Bundeskanzler in sechs Monaten gewachsen und wie rund er in dieser kurzen Zeit geworden ist.

WERNER FILMER/HERIBERT SCHWAN

Der getreue Matt

Gute oder schlechte PR-Arbeit beginnt oben. An der Spitze. Haltung oder Verhalten, Gesicht oder Doppelgesicht, Charakter oder Charakterlosigkeit können nicht durch handwerkliche Geschicklichkeit der PR-Mitarbeiter ersetzt oder vertuscht werden, also durch die umsichtige PR-Arbeit im zweiten Glied. Wirklichkeit und Wahrheit können eine Zeitlang durch den schönen Schein kompensiert werden, aber die Ernüchterung folgt spätestens, wenn die Spots der öffentlichen Kritik ihr Licht bündeln. Kohl erlebte das und Rau auch. Nur Kompetenz und Redlichkeit schaffen politisches Vertrauen. Matthias Kleinert, Späths Stuttgarter Schatten, weiß davon ein Lied zu singen.

Jaspers spricht von »Macht, die zum Verderben drängt, und Wahrheit, die öffentliche Meinung will«. Er schreibt: »Der Machtwille verkleidet sich in den Schein der Wahrheit.«

Schlaue Irreführung, weiß die rechte Hand Lothar Späths, zahlt sich nicht aus. Dort, wo es versucht wurde, siehe Nixon und Reagan, erlitten Politiker Fehlschläge und Bauchlandungen. Kleinert, der Späths Weg wie kein anderer begleitete, beobachtete und zuweilen auch prägte, hat sich um die Bewahrung von Vertrauen zwischen oben und unten bemüht, zwischen Staatskanzlei und Öffentlichkeit. Manchmal gerissen, meistens geschickt. Er weiß, daß Vertrauen Offenheit voraussetzt. Öffnung. Wer sich öffnet, kann verstanden werden; wer sich öffnet, hat eine Chance, daß seine Interessen im ganzen und im einzelnen als »vernünftig« erkannt, vielleicht sogar unterstützt werden. Davon konnte Kleinert den Schwaben Späth überzeugen. Ohne Offenheit, resümiert er heute, wirkt Mißtrauen gegen Mißtrauen.

Henry Kissinger schreibt in seinen Memoiren: »No one gets away with an attack on the media.« Mit anderen Worten: Ohne die Medien ist der Mächtige allein. Nichts wird befördert, nichts geht voran. Matt – wie ihn sein Meister liebevoll nennt – hat das früh erkannt und meistens befolgt. Er weiß Bescheid, füttert die Öffentlichkeit, bemüht sich darum, die voneinander abweichenden Bilder in Übereinstimmung zu bringen.

Das Tandem

Nicht eine gemeinsame Leiche haben Lothar Späth und Matthias Kleinert nach fünfzehnjähriger »Schicksalsgemeinschaft« im Keller. Das Tandem müßte allerdings getrennt beichten gehen, wäre es katholisch und fromm dazu. Ernsthaft zu bereuen wäre vielleicht ein Coup aus dem Jahre 1978, nämlich der Sturz von Kultusminister Wilhelm Hahn, den beide trickreich managten: Unmittelbar vor einer Klausur der CDU-Landtagsfraktion in Pforzheim erschienen Auszüge eines angeblichen Briefes des Kultusministers in der Tagespresse an Ministerpräsident Hans Karl Filbinger. Darin drückte Hahn seine Überzeugung aus, daß die Bildungspolitik des Regierungschefs nur mit ihm zu verwirklichen sei; Filbinger komme nicht umhin, die Widersacher im Staatsministerium aus dem Weg zu räumen, ehe er an ein Kabinettsrevirement denken könne. Damit war Hahns Sturz vorprogrammiert. Filbinger mußte die Männer seiner Crew, die engen Berater im Staatsministerium, in Schutz nehmen, die fest davon überzeugt waren, Hahn habe dieses Schreiben in die Öffentlichkeit lanciert. Filbingers Berater forderten umgehend Hahns Rücktritt.

Der Ministerpräsident reagierte sofort auf den Hahn-Brief, den es eigentlich so nie gegeben hatte. Der Kultusminister wurde im April 1978 entlassen. Im Gegensatz zu Filbingers damaliger wie heutiger Überzeugung, Hahn habe sich mit diesem Schreiben selbst des Amtes enthoben, waren in Wahrheit Späth und Kleinert die Urheber jenes Schreibens von Hahn an den Regierungschef. Sie sorgten auch dafür, daß es veröffentlicht wurde.

Von dieser Episode abgesehen, scheint bis heute alles mit rechten Dingen zugegangen zu sein, was das Tandem in Angriff nahm, in Aussicht stellte oder in politische Realität verwandelte. Seit über fünfzehn Jahren arbeiten der Schwabe und der Berliner effizient und erfolgreich zusammen. Gemeinsam erlebten sie Höhen und Tiefen ihrer Politik, überwanden Irritationen und überstanden gegenseitige Verletzungen, wuchsen zu einem Tandem zusammen.

Matthias Kleinert, erst CDU-Fraktionssprecher, dann Sprecher des Ministerpräsidenten, Staatssekretär und Sprecher der Landesregierung, blickt auf eine steile Karriere zurück, die in enger Verzahnung mit Späths rasantem politischen Aufstieg steht und ohne ihn nicht möglich gewesen wäre.

Matt, wie ihn auch seine politischen Freunde und Duzbrüder in der Stuttgarter Landespressekonferenz nennen, wurde am 9. März 1938 in Berlin geboren. Seit seinem siebten Lebensjahr wuchs er in Besigheim in Baden-Württemberg auf. Sein Vater war lange Jahre Schauspieler am Deutschen Theater in Berlin. 1939 mußte er in den Krieg, seit 1940 gilt er als vermißt. Matthias Kleinert erinnert sich kaum an seinen Vater. Kleinerts Mutter arbeitete als kaufmännische Angestellte bei »Dynamit Nobel« in Berlin. Heute lebt sie in der Nähe ihres Sohnes in Baden-Württemberg.

Matthias wuchs bei der Großmutter auf, die eine resolute, lebenserfahrene, gütige und gleichzeitig strenge Frau gewesen sein muß. Mit ihr und einer Tante war der Sechseinhalbjährige Ende 1944 von Berlin nach Schlesien evakuiert worden. Vor der näherrückenden russischen Front flohen die beiden Frauen und der Knirps nach Westen.

Ihre Flucht endete schließlich in Besigheim in Baden-Württemberg. Hier wurde Matthias Kleinert im November 1945 eingeschult. Nach der vierten Volksschulklasse besuchte er in Besigheim das Gymnasium bis zur mittleren Reife. 1955 wechselte er auf das mathematisch-naturwissenschaftliche Gymnasium ins nahe gelegene Bietigheim. Dort legte er 1958 ein respektables Abitur ab.

Der hochbegabte Schüler mit ausgeprägten Neigungen für Deutsch, Englisch und Französisch trat als engagierter Katholik mit fünfzehn Jahren in die einzige örtliche Jugendgruppe ein: Er wurde Mitglied von »Jungkolping«. Besondere Verdienste erwarben sich die Kolpingsöhne beim Wiederaufbau der katholischen Kirche von Besigheim. Kleinert half kräftig mit.

Der verhinderte Theaterwissenschaftler

Eigentlich wollte Kleinert Germanistik und Theaterwissenschaft studieren, aber im Sommersemester 1958 war es an der Berliner Freien Universität nicht möglich, diese Fächer zu belegen. Alle Studienplätze waren vergeben. Kleinert mußte bis zum Wintersemester warten. Doch Geduld zu üben ist nicht seine Sache. Zur selben Zeit hörte er in Berlin erstmals von der Existenz der »Deutschen Hochschule für Politik«. Der entscheidungsfreudige Besigheimer schrieb sich ein und belegte Politikwissenschaft. Schon im Wintersemester 1958/59 begann er an der Freien Universität auch mit dem Studium der Publizistik, einem Studienfach, das noch über wenig Tradition verfügte. Er fand in kürzester Zeit an beiden Fächern Gefallen, spricht heute sogar von Faszination.

Hochschulpolitische Schritte

In Berlin begann auch Kleinerts erstes politisches Engagement. Er wurde Mitglied des »Rings Christlich-Demokratischer Studenten« (RCDS) und Mitbegründer der Zeitschrift »Der Politologe«. Bei der hochschulpolitischen Arbeit stellte sich seine Fähigkeit heraus, Kompromisse zwischen scheinbar unüberbrückbaren Positionen schließen zu können, Verbindungen zu schaffen. Kleinert fand Achtung auch bei politischen Gegnern; er wurde vom Sozialdemokratischen Hochschulbund ebenso ernst genommen wie von Mitgliedern des »Sozialistischen Deutschen Studentenbundes« (SDS).

Für den RCDS hatte ihn Heinrich Lummer angeworben, der spätere Bürgermeister von Berlin, der 1986 von seinem Amt als Innensenator zurücktrat. Mit Lummer, dem heutigen Berliner CDU-Bundestagsabgeordneten, ist Kleinert eng befreundet. In der Politik, auch der tagespolitischen, gibt es zwischen beiden keine Differenzen. Ausschlaggebend für Kleinerts politische Tätigkeit in einer christlichen Gruppierung war sein katholisches Grundverständnis, waren die Besigheimer Jahre im Gesellenverein Kolping. Die Berliner Sozialdemokraten schienen ihm aufs höchste verfilzt zu sein. Ihr Parteiklüngel stieß ihn ab.

Im Frühjahr 1963 schloß Kleinert sein Studium mit der Diplomprüfung ab. Seinen ersten Job fand der Diplompolitologe im selben Jahr in der »Zentralstelle für gesamtdeutsche Hochschulfragen« in Berlin. Kleinert wurde Leiter des Archivs und gab die »Hochschulinformationen« heraus, eine Schriftenreihe in Deutsch, Englisch und Französisch, die ausführlich über das sozialistische Bildungssystem der DDR informierte. Dabei wurde als besonderer Schwerpunkt die Entwicklung an den DDR-Hochschulen herausgestellt. Die Berliner Zentralstelle unterstand dem Gesamtdeutschen Ministerium in Bonn, das damals der FDP-Vorsitzende Erich Mende als Minister leitete. Kleinerts engster Mitarbeiter in Berlin war Wolfgang Roth, der heutige wirtschaftspolitische Sprecher der SPD-Bundestagsfraktion.

Der Rundfunkredakteur

Kleinert galt als Spezialist für das Bildungswesen der DDR. Als Archivleiter verfügte er über eine Fülle von Exklusivinformationen, die er gelegentlich in Beiträgen für verschiedene Rundfunkanstalten verarbeitete. Bald gehörte er zu den ständigen freien Mitarbeitern der RIAS-Sendung »Hochschulreport«. Seine Beiträge zeichneten sich durch eine leichtverständliche Sprache aus. Inhaltlich lag Kleinert auf der Kalten-Krieg-Linie des damaligen Rundfunksenders im amerikanischen Sektor. Der freie Mitarbeiter Kleinert moderierte auch Diskussionssendungen mit Berliner Wissenschaftlern und fiel den RIAS-Oberen durch seine frechen, aggressiven Töne auf: stramm rechts.

Anfang 1969 nahm Kleinert das RIAS-Angebot an, Redakteur in der Abteilung »Hochschule und Wissenschaft« zu werden. Das Journalistenhandwerk hatte er sich selbst beigebracht. Noch heute erzählt Kleinert begeistert von einer Reportage aus dem Jahre 1969, die der RIAS-Chefredakteur Frenzel an jenem Tag gleich mehrfach ausstrahlen ließ. Mit der »Nagra«, einem Aufnahmegerät, auf dem Buckel, hatte sich Kleinert unter die Demonstranten vor der wirtschaftswissenschaftlichen Fakultät der Freien Universität Berlin gemischt. Die Studenten blockierten die Zugänge und schrien unaufhörlich »Ho Ho Ho Chi Minh«. Der rührige RIAS-Jungredakteur begab sich ins Getümmel, versuchte, die Absperrung zu durchbrechen. Alles, was er sah und erlebte, sprach er auf das laufende Tonband. Kleinert wurde während seiner Reportage mehrfach geschlagen, verprügelt, getreten. Nur mit Hilfe der Polizei konnte der RIAS-Redakteur schließlich befreit werden.

Kleinerts Reportage soll einmalig gewesen sein. Für die RIAS-Oberen eine Sensation, ein journalistisches Meisterwerk. Von nun an besaß Kleinert auch in der politischen Redaktion ein Standbein; er schrieb Kommentare und Berichte, begleitete kritisch die sozialdemokratische Politik und war fast täglich im RIAS-Programm zu hören. Das Mikrofon faszinierte ihn. Das Studiorotlicht habe er täglich »wie Bier und Brot für sein

Leben« gebraucht, sagt er heute. In dieser Zeit wurde Kleinert trotz großer Vorbehalte Gewerkschaftsmitglied. »In diesem linken Haufen kannst du als Rechter mehr bewegen als im Personalrat«, überlegte er sich damals und lehnte eine Bitte Hans Rosenthals ab, für den Personalrat zu kandidieren.

Im RIAS wäre Kleinert sicher rasch weitergekommen. Er besaß die richtige politische Einstellung, verfügte über die nötigen Verbindungen. Doch nach drei Jahren entschied er sich anders: Er stieg aus.

Rechter Flügelmann

Heinrich Lummer hatte Kleinert 1958 in den RCDS geholt, Jürgen Wohlrabe bewegte ihn 1965 zum Eintritt in die CDU. Zwei prominente konservative Berliner CDU-Größen überzeugten ihn parteipolitisch. Kleinert zählte zu den Hardlinern, zu jenen, die nach dem Mauerbau glaubten, den »antifaschistischen Schutzwall« einreißen zu müssen.

Die Nacht vom 12. auf den 13. August 1961 erlebte Kleinert mit Tausenden von Berlinern am Brandenburger Tor; er sah zu, wie der Stacheldraht ausgerollt wurde, wie der Mauerbau begann. Er skandierte mit der Menge: »Macht das Tor auf, macht das Tor auf.« Ulbricht war seit jener Nacht für ihn die »negativste Figur der Weltgeschichte«. Der Mauerbau veranlaßte Kleinert, sich politisch voll einzusetzen. »Ohne Engagement ist der Stacheldraht nicht wegzukriegen«, sagte er damals. Immer häufiger wurde er in führenden konservativen Zirkeln gesehen. Er fühlte sich dort wohl, wo der Antikommunismus lautstark verkündet wurde.

Kleinerts CDU-Karriere begann – leicht verspätet – im Jahr 1965 im Ortsverband Charlottenburg. Er schaffte es auf Anhieb, Schriftführer zu werden. Kurze Zeit später übernahm er das Amt des stellvertretenden CDU-Vorsitzenden. Schließlich wurde der Lummer-Zögling Vorsitzender im Ortsverband

Charlottenburg-Mitte und rückte zum Mitglied der Bezirksverordnetenversammlung auf. 1971 wählten ihn seine Parteifreunde zum stellvertretenden CDU-Fraktionsvorsitzenden des Bezirksparlaments. Noch heute gerät Kleinert ins Schwärmen, wenn er erzählt, wie der linke Berliner Sozialdemokrat Harry Ristock mit seiner Stimme gestürzt wurde.

Ruf nach Stuttgart

15. Januar 1972. Matthias Kleinert sitzt in der RIAS-Kulturredaktion in der Kufsteiner Straße 69. Das Telefon klingelt. »Hier Kleinert.« »Guten Tag, hier Erich Ganzenmüller, CDU-Fraktion in Stuttgart.« »Was kann ich für Sie tun, Herr Ganzenmüller?« »Ja, wir suchen einen Pressechef für unsere CDU-Landtagsfraktion.« »Das ist ja interessant, aber ich mache zur Zeit keine Sendung über CDU-Pressesprecher.« »Ja, wir haben an Sie gedacht, wollten fragen, ob Sie Interesse hätten, diesen Job zu übernehmen.« »Wie sind Sie auf mich gekommen?« »Wir haben unsere Quellen, wir haben uns erkundigt.« »Bei wem denn?«

»Ja, in Berlin bei Herrn Lummer und bei Herrn Lorenz und in Bonn bei Herrn Barzel und im Konrad-Adenauer Haus. Sie sind der richtige Mann für uns.

Zunächst verspürte der RIAS-Redakteur wenig Lust, Sprecher einer Fraktion zu werden. Was ihn allerdings reizte, war die Rückkehr in seine Heimat Baden-Württemberg. Nach gründlicher Rücksprache mit seiner Frau entschied er sich zu einem Vorstellungsgespräch in Stuttgart. Im Februar 1972 begegnete er als achtzehnter und zugleich letzter Bewerber dem mächtigen CDU-Fraktionsvorsitzenden Erich Ganzenmüller. Der damals schon selbstbewußte Matthias Kleinert erläuterte sein Konzept für Presse- und Öffentlichkeitsarbeit vor der CDU-Landtagsfraktion. Die Abgeordneten scheinen hingerissen gewesen zu sein. Nach kurzer Beratung eröffnete der

Fraktionschef dem Berliner Redakteur, daß man sich für ihn entschieden habe. Er werde den Pressejob bekommen. Kleinert handelte einen hervorragenden Vertrag aus. Sein Gehalt wurde erheblich erhöht, die Umzugskosten wurden übernommen. Am 1. März 1972 trat er sein neues Amt als Pressesprecher der CDU-Landtagsfraktion in Stuttgart an.

Der Fraktionssprecher

Das erste Zusammentreffen mit Lothar Späth fand noch im Februar 1972 statt. Kleinert suchte eine Wohnung, und Fraktionschef Ganzenmüller brachte ihn mit Späth zusammen. Der »Neue-Heimat«-Chef besorgte dem Vater zweier Kinder in Windeseile eine 100 qm große Wohnung im Raum Besigheim. Persönlich suchte Späth mit dem neuen Fraktionssprecher aus dem vorhandenen Angebot fünf Wohnungen aus und fuhr Kleinert mit seinem Dienstwagen dorthin. Dieses erste flüchtige Kennenlernen blieb jedoch ohne unmittelbare Folgen. Am 4. April 1972 errang die CDU bei den Landtagswahlen die absolute Mehrheit. Kleinert war gerade vier Wochen Fraktionssprecher, als am 8. Mai 1972 Späth in einer Kampfabstimmung gegen den bisherigen Amtsinhaber Ganzenmüller das Amt des CDU-Fraktionsvorsitzenden errang. Der flexible Kleinert stellte sich sofort auf den neuen Mann an der Fraktionsspitze ein. Unmittelbar nach der Wahl Späths formulierte er für seinen neuen Chef ein Fünfpunkteprogramm, das als Credo des Neuen verkündet werden sollte. Späth war begeistert von seinem Pressemann und trug auf einer Pressekonferenz Kleinerts Vorlage wortwörtlich vor. Alle regionalen Tageszeitungen beschäftigten sich am folgenden Tag mit dem »Regierungsprogramm« der Fraktion. Für Kleinert ein gelungener Einstieg bei Späth! Der ehemalige Berliner wurde von Woche zu Woche unentbehrlicher, überzog aber nie das gewonnene Vertrauen.

Ohne die vertrauensvolle Zusammenarbeit mit Kleinert wäre es für Späth unmöglich gewesen, gleichzeitig »Neue-Heimat«-Manager bzw. Vorstandsmitglied des Bauunternehmens »Baresel« und auch noch Fraktionschef zu sein. Kleinert hielt ihm den Rücken frei. Als Statthalter und Stallwache sprach er im Namen Späths, traf für ihn Entscheidungen. Bis zur Übernahme des Innenministeriums im Jahre 1978 blieb Späth auf seinen Chefverkäufer Kleinert aufs engste angewiesen. Ihm verdankt er viel. Ohne Kleinert wäre Späth in den siebziger Jahren wohl kaum so populär und auch nicht so bald ministrabel geworden.

Im nachhinein war es eine für beide glückliche Entscheidung, daß Kleinert im Frühjahr 1978 nicht mit Späth ins Innenressort wechselte. Niemand konnte damals ahnen, wie wichtig Kleinerts Position noch in der Fraktion werden würde. Wer vermutete schon, daß Filbingers Ende wirklich nahte?

Kleinert fand allerdings das knappe halbe Jahr als Fraktionssprecher unter dem Späth-Nachfolger Erwin Teufel schwer erträglich. Er hatte das Gefühl, isoliert zu sein. Sowenig sich Späth und Teufel verstanden, sowenig paßten Kleinert und der neue Fraktionschef zusammen. Niemand weiß, was passiert wäre, wenn Filbinger nicht gestürzt, wenn Rommel gegen Späth nicht verloren hätte. Ein Beamtenjob im Innenministerium wäre Kleinert allerdings immer sicher gewesen. Der Absprung aus der Fraktion auf eine B3-Stelle in Späths Innenministerium war fest vereinbart, der Termin aber noch offengelassen, weil inzwischen immer deutlicher wurde, daß Filbinger stürzen werde. Eine »Spiegel«-Veröffentlichung über den Marinerichter Filbinger im April 1978 hatte Kleinert aufmerken lassen. Wieder einmal hatte er seine Antennen weit ausgefahren.

Wann immer über eine Nachfolge im Amt des baden-württembergischen Ministerpräsidenten nachgedacht wurde, kam Lothar Späth ins Spiel. Kleinert sorgte dafür, daß er im

Gespräch blieb. Niemand konnte besser an der Nachrichtenbörse innerhalb der Fraktion handeln als Matthias Kleinert. Der Berliner wurde für Späth zu einem der wichtigsten Kampfgefährten.

Späths Kampf gegen Rommel um die Ministerpräsidentennachfolge war ein Kampf Mann gegen Mann. In Späths Innenministerium ging es zu wie in einem Taubenschlag. Sacharbeit fand kaum noch statt. »Wir müssen da nuff«, nach dieser Parole wurde die Fraktion bearbeitet. Gemeint war der Einzug in die Villa Reitzenstein, den Sitz des baden-württembergischen Ministerpräsidenten. Plötzlich und unerwartet besaßen die Parlamentarier das Königsrecht. Hinterbänkler und politische Schwergewichte standen gleichgewichtig nebeneinander. Um jede Stimme wurde geworben, gekämpft. Ein schwäbisches Intrigenspiel nahm seinen Lauf. Vorübergehend wollte Späth alles hinschmeißen. Die Begeisterung für Rommel zehrte an seinen Nerven. Verlieren wollte er nicht. Eine Niederlage hätte er kaum verkraftet. Kleinert richtete ihn immer wieder auf. Beide bewerteten zum x-tenmal die Namen jener Fraktionskollegen, die für Späth und gegen Rommel votierten. Späth schien zu verzagen, obwohl die Mehrheit knapp, aber sicher schien. Drei Wochen lang wollte der Kampf um die Fraktionsgunst kein Ende nehmen. Es gab kleine Runden, große Runden, Zweiergespräche. Das meiste leistete Späth selbst. Im direkten Kontakt, im persönlichen Gespräch, am Telefon. Neben Kleinert engagierten sich auch die späteren Minister Schleeh und Weiser. Sie operierten »wie Späths Feldherren in einer alles entscheidenden Schlacht«. Trickreich und kongenial wurden Zusagen und Versprechungen im Namen Späths gemacht. Jeder, der in der Fraktion wackelte, jeder, der noch offen für beide Kandidaten war, erhielt Angebote: bis hin zum Posten eines Staatssekretärs. Eine geniale Taktik, ohne die Späth vermutlich verloren hätte.

Am Ende der nervenzehrenden innerparteilichen Machtkämpfe votierten viele für Lothar Späth, weil sie sich Karrierefortschritte erhofften. Vielleicht die eines Staatssekretärs, vielleicht war ein Ministeramt drin! Es vergingen einige Jahre, bis Späth alle Versprechen eingelöst hatte.

Als Späth Ministerpräsident wurde und ins »StaMi« einzog, begleitete ihn der CDU-Fraktionssprecher. Kleinert wurde Regierungssprecher. Aus der Parole »Wir müssen da nuff« war Wirklichkeit geworden.

Regierungssprecher

Als Fraktionschef hatte sich Lothar Späth auf Gedeih und Verderb mit Kleinert verbunden. Wegen seiner häufigen Abwesenheit war er auf ihn angewiesen. Ihn hatte er benötigt, um feine Fäden spinnen zu können. Kleinert war das »Scharnier« zwischen der Fraktion und ihrem Chef gewesen.

Mit dem Wechsel ins Staatsministerium wurde vieles anders. Späth hatte endgültig die Politik als Beruf gewählt. Er konzentrierte sich ganz auf sein Ministerpräsidentenamt. Nun wuchsen Späth und Kleinert zu einer »echten Schicksalsgemeinschaft« zusammen. Es ging ums nackte Überleben. Publizität um jeden Preis hieß die Parole. Der unbekannte Späth mußte bekannt gemacht werden. Im Jahre 1978, bei seinem Amtsantritt, lag sein Bekanntheitsgrad erst bei 30 Prozent. Doch kurz vor der Landtagswahl 1980 erreichte er weit über 90 Prozent. Späth schaffte die absolute Mehrheit, die ihm viele nicht zugetraut hatten. Kleinerts Pressearbeit hatte sich ausgezahlt. Sein »wasserdichtes Taktieren und Torpedieren, aber auch sein Intrigieren innerhalb und außerhalb des Staatsministeriums« zeigten Erfolge für den Ministerpräsidenten. Der Zweck heiligte die Mittel.

Seit vielen Jahren liegen Kleinert und Späth auf einer Wellenlänge. Beide wissen voneinander alles, beide können sich aufeinander verlassen. Kleinert kann wie Späth vorausdenken, begleitend analysieren. Bei Kleinert kann sich Späth »auskotzen«, darf ihn »ankotzen«, »anrotzen« und »das nächste Ding drehen«. Da entsteht kein Neid, keine Eifersucht und auch keine Mißgunst. Kleinert respektiert Späth »voll und ganz«, blieb bis heute die Stimme seines Herrn: »Der Herr Ministerpräsident will, hat erklärt, wünscht, stellt sich vor.« Kleinert setzt seinen Chef in Szene, vergißt dabei aber auch sich selbst nicht. Der wandlungsfähige, gewitzte Taktiker und Stratege, der mit den meisten Stuttgarter Journalisten per du ist, schafft Abhängigkeiten. Wer positiv schreibt, wird gestreichelt. Kritiker werden mit Liebesentzug bestraft. Bei den Ministerpräsidentenreisen bestimmt oft der Staatssekretär, wer mitreist und wer zu Hause bleiben muß. Er entscheidet nach persönlichen Empfindungen, nach Launen und taktischen Überlegungen. Matthias Kleinert, der wenig Ehrgeiz auf politische Details verwendet, politischen Sachfragen manchmal aus dem Weg geht, versteht es glänzend, aus »einer Mücke einen Elefanten zu machen, aus einem Furz eine Bombe«. Das Stuttgarter Pressekorps hat er jedenfalls fest im Griff.

Auch Späth gegenüber operiert er gern mit sogenannten »gesicherten« Informationen, mit Andeutungen, mit angeblichen »Signalen«, mit Trends und Wertungen, mit »hochkarätigen« Kontakten. Zweilen operiert er sogar mit eigenwilligen Ideen. Nicht selten werden von ihm Vorschläge gemacht, die auf Annahmen beruhen, dann »schwätzt er dem Späth Sachen auf, bei dem sich einem der Magen umdrehen könnte«, verrät ein Insider.

Der Stuttgarter Staatssekretär ist schreibfaul. So gut wie nie verfaßte er selbst für seinen Meister Reden oder Zeitungsbeiträge. Keine Zeile steckt von ihm in den bisher erschienenen Späth-Büchern. Kleinert gilt weder als detailwütiger Programmatiker noch als glanzvoller Schreiber. Das machen andere, wie der bienenfleißige Schurig oder der unentbehrliche Zach. Früher wurde manchmal auch der ehemalige FAZ-Korrespondent in Stuttgart, Hermann Rudolph, hinzugezogen, der heute das Innenressort der »Süddeutschen Zeitung« in München leitet.

Kleinert delegiert. Er sammelt fleißige, kompetente Leute

um sich, die komplizierte Sacharbeit leisten. »Von der Verwaltung«, sagt ein intimer Kenner, »versteht der nicht viel! Seine Mitarbeiter hält er klein, hätte am liebsten, wenn nur er und vielleicht noch die Sekretärin Zugang zum Chef besäßen.«

Kleinert ist späth-süchtig, möchte sich aus dessen Umfeld nicht lösen. »Würde Späth ihn links liegenlassen, hätte er gewaltige Entzugserscheinungen!« Doch scheint die Schicksalsgemeinschaft der beiden im Lauf der Jahre einige Risse bekommen zu haben. War Kleinert für den Fraktionschef unentbehrlich und für die ersten Jahre auch dem Ministerpräsidenten unersetzbar, sitzt Späth heute so fest im Sattel, daß er einen Vertrauten mit weitreichender Machtausstattung kaum noch braucht. All das hat Kleinert längst erkannt. Seine Versuche, eigene Aktivitäten als Staatssekretär zu starten, versandeten. Wiederholt hat Späth seinen Matt unmißverständlich aufgefordert, sich auf das zu besinnen, was seine eigentliche Aufgabe sei. Nach einer Goodwilltour durch Amerika ließ er ihn sogar wissen: Falls Kleinert seine Pflicht nicht mehr erfüllen wolle, müsse er sich einen anderen suchen. Kleinert war geschockt.

Der unsichere Matt

Der burschikose und hemdsärmelige Staatssekretär, der gern – wie Späth auch – gut lebt, durfte früher seinen Chef immer kritisieren. Heute aber kann der »MP« – wie die meisten Politiker – Kritik nur noch schwer ertragen. Kleinert hat das begriffen und richtet sich danach. Sein kritischer Biß ließ nach. Der hochintelligente und mit gesundem Menschenverstand ausgestattete Berliner sammelt und verarbeitet blitzschnell Informationen. Allerdings nicht in der gleichen Weise wie Späth, der die Fähigkeit besitzt, daraus Strategien und Visionen »hinzuwerfen«. Kleinert sammelt, um sich unentbehrlich zu machen. Er möchte schwergewichtiger erscheinen, als er tatsächlich ist. Draußen wird er leicht überschätzt, denn vieles lernte er von Späth.

Doch nach wie vor ist sein Einfluß auf den Ministerpräsidenten groß. Früher war er allerdings gewichtiger. Er spielt auch heute noch gern mit dem Namen seines Tandemfahrers, und zwar sowohl im persönlichen als auch im politischen Bereich. Häufig läßt der beredte Kleinert einfließen: »Späth und ich haben . . ., und habe ich eben den Späth . . ., mußt du den Späth . . ., sollte vor allen Dingen der Späth . . .« Mit derartigen Formulierungen berät er andere und prägt ein Bild von sich, das andere beeindruckt. Doch so wichtig Kleinert für Späth war und ist: Alles, was Späth erreicht hat und politisch verkörpert, schuf er letztlich durch eigene Kraft. Er hätte es im großen und ganzen auch ohne seinen Tandemgefährten erreicht.

Kleinerts Einfluß auf Späth zeigt manchmal sogar nachteilige Folgen. Er stört Späths politische Instinkte, »verstellt seine Blicke«. Vor allem in Späths Verhältnis zu Bonn, zu Helmut Kohl, zur CDU-Spitze. Gegenüber den Regierenden in Bonn ist Kleinert skeptisch.

Mittlerweile vertritt der Staatssekretär seinen Chef auch bei belanglosen Veranstaltungen. Er geht zu Vereinen, redet vor Kleintierzüchtern, vor Mitgliedern regionaler Sportverbände usw. Sein Engagement für den Besigheimer Fußballclub fasziniert ihn so sehr, daß er darüber private Angelegenheiten vergißt. Er genießt seine öffentlichen Auftritte, fühlt, wie er ankommt, findet Zustimmung und Bestätigung. Allerdings muß er darauf achten, daß er nicht häufiger in der Presse erscheint als der Ministerpräsident.

Der sicher und selbstbewußt wirkende Staatssekretär ist in seinem Verhältnis zu Späth unsicher geworden. »Andere Eindrücke sind falsch«, sagte ein Vertrauter. »Er demonstriert Selbstsicherheit, doch ist die aufgesetzt!« Im übrigen gilt er als »sicherungsbedürftig«, das heißt, er ist auf Sicherheit bedacht. Kleinert wünschte dringend seine rasche Verbeamtung. Auch sein Interesse an den Fragen seiner Versorgung als Staatssekretär deutet das an. Er weiß, wie schnell alles vorbei sein könnte, wenn es der Meister wünscht oder es den Späth einmal nicht mehr gibt.

Journalisten, die das Gespann Kleinert–Späth seit langer Zeit beobachten, glauben festgestellt zu haben, daß Kleinert hinter Späths Entwicklung hergehinkt ist, daß er dessen Tempo nicht mithalten konnte. Immer häufiger schmückt sich Späth mit Professoren oder einer Garde Industrieller. Während Späth für bestimmte politische Inhalte steht, für oder gegen etwas ist, wenigstens für einen gewissen Zeitraum, weiß niemand genau, wofür oder wogegen Kleinert ist. »Kleinert«, urteilen manche, »hat wenig originelle Ideen, spürt aber sofort, wo was zu machen, zu verkaufen ist. Dabei kommt ihm zugute, daß er am ehesten erfährt, wohin Späths Gedanken eilen ... Er will wegkommen von der Rolle des Wasserträgers, will Staatssekretär sein.« So wie auch Späth nur schwer eigenständig denkende Mitarbeiter im engeren Kreis ertragen kann, wachte Kleinert jahrelang eifersüchtig darüber, daß Konkurrenten kein Bein zwischen die Tür bekamen.

Späth und Kleinert – eine Traumpaarung, siamesische Zwillinge, eine politische Ehe mit Haß und Liebe, eine Männerfreundschaft, in die kaum jemand hineinsehen kann? Kleinert ist längst nicht mehr so selbständig wie früher. Damals holte er sich Späths Billigung oft erst im nachhinein. Heute besteht er auf Rückendeckung durch Späth, bevor er etwas in die Welt setzt. Verständlich, weil sich Späths Politik inzwischen auf einer anderen, empfindsam höheren Ebene abspielt. Späth weiß allerdings auch, daß Kleinerts qualitativer Abstand zu ihm beträchtlich geworden ist. Auch deshalb gilt Kleinert als nicht ministrabel. Bei den letzten Regierungsbildungen war er nie im Gespräch. Alles, was Späth heute nicht für wichtig hält, überläßt er Kleinert. Und die Tatsache, daß dieser permanent »vor die Presse geht«, zeigt letztlich nur, wie gering Späth heute die Presse einschätzt.

Nach außen hin erscheinen sie immer noch als ideale Kombination. Hier der Regierungschef, dort der Chefverkäufer. Kleinert verbindet exzellent Raffinesse und Frechheit, Gerüchte und Sachlichkeit miteinander, wenn es darum geht, seinen Chef zu verkaufen oder parteipolitische beziehungsweise regierungsamtliche Intrigen zu spinnen. Er wirkt in die Partei hinein, versucht manchmal, mit Hilfe von Journalisten, Unbequeme anzuschießen. In inhaltlichen Fragen dagegen tendiert sein Einfluß heute immer mehr gegen Null. Oft beklagt er sich bei Vertrauten, er besitze nicht einmal mehr taktischen Einfluß auf den »Verkauf«. Tatsächlich gibt es Phasen, in denen Späth kaum noch auf Kleinert hört, Phasen, in denen es zwischen beiden Ton- und Bildstörungen gibt, Kälte, ja Abschottung.

Als wesentliche Schwäche machen Beobachter bei Kleinert eine »rüde, oft aufs Ganze gehende Rücksichtslosigkeit« aus, die zeitweise zwar politisch erfolgreich sein kann, aber auch die Gefahr beinhaltet, durch Maßlosigkeit zu zerstören. Um sich von Späth und seiner Regierung endlich einmal unabhängig zu machen, versuchte der Staatssekretär mehrfach vergebens ein Landtagsmandat zu erreichen. Seinen ersten Anlauf startete er in Pforzheim. Doch wegen klarer Aussichtslosigkeit warf er noch vor der eigentlichen Nominierung das Handtuch. Beim zweiten Anlauf am 8. Mai 1987 im Wahlkreis Stuttgart IV mußte der Staatssekretär eine schwere Niederlage hinnehmen. Kleinert unterlag »überraschend klar« dem bis dahin völlig unbekannten Steuerberater Franz Longin. Longin erhielt 143 von 251 gültigen Stimmen. Für Kleinert votierten lediglich 68 Delegierte. Damit ist Matthias Kleinert der einzige der acht politischen Staatssekretäre der Landesregierung ohne Sitz und Stimme im baden-württembergischen Landtag.

Edzard Reuter
Vorstandsmitglied der »Daimler-Benz AG«

Von der Ungeduld mit dem Fortschritt

Die Kennungsmelodie konservativer Ideologie seien »Reflexionsstopp und feste Werte«, hat Jürgen Habermas einmal geschrieben. Beweglich, wie er ist, und zugleich Autor mehrerer Bücher, scheint es nach solcher Definition geradezu absurd, die Frage auch nur zu bedenken, ob sich in Lothar Späth ein Ideologe verbergen könnte. Ich bin auch sicher, daß er gar manches versuchen würde, um einen solchen Ruf loszuwerden, sollte er ihm jemals ernsthaft angehängt werden. Aber muß ein Politiker wirklich um nahezu jeden Preis ideologiefrei erscheinen, nur weil Ideologie im geteilten Heimatland von Feuerbach und Marx einen anrüchigen Ruf hat?

Für halbwegs Kundige ist es Allerweltsweisheit, daß die Behauptung, man habe keine Ideologie, ebenfalls Ideologie ist – eine mitunter schlimme sogar. Denn in unserer Epoche, die grundlegende Herausforderungen an formatives Handeln enthält, müßte eine Politik ohne Zukunftsentwurf auf die Dauer die Demokratie selbst gefährlich destabilisieren.

Mehr noch: Keine Zeit kann ohne Denk- und Wertungssysteme auskommen, die bestimmten Funktionen genügen müssen, wirtschaftlichen etwa oder der Aufgabe, Wege in die Zukunft zu weisen. Wichtig bleibt allerdings die demokratische Disziplinierung der innewohnenden Gefahren ebenso wie die rationale Überprüfbarkeit der Erkenntnisirrtümer, die ebenso unentrinnbar mit jeder Ideologie verbunden sind. Dafür kommt es entscheidend auf zweierlei an: die zugrundeliegenden Wertmaßstäbe müssen unmißverständlich ausgewiesen, also nachvollziehbar sein, und sie sollten offen für Infragestellung oder Weiterentwicklung bleiben, also auf keinen Fall Monopolansprüche beinhalten.

Ist unter solchen Maßstäben Lothar Späth ein demokratisch disziplinierter Ideologe, der für Korrekturen seiner Auffassungen zugänglich ist? Ich muß meine Unsicherheit eingestehen – nicht etwa, weil ich ihn in irgendeinem Verdacht hätte. Aber ein Mann, dessen innerer Kompaß jedenfalls für den vordergründigen Beobachter manchmal auf Geschäftigkeit zu stehen scheint (vielleicht stehen muß, um in der Öffentlichkeit möglichst oft bemerkt zu werden), lebt zwangsläufig mit dem Risiko, daß sein Tun unübersichtlich wird, auch widersprüchlich. Und recht haben will ein Politiker schon deshalb, weil er dafür kämpfen muß, recht zu bekommen.

Für manche liegt der Fall völlig klar: Späth-Kapitalismus ist für sie Manifestation der Ideologie, daß der Staat aktive Industriepolitik treiben müsse. Zwar könnte ich mit Lothar Späth über Details seiner Industriepolitik streiten, aber ich bekenne, in solchem Sinn selbst ein überzeugter Ideologe zu sein, der es beängstigend findet, wie wenig bisher in der Bundesrepublik und Europa erkannt wird, daß wir ohne einen industriellen – und damit notwendig auch politischen! – Entwurf unserer Zukunft von Arbeitslosenziffer zu Arbeitslosenziffer und von Umweltskandal zu Umweltskandal weiterstolpern werden.

Andere werden dem entgegenhalten, für sie sei es mindestens seit Beginn des Industriezeitalters nichts anderes als eine banale Einsicht, daß Infrastrukturen wie Kabelnetze oder produktivitätssteigernde Angebote wie Forschungsinstitute vom Staat zur Verfügung gestellt werden müßten. Derartig purer Pragmatismus schöpfe seine Ziele und Mittel zwingend aus der Analyse unserer Probleme.

Ist also Lothar Späth umgekehrt »nur« ein Pragmatiker oder – wie ich eine Position, die sich ihrer Wertentscheidungen nicht bewußt ist, nennen würde – ein Technokrat?

Bekanntlich sind viele Haltungen das Resultat sehr individueller Lebenserfahrungen, ohne daß sich der Betreffende dabei immer über die Herkunft seiner Auffassungen selbst klar sein muß. Ob Lothar Späth seine Einsichten, die er als Schultes gewonnen haben müßte, nach Ursprung und Geltungsbedingungen relativiert hat, weiß ich nicht. Jedenfalls wird er wohl aus jener Zeit ein Gespür für das Machen und das Machbare mitgenommen haben. Ich meine (und auch das geschieht mit besonderer persönlicher Sympathie), hie und da noch den ehemaligen Kommunalpolitiker zu erkennen, der mit seinen Bauern nächtelang pokulierte, um den Tausch von Grundstükken für die Flurbereinigung schacherte und übers »Inveschtiere« schwätzte. Und wird seine spätere Tätigkeit in der Geschäftsführung der »Neuen Heimat« nicht gleiche Erfahrungen erbracht haben? Da mag sich jener »Geist wagenden Vertrauens« verfestigt haben, den Theodor Heuss in seiner unvergeßlichen Bosch-Biographie als Genius schwäbischen Wirtschaftens beschrieben hat. Solche erdnahe Grundausstattung für einen Politiker, der nach Höherem strebt, kann wohl so ganz schlecht nicht sein.

Ich kann mir kaum vorstellen, daß Lothar Späth seine heutige Umtriebigkeit nicht auch in der Kontinuität dieser frühen Jahre sieht. Natürlich, jetzt bewegt er sich auf weitläufigerem, weniger übersichtlichem Gelände. Das entlockt seinem Naturell manche unverhohlene Ungeduld und wohl auch die heimliche Überzeugung, daß die Verhältnisse im Unrecht sind, wenn sie sich eher noch widerborstiger gerieren als seine Bietigheimer Bürger. Also tut und macht er, und was sich nicht praktisch fügen will, wird mit formidabler Beredsamkeit überzogen, die sich immer wieder eines besonderen Spannungsfeldes bedient: demjenigen zwischen neuen Technologien und Kultur.

Hier findet man seinen Entwurf, dem er die Verhältnisse fügsam machen will. Je schwerfälliger die Wirklichkeit dem Sprung seiner Ideen zu folgen vermag, desto mehr scheint ihn das in der Überzeugung zu bestärken, daß es keine andere Chance gibt, als möglichst viele ebenso spektakuläre wie medienwirksame Vorstöße zu unternehmen, um weit vor der Front der Lahmen Leitfigur zu sein.

Wer kann darüber in einem Staat ernsthaft rechten, der sich vielfach in einem Verhau von bürokratischen Hindernissen verliert? Die Aufgabe, etwas politisch durchzusetzen und zu gestalten, verlangt hohe Kunstfertigkeit, ohne daß irgend jemand behaupten könnte, es gebe dafür einen Katalog gesicherter Methoden. Also ist es kaum illegitim, den Erfolg mit öffentlicher Überredung und psychologischer Raffinesse zu suchen.

Ob ich überzeichne? Mag sein, aber vielleicht ist mir, dem Berliner und Oberrechenknecht einer Firma, doch die Freiheit vergönnt, in der schwäbischen »Spannung zwischen spekulativer Phantasie und einer leicht pedantischen rechenhaften Genauigkeit« (um noch einmal Heuss zu zitieren) die Dinge solchermaßen ein wenig kritisch hin und her zu wenden.

Ideologe, Technokrat, sei es, wie es sei, jedenfalls ist Lothar Späth ganz offensichtlich von dem Glauben beherrscht, daß dem Land Kanaan der neuen Technologien zugestrebt werden muß. Universitäten haben sich demzufolge einer neuen Klassenlehre zu fügen: Wirtschaftsnahe Disziplinen sind auf Kosten der wenig nahrhaften »Verbalwissenschaften« auszubauen und in hoffentlich fruchtbare Kontakte mit Unternehmen zu bringen. Hat er dabei als heimliches Vorbild Ferdinand von Steinbeis im Sinn, dem der deutsche Südwesten wohl mehr verdankt als jedem anderen einzelnen Politiker? Ich weiß auch dies nicht, aber neben meiner grundsätzlichen Zuneigung will ich gerne gestehen, daß ich hie und da ein wenig verblüfft bin.

Lebt hier eine alte Unterscheidung zwischen Kultur und Zivilisation neu auf? Kultur als Wasserhahn, den man ab- und anstellt je nach Bedarf, Stimmungslage und Unterhaltungswünschen der neuen technokratischen Gesellschaftsschichten oder gar als Treibsatz zur Beschleunigung jenes Produktivitätsanstiegs, der sich im sogenannten qualitativen Wachstum niederschlägt? Ich erlebe, seit ich in der Industrie arbeite, technischen Fortschritt als Schnecke. Und ich kann ihn mir auch gar nicht anders denken, weil ich zu wissen glaube, welche Sachverhalte eine erhebliche, gar beliebige Beschleunigung von Fortschritt prinzipiell unmöglich machen in einer Unternehmung oder gar in einer ganzen Volkswirtschaft.

Zumindest der Buchautor Lothar Späth würde mir da vielleicht widersprechen: Seine Nachbarschaft zum selbstbewußten Optimismus derer, die mit Hilfe der Technik eigentlich alles für machbar halten, wenn man sie nur walten ließe, kann niemand übersehen. Doch bisher hat er auch in einer Zeit regiert, in der es in Baden-Württemberg immer bergauf ging, zumindest besser als anderswo in der Bundesrepublik. Entscheidende Bewährungsproben, die Euphorie mit skeptischem Realismus durchsäuern, mag er also noch vor sich haben. Bedacht hat er das wohl in sich schon viel tiefer, als er es nach außen erkennen läßt. Ich denke nämlich, als kluger und immer lernwilliger Beobachter der Zeitläufte, der er ist, weiß er recht genau, daß Helmut Schmidt kein so außergewöhnlich erfolgreicher Kanzler hätte sein können, wenn er nicht zugleich, obwohl ziemlich sorgsam vor den Augen der Öffentlichkeit verborgen, bohrende Zweifel, auch nüchternen Selbstzweifel kennen und darüber hinaus in der rationalen Disziplin philosophisch fundierter Nüchternheit leben würde.

Auch soll man Politiker nicht allein an ihren Texten messen. Der Praktiker Späth spielt nicht nur echtes inneres Engagement vor, etwa für Städtebau, darstellende Künste und Museen, er hat es. So mag er denn in Wirklichkeit längst auf dem Wege zu der Erkenntnis sein, daß man weder in der Technik noch in der Kultur die außergewöhnliche Spitzenleistung oder auch nur ein vielversprechendes breites Fundament der Begabten herbeibefehlen kann: Entscheidend sind die ebenso klug wie beharrlich gepflegten Nährböden, auf denen Samen aufgehen und reifen können.

Vor gut zehn Jahren hat Henry Kissinger die Bundesrepublik eine Ökonomie auf der Suche nach ihrem Daseinszweck genannt. Das kann wohl nicht ganz überholt sein, schaut man auf den Eifer, mit dem hierzulande von »neuen Technologien« jene Erleichterung erhofft wird, die vor gründlicherer Selbstvergewisserung bewahren hilft. Computer sind solchem Denken insoweit wirklich etwas anderes als Sensen oder Beißzangen, nicht ordinäres Werkzeug nämlich, sondern Heilmittel für die Konflikte unserer Zeit: Türöffner zum technologischen Utopia des allgemeinen Wohlgefallens zwischen widerstreitenden Interessen und Ideen. Andererseits ist »Versöhnungsgesellschaft« ein schönes Wort, wer wollte das bestreiten, und gute Vorsätze sind in einer Demokratie nicht strafbar.

Zweifelsohne macht sich Lothar Späth solche Bewußtseinsbedürfnisse nutzbar. Wer kann schon in der Beurteilung anderer Menschen, gar ihrer Motive ganz sicher sein? – Ich jedenfalls meine zu wissen, daß bei ihm weit mehr dahintersteckt als die taktische Nützlichkeitserwägung eines politischen Populisten: Der wirkliche Stellenwert von Technik und Kultur ist ihm wohl in Stunden ruhigen Abstands durchaus vertraut. Dann wäre Lothar Späth einer, der nur mit besonderen Effekten die Aufgabe aller Wirtschaftspolitik erfüllt, nämlich Rahmenbedingungen bedarfsgerecht zu gestalten. Und wem in der Politik ist schon die Gnade zuteil geworden, solche Ebenen auseinanderzuhalten, wo doch noch gelten dürfte, was im Wilhelm Meister festgehalten ist: »Das Gleichgewicht in den menschlichen Handlungen kann leider nur durch Gegensätze hergestellt werden.«

Ulrich Lang
SPD-MdL

Was mich an ihm ärgert?

Ein bemerkenswerter Augenblick: Der Süddeutsche Rundfunk hat im Landtag von Baden-Württemberg sein Studio für die Sendung »Bericht aus Stuttgart« eingerichtet. Es ist ein ganz normaler Abend im Februar 1985. Mir gegenüber sitzt der Ministerpräsident von Baden-Württemberg, Lothar Späth. Der Süddeutsche Rundfunk hatte uns zu einem Disput über die Strategic Defence Initiative (SDI) von Ronald Reagan eingeladen. Ich sprach mich mit sicherheitspolitischen Argumenten gegen SDI aus und gab zu bedenken, daß damit die Rüstungsspirale in den Weltraum gedreht wird. Späth – gerade aus den USA kommend – hält dieses für übertrieben und betont die

Spin-off-Effekte der Forschung für die Welt und die Chance, Forschungs- und Entwicklungsgelder für die mittelständische Wirtschaft Baden-Württembergs zu bekommen. Ich frage nach, ob er denn nicht sehe, daß durch eine Unterstützung von SDI die Abrüstungsbemühungen geschwächt würden. Die Antwort ist für mich unfaßbar: Das ist nicht mein Problem, das ist das Problem der Großmächte. Ich muß mich um die Wirtschaft in Baden-Württemberg kümmern.

Zwischen uns liegen an diesem Abend Welten. Weil wir auf zwei völlig verschiedenen Ebenen argumentieren, sind wir an diesem Abend nicht einmal gesprächsfähig, geschweige denn konsensfähig. Noch Wochen später ärgere ich mich über diese oberflächliche Argumentation, über die Nonchalance, mit der er in Deutschland mitten in einer tiefen Friedens- und Abrüstungsdiskussion nur die materiellen Verwertungsinteressen der Wirtschaft im Auge hat. Dieses Ereignis hält mich seitdem gefangen. Immer wieder habe ich mir gesagt, das war vielleicht nur eine Gedankenlosigkeit oder, wie man heute neudeutsch sagt: ein »Blackout«; man darf dieses Ereignis nicht überhöhen und schon gar nicht daraus auf den ganzen Menschen schließen. Aber immer wieder erlebe ich, daß dies mehr war als ein Moment der geistigen Unaufmerksamkeit: Das ständige, umtriebige, materielle Chancen witternde Suchen nach Konkurrenzvorteilen, nach dem wirtschaftlich »Nummer-eins«-Sein, dieses ständige Streben nach oben, diese Aufstiegsfixierung läßt ihn immer häufiger die Frage vergessen: woher und wohin?

Der Ministerpräsident von Baden-Württemberg hat fast eine Tellerwäscherkarriere hinter sich, wie sie eine amerikanische Soap-opera nicht besser erzählen könnte. Von der Jugend im schwäbischen Unterland über die Inspektorenlaufbahn zum Vorstandskollegen des Vorstandsvorsitzenden der »Neuen Heimat«, Vietor, über den Innenminister bis zum Ministerpräsidenten von Baden-Württemberg – das war ein Kampf! Ein asiatisches Sprichwort beschreibt drei verschiedene Entscheidungspfade: »Es gibt drei Wege, klug zu handeln: 1. durch

Nachdenken, das ist der edelste, 2. durch Nachahmen, das ist der leichteste, 3. durch Erfahrung, das ist der bitterste.« Lothar Späth hat sich fast immer für den dritten Weg entschieden. Bevor die Erfahrungen für ihn aber allzu bitter wurden, machte er schon längst seine nächsten Erfahrungen. Späth handelt nach der »Hase-und-Igel-Theorie«: Man muß immer schon dagewesen, aber auch immer schon wieder weg sein. Daher die Kurzatmigkeit seiner Ideen, daher die Geschwindigkeit, mit der er für wichtig Erklärtes alsbald wieder fallenläßt. In diesem Hin und Her aber liegt noch mehr: das rastlose Suchen nach Anerkennung. Deshalb die PR-Sucht, deshalb auch die unendlichen Bemühungen der Selbstdarstellung, deshalb das Reisen zu den Großen dieser Welt, deshalb das Mäzenatentum für die Großen der Kunst. Er möchte dazugehören: fast um jeden Preis.

Es wäre ungerecht, nicht seine Leistung und sein Engagement auf dem Felde der Technologiepolitik anzuerkennen; seine Bemühung, Baden-Württemberg, das in seinem Verständnis »Spitze« ist – und damit auch sich selbst –, voranzubringen. Doch Gesellschaftspolitik verlangt nach einem Wertekompaß und nach einer Vision oder doch wenigstens nach einem Horizont. Lothar Späth hat alles, was ein Geschäftsführer eines Unternehmens auf einem interessanten neuen Wachstumsmarkt haben muß: schnelle Auffassungsgabe, Gefühl für Neues und Attraktives, Entscheidungsfreudigkeit (wenn er keinem Konsenszwang unterliegt) und Ehrgeiz. Aber sind das die notwendigen Eigenschaften des Regierenden in einer modernen Demokratie mit ihren Legitimations- und Identifikationsproblemen von heute, mit ihrem Orientierungsbedarf, mit ihrem Verlangen nach Werten und nach natürlicher, nach menschlicher Verankerung? Fortschritt ist heute eben nicht mehr einfach gleichzusetzen mit Veränderung. Vieles muß bewahrt, ja vieles darf nicht verändert werden. Daß Späth dies in seiner ganzen Rastlosigkeit nicht sieht, das ärgert mich an ihm am meisten.

Klaus Luft

Vorstandsvorsitzender der »Nixdorf Computer AG«

Mit Technologie Zukunft gestalten

Es ist die gesunde Mischung aus kreativer Intelligenz und hintergründigem Humor, sportlichem Ehrgeiz und schwäbischer Schaffenslust, Heimatverbundenheit und Weltoffenheit, angereichert mit einem kräftigen Schuß Gemütlichkeit und Stil, was mich an Lothar Späth beeindruckt.

Als er anläßlich der Eröffnung eines unserer Dienstleistungszentren in Stuttgart schwäbische Tugenden am Beispiel des Mittelständlers verdeutlichte, der am Wochenende in Sydney sitzt und denkt: »Daheim müsse mir Bäum schneide, und jetzt hock i in Sydney rum«, und dann natürlich bleibt, um ein gutes Geschäft abzuschließen, wurde deutlich, wie stolz er auf sein Land und dessen mittelständische Struktur ist. »Daimler-Benz« ist dabei natürlich sein größtes mittelständisches Unternehmen.

Lothar Späth verkörpert selbstbewußt die wirtschaftliche Kraft seines Landes, wobei es schwäbische Vorsehung zu sein scheint, daß es nicht mit Kohle-, Stahl- oder Werftproblemen »gesegnet« ist.

Zur Erhöhung der Prosperität und des Ansehens Baden-Württembergs hat er es verstanden, wesentliche landespolitische Felder kreativ anzugehen. Dazu gehören die Fragen der Innovationsfähigkeit und der Exportstärke der heimischen Wirtschaft. Im Verständnis Lothar Späths könnte man auch sagen: Exportstärke durch Innovationsfähigkeit.

Mut zu neuen Lösungen bewies er nicht nur mit der Diskussion um die Einführung des Wasserpfennigs oder mit dem Programm »Neue Führungsstruktur Baden-Württemberg«, sondern insbesondere mit der starken Betonung von Forschungsförderung und Technologietransfer sowie des Einsatzes moderner Kommunikations- und Informationstechnologie zur Erhöhung der Wettbewerbsfähigkeit seiner Region.

Der Ausbau von Bio- und Lasertechnik sowie Mikroelektronik in Forschungszentren und Instituten, die Anschaffung eines Cray-Rechners oder die geplante Glasfaserverkabelung des mittleren Neckarraumes zeigen, welchen hohen Stellenwert Lothar Späth einer zukunftorientierten Infrastruktur einräumt, und machen seinen Ehrgeiz deutlich, an der Spitze zu stehen.

Er beeindruckt mit dem Landessystemkonzept nicht nur seine Mitarbeiter in der Landesverwaltung durch Begriffe wie Effizienz, Kostensenkung und Bürgernähe durch moderne Informationstechnik, sondern stellt auch an die Anbieter die Forderung nach Berücksichtigung von Belangen der öffentlichen Verwaltung in ihren Lösungsangeboten.

Verbunden mit seiner Fähigkeit, Technologie und Technik populärwissenschaftlich darzustellen, könnte, wenn man Lothar Späth hört, der Eindruck entstehen, er sei ein Technologe, ein Technikbesessener. Das ist er nicht. Er ist ein Vollblutpolitiker, der die Technik nutzt und die Chancen der Nutzung erkennt.

Dies ist ein Vorteil, denn unbelastet vom technisch Machbaren stellt er Forderungen, die möglicherweise über das Ziel hinausschießen, ihm Kritik einbringen.

Er muß so handeln, um etwas zu bewegen. Genauso, wie sein Weltbild nicht an den Landesgrenzen aufhört: So holt er sich in Japan Erkenntnisse über rationelle Verwaltung und setzt sich persönlich für die Erschließung von China als Exportland ein. Er ist in seinem politischen, wirtschaftlichen und technischen Anspruch ein Visionär.

Dies wird auch deutlich in seinem Verhältnis zur Kunst. Als passionierter Kunstsammler unterstützt er nicht nur Projekte wie die neue Staatsgalerie Stuttgart, die alte Staatsoper oder die Landeskunstwochen durch großen persönlichen Einsatz, sondern wirbt ständig dafür, daß Kunst und Kultur neben der Technik wesentliche Bestandteile eines fruchtbaren, zukunftsorientierten Umfeldes darstellen.

Lothar Späth hat ein Gesamtkonzept vor Augen und erzählt jedem, der ihm zuhört, einen Teil daraus, ob bei einer Großveranstaltung oder beim guten Wein in kleiner Runde.

Wenn dann ein gemütliches, vertrautes Klima herrscht, das ihm behagt, und er über seine florierenden Unternehmen in Baden-Württemberg philosophiert, gesellt sich doch ein kleiner Ausdruck der Enttäuschung in sein Schmunzeln – darüber, daß es wohl doch noch erfolgreiche Unternehmen gibt, deren Entscheidungszentren nicht in seinem Ländle liegen.

Lothar Späth

Technischer Fortschritt für eine humane Zukunft

Rede auf dem 34. Bundesparteitag der CDU in Mainz am 8. Oktober 1986

Der Technik wohnt keine Zwangsläufigkeit inne, die Welt zu verbessern. Dies gilt für jede Form von Technik – ob es sich um moderne Technologien, um Hergebrachtes oder um die sogenannten alternativen Technologien handelt. Technischer Fortschritt eröffnet Optionen, schafft Angebote, weist Richtungen. Eindeutige Empfehlungen, welcher Weg einzuschlagen ist, um Erfolg zu haben, gibt er dagegen nicht. Das mag man manchmal bedauern, vor allem, wenn man als Politiker zu weitreichenden Entscheidungen gefordert ist und ihre Auswirkungen, auch die langfristigen, gerne ganz exakt wüßte.

Aber letztlich ist gerade diese Ungewißheit der Ausweis unserer Freiheit. Wäre technischer Fortschritt in seinen Ergebnissen eindeutig determiniert, wäre auch die Freiheit unseres Handelns beschnitten. Zu Ende gedacht hieße dies: Wir besäßen nicht mehr die Pflicht zu sittlicher Verantwortung. Unsere Verantwortung reicht weiter als unser Wissen, wie Kant es formuliert hat – das ist nicht nur faktisch so, sondern es *muß* so sein, um uns die Freiheit des Handelns, die Fähigkeit und die Pflicht zur Verantwortung zu erhalten. Es ist mit einem Wort konstitutiv für unser Menschsein.

Warum betone ich dies? Deshalb, weil in unserer Gesellschaft die Neigung wächst, nur noch das als Entwicklung zuzulassen, was wir angeblich hundertprozentig vorausschauen, berechnen und beherrschen können. Es wird dies, die Reduktion der Verantwortung auf das Wissensmögliche, sogar als Nachweis besonderer Humanität ausgegeben. Doch ist dies ein großer – und wenn er befolgt würde, ein tragischer – Trugschluß. Wenn ich nur verantworten will, was ich weiß, und wenn ich mich nur im Rahmen dessen bewege, was ich kann – woher soll ich dann noch Hoffnung schöpfen?

Auch dieser Zusammenhang ist schon bei Kant mit der ihm eigenen unvergleichlichen Gedankenschärfe herausgearbeitet. Alles Interesse menschlicher Vernunft, so Kant in seiner »Kritik der reinen Vernunft«, richtet sich auf drei Fragen:

– Erstens: Was kann ich wissen?
– Zweitens: Was soll ich tun?
– Drittens: Was darf ich hoffen?

Kant hat später in seinem als »Logik« betitelten Vorlesungshandbuch diesen drei Fragen eine vierte hinzugefügt und betont, daß sich auf diese vierte Frage die drei erstgenannten beziehen. Sie lautet schlicht: »Was ist der Mensch?« Der Mensch durchmißt die Welt auf der Basis seines Wissens ebenso wie im Vorgriff auf künftiges Wissen, und er leitet daraus sowohl die Hoffnung als auch das Vertrauen ab, daß ihm die Ungewißheit nicht zur tödlichen Falle wird, wenn und weil er bereit ist, sittliche Verantwortung zu tragen. Dies ist der Urgrund seiner Humanität – und nicht die Weigerung, wissen zu wollen und Verantwortung zu übernehmen.

So philosophisch einleuchtend diese Gedankengänge sind, so schwierig ist es, sie zu befolgen und in der Praxis durchzusetzen. Gerade dem Medium Technik und der Dimension Zukunft gegenüber verhalten wir Menschen uns oft nicht vernunftgemäß, nicht von abwägender Verantwortung geleitet, nicht von der Hoffnung getragen, voranschreitend Fortschritt erzielen zu können. Sondern wir lassen uns von Ängsten, Kleinmut und Aberglauben viel stärker beeindrucken, als wir dies nach außen sichtbar gemacht wissen wollen.

Die Versuchung ist groß, lieber auf ein Stück Gestaltungsfreiheit zu verzichten, als es auszufüllen. Dies gilt für die Politik wie für viele andere Lebensbereiche. Und selbst wenn wir uns bemühen, als Politiker Gestaltungsfreiheit in Anspruch zu nehmen, weil doch dies unser orginärer politischer Auftrag ist, selbst wenn wir beherzt dem Heidegger-Wort zu folgen gewillt sind, daß Denken heiße, Grenzen zu überwinden – wie schwer ist es, dafür Zustimmung zu finden und Vertrauen einzuwerben! Das Bekenntnis zum Risiko – nicht zum leichtfertigen, unkalkulierbaren Risiko, wohlgemerkt, sondern zum allgemeinen Lebensrisiko, ohne das Freiheit und Würde des Menschen gar nicht gedacht werden kann –, dieses Bekenntnis kann für jeden von uns, der in öffentlicher Verantwortung steht, zum gefährlichen Bumerang werden. Wer dagegen nur die Grenzen beschreibt, wer möglichst viele Möglichkeiten zu Unmöglichkeiten zerredet, befindet sich allemal auf der sicheren Seite. Sein Nichtstun wird als Ausdruck hoher Gesinnung bewertet, Unterlassen oder Verhindern gelten als ethisch höherrangig denn Entscheiden und Handeln.

Um nicht mißverstanden zu werden: Dies ist nicht die auch unter Politikern nicht seltene Klage, wie schwierig doch alles geworden sei. Die Frage nach der Regierbarkeit des Staates, im letzten Jahrzehnt ein beliebtes politologisches Seminarthema, stellt sich nicht. Wohl aber stellt sich die Frage nach der *Gestaltbarkeit* unseres Lebens und nach der Beherrschbarkeit des gesellschaftlichen Wandels. Ob wir noch imstande sind, die Welt nach Ideen und Idealen zu verändern, oder ob die Zukunft nur noch das ist, was uns ereilt – das ist die eigentliche Frage.

Ich glaube durchaus, daß unser Volk genügend Phantasie, Kreativität und Leistungswillen hat, um seine Zukunft nicht gegen, sondern mit dem wissenschaftlichen und technischen Fortschritt zu gestalten. Wir haben ja erlebt, welch ein Ruck durch unser Land gegangen ist, als nach der tiefen wirtschaftlichen und vor allem politisch-psychischen Depression zu Beginn des Jahrzehnts wieder eine Regierung ans Ruder kam, die Mut zur Verantwortung hatte und Mut zur Zukunft machte. Und es ist erfreulicherweise auch immer öfter festzustellen, daß sich Arbeitnehmer, die um den Zusammenhang von technischen Innovationen und Arbeitsplatzsicherheit aus eigener Anschauung sehr genau wissen, dagegen wehren, wenn ihnen die selbsternannten Missionare eines bukolischen Landlebens, meist in unkündbarer Stellung und mit sattem Verdienst gepolstert, die industrielle Basis unseres Wohlstandes wegschwätzen wollen. Hier hat sich Gott sei Dank genügend Realitätssinn erhalten, den wir nach Kräften fördern und unterstützen müssen, gerade auch in den Gewerkschaften und in den Medien.

Gleichwohl gilt: Wer heute die positiven Optionen moderner Technologien wahren will, damit sie sich morgen verwirklichen, muß politisch dafür kämpfen, muß intellektuell darin überzeugen, muß persönlich und glaubwürdig um Zustimmung und Vertrauen werben. Die besseren Argumente müssen auf den Tisch. Wenn ich es recht sehe, sind es vor allem drei Bereiche, mit denen wir argumentativ in die geistige und politische Offensive gehen können: Erfahrung, Anschauung und Leitbilder.

Die Geschichte des Fortschritts beginnt, was wir manchmal vergessen, ja nicht erst mit dem Siegeszug der Mikroelektronik. Es hat in der zweiten Hälfte des 18. Jahrhunderts vor dem Hintergrund der ökonomischen und technischen Herausbildung des modernen Industriesystems gleichfalls ein ungeheures geistiges und kulturelles Ringen um die Einschätzung der sich verändernden Welt gegeben. Da waren die Naturwissenschaften, die mit der konsequenten Befolgung empirischer und systematisierender Methoden atemberaubende Erfolge erzielten.

Da zog – in den unterschiedlichsten Gewändern des Maschinenwesens, der Gewerbefreiheit, der rechtsstaatlichen Postulate, der religiösen Toleranz – ein neues Zeitalter herauf, das von der deutschen und der französischen Aufklärung enthusiastisch begrüßt wurde. Und da dauerte es dann aber auch nur kurze Zeit, bis, ausgehend von Deutschland, mit der Romantik eine Gegenbewegung gegen die als mechanistisch und traditionslos gescholtene Moderne in Gang kam. Viele Parallelen lassen sich in den Einwänden von damals und heute finden: Die Klage um die Entzauberung der Welt, die Warnung vor der Fragmentierung aller Lebensbereiche, der Vorwurf geistloser Nivellierung durch die Technik, die Skepsis, daß mit jedem technisch gelösten Problem neue Probleme entständen.

Wir können in der Rückschau nicht sagen, daß all diese Vorbehalte grundlos gewesen seien. Es hat mit dem Fortschreiten von Spezialisierung und Arbeitsteilung eine Fragmentierung des Lebenszusammenhangs gegeben. Es hat den Verlust von Traditionen und die Zerstörung alter sozialer Bindungen gegeben. Es hat große, durch Technisierung und Industrialisierung ausgelöste Probleme gegeben. Aber ebensowenig können wir in der Rückschau übersehen, welche gewaltigen Fortschritte das Zusammenwirken von Naturwissenschaft, Technik, Ökonomie und aufklärerischer Philosophie erzielt hat. Die große Masse der Menschen wurde erst durch die Industrialisierung vom täglichen Kampf ums Überleben befreit. Naturwissenschaft und Technik haben die Grundlagen geschaffen für einen nie gekannten materiellen Wohlstand, für eine nie erträumte soziale Sicherheit, für eine zuvor unvorstellbare Steigerung des Gesundheitswesens.

Im Grunde ist es fast ein Paradox, daß die großen und achtenswerten humanen Ziele, die von der Romantik bis zum Idealismus das deutsche Geistesleben bewegt haben, letztlich erreicht worden sind durch ebenjene technischen Mittel, die für so verderblich gehalten wurden. Die Geschichte lehrt, daß Ziele und Wege zusammenlaufen können, auch wenn sie von völlig konträren Positionen ihren Ausgang nehmen.

Aus der Erfahrung heraus können wir also guten Gewissens behaupten: Humanität und technischer Fortschritt sind zwar nicht identisch; aber sie stellen auch keine unvereinbaren Gegensätze dar, weil ohne technischen Fortschritt Humanität ein elitäres Privileg geblieben wäre. Es gibt keinen Grund, daran zu zweifeln, daß dieser Zusammenhang auch in Zukunft Gültigkeit behalten wird.

Damit zum zweiten Punkt, der *Anschauung*. Wir müssen, was wir wissen und was wir hoffen, anschaulich machen, konkretisieren, plastisch und beispielhaft darstellen. Gerade in dieser Beziehung sind Kongresse wie der heutige wichtig. Was der technische Fortschritt für den Arbeits- und Lebensrhythmus des einzelnen bedeutet, läßt sich am besten aufzeigen, indem man konkrete Vergleiche und Projektionen vornimmt, die den Alltag zum Gegenstand haben. Allein seit 1960 ist zum Beispiel in der Bundesrepublik Deutschland die durchschnittliche Jahresarbeitszeit um mehr als 20 Prozent, die Lebensarbeitszeit sogar um über 30 Prozent zurückgegangen. 1960 wurden pro Jahr im Durchschnitt noch fast 2 100 Arbeitsstunden geleistet; inzwischen sind es kaum mehr 1 600. Welch ein Fortschritt war es, als Robert Bosch – das hundertjährige Bestehen des Hauses Bosch haben wir gerade gestern gefeiert – schon 1908 den Achtstundentag einführte, elf Jahre vor der entsprechenden gesetzlichen Regelung in Deutschland! Wie sahen die Fabrikhallen aus, in denen unsere Großväter gearbeitet haben, wie stand es um den gesundheitlichen Schutz der Arbeiter, wie war es um die Ausbildungschancen von Arbeiterkindern bestellt, die oft schon schwer körperlich arbeiten mußten, ehe sie die ersten langen Hosen anhatten! Wir kennen ja die sozialen Bedingungen des 19. und beginnenden 20. Jahrhunderts sehr genau, nicht nur aus schriftlichen Zeugnissen, sondern durchaus auch optisch-anschaulich aus alten Fotografien, aus Zeichnungen. Käthe Kollwitz' Radierungen sind ja nicht nur große Kunst, sondern ebenso seismographische Botschaften eines massenhaften sozialen Elends.

Es hat sich im Laufe eines halben Jahrhunderts eine Revolution in der humanen Ausgestaltung des Arbeitslebens ereignet, die wir kaum ermessen können. Und doch wissen wir, daß wir nicht am Endpunkt dieser Entwicklung stehen, sondern daß es immer noch viele Arbeitsvorgänge gibt, die nicht menschengerecht, sondern maschinengerecht sind: monotone, schwere, gefährliche, geisttötende Arbeiten, die menschlicher Empfindung widerstreiten. Ich begrüße jeden neuen Roboter, der solche Arbeitsvorgänge übernimmt. Er entlastet nicht nur Menschen von gesundheitlichen Gefahren und eintönigen Abläufen, sondern er schafft – wie sich ja inzwischen empirisch nachweisen läßt – so viel Produktivität, daß im Endergebnis mehr neue Arbeitsplätze entstehen als wegfallen. Wir wissen auch, daß die geltenden Arbeitszeitregelungen – sowohl für die tägliche wie für die Lebensarbeitszeit – wenig familiengerecht und auch wenig dem individuellen Lebensrhythmus vieler Mitbürger angepaßt sind. Die Verbindung von Computer- und Telekommunikationssystemen kann Arbeit in großem Stil räumlich dezentralisieren, die Entkoppelung von Mensch und Maschine und der Übergang zu nicht substituierbaren Dienstleistungen können Arbeit zeitlich flexibilisieren.

Lassen wir es nicht zu, daß dagegen mit einer formaljuristischen Nomenklatur angekämpft wird, deren Schutzzweck allenfalls noch der Gruppenegoismus von Verbänden und Funktionären ist! Das heißt aber auch: Wirtschaft und Industrie müssen dem einzelnen mehr Angebote machen als bisher, sie müssen experimentierfreudiger werden und in der Schaffung neuer, variabler Arbeitsformen eine unternehmenspolitische Aufgabe sehen. Ich weiß, daß an dieser Stelle dann gern geantwortet wird: Erst soll der Staat die rechtlichen Rahmenregelungen ändern. Und der Staat pflegt wiederum zu sagen: Schöpft ihr erst einmal den Spielraum eurer Tarifautonomie aus. Aber dieses Herumreichen von Verantwortung und Zuständigkeit nützt den Menschen überhaupt nichts. Das Recht beherrscht die Lebenswirklichkeit um so stärker und einengender, je geringer die faktische Dynamik ist. Wenn dagegen die Lebenswirklichkeit sich wandelt, und zwar zum Besseren wandelt, dann wird das Recht nolens volens folgen

– das Wort Walter Jellineks von der normativen Kraft des Faktischen gilt nach wie vor.

Es gäbe noch viele Beispiele anzuführen; doch ich will nicht wiederholen, was im Laufe des Tages wahrscheinlich ohnehin angesprochen worden ist. Auf einen Nenner gebracht, plädiere ich jedoch mit Nachdruck dafür, die individuellen und sozialen Optionen des technischen Fortschritts durch exemplarisches Tun anschaulich zu machen. Beschrieben worden sind sie oft genug. Nun kommt es darauf an, daß die Menschen sie in der Praxis kennenlernen, daß sie die neuen Freiräume, die sich ihnen bieten, vor Augen geführt bekommen – daraus erwachsen mehr als aus allem anderen die notwendige Akzeptanzbereitschaft, der Motivationsschub, die Neugier und die Lust, sich auf neues Terrain zu begeben. Es ist in jüngster Zeit das Schlagwort vom »Lebensunternehmer« geprägt worden, der den Menschen in der Informationsgesellschaft typisieren werde – dann müssen wir unseren Bürgern aber auch die Chance geben, sich zu Pionieren ihres individuellen Lebenszuschnitts zu entwickeln.

Damit bin ich beim dritten und letzten Bereich, der Frage nach den zukünftigen *Leitbildern.* Ich will mit einem Zitat beginnen, dessen Stakkato Sie bitte nicht stören soll, da es der Originalton des Autors ist:

»Die wirkliche Ökonomie – Ersparung – besteht in Ersparung von Arbeitszeit; diese Ersparung aber ist identisch mit Entwicklung der Produktivkraft. Die Ersparung von Arbeitszeit ist gleich Vermehren der freien Zeit, das heißt Zeit für die volle Entwicklung des Individuums, die selbst wieder als die größte Produktivkraft zurückwirkt auf die Produktivkraft der Arbeit. Daß übrigens die unmittelbare Arbeitszeit selbst nicht in dem abstrakten Gegensatz zu der freien Zeit bleiben kann, versteht sich von selbst. Die freie Zeit – die sowohl Mußezeit als Zeit für höhere Tätigkeit ist – hat ihren Besitzer natürlich in ein anderes Subjekt verwandelt, und als dieses andere Subjekt tritt er dann auch in den unmittelbaren Produktionsprozeß . . . In bezug auf die *ganze* Gesellschaft das Schaffen der *disponi-*

blen Zeit dann auch als Schaffen der Zeit zur Produktion von Wissenschaft, Kunst etc.«

Das Zitat ist von Karl Marx, entnommen seiner Schrift »Grundrisse der Kritik der politischen Ökonomie«. Ich bin sicher unverdächtig genug, dem Marxismus anzuhängen, um es mir leisten zu können, Marx zu zitieren. Aber es ist doch schon frappierend, wie hier eine Zielbeschreibung vorgenommen wird, für die man sehr viel Sympathie entwickeln kann, und gleichzeitig zu sehen, wie kläglich der reale Sozialismus an dieser hohen Meßlatte scheitert. Umgekehrt gesagt: Wir sind auf dem besten Wege, erneut das Paradox zu erleben, daß wir uns der Utopie einer Gesellschaftsform mit Mitteln nähern, die von ihren Begründern und Adepten bis aufs Messer bekämpft werden. Ziele und Wege, ich sagte es bereits, können im historischen Prozeß unter Mißachtung aller Ideologien zusammenlaufen – das ist der Atem der Geschichte, und es ist für uns Lebende, die wir an den starren Fronten manchmal fast verzweifeln, tröstlich zu wissen.

Unser Leitbild für die Zukunft muß eine Gesellschaft sein, in der wahre Humanität großgeschrieben wird. Was verstehe ich unter wahrer Humanität? Darunter verstehe ich zum einen die allgemein sich durchsetzende und freiwillig befolgte Einsicht, daß erweiterte individuelle Freiräume auch mehr Verantwortung für die Gemeinschaft bedeuten. Wenn wir es uns leisten können, weniger und flexibler zu arbeiten, dann muß die zusätzlich gewonnene freie Zeit ein Stück weit sozial gestaltet sein. Je weniger wir uns den Maschinen zuzuwenden brauchen, um so mehr sollten wir uns wieder den Menschen zuwenden. Und zwar nicht nur unseren Kindern, so fraglos wichtig das ist, und nicht nur unseren Freunden, mit denen wir natürlich gerne noch mehr gemeinsame Freizeit verbringen würden. Nein, wir müssen es auch wieder lernen, uns den älteren Mitmenschen zu widmen, angefangen bei unseren Eltern, ihnen Zeit und Geduld entgegenzubringen und ihnen zu helfen, sich in dieser für viele alte Menschen fremd gewordenen Welt zurechtzufinden. Es muß uns wieder mit Stolz erfüllen, zumutbare soziale

Aufgaben selbst erledigen zu können, statt sie an den Staat oder eine sonstige öffentliche Institution zu delegieren. Wir dürfen nicht zulassen, daß wir zugleich eine kommunikationstechnische und doch kommunikationslose Gesellschaft werden. Das persönliche Gespräch, der persönliche Besuch, die Einladung, die gemeinsame Unternehmung – all dies muß wieder in den Mittelpunkt rücken. Wer glaubt, mit dem Ausbau telekommunikativer Dienste werde die zwischenmenschliche Kommunikation Schaden leiden, zeigt nur, daß er bislang von einem falschen Kommunikationsverständnis ausgeht. Das belanglose Gespräch als Annex bei Gelegenheit flüchtiger Begegnungen im Supermarkt oder am Bankschalter ist nicht das, was Menschen wirklich bereichert.

Wirkliche Hinwendung erfordert Zeit, benötigt innere Ausgeglichenheit, braucht Aufgeschlossenheit auch für Probleme, die nicht die eigenen sind. Eine humane Gesellschaft lebt von Menschen, die bereit sind, ihr eigenes Ich in den Kontakt mit anderen einzubringen. Die Entlastungswirkung vieler technischer Fortschritte am Arbeitsplatz wie zu Hause bietet hierfür große Chancen. An uns liegt es, sie zu nutzen.

Von einer humanen Gesellschaft wäre zum zweiten zu fordern, daß sie dem einzelnen mehr Möglichkeiten gibt, sich *ganzheitlich* zu entwickeln und zu verwirklichen. Ganzheitlichkeit – das klingt zunächst nur nach einem modischen Schlagwort. Aber wir könnten, wenn wir wollen, wesentlich mehr daraus machen. Wenn das Diktat starrer Arbeitsteilung zwischen Mensch und Maschine schwindet, entfällt damit zugleich der wichtigste historische Anlaß für die Fragmentierung von Lebensbereichen. Die Wertschätzung des Funktionalisten verblaßt, die ausgeprägte, unverwechselbare Persönlichkeit ist wieder gefragt. Wir erleben diese Entwicklung schon jetzt in ihren Anfängen: Unternehmen setzen im Anforderungsprofil für ihre Mitarbeiter das Kriterium »Persönlichkeit« ganz obenan, in den Schulen wird wieder bewußt zur Persönlichkeit erzogen, der musische Bereich spielt in der Ausbildung und im täglichen Leben eine immens wichtige Rolle. Auch hier muß ich sagen: Wer glaubt, die Diffusion des Computers ins tägliche Leben führe zu seelischer Verarmung, versteht entweder von Computern oder von Menschen, wahrscheinlich sogar von beiden nichts.

Was künstliche Intelligenz und Expertensysteme dem Menschen voraushaben, ist eben gerade *nicht* das Emotionale, das Intuitive, die Fähigkeit, sich zu begeistern, mitzufühlen, spontan zu sein und schöpferisch zu handeln. Der ganzheitliche Mensch lebt die Facetten seiner Begabungen, seiner Wünsche und Sehnsüchte aus, er minimiert die äußeren Zwänge. Wir sehen, daß in unserer Gesellschaft ein großes Bedürfnis nach dieser Entwicklung besteht. Wir erkennen, daß die modernen Technologien am ehesten geeignet sind, die ökonomischen, kommunikativen und organisatorischen Strukturen bereitzustellen, um diesen Bedürfnissen Rechnung zu tragen. Also sollten wir nicht zögern, entsprechende Infrastrukturen aufzubauen.

Eine humane Gesellschaft ist schließlich für mich gleichbedeutend mit einer Gesellschaft, die es gelernt hat, von alten Konfliktthemen Abstand zu nehmen. Ich brauche hier, glaube ich, niemanden davon zu überzeugen, daß die Gegensätze von Ökonomie und Ökologie nur noch in den Köpfen von Ideologen den Stellenwert haben, den sie früher einmal besaßen. Natürlich gibt es noch Reibungen und Unzuträglichkeiten. Aber je schneller wir uns, und zwar mit Hilfe ressourcenschonender Technologien, in Richtung einer sozialen *und* ökologischen Marktwirtschaft bewegen, um so rascher werden auch diese Rudimente der alten Industriegesellschaft verschwinden.

Was jetzt vor allem not tut, was wir mit aller Entschlossenheit anpacken müssen, ist die Versöhnung von Kultur und Technik. Wir Deutsche tun uns da besonders schwer, beides konfliktfrei zusammenzudenken, weil es eine lange, spezifisch deutsche Tradition der Trennung beider Bereiche gibt. Aber die Technik *ist* ein hervorragender, integraler Bestandteil unserer Kultur. Wer sie davon ausschließen will, grenzt in Wahrheit den größeren Teil unserer Bevölkerung vom kulturellen Leben aus, macht Kultur zum elitären Reservat weniger, spricht Millionen von Bürgern die Kulturfähigkeit ab.

Dem müssen wir uns entschieden widersetzen. Dazu bedarf es, wenn ich es recht sehe, vor allem zweier Handlungsstrategien. Wir müssen erstens eine kulturelle Infrastruktur aufbauen, die mit der wissenschaftlich-technischen Infrastruktur Hand in Hand geht, sich sozusagen symbiotisch mit ihr vereinigt. Wir brauchen viel mehr Plätze und Gegebenheiten, bei denen kreative kulturelle Aktivitäten für eine Vielzahl von Menschen möglich sind, und diese Plätze und Gegebenheiten dürfen von der Arbeitswelt und vom täglichen Leben nicht isoliert sein, sondern sie müssen in den Gesamtzusammenhang von Städten und Regionen integriert werden als lebendige Kulturlandschaften.

Und zweitens wird es wichtig sein, unser kulturelles Selbstverständnis gegenüber technischen Entwicklungen, die wir *nicht* bejahen können, immer wieder steuernd und ordnend zur Geltung zu bringen. Daß Technik ein Teil der Kultur ist, bedeutet eben auch, daß sie sich einzufügen hat in den großen kulturellen Rahmen, den wir uns selbst setzen. Wir lassen die Biotechnologie nicht blindlings dorthin laufen, wo sie unter Mißachtung ethischer Grundsätze hinlaufen könnte. Wir machen Technologiefolgenabschätzung zu einem zentralen wissenschaftlichen und politischen Anliegen. Die Enquetekommission des Bundestages hat keine Alibifunktion, sondern sie erfüllt eine höchst bedeutsame gesellschaftspolitische Aufgabe. Ich sprach zu Beginn davon, daß unsere Verantwortung notwendig weiterreichen muß als unser Wissen. Aber gerade weil dies so ist, weil ein Stück Wagnis zum Menschsein gehört, gebietet die Verantwortung auch, die Grenzen des Wissens fortwährend auszuweiten. Die Abschätzung von Technologiefolgen ist in den meisten Fällen eminent schwierig, und sie erfordert fast immer den Einsatz hochleistungsfähiger Rechner. Aber wir werden ohne Zweifel in absehbarer Zeit dahin gelangen, viele unerwünschte wissenschaftlich-technische Beeinflussungen unseres Lebens durch Computersimulationen erkennen und damit verhindern zu können. Daraus vermag sich eines Tages vielleicht für Politik und Wirtschaft ein relativ verläßliches und hinreichend konkretes Beratungsinstrument zu entwickeln, das anhand von Indikatoren Entscheidungshilfen leistet. Wenn dies gelingt, wird es ein weiterer bedeutender Beitrag der Technik zur Höherentwicklung unserer Kultur sein. Es wird zugleich die Position jener stärken, die verantwortungsethisch denken und handeln und den Radius ihrer Verantwortung so weit als möglich ziehen wollen.

Hans Jonas hat recht, wenn er als Konsequenz der vielfachen Gefährdungen unserer Welt eine globale Verantwortungsethik fordert. Aber er irrt, wenn er glaubt, wissenschaftliche oder technische Moratorien brächten uns diesem Ziel näher. Nicht die Ausgrenzung des technischen Fortschritts bringt die Menschheit kulturell weiter; sondern die kulturelle Bewältigung moderner Technologien und ihrer Folgen tut es, die überlegte Zuordnung technischer Mittel zu immateriellen Werten und Zielen. Das Werkzeug zur Schaffung einer humanen Zukunftsgesellschaft liegt bereit. An uns ist es, es zu benutzen.

Fritz Kuhn

MdL »Die Grünen«

High-Tech – der Schleichweg ins Paradies

Normalerweise werden Technokraten nicht gemocht. Meistens nimmt man hin, daß es sie gibt; man lästert über sie, aber populär werden sie nicht. Lothar Späth, der in die Technik verliebte schwäbische Macher, dürfte demnach nicht »Technokrat« genannt werden, denn er ist ohne Zweifel populär.

Doch seine Popularität verdankt sich möglicherweise anderen Umständen. Etwa seiner für Politiker heutzutage ungewöhnlichen Plausibilität, also einer argumentativ orientierten Vereinfachungsfähigkeit, die abstrakte Zusammenhänge an Alltagserfahrungen erläutert. Und dann natürlich seiner beständig ausgestrahlten Bereitschaft, tatsächlich etwas Neues zu machen, sich der Zukunft zu stellen, um die Gegenwart zu bewahren. Manche diffuse Gemeinsamkeit Späths mit den Grünen liegt vielleicht in dieser Grundüberzeugung, daß sich so vieles verändern muß, damit es überhaupt weitergehen kann.

Und so packt Späth an, was sich nur anpacken läßt, und zwar in einer Weise, die so manchem sozialdemokratischen Status-quo-Verwalter und schon gar manchem Martkwirtschaftler Angstträume verursachen mag. Späth und wohl auch Biedenkopf haben für die CDU das Thema Zukunft entdeckt, und nachdem traditionalistische sozialdemokratische Utopien reformistisch im Alltagssumpf steckengeblieben sind, muß es eigentlich nicht verwundern, daß der spannendste Teil der heutigen politischen Auseinandersetzung zwischen grün-alternativen Zukunftsentwürfen und dem neu entstandenen neokonservativen »Bock auf Zukunft« angesiedelt ist.

Waren und sind die Technokraten von altem Schlag graue und lustlose Sachzwangfatalisten, so besteht die Attraktivität Späths also in einer neuen Verknüpfung von technokratischen Grundüberzeugungen mit den zukunftsfrohen Versöhnungsversprechen in bezug auf die ökologischen und sozialen Probleme. Dabei hat Späth sich mit Haut und Haaren den neuen Techniken verschrieben. Er ist scharf auf High-Tech wie die berühmte schwäbische Geiß auf den Apfelbutzen. Späths politische Philosophie läßt sich auf den einfachen Nenner bringen: Alles, was wir erreichen können, können wir nur durch den forcierten Einsatz der neuen Techniken erreichen.

Eine technokratische Flurbereinigung quer durch alle Bereiche der Politik und der Gesellschaft ist denn auch die Aufgabe, die Späth der Politik zuschreibt. Die internationale Konkurrenz, bei Späth noch immer verstanden nur als Wettlauf der Arbeitsproduktivität, legt das Tempo der technokratischen Flurbereinigung vor: Der Staat hat die Aufgabe, notfalls mit der Brechstange den durch Technik vorgegebenen Strukturwandel so zu gestalten und zu beschleunigen, daß der emsige

Lothar immer rufen kann, er, der Baden-Württemberger, sei schon hier, ehe die Konkurrenten ins Ziel schlappen.

Die Hochschulen und die Forschungslandschaft müssen dabei als staatliche Infrastrukturhilfe in den Dienst der neuen Techniken genommen werden, und wo die Geistes- und Sozialwissenschaften die technokratische Flurbereinigung thematisieren, was eine geradezu systemwidrige Verzögerung bedeuten könnte, da werden sie kurzerhand als Diskussionswissenschaften in populärer Weise lächerlich gemacht. Wo sie sich jedoch zur Akzeptanzsteigerung der neuen Technik verwenden lassen, da werden sie gehätschelt als Lieblingskind des vom recht verstandenen Diskurs geküßten Meisters. In seinem Buch »Wende in die Zukunft« triefelt's denn auch bis zum Überdruß sozialwissenschaftlich daher – diskussionswissenschaftliches Versöhnungsgesäusel ganz ohne Frage.

Schulen, Weiterbildung, Bankenstruktur, Verwaltung, Wirtschaftsförderung, all dies sind Bereiche, die in Späths Konzept umgemodelt werden müssen, damit beim Strukturwandel die Nase vorne bleibt. Und selbst bei der Kulturpolitik streiten sich die Geister, ob Späth einfach von den Musen geküßt worden ist oder ob seine Maßnahmen der Kulturförderung nicht den Sinn haben, die Attraktivität bestimmter Standorte wegen Industrieansiedlung zu steigern: High-Tech-Eliten aller Länder, kommt zu uns, es wird auch kulturell was geboten.

Technik – und mancher hat das schon vor Jahren eindringlicher beschrieben als Gunter Anders – hat in unserer Gesellschaft eine religiöse Bedeutung und Funktion. Sowohl für die, die sie verehren, als auch für die, die sie pauschal ablehnen und dabei vielfach dämonisieren. Lothar Späth ist sicherlich so etwas wie der Hohepriester, der mit Hilfe der Wissenschaft und Technik den Baconschen »Schleichweg in das Paradies« für alle Gläubigen eröffnen will. Technikkritik, verstanden als der Versuch, wünschenswerte, an soziale und ökologische Gegebenheiten angepaßte Techniken von harten und undemokratischen Risikotechniken zu unterscheiden, das ist Späth fremd, und bei kaum einem Thema habe ich ihn unwirscher gesehen als bei dem Thema Technologiefolgenabschätzung, eine Veranstaltung, die er wohl noch immer für Teufelswerk hält. Wenn sich Späth die zeitraubende Technologiefolgenabschätzung überhaupt vorstellen kann, dann im Zusammenhang mit Technik, zum Beispiel als er jüngst in einer Landtagsdebatte Computersimulation mittels neuer Vektorrechner geradezu als Paradigma für Technikfolgenabschätzung bezeichnete.

Späths Hohepriesterschaft bei der Entfesselung der Produktivkräfte wird von ihm selbst in seinem (?) Buch »Wende in die Zukunft« versucht, theoretisch zu untermauern. Etwas unsicher noch in philosophischen Diskursen, versucht er, hier zu begründen, warum der Auftrag der Aufklärung, nämlich der Befreiung von der selbstverschuldeten Unmündigkeit, nun doch noch und gerade durch die neuen Techniken vor seiner Verwirklichung stehen könnte. Die in der Entwicklung der Informationstechnik bereits angelegte »Logik der Weiterentwicklung zur Informationsgesellschaft« wird überhöht, immer mit dem Ziel, die Zwangsläufigkeit der technischen Entwicklung zu betonen. Und wen die Zwangsläufigkeit der evolutionären Entwicklung der Technik nicht überzeugt, der wird ethisch belehrt: »Die neuen Technologien sind für alle Völker, die sie anwenden und fortentwickeln können, ein aus Vernunft und Gewissen abgeleiteter Auftrag, dies auch zu tun« (151). Ich halte dies für den Kernsatz der Späthschen Philosophie der Technik. Dabei bin ich mir nicht sicher, wie klar Späth die Konsequenzen dieses Satzes beim Korrigieren des Manuskriptvorschlages seines Ghostwriters gesehen hat: Dieser Satz ist die gebündelte Formulierung eines *technokratischen Imperativs.* Das Können wird hier zum Sollen, die technische Möglichkeit wird zum Muß für die gesellschaftliche Praxis.

Wo das technische Können zum Müssen wird, da herrscht Technikbesessenheit, da feiert die in den Produktionskräften entfesselte instrumentelle Vernunft zusammen mit der von Späth repräsentierten planerischen Organisationsvernunft eine orgiastische Symbiose. Doch es wird nicht die Technik sein, die uns Wege aus der Gefahr weisen kann, sondern die Beschränkung auf diejenigen Teile unserer Vernunft, die in den vergangenen 200 Jahren verschüttet worden und die zu Recht emanzipativ genannt worden sind.

Nun mag es vielleicht ein bißchen unfair sein, den Pragmatiker Späth mit seinem eigenen diskussionswissenschaftlich überladenen Buch zu belästigen. Aber ich meine, daß Späth, wenn er nicht doch als schwäbisches Technokrätle in die Geschichte eingehen will, sich diese dort wortreich ausgebreitete Technikbesessenheit abgewöhnen muß. Edzard Reuter, als Topmanager von Daimler-Benz im Ländle noch mächtiger als Späth, formuliert in seinem Buch »Vom Geist der Wirtschaft« schon sehr im Gegensatz zu Späths »Man macht's, wenn man kann«:

»Ich jedenfalls möchte in keiner Welt leben, in der vermeintliche Sachzwänge die Frage verdrängen, ob wir politische und wirtschaftliche Entscheidungen gemäß unseren Wertvorstellungen treffen. Man muß in der Tat nicht alles machen, was man kann.«

Hinrich Enderlein
FDP-MdL

Etikett: Liberal

Im Stammland der Liberalen zu leben fordert seinen Tribut. Parteien und Politiker aller Couleur reklamieren das Attribut »liberal« für sich, weil es gerade im deutschen Südwesten so ungemein schmückt. Ja, man versucht, der FDP das liberale Erbe eines Theodor Heuss, eines Reinhold Maier streitig zu machen. Und die ehemalige Mitgliedschaft in der liberalen Partei ist für eine Karriere bei CDU, SPD und Grünen nicht Hindernis, sondern Empfehlung. Davon zeugen Minister, Landtags- und Bundestagsabgeordnete, Vorständler sowie hohe Beamte und Funktionäre in Verwaltung und anderen öffentlichen Institutionen.

Klar, daß hier auch der Ministerpräsident nicht ohne ein liberales Image auskommt. Es sei denn, er ist eine so gestandene konservative Figur wie Hans Karl Filbinger. Doch selbst der ließ sich zunächst gern als »liberaler Reformer« apostrophieren, bis er Anfang der siebziger Jahre zum konservativen Landesvater avancierte, dem dann sein Hausphilosoph Rohrmoser den ideologischen Überbau lieferte. Es war von vornherein klar, daß für Lothar Späth weder als Mensch noch als Politiker diese Entwicklung eines Ministerpräsidenten in Frage kam. So bezogen die konservativen Ideologen ihre angemessene Residenz im Schloß Weikersheim. In der Villa Reitzenstein ist man seitdem auf der Suche nach geistigem Fundament und Überbau gleichermaßen.

Mit dem Etikett »liberal« soll es schon versehen sein; daran kommt auch Lothar Späth nicht vorbei. Aber sein ausgeprägtes Selbstbewußtsein läßt nicht zu, daß er um liberale Erbhöfe, Positionen oder gar Denkansätze buhlt. Er ist sich selbst genug. Er nimmt sich, was er findet – kein Gedanke daran, woher es kommt, wohin es gehört. Die Diskussion darüber, ob oder was an ihm liberal sei, läßt ihn kalt. Beliebter O-Ton Lothar Späth: »Das interessiert doch mich nicht!« Dabei dehnt er das »i« insbesondere bei dem »mich« viel länger als bei Schwaben üblich und unverzichtbar.

Lothar Späth ist kein Liberaler, und er sieht das wohl selbst auch so. Toleranz, Minderheitenschutz, Dezentralität, Autonomie demokratisch legitimierter öffentlicher Einrichtungen (Gemeinden, Universitäten, Schulen) – man muß solche liberalen Essentials nur einmal konkret benennen, um zu sehen, daß sie bei Späth nicht zum Eingemachten gehören. Bei ihm gehören sie allenfalls zum Imponierpotential. Deshalb führt er sie bei Bedarf gern im Munde. Oder er verfügt über sie, versucht es zumindest, indem er Bares offeriert. Und über Geld verfügt das Land Baden-Württemberg reichlicher als andere Bundesländer.

Dem Markt mißtraut Späth zutiefst. Natürlich muß er gerade in Baden-Württemberg der Marktwirtschaft huldigen. Er tut es widerwillig und meist nur verbal. Denn so, wie er es sieht, braucht der Markt den lenkenden und gestaltenden Eingriff des Staates, die Hand des Lenkers Späth, seine Ideen, seine Politik. Den folgenden Satz wird er wohl nicht unterschreiben wollen: Die Politik muß dahin tendieren, sich überflüssig zu machen. Sozialdemokratische Positionen in der Wirtschaftspolitik sind ihm näher; er kann besser mit ihnen umgehen; sie lassen sich eher in seine Konstruktionen einbinden. Und sie kommen darin vor, ohne als solche erkennbar oder gar kenntlich gemacht zu sein.

Im Rechtsstaatsbereich gehört er gar zu den Konservativsten. Beim § 218, im Ausländer- und Asylrecht, beim Demonstrationsrecht und in Polizeifragen läßt er seine Hardliner von der Kette. Da ist er nicht mal ein Verballiberaler. Aber auch in diesem Bereich zeigt er ein feines Gespür dafür, wo man die liberale Flagge hissen darf und wo nicht. In Fragen der Terrorismusbekämpfung ist Liberales nicht gefragt – das weiß er. Deshalb steht er an der Spitze derer, die schärfere Gesetze fordern – ohne Rücksicht auf Bürgerrechte und rechtsstaatliche Bedenken. Anders beim Datenschutz: Da gelingt ihm der liberal-konservative Spagat. In der Sache ist Baden-Württemberg eines der Länder, in denen der Datenschutz nicht nur nicht vorankommt, sondern längst zum Rückzug bläst. Trotzdem – oder gerade deshalb – leistet Späth sich die liberale Vorzeigedatenschützerin Ruth Leuze. Auch hier stimmt übrigens seine bewährte Arbeitsteilung: Er ernennt die Datenschutzbeauftragte – ein generöser Akt der Liberalität; für die Behinderung ihrer Arbeit sind dann die Fußtruppen in Regierung und Fraktion zuständig.

Eines wird wohl deutlich: Sowenig Späth ein Liberaler ist, so bewußt pflegt er ein liberales Image. Und an diesem Image liegt ihm viel. Es hat ihn wohl – anfangs vor allem – sehr gewurmt (wenn nicht gar in seinem Selbstverständnis getroffen), daß der Stuttgarter OB Rommel ihn immer mal wieder auf der liberalen Schiene überholt und sich vor allem in der Öffentlichkeit als der »liberale« Konkurrent profiliert. Mag sein, daß Rommel ein liberaler Konservativer ist. Späth ist weder das eine noch das andere.

Zwar sind die meisten seiner politischen Positionen konservativ, aber sie sind nicht mit dem Mief konservativer Ideologie befrachtet. Er hat nie einen Augenblick gezögert, ein konservatives Credo zu opfern, wenn es ihm nicht einleuchtete oder – was freilich schlimmer war – nicht in seine politischen Konstruktionen paßte. Und konstruiert ist Lothar Späths Politik allemal. Er hat keine Skrupel, dabei alle Elemente zu verwenden, die auf dem politischen Markt angeboten werden. Viel Liberales ist freilich nicht dabei. Für ihn ist im Prinzip alles, was er vorfindet, Spielmaterial seines politischen Modellbaukastens. Er braucht es bei seiner Gestaltungsmanie, die sich immer wieder in politischem Aktionismus verzettelt. Er kann einfach nichts so lassen, wie es ist.

Für sein liberales Image setzt Lothar Späth alle Instrumente staatlicher Macht und staatlicher Finanzen ein. Welch grandioses Mißverständnis! Er will sich selbst und anderen beweisen, daß man in der Politik mit den Mitteln staatlicher Macht und natürlich Finanzen mehr Liberalität erreichen kann als andere mit »liberalem Geschwätz und Getue«. Das bevorzugte Betätigungsfeld dieses ambitiösen Mäzenatentums ist die Kunst. Hier päppelt er sein liberales Image, und hierfür setzt er bei jeder Haushaltsberatung -zig, ja Hunderte von Millionen ein. Die Kunst in Baden-Württemberg verdankt Lothar Späth viel. Es bleibt freilich die Frage, ob dies nicht ein Verhalten ist, das zwar den aufgeklärten Fürsten des 18. Jahrhunderts schmücken konnte, nicht aber den demokratisch legitimierten Vertreter der Exekutive im 20. Jahrhundert. Doch solange Partei und Fraktion beglückt registrieren, daß hier einer ihrer traditionellen Schwachpunkte nicht nur abgeräumt, sondern positiv besetzt wird, zögern sie nicht, den Ruhm des Kunstmäzens Späth zu mehren und ihm die erforderlichen Mittel bereitzustellen. Sie werden auch alles als liberal ausgeben, was Lothar Späth zusammengekauft, -gebaut und organisiert hat. Er selbst wird das nicht tun, aber sich dafür rühmen lassen und die Fama genießen.

»Ebbes Bäck, ebbes Doktor«, sagt man über die Liberalen in Württemberg. Lothar Späth ist keins von beiden, und auch der Zugang zu dem, was mit beiden Begriffen gemeint ist, fällt ihm schwer: handwerkliche Mittelständler und schwäbische Intellektuelle. Denn dabei ist besonders der Tiefgang angesprochen, der beide Bereiche auszeichnet: der bodenständige und zugleich aufgeschlossene Mittelstand sowie das traditionsreiche geistige Niveau einer kritischen Intelligenz – bürgerlich alle beide und gut »demokratisch« zumal, was in Württemberg als Synonym für liberal steht. Lothar Späth richtet beide aus auf seinen technologischen Politikansatz. Er braucht den schwäbischen Tüftler und den Forscher, der mit der Wirtschaft kooperiert. Beides sind konstitutive Teilaspekte württembergischer Liberaler. Aber Späth bleibt sich auch hier treu: Er greift sich das ihn Interessierende, das Liberale bleibt dabei auf der Strecke.

Lothar Späth tut sich schwer, Zugang zu ganzheitlichen und gewachsenen Entwicklungen zu finden. Er ist weder wertkonservativ noch strukturkonservativ. Als überzeugter Autodidakt macht er sich eklektisch zu eigen, was immer in seinem Politikgebäude vernetzt werden kann. Sein Ansatz ist ideologieübergreifend und unkonventionell und wirkt insofern modern und kreativ. Aber er ist gewiß nicht liberal. Lothar Späth kann damit leben. Das Stammland der Liberalen tut sich zunehmend schwer mit ihm.

Klaus G. Wertel

Warum Späth nicht gern hinterm Ofen sitzt

»Am Brunnen vor dem Tore ...«, singt mit kräftigem Bariton und in fehlerfreiem Deutsch Kazuji Nagasu, Gouverneur der drittgrößten japanischen Provinz Kanagawa, zum Abschluß eines feierlichen Empfangs zu Ehren einer 32köpfigen Baden-

Württemberg-Delegation im vornehmen »New Grand Hotel« nahe der Strandpromenade der Hafenstadt Yokohama. Lothar Späth singt weder deutsch noch japanisch, umarmt aber sichtlich bewegt »meinen Freund Nagasu«. Vor dem Empfang haben die beiden Regionalregierungschefs eine »Vereinbarung über die freundschaftliche Zusammenarbeit« zwischen der Provinz Kanagawa und dem Land Baden-Württemberg unterzeichnet. Dies geschah am 27. April 1984, war das erste und zugleich letzte greifbare Ergebnis einer zweiwöchigen Asienreise, die Späth und seine Delegation von Wirtschaftsvertretern und Hochschulrektoren durch Japan, Südkorea, Singapur und Malaysia führte. Drei Jahre später, im Frühjahr 1987, kann Späth zu Recht von einem »mit Leben erfüllten Vertrag« sprechen: In Yokohama und Stuttgart arbeiten »Verbindungsbüros«, die längst das Stadium einer Briefkastenfirma hinter sich gebracht haben. Und der damals zwischen Späth und Nagasu vereinbarte »Industriepark Yokohama« für ansiedlungs- oder kooperationswillige Unternehmen aus Baden-Württemberg ist gut zur Hälfte vergeben: Mehr als ein Dutzend Firmen aus Deutsch-Südwest wagten allein oder in Zusammenarbeit mit einem japanischen Partner die Gründung einer Japanniederlassung. Die durchaus nicht Späth-hörige Industrie- und Handelskammer Stuttgart (IHK-Hauptgeschäftsführer ist der wegen fortgesetzter Differenzen mit Späth aus dem öffentlichen Dienst ausgeschiedene ehemalige Amtschef des baden-württembergischen Wirtschaftsministeriums, Peter Kistner) lobt in ihrem Jahresbericht über das Jahr 1986, zumindest mittelbar, die Landesregierung: »Die wirtschaftlichen Beziehungen zwischen Baden-Württemberg und Japan sind seit Jahren immer enger geworden. Der Anteil Baden-Württembergs an der Ausfuhr des Bundes nach Japan betrug rund 22 Prozent (1,7 Milliarden DM), das ist weit über dem Bundesdurchschnitt (der Bevölkerungsanteil Baden-Württembergs beträgt 15 Prozent).«

Falls Lothar Späth jemals zum Memoirenschreiben (lassen) kommen sollte, dann werden Abschluß und Wirkung des

»Vertrags von Yokohama« sicherlich eine tragende Rolle in einem Kapitel spielen, das »Warum ich nicht gern hinterm Ofen saß« überschrieben werden könnte. (Es gibt auch andere, zum Teil weniger erfolgreiche Beispiele. Doch davon später.) Wer zu verstehen versucht, was den Ministerpräsidenten eines Bundeslandes alle Jahre wieder zu sieben bis zehn Auslandstourneen treibt, der wird vergebens in der Verfassung des Landes Baden-Württemberg nach einem entsprechenden Auftrag suchen. Der Schlüssel zu Lothar Späths Rastlosigkeit ist eher im Selbst- und Weltverständnis dieses von allen Amtsvorgängern und Kollegen so verschiedenen Ministerpräsidenten zu finden: Könnte Lothar Späth den deutschen Südweststaat neu gründen, er würde wohl eine Art »Baden-Württemberg AG« daraus machen, ein Land als Konzern mit 9,3 Millionen Mitarbeitern, die gleichzeitig – gestaffelt nach Leistung – auch die Aktien halten und durch Dividendenausschüttungen zu dauernder Mehrleistung angespornt werden. Sich selbst sieht Späth denn auch sehr viel mehr als den »Vorstandsvorsitzenden« denn als »Landesvater«. Die Mitglieder seines – weitgehend noch vom Amtsvorgänger Hans Filbinger eingestellten – Kabinetts behandelt Späth je nach Wertschätzung als nützliche Wasserträger oder als Frühstücksdirektoren ohne Geschäftsbereich. Den Landtag empfindet Späth wohl als eine Art lästigen, imkompetenten Aufsichtsrat, dem man am besten nebensächliches Spielmaterial zur Beratung und Entscheidung vorwirft, um ohne Zeit- und Reibungsverluste »das Richtige« tun zu können. Die demokratische Gewaltenteilung, auch die von seiner eigenen Partei, der CDU, in Programmen und Sonntagsreden hochgehaltenen »Prinzipien der Marktwirtschaft« respektiert Späth allenfalls als altmodische Anstandsregeln, die er, wo sie der Sicherung der wirtschaftlichen Zukunft Baden-Württembergs im Wege stehen, übertreten darf – ja muß!

Späths Credo lautet – in seinen eigenen Worten: »Neben den Warenhäusern USA und Japan und den Massenproduktionen aus Niedriglohnländern haben wir nur als qualifiziertes und serviceorientiertes Fachgeschäft eine Chance, den weltwirtschaftlichen Verdrängungswettbewerb zu überstehen.« Späth beschwört die Gefahr, daß nach der Massenabwanderung von Arbeitsplätzen in den Branchen Textil, Optik, Kameras, Uhren und Elektronik, dem Niedergang deutscher Werften und der europäischen Stahlindustrie die baden-württembergischen Schwerpunktbranchen Maschinenbau und Automobile die nächsten Kandidaten für Krisen und Arbeitsplatzverluste sein könnten. Vor dem Hintergrund dieser Sorgensicht wird wohl verständlich, warum Lothar Späth nicht müde wird, sich in möglichst kurzen Zeitabständen an Ort und Stelle ein authentisches Bild von der Dynamik und Richtung weltwirtschaftlich bedeutsamer Entwicklungen und daraus möglicherweise erwachsender Bedrohungen unserer bislang noch relativ stabilen wirtschaftlichen Lebens- und Wohlstandsgrundlagen zu verschaffen. Daß Späth – häufig früher und genauer als die meisten anderen Spitzenpolitiker der Bundesrepublik – diese Veränderungen im weltweiten Geflecht von Politik, Produktion und Handel erkennt und auch klar definiert, ist die wahrscheinlich wichtigste Wirkung der Reisetätigkeit des Ministerpräsidenten.

Wie direkt bei Lothar Späth bisweilen Reiseeindrücke und Begegnungen Eingang in seinen politischen Katechismus finden, läßt sich beispielsweise an einem ursprünglich nur als »Höflichkeitsbesuch« vorgesehenen Gespräch mit Lee Kuan Yew, dem seit 1959 regierenden Ministerpräsidenten des 1965 aus dem Staatenbund Malaysia ausgetretenen Inselstaates Singapur, belegen. Nach der im Rahmen der eingangs beschriebenen Ostasienreise am 4. Mai 1984 stattfindenden 45minütigen Begegnung mit dem damals 61jährigen Baumeister des – nach Japan – reichsten Staates Asiens kam Späth richtig ins Schwärmen: »Der sieht unsere Situation in Europa viel klarer als die meisten Leute bei uns – daß wir überhaupt keine Strategie haben für unsere wirtschaftliche Zukunft.« Besonders beeindruckt hatte Späth Lee Kuan Yews Radikalkur, nach der in Singapur über erhöhte Steuersätze »alte« Industrien – etwa Textil – in benachbarte Billiglohnländer abgedrängt und moderne Branchen – etwa Elektronik – durch Steuernachlässe angelockt werden. Die Idee, ohnehin zum Sterben verurteilte Branchen rechtzeitig durch Anziehen der Steuerschraube zu vergraulen statt durch jahrelange Subventionen künstlich zu beatmen, gehört seitdem auch zu den Standardrezepten des Dr. h. c. Späth. (Späth hat sich 1984 von einer seiner eigenen Landesuniversitäten, Karlsruhe, den »Doktor honoris causa« für sein »Späthsches Konzept einer gezielten [Wirtschafts-]Förderung durch Bereitstellen von Infrastruktur« verleihen lassen.) So wird Lothar Späth – auf dem Polster der vergleichsweise günstigen Wirtschafts- und Arbeitsmarktlage Baden-Württembergs sitzend – nicht müde, den Saarländern, Nordrhein-Westfalen und Bremern frei nach Lee Kuan Yew vorzuwerfen: »Die lassen ihre Leichen für teures Geld erst jahrelang vor dem Friedhof hin und her tragen, bevor sie dann doch begraben werden müssen.« Die Milliarden DM an Erhaltungssubventionen für Kohle, Stahl und Werften sollten – so der Wirtschaftswissenschaftler ehrenhalber – besser in die Ansiedlung neuer, zukunftsträchtiger Branchen gesteckt werden.

Natürlich weiß auch Lothar Späth, daß dies leichter gesagt als getan ist. Aber – konsequent, wie er nun einmal in Fragen, die er für wichtig hält, ist – Späth sieht gerade in der direkten Akquisition für die baden-württembergische Wirtschaft einen durchaus erstrangigen Zweck seiner Auslandsreisen und -kontakte – er ist eben doch ganz der »Vorstandsvorsitzende der Baden-Württemberg AG«, der Ministerpräsident als Handlungsreisender. Auch dafür gibt es Beispiele – etwa dieses: Februar 1985 im winterlichen Davos trifft sich das »Weltmanagergipfel« genannte »Symposium des Europäischen Managementforums«. Lothar Späth ist als einer der Festredner eingeladen worden, spricht über sein (damaliges) Lieblingsthema »Technologietransfer und dynamische Märkte«. Doch Lothar Späth wäre nicht Lothar Späth, wenn er die einmalige Chance ungenutzt verstreichen ließe, wenigstens einen Teil der versammelten 500 Spitzenmanager aus 53 Ländern in »Verkaufsgespräche« zugunsten von Ansiedlungen oder Kooperationen in oder mit Baden-Württemberg zu verwickeln. In knapp 24 Stunden führt Späth mindestens 40 »Einzelgespräche«, unter anderem mit dem Präsidenten des mit 375 000 Beschäftigten größten Computerherstellers IBM, John F. Akers, und mit dem Europachef des Elektronikherstellers Hewlett-Pakkard, Franco Mariotti. Zu einem »Baden-Württemberg-Abend« im Davoser Nobelhotel »Belvedere« folgt schließlich fast der gesamte Managerkongreß, angereichert noch durch Minister und Botschafter, der Einladung Späths. Bei »sauren Linsen mit Würstle, Fleischküchle, Schwarzwälder Schinken, Leberwurstkraut, Schupfnudeln, badischem und württembergischem Weißen und Roten« kann Späth mit Erfolg Vertretern amerikanischer Investmentbanken einige Millionen Dollar als Risikotransferkapital für baden-württembergische Technologiegründerzentren abluchsen, Späths Wirtschaftsminister Martin Herzog hat schon eine Stunde nach Eröffnung des Büfetts die Zusage für eine Industrieansiedlung in Baden in der Tasche ...

Wenngleich es in den meisten Fällen erfolgreicher Auslandsabschlüsse, grenzüberschreitender Firmenkooperationen oder Industrieansiedlungen kaum möglich ist, später einen kausalen Zusammenhang zur »Auslandstätigkeit« des baden-württembergischen Ministerpräsidenten zu rekonstruieren – vor allem in Staatshandelsländern oder den Staaten der dritten Welt können Politikerreisen à la Späth durchaus eine wichtige »Türöffnerfunktion« für Wirtschaft und Handel gewinnen. Dies gilt etwa für die Volksrepublik China, wo Späth – an seinen Vorgänger Filbinger anknüpfend – seit 1979 viermal weilte, 1981 im südmandschurischen Shenyang die erste Industrieausstellung eines deutschen Bundeslandes wagte und Vertrauen in die »gute Adresse Baden-Württemberg« zu schaffen verstand. Freilich: Gerade am Beispiel Chinas läßt sich auch aufzeigen, wie sehr der bislang eher vom Erfolg verwöhnte, deshalb seine Möglichkeiten über- und Schwierigkeiten unterschätzende Lothar Späth bisweilen Gefahr läuft, auch im Ausland den Bogen zu überspannen und damit die eigenen guten Absichten in der Wirkung ins Gegenteil zu verkehren. So sah sich etwa der Finanzausschuß des Stuttgarter Landtags während einer Chinareise im September 1986 entlang den Stationen Späthscher Besuche mit einer ganzen Kette kaum erfüllbarer Hoffnungen und bereits deutlich enttäuschter Erwartungen konfrontiert: »Welche Projekte haben die Freunde aus Deutschland denn mitgebracht?« fragte etwa der Vizepräsident des Nationalen Volkskongresses die Parlamentarier aus Stuttgart beim Empfang in der »Großen Halle des Volkes«, wo Späth im Jahr zuvor bei einer Rede vor Mitgliedern des chinesischen Volkskongresses den Mund etwas zu voll genommen hatte. Oder in Shenyang: Dort entrollte der Gouverneur der Provinzregierung, mit dem Späth eine Art Freundschaftsvertrag zwischen der Provinz Liaoning und Baden-Württemberg abgeschlossen hatte, vor den Augen der verdutzten Parlamentarier fertige Pläne für ein sechsstöckiges Ausbildungszentrum, für das Baden-Württemberg möglichst rasch Konzeption, Ausrüstung und Lehrer in die Mandschurei entsenden sollte. Umgekehrt in Nanking, der Hauptstadt der südostchinesischen Provinz Jiangsu: Dort wurden die noch ganz auf Späths euphorische Ankündigungen eines »Baden-Württemberg-Industrieparks« zwischen Nanking und Schanghai eingestimmten Parlamentarier von der kühl-distanzierten Aussage des dortigen Gouverneurs überrascht, daß die »gute Idee Ihres Herrn Ministerpräsidenten« mangels einer ausreichenden Zahl von vertragsreifen Firmenkooperationen für die absehbare Zukunft zu den Akten gelegt worden sei. Vor allem für die CDU-Ausschußmitglieder war es außerordentlich unangenehm, im fernen China darüber aufgeklärt zu werden, daß ihr Ministerpräsident zu Hause nicht den Mut gefunden hatte, eine zu früh und zu lautstark geäußerte »Erfolgsmeldung« wieder zurückzunehmen. Wie sagte doch Lothar Späth selbst beim Rückflug von einer Türkeireise im Herbst 1986: »Es gibt nichts Schlimmeres als enttäuschte Freunde.«

Wie können dem versierten Weltenbummler Späth solche für alle Beteiligten peinlichen Schnitzer unterlaufen? Neben seinem

Hang zu spontanen Ideen und Zusagen, seiner Vorliebe für hochtrabende Arbeitstitel (»Baden-Württemberg – Modell deutscher Möglichkeiten«) birgt wohl auch die Art und Weise, in der Lothar Späth quasi im Laufschritt um den Globus hetzt, den Keim von Fehleinschätzungen und Mißverständnissen in sich: Wer wie Späth (auf Reisen wie zu Hause) von Termin zu Termin eilt, nur mit Politikern, Funktionsträgern und Managern spricht, wer von einem fremden Land nichts sieht außer Flughäfen, Ministerien, Fabriken, Handelskammern und Hotels, dessen Eindrücke bleiben notgedrungen sehr einseitig und papieren. So weiß Lothar Späth oft nach kürzestem Aufenthalt in erstaunlichem Umfang die volkswirtschaftlichen Rahmendaten eines Gastlandes auswendig herauf und herunter zu deklinieren. Von den Lebensumständen der Menschen, ihren Sorgen und Wünschen hat der eilige Gast, der auch während der Fahrten zwischen den meist im 30- bis 60-Minuten-Takt zusammengepferchten Terminen lieber weiterredet oder liest, als Augen, Ohren und Herz für wenigstens kurze Augenblicke des Kontakts mit Land und Leuten zu öffnen, nein, von den Menschen hat Lothar Späth meist nur wenig gesehen oder gar begriffen. Freilich: Gerade für das Zustandekommen und den Bestand von Kooperationen oder Betriebsansiedlungen in fremden Ländern ist das »soziale Umfeld« genauso entscheidend wie das Vorhandensein technischer Infrastruktur oder die Kalkulierbarkeit des wirtschaftlichen Risikos.

Defizitär ist allerdings nicht nur die soziale und gesellschaftliche Erkenntnisbilanz des Handlungsreisenden Lothar Späth. Auch bei seinen Ausflügen auf das Parkett der eigentlichen Außenpolitik wirkt der Ministerpräsident von Baden-Württemberg doch bestenfalls wie ein sympathischer Amateur. Zu den positivsten Wirkungen des »Außenpolitikers« Späth zählen wohl die »Aha-Erlebnisse«, die der CDU-Politiker vor allem während seiner einjährigen Amtszeit als Bundesratspräsident 1984/85 Partei- und Staatsgrößen des Ostblocks bescherte: Späths ideologische Unverkrampftheit, sein unkompliziertes

Nützlichkeitsdenken, sein Ideenreichtum wurden in Moskau und Warschau, aber auch in Bulgarien, Rumänien, Ungarn und nicht zuletzt in der DDR als wohltuende Korrektur des dort verbreiteten Klischees vom Christdemokraten, der einem Kommunisten kaum die Hand gibt, empfunden. Aus Polen schrieb Späth denn auch seiner Partei ins Stammbuch: »Die CDU hat im Verhältnis zu Polen noch einen Nachholbedarf.«

Im Prinzip nützlich, wenngleich in der Aufmachung als »Staatsbesuch« überzogen, wirken dagegen so manche »Westreisen« des Stuttgarter Regionalfürsten – etwa ein spektakulärer 34-Stunden-Marathon, den Späth im Dezember 1983 im Schweinsgalopp durch die besten Amtsstuben von Paris absolvierte: Vom Staatspräsidenten François Mitterrand über (den damaligen) Regierungschef Pierre Mauroy und Außenminister Claude Cheysson bis hin zum Energiestaatssekretär Jean Auroux und zur einzigen Frau im (damaligen) Kabinett, Umweltstaatssekretärin Huguette Bouchardeau – alle vom Stuttgarter Protokoll angefragten »ersten Adressen« willigten in einen 30- bis 60-Minuten-Termin für Foto und Small-talk ein. Zwischendurch ließ sich der baden-württembergische Ministerpräsident noch durch eine Balthus-Ausstellung im Centre Pompidou führen, dinierte mit dem Generaldirektor der (staatlichen) Électricité de France (EdF) und gab eine ausführliche Abendeinladung im Palais Beauharnais, der Residenz des deutschen Botschafters in Paris. Auf Journalistenfragen nach dem Hintergrund für den ungewöhnlich großen Bahnhof, den Paris für den außenpolitisch ja gar nicht kompetenten Ministerpräsidenten eines deutschen Bundeslandes bereitet habe, antwortete damals Premierminister Mauroy mit entwaffnender Ehrlichkeit: »Der Herr Späth hat uns so freundlich beim Stuttgarter EG-Gipfel bewirtet – da habe ich ihm gesagt, wenn Sie mal nach Paris kommen, müssen Sie mich unbedingt besuchen.«

Wirklich peinlich endeten dagegen bisweilen Lothar Späths Ausflüge in die Europa- und Weltpolitik: so etwa seine Wandlung vom »knallharten Befürworter« eines »deutschen Alleingangs« in der Frage der Zwangseinführung des Katalysatorautos zum »Moderator« für eine Kompromißlösung innerhalb der EG. Die Erkenntnis, daß ein deutscher Alleingang EG-rechtlich eigentlich nicht möglich wäre und eventuell zu einem Autohandelskrieg innerhalb der Europäischen Gemeinschaft führen könnte, hatte Späth während gemeinsam mit »Daimler-Benz«-Vorstandsmitglied Niefer in Kanada verbrachter Wohnmobilferien gewonnen. Amateurhaft bis peinlich war auch Späths Zickzackkurs in Sachen SDI: Während zweier USA-Reisen im Februar 1985 glaubte Späth, die »große technologische Chance« von SDI entdeckt zu haben, und warnte nach seiner Rückkehr in die baden-württembergische Heimat: »Die Europäer würden in die technologische Isolation geraten, wenn sie an der Forschung für das Weltraumwaffenabwehrsystem nicht mitarbeiteten.« Im Juni während einer dritten (wenn auch noch nicht der letzten) USA-Reise im Jahr 1985 ließ Späth dann plötzlich per »Telefoninterview« mit der Stuttgarter Zeitung das staunende Publikum wissen: »Meine (!) SDI-Pläne sind nicht mehr aktuell.« Zur Begründung: »Da hat sich ein Wandel in den USA seit Februar vollzogen. Im Februar dachte man noch an eine Zusammenarbeit der Staaten über staatliche Agenturen. Jetzt habe ich den Eindruck, daß es nur noch um die Zusammenarbeit von Firmen geht.« Und weiter: »Unsere (europäisch-staatlichen) wirtschaftlichen Interessen sind also frei für unsere eigenen nationalen Programme und für die Eureka-Programme.«

Wie sieht nun die Gesamtbilanz des Weltenbummlers Lothar Späth aus? Der Versuch, die geschilderte Bandbreite, gar die Widersprüchlichkeiten auf einen »gemeinsamen Nenner« einzudicken, in wohlfeilen Politformeln glattzustreichen, soll hier bewußt unterlassen werden. Statt des üblichen »Schlußworts« ein Zitat aus einem Weihnachtsbrief, den der Reutlinger CDU-Landtagsabgeordnete Hermann Schaufler seinem »lieben Lothar« unter Berufung auf den chinesischen Dichter Tschen Tschi-ju geschrieben hat: »Gönne Dir einen Augenblick der Ruhe, und Du begreifst, / wie närrisch Du herumgehastet bist.

/ Lerne zu schweigen, und Du merkst, / daß Du zuviel geredet hast. / Sei gütig, und Du siehst ein, / daß Dein Urteil über andere zu hart war.«

Lothar Späths gesammelte Reisen

Die nachfolgende Aufzählung erhebt keinen Anspruch auf Vollständigkeit. Sie basiert auf den Angaben des Stuttgarter Staatsministeriums und enthält keine der zahlreichen Privat- und Halbprivatreisen Lothar Späths.

1980	
April:	Italien
Oktober/ November:	Südamerika (verschiedene Länder)
November/ Dezember:	Großbritannien
1981	
Februar:	Frankreich
April:	Jugoslawien
Juni:	China/Japan
August:	Norwegen
Dezember:	Rumänien
1982	
Januar/Februar:	Jamaika/USA/Kanada
November:	Tunesien
Dezember:	Bulgarien

1983	
Februar:	Saudi-Arabien/Ägypten/Kuwait
April:	Schweden
Mai:	Niederlande/UdSSR
Oktober:	Italien
Dezember:	Frankreich
1984	
April/Mai:	Japan/Südkorea/Singapur/Malaysia
Juni:	Ungarn
September:	Finnland
November:	Frankreich
1985	
Februar:	USA (zweimal)
März:	UdSSR
April:	Norwegen
Juni:	Frankreich/Polen/USA
September:	China
Oktober:	Schweiz
November:	USA
1986	
Januar:	Indonesien/Thailand/Indien
Mai:	DDR
Juni:	Frankreich
September:	Türkei
Oktober:	England
November:	Ungarn
Dezember:	Österreich
1987	
Februar:	Brüssel (EG-Kommission)
März:	DDR/Frankreich
Mai:	Frankreich
Juli:	USA

Manfred Rommel
CDU-Oberbürgermeister

Höllenfahrt nach Banker Hill

Personen oder ihre Darsteller:

Late	Ministerpräsident Lothar Späth
Wildplum	Innenminister Dietmar Schlee
Bridle	Walther Zügel, Vorsitzender der Landesgirokasse
Doc Fat	Lothar Faißt, Präsident des Badischen Sparkassenverbandes
Riehl	Bruno Rühl, Präsident des Württembergischen Sparkassen- und Giroverbandes
Fiddler	Helmut Geiger, Präsident des Deutschen Sparkassen- und Giroverbandes

Als Bridle und ich gerade auf unserem Claim arbeiteten, kamen Late und Wildplum, genannt Plummy, vorbei und sagten, ein paar Meilen entfernt stände ein Zug ganz einsam in der Wüste und wir sollten den Zug nehmen und mit ihm nach Banker Hill fahren, um dort einen Haufen Dollars zu machen. Riehl und Doc Fat, genannt Fatty, kämen auch mit.

Ich weiß heute nicht mehr, welcher Teufel uns dazu gebracht hat, ja zu sagen, auf jeden Fall schnürten wir unser Bündel und begaben uns mit Late und Plummy zum Zug. Dort trafen wir Old Fiddler, der sein verspecktes Brevier hervorzog und meinte, es wäre eine große Sünde, wenn wir in den Zug einsteigen und nach Banker Hill fahren würden. Dort sei das Laster zu Hause und der Teufel los. Aber wir ließen uns durch den wimmernden Fiddler nicht durcheinanderbringen und kletterten in den Zug.

Dort hatten Riehl und Fatty schon Platz genommen. Riehl sagte, er steige gleich wieder aus, wenn wir ihm nicht hundert Dollar gäben, und Late meinte auch, wir sollten uns bewegen und ihm etwas geben, zumal wir ja alles in Banker Hill vielfach vergolten erhielten, und so rückten wir nach langem Gefeilsche endlich 80 Dollar heraus. Fatty sagte, er sitze eigentlich nur aus Versehen im Zug. Er wollte eigentlich gar nicht mit, weil er eine bessere Gesellschaft gewohnt sei; er blieb dann aber doch sitzen.

Late und Plummy machten ein mächtiges Feuer unter dem Kessel. Der Zug setzte sich in Bewegung und fuhr schneller und schneller. Late hieß Plummy, weiterhin tüchtig Kohlen in das Feuer zu werfen, was der auch schnaubend und prustend tat ...

Plötzlich fiel uns ein, daß die Schienen noch gar nicht bis nach Banker Hill verlegt waren, sondern daß sie irgendwo mitten in der Wüste einfach aufhörten. Wir erklärten das Late. Der aber wollte davon nichts wissen. Er sagte, was er angefangen habe, wolle er auch zu Ende führen, und wer sich widersetzte, dem werde er seine Folterwerkzeuge zeigen.

Plummy schaufelte noch mehr Kohlen ins Feuer, aber wir maulten weiter, bis uns schließlich Late eine schriftliche Bestätigung versprach, wonach die Schienen tatsächlich bis nach Banker Hill führten. Wir waren zuerst verblüfft, aber nach einer Denkpause fiel uns doch ein, daß Late, wenn er sich mündlich irrt, sich auch schriftlich irren könnte. Wir kletterten danach einfach in den nächsten Waggon und zogen die Notbremse. Der Zug stand. Hundert Meter weiter hörten die Schienen auf. Wir nahmen Riehl wieder unsere 80 Dollar ab und verschwanden ...

Noch lange hörten wir die zornigen Schreie von Late, Plummy und Riehl durch die schwarze Wüstennacht. Auch heulten viele Hyänen und Schakale voller Enttäuschung. Aber schließlich kamen wir wieder auf unserem Claim an, krempelten die Ärmel hoch und fingen an zu arbeiten ...

Noch lange sprachen die Cowboys und Tramps in den Saloons von diesem Streich, denn Late und Plummy erzählten überall, wir hätten sie geprellt und ohne uns wären sie ohne Gleise in den gar nicht existierenden Bahnhof von Banker Hill eingefahren. Riehl jammerte wegen der 80 Dollar, die er schon für sein Eigentum gehalten hatte, und auch Fatty tat so, als wäre er sehr traurig.

Fragen an Lothar Späth

Welche Rolle spielt der Zufall in der Politik?

Ich möchte möglichst wenig dem Zufall überlassen. Trotzdem ist es oft so, daß äußere Ereignisse und aktuelle Probleme – wie beispielsweise Tschernobyl oder die Rheinverschmutzung – erhebliche Auswirkungen auf die Politik haben. Sie können die Richtung der Politik beeinflussen, ja bestimmen.

Welcher Denker der Neuzeit hat Sie nachhaltig beeinflußt?

Da gibt es mehrere, vor allem durch meine Entwicklung bedingte Stufen. Als junger Mann war ich, wie sicherlich viele, ungeheuer von Nietzsche beeindruckt. Das hat sich in der Zwischenzeit ziemlich gelegt. Nach wie vor große Bedeutung hat für mich die Kantsche Lehre vom kategorischen Imperativ. Ich denke, daß man aus ihr gerade im Hinblick auf die ökologische und ökonomische Zukunftsverantwortung immer noch gültige Postulate gewinnen kann. Gültig und wegweisend sind für mich auch viele Aussagen von Max Weber, vor allem hinsichtlich der Unterscheidung von Verantwortungsethik und Gesinnungsethik und in bezug auf das, was er zum Beruf, zur Rolle, zur

Anforderung und zu den Gefährdungen des Politikers geschrieben hat. Karl Popper mit seinem Plädoyer für eine offene Gesellschaft ist mir wichtig, aber auch Sozialphilosophen wie Hermann Lübbe, der auf die Notwendigkeit von Vertrauen als »Sozialkitt« in einer Welt mit immer weniger Erfahrungsgewißheit hingewiesen hat.

Was bewegt Sie an Existenz und Ideen der Grünen?

Einerseits sagen sie, wenn auch in ihren Ausdrucksformen oft falsch, manches Richtige zur Sicherung der natürlichen Lebensgrundlagen. Andererseits, und darin sehe ich eine große Gefahr, wird dadurch ihre Gesamtstrategie, die oft gegen Humanität und auch gegen den Rechtsstaat und den Rechtsfrieden gerichtet ist, in den Hintergrund gerückt – weshalb viele Bürger ihre Gesamtposition falsch, nämlich zu harmlos beurteilen. Die Grünen haben ihr Verhältnis zur Gewalt, zum Parlamentarismus und zur Legalität noch nicht zweifelsfrei geklärt; solange das so ist, bleiben sie ein demokratisches »Restrisiko«.

Welche außenpolitischen Fragen müssen nach Ihrer Einschätzung in den nächsten Jahren dringend angegangen werden?

Eine vordringliche Aufgabe ist sicherlich, die Einigung Europas voranzutreiben. Dabei spielt das deutsch-französische Verhältnis eine zentrale Rolle. Der Gedanke eines »Europas der zwei Geschwindigkeiten« ist insofern richtig, als das Integrationstempo auf wichtigen Zukunftsfeldern – Forschung, Technologie, Umweltschutz, Energiepolitik – nicht von den Nachzüglern, sondern von den Vorreitern unter den hochindustrialisierten westeuropäischen Staaten bestimmt werden muß. Nur ein starkes Westeuropa kann im atlantischen Bündnis jene Rolle als gleichberechtigter Partner spielen, die schon von John F. Kennedy gefordert wurde und die dem Selbstverständnis der Europäer entspricht. Und nur ein stabiler westeuropäischer Pfeiler in der Allianz verfügt in der Ostpolitik über genügend Handlungsspielraum, um den Prozeß der Entspannung mit eigenen Impulsen voranzutreiben. Westeuropa kann auf wirtschaftlichem und kulturellem Gebiet viel zur Vertrauensbildung zwischen Ost und West beitragen und damit atmosphärisch auf die Abrüstungs- und Rüstungskontrollverhandlungen einwirken. Mehr Information, mehr Kommunikation und mehr Begegnungen über die Grenzen hinweg – das muß eine spezifisch europäische Zielsetzung bleiben.

Ein weiteres dringliches Problem der internationalen Politik ist die Sicherung der Stabilität des weltweiten Finanz- und Währungsgefüges, das durch die Überschuldung einiger lateinamerikanischer Länder nach wie vor latent bedroht ist. Dauerthemen bleiben auch der Nord-Süd-Konflikt und die Gefahren, die einem liberalen Außenhandel durch immer neue protektionistische Maßnahmen drohen. Hier wird man nur mit vielen kleinen Schritten und großer Geduld vorankommen, die Hoffnung auf den großen Wurf einer neuen Weltwirtschaftsordnung ist sicherlich Illusion. Schließlich müssen wir die Veränderungen, die sich in der Volksrepublik China teilweise vollzogen haben und in der Sowjetunion andeuten, sorgfältig im Auge behalten, um darauf flexibel – weder euphorisch noch übertrieben statisch – reagieren zu können.

Was stört Sie, wenn Sie an Europa denken?

Daß der einzige Politikbereich, der nicht zentraleuropäisch, sondern regionalpolitisch geregelt werden müßte – die Landwirtschaft –, zum Kern der europäischen Politik gemacht wurde und umgekehrt jene Bereiche, in denen wir eine europäische Dimension erreichen müßten – also etwa

Wissenschafts-, Technologie-, Energie-, Umwelt- und Verkehrspolitik –, eher regionale Entwicklungen genommen haben als europäische. Europa muß vom Kopf auf die Füße gestellt werden.

Welche innenpolitischen Reformen halten Sie für angebracht?

Im Grunde sollten innenpolitische Reformen das Spiegelbild der Veränderungen sein, die sich bei den Lebensbedingungen und den Werthaltungen der Menschen ergeben. Das ist natürlich eine Idealvorstellung. Meist treten zunächst bei den faktischen Verhältnissen Veränderungen ein, während im vorpolitischen und im politischen Raum die beharrenden Kräfte noch eine Weile die Oberhand behalten. Wartet man jedoch zu lange mit den notwendigen Reformen, wird der Druck der Tatsachen so stark, daß der freie politische Gestaltungsraum immer mehr schwindet. Das ist der Grund, warum ich beispielsweise dafür plädiere, jetzt einen allmählichen, sorgfältig vorbereiteten und sachlich fundierten Einstieg in den notwendigen Umbau unseres sozialen Sicherungssystems zu beginnen. Damit wir die großen sozialen und gesundheitlichen Risiken auch in Zukunft kollektiv absichern können, müssen wir bei den kleinen zu mehr Eigenverantwortung und individueller Vorsorge kommen. Das kann mit einer größeren Wahlfreiheit beim Leistungsspektrum der Versicherungen verbunden werden, wofür wir wiederum flexiblere Tarifgestaltungen und neue Mischformen zwischen ambulanter und stationärer Betreuung benötigen. Nur, dies alles aufzubauen und weiterzuentwickeln erfordert Zeit. Und diese Zeit werden wir nicht mehr haben, wenn wir erst in zehn Jahren damit beginnen, wenn dann schon jeder vierte Bürger der Bundesrepublik älter als sechzig Jahre sein wird.

Die Steuerreform ist durch die Beschlüsse der Bundesregierung ein wichtiges Stück vorangekommen, denn die am Tarifverlauf vorgenommenen Korrekturen bringen mehr Steuergerechtigkeit und auf breiter Front Entlastungen. Aber zu Ende ist das Thema Steuerreform damit sicher nicht, weil die Steuerstrukturen, insbesondere das Verhältnis zwischen direkten und indirekten Steuern, nach wie vor nicht stimmen. In der Relation wird der Konsum zu gering und die menschliche Arbeitskraft zu hoch besteuert. Das widerstreitet dem Ziel, Investitionen zu fördern und Arbeitsplätze zu schaffen. Das Thema Steuerreform wird uns mit Sicherheit auch in den neunziger Jahren begleiten.

Schließlich wird es großer Anstrengungen bedürfen, um unsere soziale Marktwirtschaft zu einer sozialen und ökologischen Marktwirtschaft fortzuentwickeln. Wir haben noch nicht die Instrumente und großenteils noch nicht einmal das theoretische Fundament, um die Knappheit unserer natürlichen Ressourcen in Marktpreisen auszudrücken. Immer noch ist es in erster Linie der Staat, der mit gesetzlichen Verboten und Geboten Umweltschutz betreibt und damit der Verschwendung angeblich kostenloser natürlicher Güter Einhalt zu gebieten versucht. Unser Ziel muß es aber sein, die Kosten der Inanspruchnahme der Natur so in den marktwirtschaftlichen Prozeß von Angebot und Nachfrage einzubauen, daß eine ressourcenschonende Produktion Wettbewerbsvorteile mit sich bringt. Davon sind wir gegenwärtig noch ziemlich weit entfernt.

Welche Devise hat Ihr Leben, Ihr Handeln bestimmt?

Etwas gestalten wollen. Mit den Menschen überlegen, wie wir die Gegenwart verbessern und die Zukunft sichern können. Aber dies nicht nur erörtern, sondern auch tatkräftig handeln.

V. Kapitel

Zu Hause

Ulrich Wildermuth

Ein schwäbisch-unschwäbischer Schwabe

Zum Thema »Der Schwabe Späth« muß man als erstes festhalten, daß er von Hause aus keineswegs ein Schwabe ist, sondern ein Preuße, denn er ist in Sigmaringen geboren, also in einer preußischen Exklave. Nun könnte man über dieses bedauerliche Faktum hinwegsehen und es als einen puren Zufall abtun, aber Tatsache ist halt auch, daß sich im Späthschen Charakter bei aller schwäbischen Dominanz doch mehr als bloß preußische Spurenelemente eingemischt haben – spräche er zum Beispiel nicht so ein ausdrückliches Schwäbisch, man könnte ihn für einen Berliner halten, was nämlich sein Sprachtempo angeht. Noch nie war bisher ein Schwabe in der Lage, so unglaublich schnell schwäbisch zu sprechen wie Späth.

Wer prüfen will, inwieweit der baden-württembergische Ministerpräsident nach Charakter und Gesinnung ein Schwabe sei, der kann hierzulande getrost auf eine gewissermaßen amtliche Definition des Schwabentums zurückgreifen. Sie ist in der »Oberamtsbeschreibung für das Königreich Württemberg« niedergelegt worden und stammt aus der Feder des Statistikers und Kulturphilosophen Gustav Rümelin: »Sinn für politische Freiheit, den die Schwaben der eigentümlichen Landesverfassung verdanken, ein bürgerliches, dem Volkstümlichen näher gebliebenes Empfinden und eine ernste Sittenstrenge. In der Enge und Kleinheit der Verhältnisse lag wenig Aufforderung für den einzelnen zu rührigem Eingreifen in das handelnde Leben, in bequemer Bescheidenheit hält er seine Wirksamkeit nach außen zurück; es fehlt ihm die Kraft und Härte, die allmählich im Charakter des Norddeutschen sich niedergeschlagen hat. Der Altwürttemberger richtet seinen Sinn nicht auf Glanz und äußeren Schein, alles Unechte und Unehrliche ist ihm zuwider. Am liebsten und natürlichsten verkehrt er im Familienkreis und den sich daran anschließenden Verwandtschaftszirkeln. Behagliche Laune, ein warmes Gemüt, ein gesunder Menschenverstand sind seine Vorzüge, die Gemächlichkeit und Schwerfälligkeit des äußeren Gehabes seine Schwächen. Durch den ausgebreiteten Einfluß, den die religiöse Richtung des Pietismus im Lande gewonnen, wurde der Zug der Verinnerlichung besonders gemehrt. Die übermütige Lebenslust der Schwaben, die im 16. Jahrhundert noch für die Leichtsinnigsten unter den Deutschen gegolten hatten, wich, wenigstens im Altwürttembergischen, mehr und mehr einer ernsten, stillen und in sich gekehrten Grundstimmung.«

Und danach muß man leider feststellen: Da fehlt es weit beim Schwaben Späth. Er läßt es zwar am »rührigen Eingreifen in das handelnde Leben« gewiß nicht fehlen, aber ein »Zug zur Verinnerlichung« ist nicht gerade ausgeprägt zu erkennen. Eher schon darf für Späth gelten, daß sein Sinn nicht auf Glanz und äußeren Schein gerichtet ist (wenn ihn solcher auch zunehmend zu freuen scheint), »das Unechte« ist ihm gewiß zuwider, auch wenn er ihm nicht immer zu widerstehen vermag: Er neigt dazu, schon einmal auf Blender und Blendendes hereinzufallen.

Das Bild vom Schwaben ist außerhalb des Landes ja stark getrübt durch das unheilvolle Wirken der Herren Häberle und Pfleiderer alias Willy Reichert und Oscar Heiler, die zum Jubel aller nördlich des Mains Wohnenden ihre Landsleute durch ihre Sketche zu Deppen machten. Danach ist der Schwabe leicht zu leimen, neigt zur uneleganten Tölpelhaftigkeit und tut sich als Schlaule hervor, weil es zur rechten Schlauheit nicht ganz reicht.

Andererseits muß man einräumen, daß die Schwaben gerade aus diesem in den Köpfen der Nordlichter eingefressenen Vorurteil schon manchen Vorteil gezogen haben: Sie werden unterschätzt und können so ihren Stich machen. Und Lothar Späth war wegen seiner schwäbischen Penetranz am Anfang seiner Karriere immer ein Unterschätzter, der aus dieser Position seinen Gewinn zog. Heute hat er sich aus seinem Schwabentum schon so weit emanzipiert, daß man ihn in der ferneren wie näheren Heimat eher über- als unterschätzt.

Fragt man Nichtschwaben nach dem wichtigsten schwäbischen Attribut, man möchte wetten, der Gefragte kommt zuerst mit dem »schwäbischen Geiz« daher. Ganz daneben liegt er nicht. Die Schwaben mußten ihr Sach' schon immer zusammenhalten, weil sie arme Leute waren, ihr Kapital war ihr Kopf. Insoweit darf Späth als typischer Schwabe gelten. Er stammt nicht aus dem Großbürgertum; was er wurde, verdankt er seiner Intelligenz und seinem Mundwerk, und auf die Kunst des Rechnens versteht er sich mit Virtuosität.

Ist es noch sparsam zu nennen, oder geht es schon in den Geiz hinüber, wenn er, Ministerpräsident eines Landes von Autobauern, von Mercedes, Audi, Porsche, seinem Kabinett Automobile am unteren Rande der Modellreihe verordnet? In Baden-Württemberg fährt der Minister einen Mercedes 230, sein Staatssekretär einen Mercedes 200 – also geprotzt wird nicht, und die Firma muß auch noch Rabatte einräumen.

Und auch sonst nimmt es Späth genau, er zahlt Rechnungen aus dem privaten Portemonnaie, wenn es sich durchaus auch vertreten ließe, sie dienstlich abzurechnen. Solche Unkosten spart er wieder herein: Ein Fachmann verriet dem Zigarrenraucher Späth, daß die Spezialitäten aus Honduras der klassischen Havanna so entsprächen, daß man die eine von der anderen nicht wegkennen könne, sie aber um ein Drittel billiger zu haben sei, und seitdem raucht Späth Honduraszigarren.

Späth liebt Zahlen. Er dürfte der einzige amtierende Ministerpräsident sein, der selber eine Bilanz lesen kann. Sein Finanzminister steht unter scharfer Beobachtung, die Haushaltsstruktur und die Haushaltsschwerpunkte schneidet und setzt der Ministerpräsident selbst, weil er hier mit geradezu überbordender Phantasie sich richtig sinnlich vorstellen kann, wie Zahlen in Beamtenstellen umgesetzt aussehen, was sich aus ihnen machen läßt an technischen, naturwissenschaftlichen Institutsrealitäten, aus denen der Vorsprung Baden-Württembergs vor den anderen Ländern der Republik resultiert.

Die schwäbische Nüchternheit, die ist ein wichtiges Kapital von Späth, das er nützt, das ihn umtreibt, antreibt: Er platzt fast vor gesundem Menschenverstand, und weil er Land und Welt mit diesem Maßstab mißt und dabei schon vielen aufgeblasenen Theoretikern die Luft abgelassen hat (nichts freut ihn mehr), neigt er dazu, die Theorie für wenig zu achten, was oft, aber eben nicht immer angeht. Mancher seiner Stolperschritte erklärt sich aus seinem tiefen Mißtrauen gegen Fachleute, die zwar nur halb so schnell denken wie Lothar Späth, aber manchmal doch ziemlich viel gründlicher.

Späth ist kein Akademiker, er kommt aus einer Schule, die einen angelegten Verstand praktisch fördert, wo man die Bodenhaftung nicht verliert, wo der Bürgerzorn die direkte Rückkopplung für falsche oder unbequeme Entscheidungen ist und wo man lernt, mit den Leuten umzugehen: Er ist ein Sohn der württembergischen mittleren Verwaltungslaufbahn, an deren Ende für gewöhnlich ein Bürgermeisteramt steht.

Nun muß man leider auch von einem im Grunde sehr unschwäbischen Zug des Lothar Späth sprechen, von seiner erstaunlichen und manchmal unglaublichen Assoziationskraft, von seiner Antennenbegabung, die vor anderen spürt, was in der Luft liegt. Ein Dichter braucht so was, wie der Schiller, aber der zählt bei aller Liebe zu uns Schwaben auch eher zu den Ausnahmen. Ein Politiker hierzulande hat so was für gewöhnlich nicht, aber wenn eine solche Begabung mit dieser schwäbischen Nüchternheit zusammenfällt, dann gibt das ein hochbrisantes Gemisch, das Beamte verzweifeln läßt, Journalisten erheitert und in der Bürgerschaft zu Begeisterung führt, sofern sie von den Folgen nicht betroffen ist. Die unschwäbische Wirbelkraft des Ministerpräsidenten hat das Land heilsam durchgeblasen, kleinere Verheerungen lassen sich da gar nicht vermeiden.

Unser Land wurde über viele Generationen vom Pietismus geprägt. Die ihm anhingen, verließen sich nicht auf die ordinierten und von der Obrigkeit eingesetzten Pfarrer, sie studierten ohne jede akademische Ausbildung selber die Bibel und zogen ihre eigenen Schlüsse daraus, die mit denen der Amtskirche nicht immer übereinstimmten. Späth ist der klassische Nachfolger dieser pietistischen Tradition, wenn auch vollständig ins Weltliche gewendet. Er glaubt, was er selber studiert, und folgt den Schlüssen, die er selber zieht. Die ursprüngliche theologische Qualität ist bei ihm in eine weltlich-politische Form umgeschlagen, doch seine Wurzel liegt ganz unverkennbar in der pietistischen Tradition des alten Württemberg.

Zum Schwaben gehört der Drang in die Ferne. Schon Christoph Kolumbus soll einen Böblinger als Maat in der Mannschaft gehabt haben. Im letzten Jahrhundert wanderten viele tausend aus, weil die Heimat sie nicht ernähren konnte, viele brachten es in der Neuen Welt zu Vermögen und Ansehen, was dem traurigen Schicksal des Auswandernmüssens einen freundlichen Schluß gibt, zumal man die Mehrheit der am Wege Gebliebenen nicht sieht.

Neugier auf die Ferne, das gehört zu den Schwaben, angeblich stellen sie nach den Bayern sogar das stärkste Kontingent der Landratten bei der Marine.

Diese Neugier auf das, was hinter den Bergen liegt, treibt auch Späth an. Kaum ein Ministerpräsident wird so viele Flugkilometer aufweisen können wie er – hinüber nach Amerika (dort gehörte ihm sogar einmal ein High-Tech-Fabrikle) und bis hin nach Südostasien. Doch er denkt nicht daran, auszuwandern, er holt die Welt zurück ins Land.

Was er in Indonesien aufschnappt oder in den Vereinigten Staaten, er zieht seine Schlüsse aus dem Gesehenen (»glauben

Sie mir's, New York ist out, die Zukunft von Amerika liegt in Kalifornien«), er übersetzt es sofort ins Baden-Württembergische und belästigt seine Beamten mit seitenlangen Vermerken, wie die hiesige Wirklichkeit so umgehend wie möglich den neugewonnenen Ansichten anzupassen sei.

Zu den Schwaben gehört beides, das Verhockte, Muffige, Spießbürgerliche, aber auch die Weltoffenheit und das Umtriebige, Schaffige. Der Ministerpräsident zählt zu der offenen Sorte, das Brettlesbohren liegt ihm dafür weniger, denn wenn man an dem einen schafft, kann man nicht schon das nächste holen.

In seinem privaten Bereich lebt er bescheiden, wie sich das gehört. Er mag Kutteln (was selbst manchem Schwaben zu weit geht) und Maultaschen, und er trinkt gern einen Besigheimer Trollinger mit Lemberger. Daß er es mit der Kunst wichtig hat, ist verdächtig und unwürttembergisch, wo man noch das Wort des Abgeordneten Mosthaf im Ohr und im Herzen hat, der im alten Landtag ausrief: »Mir brauchet koi Konscht, mir brauchet Grombiera! [Kartoffeln]«, was zur Folge hatte, daß die Gemäldesammlung der Gebrüder Boisserée nach München ging als Grundstock für die Alte Pinakothek.

Wollte man Späth mit einem seiner Vorgänger im Amt vergleichen, dann paßt keiner so recht, nicht nach Statur, nicht nach Herkunft, Bildung oder Begabung. Er ist schon ein rechtes Original.

Und Illusionen über die dauernde Gunst der Baden-Württemberger macht er sich keine, im Gegenteil, er rechnet fest damit, daß sie ziemlich Beifall klatschen, wenn er einmal ausrutscht und fällt. Da trifft er sich mit dem ersten Ministerpräsident Reinhold Maier. Als der, von den Amerikanern als Ministerpräsident von Württemberg-Baden frisch eingesetzt, mit seinem Freund und Kultusminister Theodor Heuss die Straße hinunterging, fragte der: »Du, Reinhold, wer setzt uns eigentlich wieder ab?« Maiers Antwort: »Im Zweifel das dankbare schwäbische Volk.«

Späth wird sich dann ärgern. Aber wundern wird's ihn nicht. Dieser Schwabe kennt die Seinen.

Bettina Wieselmann

Seine Sprache: Beherzt über Stock und Stein

Das Auditorium klatscht Beifall, wie fast immer deutlich mehr als den üblichen Höflichkeitsapplaus. Und Lothar Späth freut's sichtlich. Über eine Stunde lang hat er in der Karlsruher Kongreßhalle vor Honoratioren der Stadt, obersten Richtern, hohen Ministerialbeamten und Führungskräften aus der Wirtschaft gesprochen. Anlaß: die Eröffnung der Führungsakademie des Landes Baden-Württemberg, Kaderschmiede für jene Beamten, die später leitende Funktionen in der Landesverwaltung übernehmen sollen.

Ein wichtiges Datum ist dieser 1. Oktober 1986 für Späth ohne Zweifel. Denn das »ENAle«, wie die Führungsakademie in Anlehnung an das große französische Vorbild freundlich-spöttisch im Ländle genannt wird, ist das einzig wirklich greifbare Ergebnis der aufwendig angekündigten Reform der Verwaltungsstruktur.

Dem Anlaß angemessen: die Rede mit dem anspruchsvollen Titel »Führung in einer offenen Gesellschaft«. Den Journalisten liegt die gedruckte Fassung vor, wie sie in der Grundsatzabteilung des Staatsministeriums – ganz im Sinne Späths – erarbeitet worden ist: Vom Primat der Politik vor der Verwaltung ist zu lesen, von der Notwendigkeit, daß Führungskräfte in der Verwaltung über kommunikative, gesellschaftliche und nicht zuletzt über eine Querschnittskompetenz verfügen müssen, vom Ziel schließlich, Führungseliten statt einer elitären Führungskaste heranzubilden.

Aus der Vorlage wird später die Nachrichtenagentur ihre Nachricht schneidern, den Ministerpräsidenten zitieren – mit Sätzen, die er nie gesagt hat.

»Änderungen vorbehalten! Es gilt das gesprochene Wort!« Chronisten tun gut daran, diese Warnungen auf dem Deckblatt einer Späth-Rede ernst zu nehmen. Mit kalkulierter Geste pflegt er nämlich den Text aus dem Jackett zu ziehen, ihn auf das Pult zu legen und fortan nicht mehr anzuschauen.

Manchmal, wie in Karlsruhe, haben Vorlage und Vortrag kaum noch etwas miteinander zu tun. Dann verliert der Redner auf der Suche, Abstraktes anhand konkreter Beispiele deutlich zu machen, über weite Strecken den roten Faden. Führung in einer offenen Gesellschaft? Ja, irgendwann ist dann auch davon die Rede, beispielsweise so: »Es gibt Signale, daß die eigentlichen Führungsstrukturen im Gesamtheitlichen nicht mehr zusammengehen ...«

Extemporiert Lothar Späth über Abstrakt-Philosophisches, hat das leicht etwas Angestrengtes. Sprachliche Klarheit, begriffliche Schärfe sind seine herausragenden Stärken nicht. Dem Pragmatiker mit den Vordenkerqualitäten liegt es bei weitem mehr, über Anschauliches wie das High-Tech-Land Baden-Württemberg zu sprechen. Da sprudeln Dakten, Fakten, Zahlen, die er, gestützt auf ein überdurchschnittlich gutes Gedächtnis, immer und überall abrufen kann.

Die Linke locker in der Hosentasche, kommt er mit einer verblüffend unkomplizierten Attitüde daher. Da ist nichts Weihevolles, staatsmännisch Entrücktes. Wenn Späth frei spricht – und alles andere ist nicht nur nach Ansicht seiner engsten Berater eine »schreckliche Veranstaltung« –, dann hat er weder etwas von der »Silberzunge« Kurt Georg Kiesingers noch von der altväterlich-gravitätischen Sprache Hans Karl Filbingers. Späth ist Späth.

Der Schwabe Späth tut nichts dazu, seine Herkunft zu verleugnen. Da werden Relativsätze mit »wo« eingeleitet, ohne daß es einen örtlichen Bezug gibt. Anderes als das landesübliche »größer wie« käme ihm nicht über die Lippen, und auch wenn der Duden auf dem Neutrum beharrt, bei Späth heißt es ganz selbstverständlich »der Durcheinander«. In einem Land, in dem eine große Brauerei mit dem Slogan »Ein Bier wie mir« wirbt, stolpert kaum jemand darüber.

Daß Späth ganz unschwäbisch immer mal wieder schnoddrig-hemdsärmelig Floskeln wie »das macht mir keene Probleme« einstreut, paßt trotzdem ins Bild. Es paßt zu einem, der überhaupt nichts provinziell Verhocktes, sondern jene schwäbische Art von Weltläufigkeit hat, die nicht zuletzt aus einem ungebrochenen Verhältnis zu den eigenen Qualitäten resultiert.

So selbstbewußt, ohne jede Hemmung wagt er sich auch ans Englische. Da können die Diplomaten in der Washingtoner Botschaft noch so oft auf ihre Dolmetscher verweisen, Lothar Späth wickelt die Diskussion mit den amerikanischen Topwirtschaftsjournalisten allein ab. Er weiß, daß er es kann. Äny kwestschen?

350 bis 400 Reden hält Baden-Württembergs Ministerpräsident im Jahr, die Landtagsauftritte nicht mitgerechnet. Allein der Terminkalender verhindert, daß es nicht mehr sind. Er spricht vor dem Bauernverband in Ehingen, den Mannesmann-Managern in Düsseldorf, dem Wirtschaftsparteitag der ÖVP in Wien, verabschiedet den altgedienten Oberbürgermeister in Böblingen, meldet sich beim »Küstenessen« in Cuxhafen zu Wort, gibt dem Fleischereiverband des Landes die Ehre, spricht vor der Anglo-German Association in London, ist bei der Seniorenveranstaltung der CDU in Hannover dabei und spricht zum 200. Todestag Friedrich des Großen auf der Burg Hohenzollern.

Nur noch die wichtigen Reden läßt er sich ausarbeiten, und das gilt auch nur, sofern sie nicht Späths ureigenes Feld betreffen: »Es wäre albern«, heißt es im Staatsministerium, »würden wir ihm eine Rede zur dritten industriellen Revolution oder zum Technologietransfer im Land vorlegen.« Ein Redegerüst, zumindest einen Sachvermerk mit den wichtigsten Daten, hat Späth jedoch immer zur Hand. Meist erst auf der Fahrt zum Termin liest er das Aufgeschriebene, unterstreicht ihm Wichtiges, macht Anmerkungen.

So mancher Redenschreiber in der Villa Reitzenstein, der viel Herzblut in eine nie gehaltene Späth-Rede investiert hat, findet immerhin Genugtuung, wenn der Text später gut schwäbisch-sparsam als Späth-Aufsatz irgendwo abgedruckt wird.

Baden-Württembergs Regierungschef ist nicht nur ein vielgefragter, sondern in aller Regel auch ein hochgeschätzter Redner. Er kommt an bei den Leuten, in Möckmühl wie beim Managerforum in Davos. Läßt man einmal beiseite, daß Aufmerksamkeit wie Beifall immer auch dem ebenso populären wie unkonventionellen Politiker gelten, ist es nicht leicht zu sagen, was die Attraktivität des Redners ausmacht. Lothar Späth ist kein Geschichtenerzähler wie Johannes Rau, auch Manfred Rommels unerschöpflicher Zitatenschatz steht ihm nicht zur Verfügung. Eine Häufung besonders geistreicher Bonmots, sprühender Witz à la Norbert Blüm? – Fehlanzeige. Auch vom Tribunen, der die Massen mitreißt, hat er nichts.

Seine zweifellos vorhandene rhetorische Begabung liegt wohl vor allem in der Fähigkeit begründet, unbekümmert lebendig zu sprechen und damit dem Publikum einen Politiker vorzuführen, dem man deshalb das vielstrapazierte Etikett »Bürgernähe« abnimmt. Vorzugsweise außerhalb der Landesgrenzen spricht er, um diesen Eindruck noch zu verstärken, gern von »meinen Schwarzwaldbauern« oder »meiner Möbelindustrie«.

Mit erfolgreich getesteten Standardformulierungen, in denen mehr oder minder ironisch verpackter Common sense steckt (»Mir ist kein Opfer zu groß, das die anderen für mich bringen»), bindet er Zuhörer ein, holt sich die Zustimmung, auf die er aus ist. Provoziert er beim politischen Gegner Widerspruch, ist Späth auch das nur recht. Kaum ein Zwischenruf im Landtag, der ihn nicht zu spontaner Reaktion reizt. Ob es ein Ausweis besonders intelligenter Oppositionspolitik war, mag dahingestellt sein, aber Späth wird es doch geärgert haben, daß sich SPD, Grüne und FDP im Sommer 1986 per Selbstverpflichtung jeglichen Einwurf während seiner Rede zur Halbzeitbilanz der Regierung verkniffen hatten.

Die Landtagsstenographen dürften mindestens ebenso wie er selbst dankbar für Zwischenrufe während einer Späth-Rede sein – unterbrechen sie doch einen schier unaufhaltsamen Redeschwall, den die Protokollanten mehr schlecht als recht durch Strichpunkte oder Gedankenstriche nachträglich zu strukturieren versuchen. Denn Lothar Späth ist ein überaus undiszipli-

Der Fraktionsvorsitzende (1976)

Amtsübergabe von Karl Schiess an den neuen Innenminister (23.2.1978)

Der Innenminister bei der Übernahme neuer Polizeilimousinen (1978)

Halali zum Auftakt des baden-württembergischen Landtagswahlkampfs 1980

Die Spitzen der Südschiene

Der Kunstliebhaber

Der Ministerpräsident prüft die Öchslegrade des neuen Weins

Der ehemalige Spitzenmanager der Neuen Heimat vor dem NH-Untersuchungsausschuß in Düsseldorf (April 1987)

Der Ministerpräsident mit seiner Airdale-Hündin Dina im Garten seiner Dienstvilla

Am 18. August 1987 fünfundzwanzig Jahre verheiratet,
das Ehepaar Späth

Tochter Daniela und Sohn Peter

nierter Redner. Einmal in Fahrt, und das geht ziemlich schnell, ergeht über die Zuhörer ein Wortgewitter sondergleichen. Und da er noch schneller denkt als spricht, geht das meist nicht gut aus.

Geht es sehr schlecht aus, dann stolpert er in nicht enden wollenden Schachtelsätzen beherzt über Stock und Stein: Logik und Grammatik bleiben dabei nur zu oft auf der Strecke.

»Wenn ich einmal, wie es, wie ich meine, wirklich notwendig ist, Herr Maurer, den polemischen Teil aus dieser Debatte, der nicht ganz wegzudenken ist, wegnehme, auch den nach Ihrer Vorbemerkung, daß Sie heute, weil es dem Thema angemessen sei, nicht polemisieren wollten, und wenn ich auch das einmal auf die Seite nehme, wo Ihr Naturell ein bißchen mit Ihnen durchgebrannt ist, dann meine ich, daß selbstverständlich etwas da ist, was uns über die verschiedenen Meinungen hinweg verbindet, nämlich diese Betroffenheit« (Plenarprotokoll 9/49, Seite 3935).

Es verwundert nicht, daß es heißt, Lothar Späth sei ein idealer Brainstorming-Partner. Schnell erkennt er die Komplexität eines Problems. »Er hat eine Netzstruktur im Hirn«, heißt es. Das hat Konsequenzen für die freie Rede. Wer nicht linear denkt, springt auch beim Sprechen, scheidet Wichtiges nicht von Nebensächlichem, unterbricht den eigenen Redefluß durch immer neue Einschübe. Hin und wieder merkt Späth, daß er vom Hundertsten ins Tausendste gekommen ist, und ruft sich sozusagen selbst zur Ordnung, indem er einschiebt: »Ich komme jetzt zum entscheidenden Punkt ...« – was freilich nicht viel heißen muß. Typisch auch seine mittendrin abgebrochenen Sätze: »Also wenn ich Umweltminister in Bonn gewesen wäre ...« Es bleibt leider ungeklärt, wie es dann gegangen wäre. Und die Hörfunkleute, die oft genug stöhnen unter der Mühe, Sendereifes herauszufiltern, sind wieder einmal um einen O-Ton Späth ärmer.

Lothar Späth, der den Menschen zumindest im Südwesten so griffig beigebracht hat, daß es Unterschiede zwischen der Bedeutung von Kartoffel- und Mikrochips für ein Industrieland gibt, dessen Fähigkeit, Probleme zu erkennen und forsch anzupacken, über die Parteigrenzen hinweg nicht ohne Bewunderung kommentiert wird, dieser Lothar Späth hat etwas seltsam Ungefähres, gilt es, Sachverhalte oder Ansichten darüber verbal auf den Punkt zu bringen. Zwar gebraucht er seit einiger Zeit geradezu inflationär Begriffe wie Struktur, System, Konzept, doch stehen sie in Sätzen, in denen es von Wörtern wie »eigentlich« oder »gewissermaßen« nur so wimmelt.

Ein Beispiel für viele: Auf dem Höhepunkt der Auseinandersetzungen um den »Streikparagraphen« 116 Anfang 1986 bittet der Ministerpräsident und stellvertretende CDU-Bundesvorsitzende zu einem Pressegespräch. Stunden später wird er schon nach Asien unterwegs sein. Die Situation ist durchaus kühl kalkuliert: Späth, der sich bis dahin aus diesem innenpolitischen Streit auffallend herausgehalten hat, will vor seiner Abreise medienwirksam ein Zeichen setzen – in Richtung Bundesregierung wie in Richtung Gewerkschaften.

Die Botschaft, die er übermitteln will, ist schlicht: Die Gewerkschaften sollen der Regierung noch einmal in aller Ruhe ihre Vorbehalte – die er nicht teilt – gegen die Gesetzesänderung vortragen können. Doch diese Botschaft mit dem Appell an die Vernunft beider Seiten kommt in seiner gut halbstündigen Stellungnahme nur bedingt an. Am Ende muß man sich im Staatsministerium mit dem abgeschriebenen Bandmitschnitt gegen Vorwürfe aus den eigenen Reihen wehren, Späth sei dem Kanzler in den Rücken gefallen.

Sicher, die Tickermeldung »Späth sieht Streikrecht in Gefahr« war falsch. Denn irgendwo hieß es fast beiläufig, daß es natürlich nicht stimme, was die Gewerkschaften behaupteten. Doch daß die Mißdeutung überhaupt entstehen konnte, ging nicht zuletzt auf das Konto des Redners. Wieder einmal hatte Späth so wortreich wie ungegliedert unterschiedlichste Facetten des Problems skizziert: Es »wird einem eigentlich klar, daß die Überlegungen zur Änderung des Paragraphen 116 ja gewissermaßen aus einer Rechtsprechungspolitik gekommen sind, die Fragen aufwirft für die zukünftige Klärung ...«.

Wenn Prägnanz im Ausdruck und die Konzentration auf das Wesentliche fehlen, dann kann es auch mit einem, für den »Kommunikation« längst zu einem Schlüsselbegriff geworden ist, Kommunikationsschwierigkeiten geben.

Der Schnelldenker und Schnellsprecher Lothar Späth, der angeblich viel liest, aber immer weniger zuhören kann, ist mit seinem Buch »Wende in die Zukunft« ein erfolgreicher Autor geworden. Das Buch ist sein politisches Credo. Seine Sprache im engeren Sinne spricht es allerdings nicht. Es gab einen Ghostwriter – und sicher nicht nur aus Gründen der Arbeitsüberlastung. Der naheliegende Umkehrschluß, daß jene, die gewohnt sind, mit geschriebener Sprache umzugehen, dies auch mündlich ausgefeilt tun, trifft freilich, wie man weiß, auch nur sehr selten zu.

WERNER FILMER/HERIBERT SCHWAN

Keine Liebe auf den ersten Blick

Sonntag, 28. September 1986. Wieder einmal auf der Solitüde, dem Wohnsitz des baden-württembergischen Ministerpräsidenten. Ursula Späth steht im Mittelpunkt des Interesses der rund dreihundert Gäste, die sie gemeinsam mit dem baden-württembergischen Unternehmerverband zu einem Sommerfest eingeladen hat. Ein langer roter Teppich führt durch die herbstliche Parkanlage zu einem Großzelt mit Holztischen, Bänken und Holzfußboden.

Das Zelthaus ist bis auf den letzten Platz belegt. Für Essen und Trinken sorgt der Partyservice der Lufthansa. Das Zelt stellte die Firma BMW und nicht »Daimler«. Ein geschickter, genüßlich belächelter Schachzug. Freundliche Hostessen bedienen die Gäste, die jeweils 500 DM Eintritt bezahlt haben, um mit dem Ehepaar Späth dinieren zu können. Allerdings wurde der halbe Tausender nicht allein für Speisen und Getränke ausgegeben, sondern der Löwenanteil der Einnahmen soll der »Amsel« zugute kommen, der »Aktion Multiple-Sklerose-Erkrankter, Landesverband Baden-Württemberg«, dessen Schirmherrin Ursula Späth seit fünf Jahren ist. Auch an diesem Abend wirkt die Frau des Landesvaters zurückhaltend, fast schüchtern.

Doch nach den Begrüßungsansprachen tritt sie mutig ans Rednerpult und referiert über den guten Zweck des Abends. Sie erläutert in kurzen Sätzen, wie und warum sie 1982 die Schirmherrschaft übernommen hat und seitdem engagiert um materielle und ideelle Unterstützung der rund 10 000 Multiple-Sklerose-Erkrankten wirbt. Die anwesenden Unternehmer erfahren, daß die Selbsthilfeorganisation 1982 finanziell am Ende war, bevor Ursula Späth aktiv wurde. Sogar das Geld für die Miete der Geschäftsstelle und für den Geschäftsführer hatte gefehlt.

Damals machte sich Ursula Späth sachkundig. Sie konsultierte ihren Mann, gründete einen Förderkreis und warb zahlungskräftige Mitglieder. Der prominenten Politikerfrau gelang es, mit Hilfe ihres Bekannten- und Freundeskreises, doch auch vieler anonymer Spender, eine neue finanzielle Basis herzustellen.

Das Gartenfest Ende September 1986 auf der Solitüde brachte einen Reingewinn von 300 000 DM. Die Gäste bezahlten nicht nur ein teures Eintrittsticket, sie griffen im Laufe des Abends noch einmal tief in die Tasche, um zu spenden. Zur guten Tat trug ohne Zweifel auch Ursula Späths persönliche Ansprache bei, ihre Schilderung der schwierigen sozialen und psychologischen Probleme der Kranken. Selbstbewußt – fast ohne Lampenfieber – sprach sie über die Bemühungen der »Amsel«. Dabei hatte sie ihrem Mann noch vor Jahren angedroht, sie werde sich eher scheiden lassen, als bei öffentlichen Auftritten zu reden.

Seit sie sich öffentlich engagiert, kommen täglich neue Anfragen zur Übernahme von Patenschaften, unzählige Bitt- und Bettelbriefe erreichen sie. Doch Ursula Späth möchte sich nicht verzetteln. Sie konzentriert sich auf die »Amsel«, verwendet dafür fast ihre gesamte Freizeit.

Im Gegensatz zu manchen Politikerfrauen fand sie ihren Weg in ein öffentliche Aufmerksamkeit erregendes soziales Engagement erst spät. Im Gegensatz zu ihrem Mann spürte sie auch keinen politischen Ehrgeiz. Erst seit ihre beiden Kinder aus dem Gröbsten heraus sind, übernahm sie soziale Verantwortung. Hin und wieder passiert es sogar, daß sie ihrem Mann eine Repräsentationspflicht verwehrt, weil sie »Amsel«-Verpflichtungen zu erfüllen hat. Nur mit eiserner Pflichtauffassung kommt die Schwäbin den protokollarischen Notwendigkeiten nach. Amtspflichten an der Seite des Ministerpräsidenten gehören nicht zu ihrer Kür. Am liebsten würde sie ganz auf öffentliche Auftritte verzichten.

Geht es nicht schneller?

Als sich Ursula Heinle und Lothar Späth zum erstenmal begegneten, waren beide achtzehneinhalb Jahre alt. Der Ilsfelder Verwaltungskandidat hatte im April 1956 nach seinem Umzug nach Giengen an der Brenz vermutlich seine Koffer noch nicht ganz ausgepackt, als er im Café Höpflinger eine junge Frau entdeckte. Doch die Dame, die sechs Jahre später seine Frau werden sollte, zeigte sich zunächst spröde. Es blieb bei einer oberflächlichen Begegnung. Erst sechs Wochen später wechselten beide erste Worte miteinander.

Bei einem Gauturnfest waren beide – unabhängig voneinander – als freiwillige Helfer engagiert worden. Ursula Heinle sollte mit einigen Freundinnen im Rathaus die Wertungen der Sportler tippen. Späth und einige andere koordinierten die Sportergebnisse; sie diktierten den Helferinnen die einlaufenden Zahlen in die Schreibmaschine. »Mädchen, geht es nicht schneller«, pflaumte der Verwaltungskandidat seine spätere Frau an, die aufgebracht zischte, er solle doch selbst schreiben, sie würde dann diktieren. Trotzdem nahm sie seine Einladung an, abends mit ihm ins Café Höpflinger zu gehen, einem stadtbekannten Treffpunkt. Von diesem Tag an sahen sich beide häufiger. Einer der ersten Filme, den sie sich gemeinsam ansahen, war »Schade, daß du eine Kanaille bist«. Späth verkehrte auch bald im Hause Heinle. Doch Ursula Heinle wollte noch keinen festen Freund, höchstens einen Partner zum Ausgehen, zum Tanzen. Es war für beide keine Liebe auf den ersten Blick. Zu ihrem 19. Geburtstag am 9. November 1956 schenkte ihr der Rathauslehrling immerhin ein Buch aus dem Diogenes-Verlag: »Lache dich gesund« hieß das Werk, das von Ursula dankbar angenommen wurde.

Die Sturm-und-Drang-Jahre der beiden verliefen abwechslungsreich. Mal hatte er die Nase voll, mal wollte sie, die Sekretärin aus der Filzfabrik, nicht mehr. Immer, wenn es bei einem »funkte«, ging der andere auf Distanz. Glücklicherweise erlitten sie ihre Tiefs nie zur selben Zeit. Beweisen wollten sie irgendwann sogar, daß Friedrich Nietzsches Behauptung falsch sei, eine tragende Freundschaft zwischen Mann und Frau gebe es nicht.

Späth entdeckte Nietzsche übrigens im Hause Heinle und »verschlang« ihn sogleich. In der Folgezeit gab es eine feste Verabredung zwischen beiden, nie zu heiraten, sondern gute Freunde zu bleiben.

Kriegsschicksal

Ursula Späth wurde am 9. November 1937 in Ulm an der Donau geboren. Sie war das älteste von vier Kindern. Ihre Mutter Helene, geborene Dinkelacker, arbeitete bis zu ihrer Geburt als Säuglingspflegerin und Hebamme.

Vater Walter Heinle, Jahrgang 1908, wie seine Frau Helene, Jahrgang 1907, in Giengen an der Brenz geboren und aufgewachsen, hatte Philologie studiert. Seine Doktorarbeit war allerdings nicht angenommen worden, weil sie als »zu liberal für diese Zeit« eingestuft worden war.

Heinle arbeitete einige Zeit in Königsberg als nichtbeamteter Lehrer, sattelte dann aber um. Weil einer seiner Freunde mit einer Jüdin verheiratet war und deshalb seinen Posten als Direktionsassistent bei den »Vereinigten Filzfabriken« in Giengen aufgeben mußte, wurde dem Pädagogen die Nachfolge angeboten. Heinle ließ sich »umschulen auf Textil« und wurde nach kurzer Ausbildungszeit Direktionsassistent.

Inzwischen NSDAP-Mitglied, trat Heinle mit seiner Familie aus der evangelischen Kirche aus. 1939 wurde er Soldat und zog in den Krieg. Der überzeugte Nationalsozialist ließ keinen Zweifel an seiner Geisteshaltung.

Noch während seines Heimaturlaubes in Giengen warb er für Hitler und seine Politik.

Ab 1941 kämpfte Heinle an der Ostfront. Im April 1943 erreichte die Familie die Mitteilung, daß er vermißt sei. 1981 wurde Vater Walter Heinle vom Deutschen Roten Kreuz offiziell für tot erklärt. Bei einem Verwundetentransport, so das DRK, soll er verhungert sein.

Wie Tausende deutscher Familien erlebten die Heinles ein schweres Kriegsschicksal. Mutter Helene Heinle stand mit vier Kindern allein, mußte zur Fürsorge gehen, kämpfte ums Überleben. Sie führte ein strenges Regiment, um ihre halbwüchsigen Kinder unter Kontrolle zu halten.

Ein Mädchen will weiter

Die älteste Heinle-Tochter Ursula ging nach vierjähriger Volksschulzeit aufs Gymnasium. Nach der zehnten Klasse wechselte sie auf die höhere Handelsschule und machte die mittlere Reife. Anschließend besuchte sie in der Kreisstadt Heidenheim für ein Jahr die Handelsschule. Ihren ersten Arbeitsplatz als Sekretärin fand sie bei der Giengener Firma

Leonhard Wolff GmbH & Co. Dieses Familienunternehmen betrieb damals wie heute den Handel mit Textilrohstoffen.

Als Ursula Heinle 1956 Lothar Späth kennenlernte, arbeitete sie bei der VFG, der »Vereinigten Filzfabriken AG», in Giengen. Unter dem Slogan »Filz für Technik und Dekor« produziert und vertreibt das alteingesessene Unternehmen ein vielseitiges Programm an Wollfilzen in alle Welt übrigens auch heute noch.

Aber die ehrgeizige Ursula wollte nicht immer »Tippse« bleiben. Angeregt durch ihre jüngere Schwester, besuchte sie 1959 eine Sprachenschule in Gengenbach im Schwarzwald. Hier belegte sie die Fächer Englisch, Französisch und Spanisch. Nach neunmonatiger Ausbildung hing sie noch einen Kurs für Wirtschaftskorrespondenz an und zog nach Stuttgart. Hier fand sie eine Tätigkeit bei einer literarischen Agentur, in der sie ihre neuerworbenen Sprachkenntnisse anwenden konnte. Mit der Hochzeit am 18. August 1962 gab Ursula Späth zunächst ihren Beruf in Stuttgart auf. Nicht zuletzt weil es ihr Ehemann, der Bietigheimer Stadtamtmann, so wünschte. Doch nach einem halben Jahr »fiel ihr die Decke auf den Kopf«.

Sie wollte raus, etwas unternehmen, etwas leisten, Verantwortung tragen, Anerkennung finden. Ursula Späth setzte sich gegen ihren Mann durch und arbeitete von nun an drei Tage in der Woche in einem Stuttgarter Verlag. Nach einem Jahr jedoch machte sie mit ihrer Berufstätigkeit endgültig Schluß.

Kochen, backen, waschen, bügeln, putzen: Ursula Späth bekam ihre erste Haushaltshilfe erst, als ihr Mann bereits Innenminister war.

Als sie den ehrgeizigen Inspektor näher kennenlernte, merkte sie schnell, daß hinter seiner »Schwertgosch« mehr steckte als zunächst erkennbar. Er war kein »häuslicher Typ«. Schon in Giengen hielt er die Verabredungszeiten selten ein. Sagte er sich für 20 Uhr an, erschien er gegen 22 Uhr – völlig überlastet, überarbeitet, übermüdet. Späth rackerte sich ab, leistete mehr als andere. Wie hatte er gesagt? Sein erstrebenswertestes Ziel sei es, Oberbürgermeister zu werden.

Die Kinder

Eigentlich wollte Ursula Späth eine große Familie haben, mindestens sechs Kinder. »Das war mein Traum«, sagt die First Lady von Baden-Württemberg heute. Doch Kinder haben wollen ist eine Sache, Kinder kriegen eine andere. Sie könne vorerst nicht schwanger werden, eröffneten ihr die Mediziner. Das Ehepaar Späth entschloß sich deshalb, die Adoption eines Kindes einzuleiten.

Betrieben wurde das eineinhalbjährige Adoptionsverfahren vor allem von Ursula Späth. Als sie endlich einen fünfeinhalb Monate alten kräftigen Buben in ihren Armen hielt, war sie selig. 1986 machte Sohn Peter den Führerschein und bekam zum achtzehnten Geburtstag ein Auto geschenkt.

Der Primaner war am 24. Oktober 1968 geboren worden. Bevor er in den Kindergarten kam, klärte ihn seine Mutter über die Adoption auf. Peter, ein aufgeweckter, natürlich wirkender Bursche, war immer ein guter Schüler.

Nach dem Abitur will er Chemie, Betriebswirtschaft und Philosophie studieren – eine eigenwillige Fächerkombination. Noch denkt er nicht an ein parteipolitisches Engagement, wenn auch die politische Einstellung seines Elternhauses bei ihm unverkennbar durchschimmert. Dennoch verlaufen Diskussionen mit dem Vater oft kontrovers. Peter läßt sich von Lothar Späth weder überreden noch niederbügeln, fragt stur nach Details, vor allem dann, wenn sein Vater glaubt, Fragen hastig und oberflächlich beantworten zu können.

Tochter Daniela – lange ersehnt – hat das Temperament ihres Vaters geerbt, auch sein Selbstbewußtsein, sogar seine Haltung beim Gehen. Peter und Daniela verstehen sich gut, raufen aber auch miteinander wie alle aufgeweckten Geschwister.

Die Späth-Tochter wurde am 3. Mai 1971 geboren, sie galt zunächst als »sehr unbefangen, sehr lieb«. Erst mit sechzehn Jahren begann die hellblonde leibliche Tochter, Fragen zu stellen, Meinungen zu äußern. Rein äußerlich ist sie eine gute Mischung von beiden Elternteilen.

Beide Kinder werden von der Mutter als »pflegeleicht« bezeichnet – trotz der herausgehobenen Position des Vaters, trotz der vielfältigen öffentlichen Repräsentationspflichten. Für beide, meint Ursula Späth, bringt der Job des Vaters eher Nachteile als Vorteile: »Sie mußten immer lieber und besser sein als andere«, sagt sie.

Daniela, eine begeisterte Reiterin, weiß seit ihrem fünften Lebensjahr, daß sie Tiermedizin studieren will. Zur Konfirmation erfüllten die Eltern ihr einen Herzenswunsch: sie kauften ein Pferd. Heute verbringt sie den größten Teil ihrer Freizeit im Reitstall. Peters Hobby ist das Tennisspielen. Mittlerweile soll er sogar seinen – auch im Tennis – ehrgeizigen Vater schlagen.

Besondere Vorstellungen von der Erziehung ihrer Kinder will Ursula Späth nicht gehabt haben. Eines wußte die für die Kindererziehung allein Verantwortliche allerdings immer, nämlich daß sie die beiden zu »anständigen Menschen erziehen« wollte. »Mit viel Liebe und gesundem Menschenverstand« sollten aus Peter und Daniela »unbefangene, offene und natürliche Menschen« werden.

Was Ursula Späth leistet, geschieht aus »Pflichtgefühl und Verantwortungsbewußtsein«. Ihre Jugendträume von einem beschaulichen, gutbürgerlichen, geordneten Leben haben sich nicht erfüllt. Unerfüllt blieb bis heute auch ihre Bitte an den Ehemann, ein bißchen mehr Zeit für die Familie zu haben, weniger Termine anzunehmen, früher nach Hause zu kommen.

An der Seite dieses Mannes

Kindererziehung, Küche, Haushalt, Repräsentationspflichten, »Amsel«, nicht alles ist Kür. Und an der Seite dieses Mannes Auslandsreisen zu machen, sei fast eine Zumutung, sagt sie. Seine Terminhetze sei »wahnsinnig anstrengend, kaum auszuhalten«.

Solange Späth in Bietigheim arbeitete, fühlte sich seine Frau wohl. Dort gab es eine engagierte Gattin des Oberbürgermeisters, und Ursula Späth blieb unbehelligt. Schwieriger wurde es, als Lothar Späth Innenminister wurde – Sicherheitsüberprüfungen, Überwachungen. Das Familienleben änderte sich vollends, als der Innenminister Ministerpräsident wurde. Von heute auf morgen wurde Ursula Späth eine öffentliche Person. Das alles hat sie »persönlich sehr geschafft«.

Die Umstellung dauerte mehrere Jahre. Bis zum heutigen Tag ist ihr vieles unangenehm geblieben. First Lady zu sein, dafür fühlt sie sich weder geboren noch erzogen. Was sie heute anders machen würde? »Nicht mehr so jung heiraten und dafür Fremdsprachen im Ausland studieren!«

Ursula Späths Vorbilder sind Hilda Heinemann und Wilhelmine Lübke, die sich bescheiden im Hintergrund hielten. Ihr politisches Interesse hält sich in Grenzen. Doch durch ihre »Amsel«-Schirmherrschaft hat sie inzwischen eine Fülle sozialpolitischer Probleme kennengelernt. Heute diskutiert sie mit ihrem Mann leidenschaftlich über Krankenhaussätze und Krankenversorgung, übermittelt ihm Denkanstöße und nimmt Einfluß. Für den oft vom Boden abgehobenen Ministerpräsidenten verkörpert sie im Grunde genommen, die »Vox populi«. Mit feinem Gespür sammelt sie Meinungen und Ansichten der Leute auf der Straße. Sie erfährt in zahlreichen Briefen, wo wirklich der Schuh drückt. All das beschäftigt sie. Deshalb gibt sie sich viel Mühe bei der Beantwortung der Post, hat Gesprächsthemen in Hülle und Fülle, bringt Sprengstoff in den Vierpersonenhaushalt. In den letzten Jahren konnte Ursula Späth ihren Mann stark mit erlebten Beispielen menschlichen Leidens und menschlicher Not beeinflusen. Das bewegt den Pragmatiker.

In der Bewertung seiner Frau tun sich viele Freunde, Gönner und Kenner Lothar Späths schwer. Es gibt Beobachter, die Ursula Späth nur für ein Heimchen am Herd halten. Andere haben sie viele Jahre hindurch als kritische, ab und zu sogar nörgelnde Frau kennengelernt, die ihren Mann und seine gesamte Arbeit in Frage stellen konnte und ihn barsch anging.

Ursula Späth mußte jedenfalls über Jahre Geduld, Toleranz und Nachsicht aufbringen, wenn Lothar Späth über die Stränge schlug oder wochenlang restlos verplant war.

Kein Zweifel: Bis auf wenige Freunde ist Ursula Späth der einzige Mensch, der den Ministerpräsidenten ohne Rücksichtnahme kritisieren darf. Ein enger Vertrauter meint: »Seine Frau hat einen großen Einfluß auf ihn, was niemand weiß. Frau Späth kann sehr burschikos sein und Einfluß nehmen, macht allerdings personalpolitisch davon überhaupt keinen Gebrauch. Das weiß ich definitiv. Sie spricht ihm nicht hinein. Sagt nicht: Mach das, mach jenes! Aber sie hat Einfluß auf sein tägliches Tun. Im persönlichen wie im familiären Bereich bestimmt sie ohnehin alles Wichtige.«

Brigitte Johanna Waidhofer

Spürnase

Er spricht leise, fast sanft – wie zuvor mit seiner Tochter, als sie sich vorm Zubettgehen noch einmal an den Vater schmiegte. Jetzt spricht er von einem Bild, und das steht im krassen Gegensatz zur ungewöhnlich eindringlichen Zurückhaltung, die mehr verrät als allzu laute Begeisterung. Grelle breite Streifen auf Rosa, gelbe Flächen, dunkelgrüne, in Ornamente aufgelöste, kreisrunde Gesichter. »Im Reich der Torros« von Friedensreich Hundertwasser hängt bei Lothar Späth im Haus auf der Stuttgarter Solitüde. Genauer: Im Büro seiner Frau – als ständige Leihgabe hat er ihr das Bild überlassen, das er »nicht für 20 Millionen Mark verkaufen würde«. Er sammelt Kunst nur der Wertsteigerung wegen, sagen einige, die ihn gut kennen (oder doch nur zu kennen glauben?). Eine Erklärung, die sich selbst bei flüchtigem Hinhören und vor allem Hinsehen nicht bestätigt. »Natürlich ist manches auch gewaltig im Wert gestiegen«, weiß er um die Unsinnigkeit, jedes Interesse an finanziellem Gewinn zu bestreiten. Viel wichtiger aber sei ihm die Welt der Bilder, die Begegnung.

Vor dem Hundertwasser könnte er zehn Stunden sitzen, »immer nur schauen und staunen«. Eine verblüffende Vorstellung, zumal bei einem Politiker, der im Landtag, vor Journalisten, bei Wahlauftritten fast immer den Eindruck des besonders schnellen, effizienten Arbeiters macht und machen will, der rastlos sein kann, ungeduldig, vor allem, wenn die Gegenseite nicht schnell genug kapiert oder ihn gar langweilt. Nicht, daß es nicht jedem in diesem Gewerbe zu wünschen, gar dringend zu empfehlen wäre, sich stundenlang vor ein Bild zu setzen, auf sich wirken zu lassen, was andere gestaltet haben, ganz ohne die Möglichkeit des Eingriffs. Aber gerade Späth?

»Gerade Späth«, beschreibt ihn ein Freund aus Bietigheimer Tagen, »der hat ein ungeheures Feeling, der hat ein Verhältnis zu Bildern entwickelt, wie es einem nicht so schnell wieder begegnet.« Das Wort »Herzensbindung« fällt im kleinen Büro von Frau Späth vor dem großen Hundertwasser. »Jedes Gesicht auf diesem Bild hat sein Schicksal«, sagt Späth wieder still, eindringlich und glaubwürdig – jedenfalls nicht wie einer, der weiß, daß es dazugehört, auch noch mehr oder weniger klug über moderne Malerei zu reden. Die Herzensbindung zum Bild hat auch das Interesse für den Maler geweckt. Mehrfach hat er schon versucht, mit ihm Kontakt aufzunehmen, zuletzt vor ein paar Wochen in Wien. Geklappt hat es noch nicht, »aber das kommt auch noch«, schimmert hinter dem engagierten Kunstliebhaber unvermittelt der unromantische Alltagspragmatiker durch.

Überhaupt ist der Weg des Lothar Späth zur Kunst ein Weg zu Menschen. Lude Döring zum Beispiel schickt regelmäßig Billetts mit bunten Zeichnungen und Anmerkungen zur Tagespolitik, zum »Menschen Lothar«, zur Familie oder zu sich selber. Späth sammelt sie nicht ohne Stolz, und irgendwann, erzählt er fast versonnen, will er ein Büchlein davon herausgeben. Oder Chagall, der hat ihm einmal einen Druck mit persönlicher Widmung geschickt – ein Geschenk, dessen Wert in Geld nicht zu bemessen ist. Bei Späths hat es einen Platz über dem Kamin im Mittelpunkt des Wohnraums. Und mit Inkamp hat er sich drei Jahre lang gestritten, ob das Bild, das jetzt neben dem Eßplatz hängt, auch wirklich fertig ist. Wer Lothar Späth erlebt, den wundert nicht, daß es der Künstler war, der nachgegeben hat.

Hajek in Stuttgart, Aphramides in Wien oder Lörcher, von dem er eine Kleinplastik so billig auf der »ART« in Köln erstand, als er die Kunstmesse eigentlich nur eröffnen sollte – aber nicht nur die bildenden Künstler, auch Schauspieler, Musiker und vor allem Tänzer haben es dem Lothar Späth angetan. Sagen sie und sagt auch er. Daß die Stuttgarter Ballettchefin Marcia Haydée immer wieder anruft mit der Bitte: »Lothar, du mußt mir helfen«, das erzählt er so beiläufig und selbstverständlich, daß der Verdacht, es sei zumindest auch landesväterliches Protzen im Spiel, wieder verfliegt. Zur Haydée gibt es mehr Kontakt, »als jeder ahnt«. Über sie hat er Maurice Béjart kennengelernt, für sie fliegt er bis nach Argentinien oder sammelt bei einem Essen des Herzogs von Württemberg mit hochkarätigen Wirtschaftsführern an einem einzigen Abend 250 000 Mark. Der Kontakt zu Menschen ist wie ein Ventil, durch das das Interesse eines Ministerpräsidenten getrieben wird, um als Leidenschaft des Menschen herauszukommen. Für Ballett zum Beispiel habe er immer etwas übrig gehabt, geht er großzügig mit dem Wort »immer« um. »Seit ich die ganze Truppe kenne, hat das aber eine neue Qualität.«

Die Wurzeln der Leidenschaft für Kunst und Künstler liegen im dunkeln. Seine Eltern hatten »so ein paar alte Schinken«, von zu Hause habe er da überhaupt nichts mitbekommen – außer dem Gefühl wahrscheinlich, auf das fast alle zu sprechen kommen, die den Ministerpräsidenten auch inoffiziell, im kleineren Kreis oder vor den eigenen Bildern erleben. Götz Adriani, Leiter der Kunsthalle in Tübingen: »Der kommt nicht einfach, spult seinen Text ab und geht wieder, er hat ein Gefühl dafür, Kunst zu erleben.« Auch der Generalintendant der Württembergischen Staatstheater, Wolfgang Gönnenwein, ein persönlicher Freund, ist überzeugt vom »Phänomen Späth« und bescheinigt ihm eine Spürnase für künstlerische Qualität und dafür, diese Qualität auch aufzunehmen und auf sich wirken zu lassen.

Diese Spürnase entdeckt und planmäßig entwickelt – eine umfangreiche Sammlung von Kunstbüchern ist Zeuge – hat Späth vor zwanzig, fünfundzwanzig Jahren. Über dem Eßtisch der kleinen Wohnung hingen Linolschnitte. Von einem Amateur übrigens und politischen Gegner obendrein: dem damaligen Bietigheimer SPD-Gemeinderat und Architekten Claus Weyrosta. Außerdem schmückten signierte Ausstellungsplakate die Wände, von denen es dann später in Porträts des Emporkömmlings Späth immer wieder hieß, die seien erst völlig leer gewesen und hätten mit einem Quadratmeter Kunst gefüllt werden müssen. (»Einfach ein Riesenblödsinn«, ärgert sich Ursula Späth darüber heute noch.) Anfang der sechziger Jahre kamen die Späths dann durch Zufall über einen Freund und für 95 Mark zu einer Grieshaber-Mappe. »Das war damals viel Geld für uns, aber es war auch eine gute Anlage«, blitzt bei dem Liebhaber ganz spontan wieder der Kunstgeschäftige durch. Die Mappe wurde Grundstein für eine Sammlung, die sich sehen lassen kann.

»Bilder lassen mich einfach nicht los«, sagt Späth und steht vor dem Hundertwasser, »und dieses ganz besonders.« Da ist dieses Gesicht mit der plattgedrückten Nase: Einer, der alles wissen will und doch nur von außen zusehen kann. Der andere mit den großen Augen, der viel sieht und doch so gelassen bleibt. Und dann der Unbeteiligte, dem sein Drumherum egal ist. Mit dem jedenfalls hat Späth wenig gemein, nicht nur, weil ihm seine Umgebung, sei es aus Interesse, Aktionismus oder beidem, so gut wie nie egal ist. Sondern auch weil er meint, sich als Ministerpräsident gerade in Sachen Kunst und Kultur fehlendes Engagement nicht leisten zu können: Wenn er sich für eine Sparte – in seinem Fall die Oper – nicht oder zumindest nicht sehr interessiert, dann tut er wenigstens so, als ob. Bei einer Wagner-Oper etwa, da könnte es schon sein, daß seine

Gedanken bis zum Wasserpfennig abschweifen. Hingehen würde er dennoch. »Es ist wichtig, daß auch die merken, der Ministerpräsident kümmert sich um sie«, läßt er die Grenzen zwischen Politik und Mäzenatentum etwas gönnerhaft verschwimmen.

Die Kultursonne wirft allerdings nicht überall im Land gleich lange Schatten, und das nicht nur des Stadt-Land- und Landeshauptstadt-Umland-Gefälles wegen. Ein Szenenwechsel vom Staatstheater mitten in der von Späth so vehement geforderten Stuttgarter Kulturmeile, in der ausgerechnet der Neubau des baden-württembergischen Landtags als ziemlich einfallslos herausfällt, an den Rand der Stadt ins Stuttgarter Theaterhaus, dem Anlaufpunkt der Alternativen, macht Prioritäten deutlich. »Hinter High-Tech muß High-Culture geschaltet werden«, hatte Späth 1986 in einem Interview gesagt und das Theaterhaus damit sicherlich nicht gemeint. Es ist ja auch dic Wirtschaftskraft des Landes, die ihn an Kunst und Kultur denken läßt. Und der Computerhersteller geht eben eher in die Oper als in ein Szenentheater, in das auch der Landesvater seinen Fuß noch nicht gesetzt hat. Dennoch kann Werner Schretzmaier, Intendant des Theaterhauses, dem Späthschen Kulturengagement positive Seiten abgewinnen. »Der ist ein Mensch, der sehr wohl weiß, daß der kulturelle Bereich eine sehr bedeutende Rolle für den Menschen spielt«, ist sein Urteil. Auch die alternative Kultur, nur dürfe Späth seine Kundschaft – Schretzmaier meint die CDU – nicht irritieren, deshalb hinke die Umsetzung hinter der Erkenntnis drein.

Wenn schon von der Basis der High-Culture, dann redet Späth selber lieber von den Musiklehrern, die jetzt gebraucht werden, von den Freizeitaktivitäten jedes einzelnen, weil die Arbeitszeit doch immer kürzer wird, und von Kulturmeile und Stadtarchitektur. Am politischen Unterfutter dieser Überzeugung – samt Kritik an seinem Vorgänger Hans Filbinger, der da »so manches« versäumt habe – fehlt es nicht, am persönlichen Erleben schon. Zwar geht Späth fast auf jeder Reise ins Museum, erzählt, daß in Ungarn eigens für ihn eins geöffnet wurde. Darüber hinaus gibt es aber nichts, was er selber tut außer »leidenschaftlich, aber viel zu selten tanzen« vielleicht. Und das erinnert doch eher an den Witz vom Radio, das einer als Antwort auf die Frage nach dem Instrument nennt, das er spielt. Nicht fürs Künstlerische geeignet, lautet die Eigendiagnose. Vermutlich nicht nur des fehlenden Talents wegen. Lothar Späth stundenlang vor dem Klavier, allein mit sich und den Fingerübungen, Rückschlägen, den falschen Tönen und raren, mit großer Geduld erarbeiteten Erfolgserlebnissen – eine Vision, die noch viel, viel unvorstellbarer ist als die vom stundenlangen Sitzen vor einem einzigen Hundertwasser.

»Sehen Sie den da«, deutet er in Richtung des Gesichtes ziemlich weit unten, »den mag ich ganz besonders.« Größer als die anderen ist das grüne Rund und auffallender. Wahrscheinlich aber nicht glücklicher, denn aus dem einen Auge tropfen silberne Tränen. »Der kann brutal in die Zukunft sehen und doch nichts ändern. Die Welt in diesem Bild, ganz egal, ob sich die Gesichter quälen, ob sie gelassen sind oder unruhig, fließt einfach weiter.« Und der Ministerpräsident, der so gerne so viel verändern möchte, Gestalter und Erneuerer sein, ist fasziniert von diesem Gegensatz zur eigenen Aufgabe, von dem, was er nicht kann und auch nicht darf.

VI. Kapitel

Führung und Charakter

Rolf-Peter Henkel

Schwäbischer Krisenkanzler?

Zwei Tage vor Heiligabend anno 1986 streben wir der Bibliothek des Stuttgarter Staatsministeriums zu, wohin er, unbekümmert um den nicht eben familienfreundlichen Termin, die Landespresse zum abendlichen Stelldichein geladen hat. Ich frage ihn – mit einer Leutseligkeit, die unsereinem gar nicht zusteht im Umgang mit so wichtigen Menschen –: »Na, wie geht's?«, und er gibt, da er um eine solche nie verlegen ist, in gewohnter Schnelle eine wahrscheinlich zutreffende Antwort bezüglich seines Wohlbefindens, womit ein kurzer Monolog eingeläutet ist, dem ich am Ende des Flurs mit der weiteren Fragen begegne: »Und endgültig Bonn abgeschworen?« Es ist einen Monat vor jenem 25. Januar, der, wie alle Welt einschließlich Lothar Späth glaubt, den ungeliebten Helmut Kohl als strahlenden Sieger erleben wird. Und Lothar Späth kontert, ohne mit der Wimper zu zucken, dafür aber mit jener gewinnenden Unaufrichtigkeit, die so wichtigen Menschen nun mal zusteht im Umgang mit unsereinem: »Hatte ich ja nie zugeschworen.«

Natürlich hatte er. Einen Eid »gewissermaßen«, um sein Lieblingswort aufzugreifen, hat er wohl nie abgelegt, weder vor sich noch vor anderen, daß er mal Kanzler würde. Aber

1985 hatte sich der Gedanke an einen Umzug aus der Solitüde in den Bonner Bungalow spürbar bei dem unaufhaltsamen Aufsteiger aus dem Südwesten eingenistet. Der Amtsinhaber, wie FJS den schwarzen Riesen ja zu nennen beliebt, war fast zum Zwerg geschrumpft bei den Demoskopen nach all den Pannen und Skandalen von Wörner–Kießling bis Bitburg. Späth hingegen, der kleine, knitze Schwabe, »das Cleverle«, wie ihn die Medien einst herablassend-bewundernd getauft hatten, er hatte Konjunktur. Und das nicht bloß, weil er damals zu allem Überfluß auch Bundesratspräsident war und bald aus dieser rotierenden Funktion herausholte, was sie nur herzugeben vermag an Reisen, Auftritten und öffentlicher Aufmerksamkeit. Kaum eine Zeitung, die ihn damals nicht als einen kommenden Mann gefeiert, in ihm nicht denjenigen Unionspolitiker gesehen hätte, der Kohl und Stoltenberg vielleicht schon bald die Plätze eins oder zwei in der Parteihierarchie würde streitig machen können. Die Gazetten auf der rechten Seite des Spektrums waren mit von der Partie; allen voran aber segelten »Stern« und vor allem »Spiegel«. (Augsteins Blatt hätte im Zentrum der Macht am Rhein wohl nie zuvor einen so prachtvollen Informanten gehabt wie nach einer Thronbesteigung des Lothar Späth. Der gibt normalerweise nicht viel auf Journalisten; im Gegenteil, er verachtet sie auf das herzlichste. Respekt hegt er allenfalls vor solchen Pressemenschen, die es wie er selbst zu etwas gebracht haben und zur Sache zu gehen wissen – und so sind ja Augstein und seine Jungs.)

In seinem Buch »Wende in die Zukunft« plädiert Späth, wie es in dem mit viel Bedacht formulierten Klappentext heißt, »für eine Wende, die diesen Namen wirklich verdient«. Deutlicher kann einer ohne Verletzung der Spielregeln kaum noch werden, der sich für besser und tüchtiger hält als die anderen, und ihnen nur zu gerne zeigen möchte, wie man sie richtig regiert, diese Republik.

Lothar Späth zerfließt nun mal nicht in Hochachtung vor den Granden der Union, die in Bonn das Sagen haben. Von

Gerhard Stoltenberg und Ernst Albrecht zum Beispiel trennt ihn sein Politikverständnis: Für die Selbstbeschränkung des »Fiskalisten« darauf, daß die Kasse stimmt, hat der rastlose Dynamiker ebensowenig Sinn wie für majestätisches Repräsentationsgehabe. Helmut Kohls hinlänglich bewiesene Fähigkeit zum Aussitzen hat ihn schon oft mächtig geärgert; erst neuerdings angesichts der unübersehbaren »Erfolge«, die der Kanzler damit erzielt hat, grübelt Späth schon mal über der Frage, ob soviel selbstgewisse Dickfelligkeit wenn schon nicht die bessere, so doch die rationellere Methode im politischen Kampf ist. Natürlich sind Abwarten und Zusehen für Späth unerreichbare Fertigkeiten, jedenfalls bei Dingen, die ihn umtreiben, wie das neudeutsche Signal von Leidenschaft in der Politik heißt. Späth ist verurteilt zum Aktionismus von einer Laune der Natur.

Nach Präsidiumssitzungen der CDU in Bonn ist Späth oft von auffallender Einsilbigkeit: Zeichen der Resignation. Wie und was da verhandelt wird – oder eben auch nicht –, das ist manchmal so gar nicht nach seinem Geschmack. Jahrelang und immer wieder hat er Konzepte angemahnt, Problemlösungen, Zukunftsentwürfe – und dann haben sie doch bloß wieder Familienfotos herumgereicht. Mit Norbert Blüm kommt er besser zurecht, der ist, partiell jedenfalls, einer wie er. Auch mit Kurt Biedenkopf verbindet ihn ein besonderes Verhältnis. Dessen Hang zum Unkonventionellen, zum Unberechenbaren, zur anstößigen und Parteidogmen ignorierenden Kreativität gefällt ihm. Daß Späth von Peter Glotz, wenngleich nicht ohne zersetzende Absicht, stets in einem Atemzug mit dem Intellektuellen Biedenkopf als »aufgeklärter Konservativer« gefeiert wird, müßte Späth allerdings als arge Schmeichelei empfinden.

Leute, die Lothar Späth sehr gut kennen, glauben zu wissen, daß ihn der Gedanke ans Kanzleramt auch schreckt. Von der absoluten Mehrheit der CDU in Baden-Württemberg und seiner unangefochtenen Stellung in Kabinett und Landespartei verwöhnt, hätte er sich am Rhein auf einen Dschungelkrieg einzustellen, der ihm durchaus nicht eben entgegenkommt.

Lothar Späths Naturell ist auf Harmonie angelegt – oder besser: auf Effizienz. Einer wie er, der – bis Tschernobyl – mit der spöttischen Anklage hausieren ging, die Franzosen hätten die Kernkraftwerke und wir die Diskussion, ist alles andere als vernarrt in den Dialog mit Andersdenkenden. Nicht von ungefähr verkündet er ja beharrlich, er werde das Ministerpräsidentenamt in Stuttgart aufgeben, sollte er einmal dort auf eine Koalition angewiesen sein. Für den Job eines Bundeskanzlers nähme er gewiß die Mühsal des Sicharrangierens mit einem Partner in Kauf; gern allerdings nicht. Späth liebt es nun mal, wenn er die Dinge voranbringen kann (in welche Richtung, ist zuweilen durchaus zweitrangig). Von Gerichten oder Bürokratien gebremst oder gar aufgehalten zu werden – das verbittert ihn zunehmend. Kaum weniger würde es ihn treffen, wenn widerstebende Kräfte in der Politik ihm das Leben sauer machten – und das womöglich aus jenem ideologisch gespeisten Parteiendenken, das dem einstigen »Neue-Heimat«-Manager und spätberufenen CDU-Mitglied Späth bis heute ziemlich fremd geblieben ist.

Vom Widerwillen seines Duz- und Skatbruders Johannes Rau freilich gegen das »Raumschiff Bonn« ist Späth weit entfernt. Während es jenen vorm Abheben graust, würde dem Lothar Späth der Umstieg in dieses Gefährt gewiß große Genugtuung verschaffen. Natürlich nur, wenn er Kapitän ist und »gewissermaßen« jede Menge High-Tech an Bord installieren könnte zwecks Steigerung von Leistung und Geschwindigkeit.

Was aber hätte die Republik zu gewärtigen von einem Lothar Späth im Kanzleramt? Natürlich nicht »eine Wende, die diesen Namen wirklich verdient«. Aus zumindest momentaner Überzeugung springt Späth auf einige schon fahrende Züge auf und beschleunigt, wo er kann, ihr Tempo. Weichen ganz neu stellen ist seine Sache nicht. Gewiß, er würde Akzente verschieben: mehr Technologie zum Beispiel, mehr Zusammenspiel zwischen Staat und Wirtschaft, mehr Unbefangenheit gegenüber den östlichen Nachbarn, mehr Asylantenabschreckung. Vielleicht würde er sich mit dem ihm eigenen Elan darauf werfen (und daran scheitern), unseren Agrarmarkt zu kurieren. Scharfer Kampf für weniger Arbeitslosigkeit stünde kaum zu erwarten: Aus Gründen der Strategie und der Redlichkeit riet Späth schon 1985 seinen Parteifreunden dringend davon ab, weiterhin der Öffentlichkeit auch nur mittelfristige Erfolgsaussichten auf diesem Feld vorzugaukeln. Späths Idee von der »Versöhnungsgesellschaft«, so aufgesetzt sie wirkt und ist, verböte ihm eine Politik gegen die Gewerkschaften; einem dramatischen Umsteuern gegenüber der Umwelt wäre er, wenn dieser Kurs etwa scharfe Maßnahmen gegen die Industrie nahelegte, aus ähnlichen Erwägungen wohl ebenso abgeneigt.

Ganz leer gingen mit diesem Regierungschef diejenigen aus, die sich von denen in Bonn die berühmte geistige Führung erhoffen. Späths Botschaft heißt schlicht: »Ärmelaufkrempeln«, und dabei hat der Macher, der er nun mal ist und bleiben wird, zuallererst und fast ausschließlich ökonomisch-technologisches Florieren im Sinn. Sogenanntes Sinnstiften liegt ihm gar nicht – Krise oder gar Apokalypse, die ihm das Bewußtsein schärfen könnten, zählen nicht einmal zum Wortschatz des Lothar Späth.

Zurück zu den Fakten des Frühjahrs 1987. Kohl ist trotz allem (noch) zu stark. Und in Bonn selbst gilt Stoltenberg als unbestrittener Nachfolger, wenn Kohl ersetzt werden müßte. »Der ist noch nicht soweit«, sagen auch Unionsabgeordnete aus Baden-Württemberg über Späth; und es lassen sich bei aller Anerkennung für seine Leistung und sein Ansehen daheim durchaus Zweifel heraushören, ob er je »soweit« sein wird. Die hausgemachten Fehlschläge der letzten Zeit – von der geplatzten Bankenfusion bis zum ungeschickten Vorstoß in Sachen Wasserpfennig – werden als Bestätigung dieses Urteils auch in Bonn registriert. Wahrgenommen hat man hier natürlich nicht zuletzt, mit welcher Ausdauer Späth seinerzeit im kleinen Kreis und nicht nur dort den Schnabel an Kanzler und Kabinett gewetzt hat. In der baden-württembergischen Landesgruppe hat Späth nicht viele Freunde. Einmal gab es sogar in nächtlicher Runde – später schob man den Eklat auf den Genuß von zuviel Trollinger – ein Aufbegehren gegen Späth, weil der mit seinen lästerlichen Reden der Regierung schade und die Wahlchancen mindere. Mittlerweile hält Späth sich mehr im Zaum. Aber von Kohl weiß man ja, daß er nicht vergißt – zumal bei einem, der sein schon erwähntes Buch provokativ durch eben jenen »Spiegel« herausbringen ließ, den er, Kohl, bekanntlich schon seit Jahren nicht mehr anrührt.

Vielleicht habe ich in Ermangelung der eigentlich obligatorischen Zuversicht heute nacht einen bösen Traum: Die neunziger Jahre sind angebrochen; seit langem liegt Rezession über dem Land; fast vier Millionen Menschen sind arbeitslos; Kohl, der unbedarfte Sonnenkönig, ist endgültig verbraucht: Wieder eine ganze Reihe von Mißgriffen und Niederlagen bei Landtagswahlen; mit in den Strudel gezogen ist Stoltenberg. Die Unionsparteien suchen einen Mann, der ihnen die Macht erhalten kann. Ihr Blick fällt auf einen, der auch bei Sozialdemokraten und Gewerkschaftern Reputation besitzt. Zum Beispiel versteht er sich fast prächtig mit Oskar Lafontaine und Franz Steinkühler. Skeptiker in den eigenen Reihen stellen ihre Zweifel zurück angesichts fehlender Alternative. Geboren wird ein schwäbischer Krisenkanzler. Lothar Späth ist, wenn auch bei sehr schwerem Wetter, am Ziel seiner Träume. Vielleicht wache ich auf von dem merkwürdigen Geräusch, das die Schuhe dieses überaus begabten und tüchtigen Mannes beim Laufen machen. Sie sind aufallend groß.

WERNER FILMER/HERIBERT SCHWAN

Es darf keine Denkverbote geben!

Späth ist ein autoritärer Charakter. Er ist ein Protoyp seiner Partei, blickt auf die Zukunft, betont Freiheit und Tat, verbindet damit Dynamik. Den Hang, definitive Systeme oder abgeschlossene Gebäude – weltanschaulicher Art – zu errichten, scheint er nicht zu kennen. Wenn einer so tut, als stehe etwas ein für allemal fest, wird Späth skeptisch. Versteinerungen gehören für ihn ins Museum, nicht ins politische Leben; er liebt das Risiko, den gefährlichen Trapezakt freiheitlichen Denkens.

Wir beobachten ihn bei den 7. Tonbacher Gesprächen, die im Spätherbst 1986 im Schwarzwald von der »Dräger-Stiftung« durchgeführt werden. Philosophen und Naturwissenschaftler sind da, Hochschulrektoren, Unternehmer, Manager und Künstler. Eine bestechende Mischung. Tomi Ungerer, der Karikaturist, provoziert Hermann Lübbe, den Philosophen. Späth hört angestrengt zu. Er raucht Zigarren, lehnt sich manchmal behaglich entspannt zurück, konzentriert sich, macht Einwürfe, lenkt auf seine Probleme hin, weist auf die Schwierigkeiten der schwäbischen Bauern hin, auf sein Unbehagen, ihnen ihre Zukunft erklären zu müssen. Soll er den Städtern bäuerliche Lebensumwelt erhalten und die kleinen Landwirte als Pfleger einer Kulturlandschaft »anstellen«?

»Technik und Ethik« heißt die Tagung im Kurhotel »Traube«. Bei derartigen Gesprächen wird offenkundig, daß sich Politiker öfter – auch öffentlich – eingestehen müßten, daß sie angesichts anstehender Probleme überfordert sind; daß sie den Dialog mit der Öffentlichkeit suchen müßten, wie Späth es gelegentlich tut.

Selten haben wir einen Politiker in der Union erlebt, der federnd und tastend zugleich das Gespräch sucht, der gewillt ist, es ohne ideologische und parteipolitische Scheuklappen zu führen. Ohne jene Tumbheit vieler führender Parteipolitiker, die kaum noch zuhören, sondern ihre Platten abspulen. Späth kann zuhören, kann die Ohren spitzen, wenn Odo Marquard, der Gießener Philosoph, differenziert; wenn Lübbe »ausgießt«. Er sucht Dialoge, will aufsammeln, lernen, erkennen.

Wie lange dürfen Fehlentwicklungen, Fehlentscheidungen von Politikern hingenommen werden? Ein Gesprächsteilnehmer weist auf den Skandal des Brandfalles in der Lagerhalle des schweizerischen Chemiekonzerns »Sandoz« hin, auf die Folgen der Vergiftung des Rheins. »Technik und Ethik«, das Tonbacher Thema hat seinen aktuellen Hintergrund. Wie verhalte ich mich? Nach welchem Wertesystem? Fragen stellen sich dem Ministerpräsidenten, der von sich sagt, er habe einen »großen Hang nach Orientierung«.

Technik hat ihn immer begeistert. Schon als Junge, der sein Radio zusammenbastelte, auch als junger Manager, der dem Wachstum huldigte, Wohnungen baute, eine nach der anderen. Erst als Politiker mußte er erkennen, daß die technischen Fähigkeiten des Menschen ihrer moralischen Bewältigung davoneilen. Als fünfzigjähriger Politiker erlebte er die moralische Vieldeutigkeit technischer Prozesse, als er spüren und erkennen mußte, wie sehr Menschen zum Spielball technischer Beschleunigung werden können. Er hat Fortschrittswahn an sich selbst erlebt, ist zum zweifelnden, allerdings nicht verzweifelten Staatsmann geworden.

Auch nach dem Debakel von Tschernobyl hält er – wie die Unionsparteien insgesamt – an der Kernenergie fest, mußte jedoch erleben, daß seine Tochter in den Tagen danach ihren Hund duschte, weil sie sich ängstigte. Er weiß um die Angst gegenüber der Technik in Teilen der jüngeren Generation, registriert ihre Zweifel.

Daß die arbeitsteilige Industriegesellschaft um ihres Überlebens willen technische Hochleistungen braucht, strukturiert seinen politischen Optimismus. Daß Zivilisationsflucht und Maschinenstürmerei die politische Kultur bedrohen, bewegt ihn. Angst und Panik sind Geschwister – leichtfertig geht er über diese Erkenntis nicht hinweg. Die Ängste der Menschen als Sache der »Spinner und Unwissenden« abzutun käme ihm nicht in den Sinn. Er begreift die Sprengkraft, die der Zweifel an moderner Technik bloßlegt. Die Zerstörungskraft von Wissenschaft und Technik beschäftigt ihn. Während der Tagung sagt er einmal: »Es darf keine Denkverbote geben!« In solchen Sätzen verdeutlicht sich Lothar Späth. Er hat begriffen, daß technischer Fortschritt allein keinen Sinn stiften kann oder einen Wert an sich darstellt.

Ihm geht es um ein waches Bewußtsein gegenüber neuen Erkenntnissen. Nur in den Kategorien der Machbarkeit zu denken und die Tücken des Objekts zu leugnen, hält er für frevelhaft. Späth, der Fragende, hat den »cleveren« Späth abgelöst. Er ahnt, daß die ethische Reflexion auf die Praxis der Wissenschaften von Politikern kaum geleistet wird, daß sie in ihren oft schäbigen Hinterstuben der Macht allzu stumpf vor sich hin dämmern. Späth versteht derartige Symposien als Möglichkeit einer »Argumentationsgemeinschaft«. Er sucht nach einem Weg, Voraussetzungen und Spielregeln für eine Ethik der Technik zu entwickeln. Der Weg ist nicht neu. Platon hat ihn bereits in seinen Dialogen gewiesen: Miteinander zu argumentieren, öffentlich zu erörtern. Die Gültigkeit ethischer Argumente muß argumentativ gefunden werden, Position um Position. Schwierige Entscheidungen müssen anderen – der Öffentlichkeit – zur gemeinsamen Überlegung vorgelegt werden. Urteilsfindung heißt dieser Prozeß, dem sich der Politiker nicht entziehen darf.

Ein kurzes Ja, ein knappes Nein

Späth delegiert kaum. Alles möchte er selber machen, an sich ziehen: telefonieren, diktieren. Vehement. Selten hat er Zeit, er ist unruhig, gibt sich ungeduldig. »Er hat einfach zuviel im Kopf«, beschwichtigen seine Mitarbeiter, »ist besessen von seiner Arbeit und stets in Terminzwängen.« Arbeit – eine Droge.

Späth scheint Zeitdruck zu benötigen, er will ständig beschäftigt und unterwegs sein: gedanklich, räumlich. Etwas vorzuhaben gehört zum Wesen des kleinen, agilen Mannes, der nur im Kreise seiner Freunde und Familie Zwänge abstreifen und gelassen sein kann. Leider immer seltener. Er muß Fragen nachhecheln, Menschen kennenlernen, sich Horizonte erschließen. Kein zerfurchter Schreibtischdenker, kein Meinungsforscher mit schneidenden Repliken ist er, eher ein rastloser Makler, dem das Land Baden-Württemberg als Arbeitsterritorium längst zu klein geworden ist, sogar die Bundesrepublik, nicht zuletzt, »weil sie langweilige politische Köpfe hat, mit denen man nichts bewegen kann«.

Für Späths engste Mit- und Zuarbeiter läuft die Kommunikation mit ihrem Chef häufig über Zurufe und Stichworte. Er haßt seitenlange Aktenvermerke, langatmige Schöngeistereien. Er kommt, wo immer er auftaucht, schnell zum Kern einer Sache, einer Fragestellung, einer Problemlage, entscheidet, wenn er glaubt, »die Sache« erfaßt zu haben. Stundenlange Gespräche gibt es selten mit ihm. Auf der Treppe der Villa Reitzenstein – oft zwischen Tür und Angel, auf dem Weg vom Büro zum gepanzerten Dienstmercedes – fallen Entscheidungen. Ein kurzes Ja, ein knappes Nein genügen. Wer allerdings glaubt, Späth habe im Vorbeigehen das an ihn Herangetragene abgehakt, irrt. Späth scheint alles zu speichern, zu registrieren, zu verarbeiten. Ein wandelnder Computer mit riesigem Textprogramm.

Ein Geheimnis seines Erfolges, ein Schlüssel zu seinem Wesen ist sein Bemühen, anderen voraus zu sein. Niemals gibt er das Gesetz des Handelns aus der Hand. Er bleibt am Ball, läßt sich nicht abdrängen, beißt sich fest wie ein Terrier. Das gilt für seine Regierungstätigkeit, für seine Öffentlichkeitsarbeit, das gilt auch für den Umgang mit dem politischen Gegner. Späth versucht stets, die Gesprächsführung an sich zu reißen. Grübeln liegt ihm nicht. Passivität ist ein Fremdwort für ihn. Mit »affenartiger Geschwindigkeit«, berichten Gegner, »stößt er zu«.

Meistens hört er bei Auseinandersetzungen zunächst zu, ergreift dann das Wort, macht Vorschläge und gibt Anregungen. Geschickt stellt er sich dar als einer, der etwas zu sagen hat, mit dem man »etwas anfangen kann«, mit dem man »vorwärtskommt«, der Perspektiven bietet, Auswege sucht. Sein Erfolgsrezept besteht aus Gebrauchsanleitungen. Er setzt Fragen um, riskiert das Machbare. Für ihn gilt: Handeln ist besser, als untätig zu sein. Das gehört zum Stil dieses Politikers. Späth hat einen umfassenden Führungsanspruch entwickelt. Er versucht, die Fäden der Macht in Händen zu halten. Einfluß, Autorität, Bedeutung – das alles braucht er, liebt er und hat es auch.

Die CDU-Fraktion führte er einst wie ein ungekrönter Herrscher, ehrgeizig und in höchstem Maße autoritär. Anderen Abgeordneten war er überlegen, weil er sich besser vorbereitet hatte, mehr wußte und auch »mehr zu vergeben« hatte. Er konnte andere »kaputtaktieren, kaputtreden«. Kollegial und jovial Menschen zu führen zählt nicht zu seinen hervorragendsten Talenten. Dazu müßte er Zeit aufwenden. Und die verbraucht er für andere Dinge.

Der Meister

Späth unternahm 1978 bei Regierungsantritt einen geschickten und politisch legalen Schachzug. Weitsichtig stattete er Landtagsabgeordnete, auf »die er setzte«, mit Positionen aus, die »diese Herren in Abhängigkeit von seiner Gnadensonne brachten«. Nach wie vor ist Späths Einfluß auf die CDU-Fraktion gewaltig. Der jetzige Fraktionsvorsitzende Erwin Teufel erscheint dem Beobachter wie Meister Lampe in der Fabel vom Hasen und Igel. Immer kommt er erst dann am Ziel an, wenn der Igel schon lange da ist.

Späth – das gehört zu seinen unbestreitbaren Charaktervorteilen – legt niemanden aufs Kreuz. Feingesponnene politische Intrigen gehören kaum zu seinem Werkzeug. Er greift frontal an, denkt und handelt mit einer Schnelligkeit, die für andere kaum nachvollziehbar ist. Politische Gegner haben es schwer mit ihm. Späth gehört zu den hartgesottenen politischen Schachspielern, die gewinnen wollen. Er durchdenkt seine Züge, kombiniert schneller als andere. Stellt er fest, daß Züge für ihn nicht aufgehen, kippt er die Figuren um und geht an ein anderes Brett.

Späth duldet kaum Widerrede. Hat er sich etwas in den Kopf gesetzt, geht er fast über Leichen. Widerspruch akzeptiert er höchstens zweimal. Dann versucht er, ihn vom Tisch zu fegen. Wenn Späth von einem Gedanken überzeugt ist, versucht er ihn durchzusetzen, »koste es, was es wolle«. Äußerst selten umgeht er dabei allerdings demokratische Institutionen. Er organisiert Mehrheiten. Doch wie die Mehrheitsfindung in der CDU-Fraktion zuweilen ausfällt und wie das Parlament von ihm behandelt wird, stimmt manchen Beobachter nachdenklich. Dank seiner herausragenden Position gelingt Späth manches gegen den erklärten Willen von Mandatsträgern.

Er versteht sich auf die psychologischen Dimensionen des Bluffs dank seiner Leidenschaft zum Skatspielen. Da gibt es wenige, die ihm das Wasser reichen können. Er weiß, wie er sich verkaufen muß. Auf öffentliche Reputation und Präsentation legt er Wert und spielt eng mit seinen Windmachern und Nebelwerfern – unter anderen Kleinert – ein gekonntes Doppelpaßspiel.

Im Staatsministerium schuf sich Späth einen schlagkräftigen, einsatzfähigen Apparat, der über die gleichen Kenntnisse verfügt wie der der Ministerien. Einigen Fachressorts ist sein Staatsministerium »an Herrschaftswissen« sogar überlegen. Wenn der »Meister« etwas will, zieht er alle Register seiner Verhandlungskunst. Sie reichen von der liebenswürdigsten Unterhaltung bis zur nackten Pression, pendeln zwischen freundlicher Sachdiskussion und »einsamem autoritären Entschluß«.

Wie er regiert?

Das Machtzentrum der baden-württembergischen Landesregierung bildet Späth allein. In Stuttgart regiert ein »aufgeklärter absolutistischer Herrscher«. Selbst der bayerische Ministerpräsident hat einen kollegialeren Führungsstil als Späth. »Er verläßt sich hundertprozentig auf sich selbst«, sagen Freunde, Mitarbeiter und Gegner. »Späth macht Vorgaben, nennt Ziele, verlangt Ergebnisse.« Die Wege dorthin überläßt er dann meistens anderen – seinen Beamten, den Vollstreckern.

Kabinettssitzungen fallen oft aus, wenn »der Meister« nicht anwesend ist. Und das kommt bei seiner »Reisewut« häufiger vor. Verspätet sich Späth, beginnen die Kabinettssitzungen erst, wenn der Ministerpräsident eintrifft. Entschieden wird rasch und impulsiv. Späth schätzt keine langatmigen Entscheidungsprozesse. Kaum zu glauben, daß die Ressortchefs »so mit sich umspringen« lassen. Kleine Demütigungen sind »an der Tagesordnung«. Er kann ungnädig sein, wenn weitschweifige Vorbehalte artikuliert werden. Manchmal droht er mit der Entlassungsurkunde, die er angeblich »längst unterzeichnet« für alle Minister in seiner Schublade haben soll. Manchem in der Fraktion fällt zunehmend auf, daß er jeden, der ihm widerspricht, bereits für einen Gegner hält. »Befehlsgewalt ist wie ein Berggipfel. Die Luft, die man dort atmet«, schreibt Bertrand de Jouvenel, »ist anders, und der Blick von oben unterscheidet sich grundlegend von der Perspektive jener, die sich im Tal des Gehorsams befinden.«

»Die Gefahr der Selbstüberschätzung wächst«, hörten wir von Abgeordneten. Im Kabinett kann Späth Kälte ausstrahlen, die andere zuweilen frösteln läßt. Die Rigorosität, mit der er Beschlüsse durchsetzt, führte schon einige Male zu empfindlichen Verletzungen. Späths heutige Stärke im »Ländle« spiegelt sich auch in der Unterwerfung seiner eigenen Partei wider. Man weiß, wie bedeutsam er für den Machterhalt ist. Und Späth weiß, daß er unentbehrlich wurde. Die originäre Bedeutung seiner Persönlichkeit darf nicht unterschätzt werden. Seine Tatkraft schafft und fördert den Glauben an seine Führungsqualitäten. Eigenschaften wie Scharfsinn, Eloquenz und Wendigkeit haben ein extrem stark entwickeltes Vertrauen in seine Person wachsen lassen.

Landtagsabgeordnete haben manchmal den Eindruck, Späth sei an der Landespolitik »nicht mehr so recht interessiert«.

Einige werten das als sorgfältig ausgetüftelten Schachzug, als »Unterstützungsgehabe«. Doch man weist auch darauf hin, daß er seinen »Ministern die lange Leine« lasse. Insofern sei er ein bequemer Chef. Kultusminister Meyer-Vorfelder beispielsweise könne im Bereich der Schulpolitik tun und lassen, was er wolle. Minister Engler schalte und walte in der Universitätspolitik, wie er es für richtig halte. Nur der Wirtschaftsminister sei »arm dran«. Späth dominiere die Wirtschafts- und Strukturpolitik seines Landes.

Zu Späths Wesenszügen gehört, daß er ungern harten, entschlossenen Widerstand bricht. Wo er »auf Granit« beißen mußte, wich er zurück. Meistens gelingt es ihm allerdings, anderen seine Ziele »nutzbar« zu machen.

Beratung

Späth ist ein Einzelkämpfer mit geradezu volkstümlichem Gespür für »tiefer sitzende Wahrheiten«. Man kann nicht sagen, er rede dem Volk nach dem Mund. Aber er verfügt über die Fähigkeit, die Wünsche der Bevölkerung in ihrer Alltagssprache auszusprechen. Selten machte er die Erfahrung, dabei auf andere nachhaltig angewiesen zu sein. Immer konnte er sich selbst helfen, fand seinen Weg, verstand es, einen substantiellen Teil seiner Überzeugungen durchzusetzen.

Einerseits wußte er, was seine Gefolgschaft von ihm wollte, andererseits blieb er die treibende Kraft.

Viele seiner Zeitgenossen mußte er als Hemmschuh erleben. Letztlich vertraute er nur wenigen. Immer blieb da ein Rest von Mißtrauen. »Späth vagabundiert ... in jeder Beziehung, und zwar überall dort, wo er sich Anregungen, Ideen und Absicherungen holen kann«, sagte einer, der es wissen muß. »Natürlich klaut er auch Ideen ... Wenn er etwas hört, das ihm richtig erscheint, kann er es sofort umsetzen ... Dieser Mann liest etwas und kann es blitzschnell in eine Rede einbauen ...«

Späth verfügt über keinen festen Beraterstab, doch er kommt mit vielen Experten außerhalb des Staatsministeriums zusammen und saugt Honig. Er verhält sich wie eine Biene. Jeder, der etwas Vernünftiges zu sagen hat, ist ihm willkommen. Er gleicht einem Schwamm, saugt überall Feuchtigkeit. Er filtert rasch und schluckt gierig vor allem das, was ihm programmatisch verwertbar erscheint. Sein unglaubliches Gedächtnis und seine überragende Kombinationsgabe helfen ihm, Erfahrenes und Gehörtes langfristig zu speichern und im richtigen Moment um- und einzusetzen.

Späth gehört zu den politischen Führungsfiguren der Union, die mit Härte und taktischer Schläue beharrlich um Positionen kämpfen. Oft verkündet er blitzartig: »Nein, machen wir nicht mehr ... wir machen das anders!« Allerdings sagt er auch: »Es kann mir niemand verbieten, heute klüger zu sein als gestern.« Übrigens eine seiner Lieblingsformeln.

Bei Späth gibt es keine grauen Eminenzen. Dieser »Verwaltungsnapoleon«, der alle Tricks und Schliche kennt, hat sich eingerichtet. Wenn er, »wie aus der Pistole geschossen«, entscheidet, kommt ihm seine große Instinktsicherheit, die »erfahrungsgetränkt« ist, zugute. Späth ist kein Intellektueller, der sich mit seinen Gedanken quält. Er exekutiert und entscheidet oft »auf dem Sattel« wie ein alter Kavallerieoffizier.

Seine Schwächen

»Der Späth hat so viele Gedanken, daß er keine fünf bis zu Ende denkt und verfolgt ... Seine Schwäche ist die Ungeduld!« Hektik wurde sein »verinnerlichter Lebensrhythmus«. Anderen vermittelt er häufig das Gefühl, alles besser zu wissen, »besser, als viele glauben«. Er scheint jene zu verachten, die nicht seine Leistungskapazität besitzen. Dabei wird jedoch seine Unfähigkeit deutlich, die eigene Kraft richtig einzuschätzen, die eigene Entwicklungsfähigkeit zu erkennen. Er schätzt es auch nicht, kreative Leute, die »anders gestrickt sind als er selber«, um sich zu ertragen.

Seit er »Macht« in den Rathäusern kennenlernte, strebte er danach. Machtmittel beherrscht er virtuos. Er setzt sie massiv ein, verschüchtert Nebenbuhler und Untergebene. Das zeigt sich im Kabinett, wo ihm – außer Minister Meyer-Vorfelder – niemand ernsthaft widerspricht. Auch seine leitenden Beamten sind froh, wenn sie mit dem »Meister« sowenig wie möglich zu tun haben. Jene, die Späth nicht einschüchtern kann, bringt er zur Resignation oder »kauft Leute einfach weg«, indem er ihnen gutdotierte Positionen in Aussicht stellt. Daß er Macht aufs innigste genießt, zeigt sich sogar auf den Fotos, die er »schießen« läßt. Machtrituale sind ihm Genugtuung. Die Machtausübung hat ein autosuggestives Selbstwertgefühl entwickelt. In keinem anderen Bereich menschlicher Existenz, das gilt auch für Späth, steht soviel Eitelkeit auf dem Spiel.

Wenn Pannen passieren, verschafft er sich durch Brüllen Luft. Dann ist er noch ungeduldiger als üblich. Seine Wutausbrüche werden gefürchtet. Sie haben in den letzten Jahren zugenommen. Andererseits kann er »unglaublich großzügig und gefällig gegenüber Menschen sein, doch auch hart, brutal und unerbittlich«. Wer sein Vertrauen mißbraucht, hat nichts »mehr zu lachen«.

Zur Negativausstattung dieses Machtpolitikers gehört auch, daß er Freunde oder gute Bekannte bis zu jenem Punkt auszunutzen versteht, wo sie eigentlich – trotz guten Willens – nicht mehr mitziehen können. Die Grenze des Zumutbaren dehnt er zuweilen ins Unerträgliche. Oft verfällt er in den Fehler, andere zu überreden statt zu überzeugen.

Bemängelt wird auch Späths Vertrauensseligkeit. In manchen Fällen scheint seine Menschenkenntnis unterentwickelt zu sein. Seine schärfsten Gegner halten ihn für machiavellistisch, für opportunistisch. Sie sagen ihm nach, menschliche Bindung bedeute ihm nichts. Er wisse nicht, was Treue sei. Weder Treue zur Sache noch zur Person. Süchtig sei er nach Anerkennung. Sein Geltungsehrgeiz sei ausgeprägt, weniger sein Leistungsehrgeiz. Gemäßigte Kritiker halten sein Mitteilungsbedürfnis für eine seiner Schwächen. Gerügt wird sein Umgang mit Ämtern und Mitarbeitern. Er schiebe Menschen wie Schachfiguren hin und her. Versage dieses »Erziehungsmittel«, wende er seine »Gnade« von jenen ab, über die er sich ärgere.

Marktcharakter

Der Psychoanalytiker Erich Fromm beschreibt in seinem Bestseller »Sein und Haben« einen Charakter unserer Zeit, in dem sich Lothar Späth wiederfinden könnte. Er spricht vom »Marktcharakter«. Der Träger dieses Typs zeichne sich dadurch aus, daß er ständig auf der Suche nach dem sei, was die Gesellschaft gerade haben und hören wolle. Auch Späths Leben scheint von ständiger Suche bestimmt zu sein. Er sucht Marktlücken, stößt in sie hinein, besetzt sie. Er gilt als sprunghaft und neugierig. Sein Leben beweist das. Er besitzt den Aufstiegswillen der schwäbischen Inspektoren, demonstriert ihre Karriereenergie. Zähigkeit charakterisiert diesen schnellverarbeitenden Politiker, dem manchmal die Gelassenheit fehlt, einen Schritt zurückgehen zu können.

In den Beziehungen zwischen Politik und Technik herrscht meistens Hektik und Aktionismus ohne Zielsetzung statt Dynamik mit Zielvorstellungen. Dennoch besitzt Späth Ziele. Beispielsweise setzt er auf die Produktivkraft von Technik, Wissenschaft und Forschung. Mikrochips und Computer faszinieren ihn seit langem. Über hochtechnologische Ausstattungen kann der Kleine aus dem Schwabenland, der mit zwei Anzügen auskommen könnte – anspruchslos ist er! –, stundenlang reden. Damit hat er sich auseinandergesetzt. Manchmal zu euphorisch. Als Politiker zählt er zu den europäischen Pragmatikern, die vehement Richtung Zukunft drängen. Sein Lieblingsthema: Er will unter allen Umständen jene Chancen nutzen, die sich einer offenen Informationsgesellschaft bieten.

Natürlich kennt er Interessenverflechtungen und existentielle Abhängigkeiten, die durch den Druck neuer Technologien entstehen. Er setzt auf internationale Zusammenarbeit, fordert – sooft das geht – das freie Europa als Forschungs- und Technologiegemeinschaft. Jeder sechste Arbeitsplatz in seinem Land ist exportabhängig. Auch deshalb gehört er zu den vorausschauenden Strategen.

Die goldenen Jahre des Nachkriegsbooms sind vorbei. Der Traum von immerwährender Prosperität ist ausgeträumt. Auch Späth hat begriffen, daß die »Eurosklerose« eine heimtückische Krankheit ist, die nicht nur schwäbischen Bauern zusetzt. Schmerzhaft mußte der Wachstumseuphoriker erkennen, daß die Erhöhung der Produktion von Gütern und Dienstleistungen als gesellschaftliches Ziel stark an Bedeutung eingebüßt hat. Er mußte zur Kenntnis nehmen, daß das Beschäftigungsproblem nicht annähernd durch die Steigerung des Sozialprodukts zu lösen ist. Wachstum schafft zwar neue Arbeitsplätze, aber zerstört fast im gleichen Zug andere durch verstärkte Rationalisierung. Er hat verinnerlicht, daß Wachstum eben nicht für alle da ist, denn der Markt, von dem Späth soviel hält, bringt es ohne gemeinsame Bemühungen des Staates und der Sozialpartner nicht zuwege, das schrumpfende Arbeitsvolumen gleichmäßig zu streuen.

Obwohl es seinem Land gutgeht, spürt er die beklemmende Vielfalt gesellschaftlicher Probleme. So macht ihm die Versorgung alter, kranker und pflegebedürftiger Menschen politischen Kummer. Denn auch in Baden-Württemberg steigt der Anteil älterer Menschen an der Gesamtbevölkerung und damit die Zahl der Pflegebedürftigen. Um das Jahr 2000 wird jeder vierte Einwohner seines Landes älter als 60 Jahre alt sein. Auch die Zahl der Hochbetagten – 85 Jahre und älter – wird sich bis dahin von gegenwärtig 100 000 auf 160 000 erhöhen. Mehr Menschen müssen gepflegt werden. Die langwierigen und chronischen Erkrankungen nehmen auch in seinem Land zu. Dadurch wird das Versorgungssystem im Gesundheitswesen erheblich belastet. Auch in Baden-Württemberg ist zu erkennen, daß die herkömmliche Versorgung der Alten und Pflegebedürftigen in Heimen und Familien an ihre Grenzen gestoßen ist. So hat Späth zum Beispiel einen Modellversuch gestartet, durch den die Frage beantwortet werden soll, wie die ambulante Betreuung verbessert werden kann, damit Krankenhäuser und Heime entlastet werden können.

Die gesellschaftlichen und wirtschaftlichen Probleme vervielfältigen sich. Glaubenssätze sind selten von Späth zu hören. Dogmen würden nie über seine Lippen kommen. Ihn scheint nur eins zu interessieren: Wie bleibe ich beweglich? Und so erlebt ihn der Beobachter häufig in einem Zustand, der aus Schwingungen besteht. Es gab eine Zeit, in der man den Eindruck haben mußte, daß dieser Mann noch nie darüber nachgedacht haben könnte, was eigentlich mit der Zeit los sei. Zu oft war er unterwegs. Heute bemüht er sich auffallend darum, Zeit positiv zu besetzen: Versöhnungsgesellschaft heißt sein Zauberwort:

»Für mich bedeutet Streben nach einer besseren Welt das Lösen von Problemen und das Ausräumen von Konflikten. Ich komme da wieder zu meiner Versöhnungstheorie. Die Lage der Stahlindustrie, nur ein Beispiel, wird doch nicht dadurch verbessert, daß man den Konflikt zwischen Arbeit und Kapital weiterhin pflegt. Das Kapital ist weg, und die Arbeitsplätze sind gefährdet. Die Versöhnung besteht für mich darin, daß möglichst viel Produktivvermögen einer Gesellschaft möglichst breit gestreut wird, zur Vermögensbildung auch der Arbeitnehmer dient, so daß am Ende immer mehr junge Leute nicht mehr wissen, ob sie nun Arbeitgeber oder Arbeitnehmer sind. Je mehr die Zahl der abhängig arbeitenden Menschen abnimmt und die Zahl der selbständig arbeitenden Menschen zunimmt und Mischformen entstehen, desto näher kommen wir der Versöhnung von Arbeit und Kapital ...«

Die neuen Technologien haben einen Strukturwandel herbeigeführt. Späths Verdienst ist es, diesen Flächenbrand als einer der ersten Politiker entdeckt zu haben. Er hat sich mit dem Strukturwandel auseinandergesetzt, hat die Folgen der Mikro-,

Informations- und Fertigungstechnik studiert. Immer wieder versuchte er zum Beispiel auch, Konsequenzen aus der Biotechnologie politisch aufzureißen und darzustellen. Auch darin zeigt sich eine Seite seines Marktcharakters. Wie der Strukturwandel vom Produkt zum System zu bewältigen ist, darüber kann man sich stundenlang mit ihm unterhalten. Er weiß, wie wichtig Hochschulen sind, die gesunde Mischung zwischen methodischer Ausbildung und Praxis. Wie wichtig Beratung und Vermittlung wurden, unter anderem Spezialberatung, ein flächendeckendes Netz von Innovationsberatern, Technologieparks und -zentren.

Daß sich der Fortschritt in die falsche Richtung bewegen könnte, diese Vorstellung scheint ihn nicht sonderlich zu quälen. Ihn beseelt der Wunsch nach schneller Nutzung wissenschaftlich-technischer Entdeckungen. Zur Forderung nach Langsamkeit als »Gebot« in Wissenschaft und Forschung lächelt er gequält. Zur »Gemächlichkeit der Evolution« findet Späth nur mühsam das richtige Verhältnis. Den biblischen Auftrag, sich die Erde untertan zu machen, hatte der dreißig- und vierzigjährige Späth noch wörtlich genommen. Erst dem angehenden Fünfziger dämmerte die Erkenntnis, daß das Verständnis der Lebenden sich stärker dem Bewahren zuneigen müßte. Den Frieden mit der Schöpfung zu suchen veränderte nach und nach seine Leitvorstellungen, die bis Anfang der achtziger Jahre vor allem von »Verwertungs- und Nutzungsmöglichkeiten« geprägt waren.

»Wir alle haben doch inzwischen erkannt, daß wir unsere ökologischen Probleme nur bewältigen, wenn wir unsere Technologie verändern. Mit anderen Worten: Wir bekommen Luft nicht sauber, indem wir darüber diskutieren, sondern wir brauchen wirksamere Filteranlagen in den Kraftwerken, wir müssen den Schwefelgehalt in den einzelnen Produkten herunterdrücken, wir brauchen bleifreies Benzin. Wir brauchen eine breite Palette neuer Produkte, mit denen sich die Probleme lösen lassen. Wenn ich in diesem Zusammenhang von Versöhnung spreche, dann meine ich, daß die Bedingungen, unter denen wir unsere Volkswirtschaft betreiben, unsere Umwelt berücksichtigen müssen. Den Gegensatz, entweder für den Wald zu sein oder für das Auto, sehe ich deshalb nicht. Das sieht doch jeder Bürger ein. Er will den Wald erhalten, und er will Auto fahren. Also muß man die beiden Wünsche dadurch versöhnen, indem man umweltfreundlich Auto fährt. Dieses einfache Beispiel kann man auch auf andere Bereiche übertragen. Der Bürger will die Fische erhalten, aber er will gleichzeitig nicht auf Wasch- und Spülautomaten verzichten. Notfalls müssen wir eben materiell etwas weniger aufwendig leben, aber dafür ökologisch vernünftiger. Die Ökonomie noch länger gegen die Ökologie auszuspielen wäre ein schwerer Fehler. Von den Ökologen erwarte ich, daß sie uns hinreichend Zeit lassen, um die Umweltprobleme in den Griff zu bekommen, und uns nicht damit drohen, es gebe morgen eine Revolution, wenn dann die Luft nicht sauber ist. Von den Ökonomen wiederum erwarte ich, daß sie mir dort, wo es drängende ökologische Probleme gibt, nicht gleich mit dem Verlust von Arbeitsplätzen drohen ...«

Ein Beispiel: Der Neckar, vor fünfzehn Jahren ein übermäßig verschmutztes Gewässer, eine stinkende, braune Kloake, schaumgekrönt und ausgepowert, der den industriereichsten Ballungsraum Europas – zwischen Tübingen und Heilbronn – durchfließt, gehört heute zu den Renommierstücken des baden-württembergischen Gewässerschutzes. Innerhalb eines Jahrzehnts wurde die Wasserqualität des 367 Kilometer langen Flusses um durchweg zwei Güteklassen verbessert. Entlang der Kernstadt Stuttgart kann man jetzt gut einen Meter tief »ins Wasser schauen«. 1962 war die »Sichttiefe mit vier Zentimetern gleich Null«.

Rund die Hälfte der 1250 Kläranlagen Baden-Württembergs liegen im Einzugsbereich des Neckars. Und alle arbeiten inzwischen mit biologischen Reinigungsstufen. 96 Prozent aller Einwohner werden heute durch die öffentliche Kanalisation »entsorgt«. Das 1977 von der Landesregierung aufgelegte »Sanierungsprogramm Neckar« hat also Früchte getragen, wenngleich längst nicht alle Erwartungen erfüllt wurden.

»Es gehört allerdings zur politischen Redlichkeit, klar zu sagen, daß guter Umweltschutz seinen Preis hat«, sagt Späth immer wieder, »alle öffentlichen Umweltgüter haben längst ihren Preis, der letztlich vom Verbraucher – also von uns allen – in Form von Steuern, Gebühren, Abgaben oder höheren Marktpreisen entrichtet werden muß.«

Agent der Zukunft?

Späth gehört zu den »schnellen Menschen«, zu den »Agenten der Zukunft«. Sie begreifen sich als Subjekt der Geschichte, verhalten sich fortschrittsbedacht. Wenn Späth etwas in seiner Zielvorstellung auszeichnet, dann der Wille zur Mündigkeit, den Mut, Nüchternheit zur Routine zu machen. »Alles fließt, und zwar immer schneller«, dieser Satz Odo Marquards könnte über seinem Handeln stehen. Er besitzt eine Vorliebe für die Philosophen Marquard und Lübbe. Denksolisten ziehen ihn an. Ihnen folgt er mit rasanter »Wandlungsgeschwindigkeit«. Er sagt ja zum Fortschritt, applaudiert, hilft mit, ihn herbeizuführen. Auch wenn Marquard zum Gegenteil rät und Bremsen für wichtig hält, Trägheit empfiehlt, weil das Leben zu kurz sei, »um alles neu zu machen«.

Wer ist da noch vorne? Begriffe wie fortschrittlich und konservativ werden austauschbar. Auf der politischen Rennbahn gilt der Langsame oft als Avantgarde. Der Skeptiker wird zum Optimisten. Späth befindet sich in einem Stadium seines Lebens, in dem er das begreift. Gelegentlich orakelt er über seinen Ausstieg aus der Politik. Dissonante Töne entstehen, die sich subversiv anhören. Meint er es wirklich so? Freunde und Gönner stellen sich diese Frage.

Späth weiß heute, daß er Kohl kaum noch einholen kann. Er fühlt den Pulsschlag der Nation, weiß, wie sie empfindet. Die Wucht der hessischen Wahl hat dem Kanzler ein Podest geschaffen, auf dem er lange stehen wird, zumal die Bonner

Oppositionsparteien von einem Erosionsprozeß bedroht sind, der Kohl nur nützen kann.

Formulierungsarbeit zu leisten ist seine Sache nicht. Er ist ein Meister der Skizze, der projektiven Phantasie. Er versteigt sich selten. Seine »Front der Fragen« bleibt überschaubar. Das gilt auch, wenn er sich »für eine vorausschauende und umfassende Politik zum Schutz der Umwelt« ausspricht. Er bleibt »Daimler«-orientiert, verliert als Schwabe nie »Bosch« aus den Augen. Deshalb warnt er auch, Einzelfälle aus dem Zusammenhang zu reißen und sie »zum Symbol hochzustilisieren«. Seinen Gegnern hält er vor, es sei »wahrhaftig keine Kunst, heute mit ökologischen Forderungen Schlagzeilen zu machen«. Zu einer vernünftigen Umweltschutzkonzeption gehöre auch die Frage, wie der Schutz der Natur mit legitimen Ansprüchen der Menschen auf Arbeit und Zukunftssicherheit für ihren Arbeitsplatz in Einklang gebracht werden könnte. Als Beispiel nennt er gern Rastatt, wo »Daimler-Benz« mit Unterstützung des Landes ein neues Werk bauen will. Der Schutz der Natur dürfe in diesen wie in anderen Fällen nicht dazu führen, daß der Mensch ausgeklammert werde. Dies sei eine »unmenschliche Umweltpolitik«.

Späth teilt seine Realität nicht in Schwarz und Weiß. Seit seiner Jugend hat er begriffen, daß es Sachzwänge gibt, denen sich ein Politiker nicht entziehen kann. Mehr als kleine Schritte sind von ihm nicht zu erwarten. Doch er schreitet voran. Sein Wasserpfennig – als Solidaritätsabgabe zugunsten der Bauern – beweist es.

Er gehört zu jenen Politikern, die über den Tellerrand der Tagespolitik blicken, wenn er sich neuerdings um Kulturfragen kümmert. »Das Land muß sich Gedanken machen, welchen Beitrag es für das kulturelle Angebot im Zusammenhang mit der vorhandenen Infrastruktur leisten kann.« Späth besitzt ein Gespür für Lücken, in die es hineinzustoßen gilt.

Späth setzt sich bewußt – und aufgeschlossen – dem Risiko aus. Zum Typ dieses Politikers gehört, daß er seine »Unternehmensziele« positiv ausspricht. Sein Leben hat ihm gezeigt, daß erhöhte Leistungsbereitschaft zu höherer Produktivität führt. »Wohin erziehe ich meine Kinder? Für welche Welt, gegen welche Welt? Ich weiß es nicht mehr. Wir versuchen, ihnen die Verzweiflung auszureden. Aber es gibt kein Leben ohne Verzweiflung, und wir haben nicht gelernt zu trösten«, schreibt Botho Strauß, ein 1944 geborener Schriftsteller und Bühnenautor. Von Lothar Späth könnten solche Sätze nicht stammen. Er scheint zu wissen, wohin er erziehen soll. Auch wenn er sich um die Erziehung seiner Kinder kaum kümmern konnte.

Oft haben wir uns gefragt, was diesen Politiker bewegt. Wo sein Erregungsspegel liegt. Wo er dingfest zu machen ist. Wie seine zentralen Fragen heißen: Wasserpfennig? Boxberg? Wende zum Fortschritt? Ist die Wiedervereinigung das politische Thema? Die Bankenfusion, das Ozonloch, das Waldsterben? Der europäische Subventionsbetrug?

Späth hat Mäßigung kennengelernt – und Mäßigkeit, die schmachvolle Einsicht in die Grenzen der Veränderbarkeit. Späth mußte bittere Erfahrungen machen. Sein Drang, das Machbare durchzusetzen, ist längst nicht mehr so ungestüm, denn auch seine Vorstellung davon, wozu etwas gemacht werden soll, erhielt Risse.

Späth ist während seiner Jugend einige Male wegen der Mittelmäßigkeit seiner natürlichen Fähigkeiten in bodenlose Verzweiflung geraten, ist sich seiner Körpergröße, seines ungeschickten Verhaltens, als Radfahrer zum Beispiel, seiner nicht vorhandenen sportlichen Talente bewußt geworden. Und er versuchte zu kompensieren.

Er wollte wie alle anderen sein und spürte die Unmöglichkeit, das zu erreichen. Andere registrierten sein Versagen ebenso wie seine Talente, Ideen und Impulse, machten ihm Mut, drängten ihn in die Verantwortung. In den kleinen stickigen Amtsstuben erprobte er Mut und Pfiffigkeit, lernte die genormten Handgriffe kennen, die Klischees der Entscheidung, die landläufigen Bedingungen des politischen Alltags. Die Amtsstube wurde eine einzigartige Versuchsstätte für ihn.

Späth wollte alles anders machen. Er lehnte sich auf. Der

kleine Rathausstift wollte Bürgermeister werden, leistete gute Arbeit, nutzte Schwinghebel aus, wurde nicht müde, sich Wissen anzueignen. Er redete mit, sprengte den Erkenntnisrahmen seines Elternhauses, setzte sich in der evangelischen Jugend mit metaphysischen Fragen auseinander, lernte, seine Herkunft zu akzeptieren, und veränderte sich, ohne den Bezug zur sozialen Umwelt zu verlieren.

Der Aufbruch in ein »neues unternehmerisches Zeitalter« gehört zu den Lieblingsthemen des scharfzüngigen Schwaben, der weiß, daß er mehr als Routinearbeit leisten muß, wenn er Kompetenz nicht an technische Sklaven abtreten will.

Helfer

Die »Villa Reitzenstein«, Sitz des baden-württembergischen Ministerpräsidenten seit 1948, wurde nicht für die politische Führung des Landes erbaut. Freifrau Helene von Reitzenstein erfüllte sich 1910 vielmehr ihren sehnlichsten Wunsch, in Ruhe und besserer Luft auf der Höhe der Gänsheide zu leben. Doch schon 1914 wurde in den luxuriösen Räumen ein Offizierslazarett einquartiert. Die Notzeit nach dem Ersten Weltkrieg ging auch an der begüterten Baronin nicht spurlos vorüber. Sie mußte ihre Besitzungen verkaufen und fand im württembergischen Staat einen Abnehmer. 1925 zog das Staatsministerium in das aus Maulbronner Sandstein erbaute Anwesen. 1933 vertrieb ein SA-Stoßtrupp den Staatspräsidenten. Reichsstatthalter Murr residierte hier bis zu seiner Flucht 1945. Nach der deutschen Kapitulation übernahmen zunächst die französischen Besatzer die Villa Reitzenstein, später dann die amerikanische Militärregierung. Wer heute zum baden-württembergischen Ministerpräsidenten will, gelangt nach polizeilicher Kontrolle zunächst in einen großzügigen Park. Der direkte Weg in die Villa führt den Besucher über steile Treppen und Wege. Meist kommt er atemlos am Hauptgebäude an. Freundliche

Herren öffnen die riesige Tür und geleiten den Besucher zum Sekretariat des Ministerpräsidenten in den ersten Stock. Oft ist herzhaftes Lachen zu hören. Drei Damen sitzen im Vorzimmer ihres Chefs: Elfriede Menzel, Späths Chefsekretärin, Irmgard Reiter, zweite persönliche Referentin, und Gabriele Sauter, die viel zu schreiben hat.

Wenig zu lachen gibt es, wenn Lothar Späth im Hause ist. Der unermüdliche Schaffer und Ideenproduzent deckt seine Mitarbeiter mit Arbeit ein, die kaum noch zu bewältigen ist. Wer Späth dient, hat kaum Freizeit. Wie alle Spitzenpolitiker benötigt auch Späth ein qualifiziertes Zuarbeiterteam, auf das er sich vollständig verlassen kann.

Elfriede Menzel arbeitet acht Jahre bei Späth, seit vier Jahren als erste Kraft. Die 1940 in Stuttgart geborene Skorpionfrau besuchte nach dem Abitur eine Sekretärinnenschule und fand ihren ersten Job bei der Deutschen Bundespost. 1961 kam sie ins Staatsministerium, zunächst in die Pressestelle, dann schrieb sie acht Jahre lang für den Ministerpräsidenten Hans Karl Filbinger. Sie erlebte den langen schmerzhaften Abgang des Späth-Vorgängers mit. Sie wüßte viel zu erzählen, schweigt aber wie ein Grab. Die blonde Stuttgarterin hat eine sechzehnjährige Tochter und zwei Pflegekinder im Alter von sechs und sieben Jahren. Seit dem Tod ihrer Mutter ist sie für ihre drei Kinder allein verantwortlich.

Elfriede Menzel gehört zu den Spitzenkräften im Späth-Stab. Sie ist außerordentlich belastbar. Die bienenfleißige Endvierzigerin findet nur noch wenig Zeit für ihr Hobby: Sie malt gerne. Ihre gute Stimmung ist jedoch selten zu trüben. Es sei denn, Späth ist wieder einmal in »nicht zu überbietender guter Laune«. Wenn er brüllt, weil sein Terminkalender zu voll gepackt wurde und kaum Luft zum Atmen läßt, dann kann auch Elfriede Menzel unangenehm werden. Denn meistens »war alles mit ihm abgesprochen«. Und im nachhinein meckern geht nicht. Jedenfalls nicht für Elfriede Menzel, die gerne einen guten Wein trinkt und auch etwas von französischer Küche versteht.

Noch heute schwärmt Elfriede Menzel vom ersten persönlichen Referenten des Ministerpräsidenten Lothar Späth, dem heutigen Oberbürgermeister von Ludwigsburg, Hans-Jochen Henke, der jahrelang seinem Herrn und Meister in aufopfernder Weise diente.

Von 1982 bis 1986 leitete der Einserjurist Hans-Peter Mengele das persönliche Büro des Ministerpräsidenten. Der Sechsunddreißigjährige wurde Anfang 1987 stellvertretender Regierungspräsident in Tübingen. Der fleißige, vor allem bei der Planung von Auslandsreisen erfolgreiche Mengele bastelte im letzten Jahr oft an der eigenen Karriere. Inzwischen arbeitet Gerfried Beck, ein Oldtimer aus dem Staatsministerium und gelernter Lehrer, als erster persönlicher Referent im Späth-Stab.

Seit 1984 hat Späth eine zweite persönliche Referentin, die bei der Personalfluktuation im Staatsministerium für Kontinuität im persönlichen Umfeld des MP sorgt. Es ist die 1952 in Schwäbisch Gmünd geborene und seit 1986 verwitwete ehemalige Späth-Sekretärin Irmgard Reiter. Nach dem Abitur machte die schwarzhaarige Schwäbin eine Ausbildung bei der »Commerzbank« und erarbeitete sich in Abendkursen ein Sekretärinnendiplom. 1974 kam Irmgard Reiter als dritte Kraft ins Vorzimmer von Ministerpräsident Hans Karl Filbinger. Als Späth 1978 ins Staatsministerium zog, avancierte Frau Reiter zur gleichrangigen Vorzimmersekretärin, bis sie 1984 zur persönlichen Referentin befördert wurde. Irmgard Reiter war fünf Jahre lang mit Späths Freund Hans Ullrich Reiter verheiratet, der im Januar 1986 bei einem Flugzeugunglück ums Leben kam.

Die rechte Hand

Daß Ministerpräsident Späth ein gespanntes Verhältnis zum Beamtenapparat besitzt, pfeifen die Spatzen vom Dach der Villa Reitzenstein. Er glaubt zuweilen, seine Verwaltung habe nicht alles für ihn getan, mache manches schlecht oder gar falsch. Späth bekommt Wutausbrüche, wenn er spürt, daß in seinem Haus zuwenig mitgedacht und zuwenig vorbereitet wurde. Dann verhält er sich auch ungerecht. Als erster spürt dies Dr. Lorenz Menz, Ministerialdirektor im Staatsministerium. Er ist neben Staatssekretär Matthias Kleinert der wichtigste Mann in der Villa Reitzenstein. Lorenz Menz' wesentlichste Aufgabe besteht darin, die Arbeit der Ministerien zu koordinieren. Er schätzt Vorkonferenzen, jene Runden der Ministerialdirektoren aller Häuser vor den Kabinettssitzungen. Hier werden Entscheidungen vorbereitet, Konflikte entschärft, Empfehlungen erarbeitet, Arbeitsprogramme erörtert, Entscheidungsprozesse vorformuliert. Ein weiterer Schwerpunkt seiner Arbeit ist die Personalpolitik.

Späth läßt seinem ersten Beamten freie Hand bei der Einstellung, Beförderung und Versetzung von Mitarbeitern. Menz hat den Apparat »gut im Griff«. Er versteht viel vom Umgang mit Menschen, kann motivieren und integrieren. Er hält sich selbst nicht für einen politischen Berater, doch er hat Einfluß und Gewicht. Dem Ministerpräsidenten hält er den Rücken in allen verwaltungstechnischen Fragen frei. Späth besitzt in Menz eine außerordentliche Stütze, die ihm loyal zuarbeitet.

Die Feder

Sie denken fast synchron, auch in der Beurteilung politischer Entwicklungen, benutzen zahlreiche ähnliche Formulierungen: Lothar Späth und Manfred Zach. Der Prädikatsjurist versteht es wie kaum ein anderer, sich in Späth hineinzudenken. Er scheint Späths politische Überzeugung verinnerlicht zu haben, »inhalierte seine Denke«, seine Sprache, identifizierte sich auch mit dem Menschen Späth.

Sein Schlüsselerlebnis hatte Zach sechs Wochen nach Späths Wahl zum Ministerpräsidenten. Auf dem CDU-Landesparteitag in Forst mußte der »Neuling« dem Parteivolk zeigen, was in ihm steckte, er mußte Skepsis und Reserve der Parteibasis überwinden. Zach stand vor einer schwierigen Aufgabe. Er sollte die Parteitagsrede vorformulieren. Bis zuletzt feilten Späth und Zach am Text. Der Ministerpräsident übte damals. Zu jener Zeit las er noch alle Reden vom Blatt ab. Dann kam der Auftritt. Die eineinhalbstündige Ansprache war ein voller Erfolg. Es gab minutenlange Ovationen. Von diesem Tag an wurde Zach für Späth ein unentbehrlicher Gehilfe.

Es ist nicht einfach, Späths Ghostwriter zu sein. Doch Zach meisterte diese Aufgabe bis heute hervorragend. Aus seiner Feder stammen sämtliche Regierungserklärungen und auch die wichtigsten Reden, die Späth im In- und Ausland hielt. Zach vor allem schrieb am Späth-Buch »Wende in die Zukunft« mit, das ein Bestseller wurde und auch in englischer Sprache erschien.

Im Herbst 1975 war Zach in die Pressestelle des Staatsministeriums gekommen. Er wollte irgendwann einmal Oberbürgermeister werden. Anfang der achtziger Jahre wäre er um ein Haar Verwaltungschef in Baden-Baden geworden.

Späth engagierte ihn noch zu seiner Amtszeit als Innenminister. Doch dann überstürzten sich die Ereignisse. Noch bevor Zach ins Innenministerium wechseln konnte, wurde Späth Ministerpräsident und zog ins Staatsministerium ein. Zach blieb gleich dort und wurde Späths Redenschreiber. Heute akzeptiert der Ministerpräsident vorformulierte Reden nur, wenn sie von Zach geprüft worden sind.

Der vierzigjährige Manfred Zach wuchs in Speyer auf und studierte an der Heidelberger Universität Jura. Während der Studentenzeit arbeitete er als freier Mitarbeiter für den Südwestfunk und für die »Speyrer Tageszeitung«. Mit Sprache kann er umgehen. Weil ihn Willy Brandt begeisterte, wurde Zach 1966 Juso-Mitglied. Aus Enttäuschung über die Hintergründe des Brandt-Rücktritts verließ er jedoch 1974 die SPD. Noch im selben Jahr übernahm er seinen ersten Job in der Rechtsabteilung des Stuttgarter Regierungspräsidiums.

Manfred Zach, seit 1972 verheiratet und Vater zweier Buben, ist seit 1978 CDU-Mitglied. Er gilt als undogmatisch und fair. Für Späth ist der liberale Pragmatiker unentbehrlich geworden.

Freunde

Natürlich hat auch der Politiker Späth Freunde – viele sogar. Freundschaften entstehen durch gleiche Wellenlängen, gleiche Interessen, durch gegenseitige Sympathie und vieles andere mehr. Späth »besitzt« in Bietigheim einige Freunde, mit denen er gern zusammenkommt, Tennis spielt. Es sind Freunde, die auch über ihre Frauen und Kinder aufs engste mit Späths verbunden sind. Einer von vielen ist der Bietigheimer Fabrikant Bruno Unkauf-Haag. Mit seiner mechanischen Bandweberei und der Stoffetikettendruckerei machte er 1986 einen Umsatz von über drei Millionen DM. Seine rund vierzig Mitarbeiter verfügen über einen sicheren Arbeitsplatz, nicht zuletzt, weil der Geschäftsführer und Alleininhaber Bruno Unkauf-Haag ständig auf der Suche ist, das Fabrikationsprogramm durch neue Produkte zu erweitern.

Seit Anfang der sechziger Jahre kennen sich beide Familien. Die ersten Kontakte entstanden durch die Bietigheimer Stadtpolitik. Später warben die Unkauf-Töchter als CDU-Hostessen für Späths Politik. Die Kinder gingen in beiden Häusern »ein und aus«, die älteren halfen den jüngeren. »Onkel Bruno« schloß mit Lothar Späth Freundschaft, als dieser noch ein Niemand war. Er erlebte die steile politische Karriere des Bietigheimers aus nächster Nähe. Späths und Unkaufs machten zusammen mit ihren Kindern mehrfach gemeinsamen Urlaub.

Der enge Kontakt besteht bis heute, doch beide Seiten beklagen das seltener gewordene Zusammentreffen. Der 1928 in Stuttgart geborene Unternehmer ist ein sympathischer Zeitgenosse. Der begeisterte Segelflieger, ehrenamtliche Fluglehrer und Beauftragte für Luftaufsicht gehört zu den erfolgreichen schwäbischen Unternehmern, die selten Risiken scheuen. Auf Unkauf hört Späth, wenn er ihm von den Nöten und Sorgen des Mittelstandes berichtet. Ausschlaggebend für die Freundschaft waren allerdings menschliche Beziehungen: Unkaufs Wärme, »seine ruhige und gelassene Art, die Lebensweisheit und Natürlichkeit des Bietigheimer Unternehmers«.

Was ein Freund wirklich wert ist, zeigt sich bei Karrierebrüchen, Tiefschlägen, Rücktritten. Späth hat ähnliches noch nicht erlebt. Er hilft vielen Menschen, hat ein offenes Ohr für persönliche Probleme. Auch daraus erwachsen Freundschaften, Dankbarkeitsverhältnisse. Viele umringen ihn, weil er Ministerpräsident ist. Sie hofieren ihn, weil sie die Nähe der Macht fasziniert.

Späth hat viele Freundschaften erlebt, einige »gingen in die Brüche«. Sicher ist Späth heute bindungsfähiger als vor einigen Jahren.

Unabhängig, außerordentlich erfolgreich und in mancher Hinsicht Späth sehr ähnlich ist Werner Niefer, Aufsteiger, entschlußfreudig, hemdsärmelig und den angenehmen Seiten des Lebens durchaus zugetan, Doktor ehrenhalber, Vorstandsmitglied der »Daimler-Benz AG« in Stuttgart, seit März 1987 Honorarprofessor der Technischen Universität Darmstadt.

Der fast zehn Jahre ältere Niefer wurde 1928 in Plochingen (Neckar) geboren. Als »Napola«-Schüler geriet er in Gefangenschaft, machte die mittlere Reife, später eine Werkzeugmacherlehre bei »Daimler-Benz«. An der Fachhochschule Eßlingen baute er seinen Diplomingenieur. Seit 1952 ist er bei »Daimler-Benz« als Betriebsingenieur tätig, 1958 wurde er Betriebsleiter im Motorenbau. Im Auftrag der »Daimler-Benz AG« ging er 1962 zur »Maibach-Motorenbau GmbH«, Friedrichshafen, 1968 wurde er zum Geschäftsführer für die Produktion ernannt. Ein Jahr später war Niefer Geschäftsführer für die gesamte Produktion der »Motoren- und Turbinen-Union GmbH« (MTU) in Friedrichshafen. 1971 übernahm der erfolgreiche Techniker die gesamte Produktionsleitung der MTU-Gesellschaften in Friedrichshafen und München. 1976 erhielt er den Ruf in den Vorstand der »Daimler-Benz AG«. Hier übernahm er den Bereich Gesamtproduktion im In- und Ausland. Seit 1978 steht Niefer dem Geschäftsbereich Personenkraftwagen vor, zuständig für Entwicklung, Produktion, Vertrieb und kaufmännische Aufgaben. Werner Niefer, der Späth-Freund, ist zudem vielfaches Mitglied in Verwaltungsräten und Träger des Verdienstkreuzes erster Klasse des Verdienstordens der Bundesrepublik Deutschland.

Er kennt Späth seit Anfang der sechziger Jahre. Der Bietigheimer Stadtinspektor lernte den Betriebsdirektor in Friedrichshafen kennen. Seither sind beide eng befreundet, auch die Frauen. Gemeinsam fuhren sie mehrfach in Urlaub. Es vergeht kaum ein Tag, an dem beide nicht zumindest miteinander telefonieren. Niefers Einfluß auf Späth darf nicht unterschätzt werden. Die Berufung Herzogs zum neuen Wirtschaftsminister in Baden-Württemberg beispielsweise geht auf seine Idee zurück. Aber Späth und Niefer pflegen keine Zweckfreundschaft. Als sie sich kennenlernten, waren beide noch »kleine Leute«. Ihre steilen Karrieren verbinden beide.

Zu den Späth-Freunden gehört auch der sympathische Aufsteiger Helmut Aurenz. Auch er ist von Späthscher Wesensart, »zauberte« aus kleinen Anfängen ein Riesenunternehmen. Aurenz ist mittlerweile Millionär, ein erfolgreicher Selfmademan. Zwei Tage älter als Späth und wie dieser im Sternzeichen des Skorpions geboren, wuchs er in einem armen Elternhaus auf. Sein Vater arbeitete in Ludwigsburg als »Herrschaftsgärtner«, bis er eine eigene Gärtnerei eröffnete. Sohn Helmut lernte auch den Beruf des Gärtners. Nach seiner Ausbildung in einem Stuttgarter Blumengeschäft entdeckte er mit achtzehn Jahren eine Marktlücke: Blumenerde, die damals noch nicht verpackt zu kaufen war. Erfolgreich brachte Aurenz verpackte Blumenerde an den Mann.

Heute besitzt er Werke in der Lüneburger Heide, in Hannover und in Kanada. Aurenz ist mit seiner »Aurenz-Spezial-Blumenerde« (ASB) weltweiter Anbieter. Außerdem erwarb er sich ein zweites Standbein im Bereich der flüssigen Pflanzennahrung und stieg in die Fabrikation von Verpackungsfolien ein. Seit einiger Zeit führt er außerdem ein herrlich gelegenes Hotel in Isny. Er beschäftigt 350 Arbeitnehmer und macht im Jahr mehr als 100 Millionen DM Umsatz.

Das alles fasziniert Späth. Aus eigener Kraft dank eines guten Einfalls es zu etwas zu bringen. Risiken auf sich zu nehmen, Gefahren zu umschiffen, Probleme zu lösen – erfolgreich zu managen, gewinnorientiert zu arbeiten. Mit Aurenz verbindet Späth politischer Gleichklang. Dankbar nimmt er von ihm Hilfe für den CDU-Wahlkampf entgegen.

Dr. Rudolf Kunz kennt Späth seit zehn Jahren. Er ist ein ruhiger, zurückhaltender, recht bescheiden wirkender Mittfünfziger. Der Chef der Firmengruppe Kunz aus Gschweng wurde 1934 geboren, studierte nach dem Abitur an der Hamburger Universität Holzwirtschaft und promovierte über die Verwertung von geschädigtem Holz, ein Thema, das heute aktueller ist als Ende der fünfziger Jahre.

Rudolf Kunz stieg 1958 ins elterliche Geschäft ein, das sich mittlerweile vom Sägewerk zur Sperrholzfabrik entwickelt hatte. Er trat in die Spanplattenfertigung ein. Heute beschäftigt die Firmengruppe Kunz rund viertausend Mitarbeiter einschließlich der zahlreichen Unternehmen im Ausland. Jahresumsatz 1986: rund 600 Millionen DM. Als Kunz Späth kennenlernte, ging es um die Übernahme eines heruntergewirtschafteten Unternehmens. Wie damals Ende der siebziger Jahre hatte Späth auch im Dezember 1986 seine Hände im Spiel, als die Kunz-Firmengruppe die Aktienmehrheit bei dem renommierten Trossinger Musikinstrumentenhersteller Mathias Hohner übernahm.

Zusammen mit den Familien Aurenz, Niefer und Kunz

fuhren die Späths kreuz und quer durch Kanada. An langen Sommerabenden wurde viel diskutiert. Auch darüber, was eine Freundschaft trägt.

Lothar Späths Motor ist sein Glaube an sich selbst. Er will »verändern, vorwärtskommen, etwas bewirken, etwas machen«. Dies formulierte ein Mann, mit dem die Familie Späth 1985 den Jahresurlaub in Irland verbrachte: Dr. Lothar Strobel, Rechtsanwalt, Generalbevollmächtigter des Verwaltungsrates der »Blendax-Werke« in Mainz, Konsul der Republik Philippinen.

Es ist auf den ersten Blick schwer auszumachen, was Späth und Strobel verbindet. Der 1928 in der Nähe von Sigmaringen geborene Jurist lernte Ende der siebziger Jahre Späth im Wirtschaftsrat der CDU kennen. Ihre unterschiedlichen Ansichten prallten aufeinander, führten aber auch zu ausgedehnten Diskussionen. Sie lernten sich gegenseitig achten und schätzen.

Für den Chef einer internationalen Rechtsanwaltskanzlei mit sieben Anwälten und einer Wirtschaftsprüfergesellschaft in Stuttgart war und ist Späth ein Gesprächspartner, ein Ideenproduzent und ein stets willkommener Gast. Der konservative Anwalt Strobel rieb sich immer wieder an Späths Auffassung – wie manches CDU-Mitglied der älteren Generation. Aber zwischen Späth und Strobel gab es keine Verletzungen. Ihre unterschiedlichen Positionen führten nicht zu unüberwindbaren Barrieren. Mit Strobel tauscht Späth politische Ideen aus. Ihre Freundschaft findet auch Ausdruck in einem gemeinsamen Hobby: Kunst zu sammeln. Nicht zu vergessen ist die Tatsache, daß Strobel über viele Kontakte verfügt, Bekanntschaften im In- und Ausland.

»Freunde ertragen gegenseitige Kritik. Sie sollen einander sagen, was kritikwürdig ist oder unangenehm.« Späth verträgt Kritik nicht allzu gut. Nicht von Freunden, nicht von seiner Frau. Dennoch: Unkritische Jasager sind die Späth-Freunde nicht. Sie gelten nicht als Opportunisten oder Kriecher. Sie zählen nicht zu jenen, die mit ihrer Freundschaft prahlen. Zu den Späth-Freunden gehört auch Wolfgang Gönnenwein,

Stuttgarter Generalintendant des württembergischen Staatstheaters, Dirigent und künstlerischer Leiter der Ludwigsburger Festspiele. Er kennt Späth aus den siebziger Jahren. Damals rang er als Rektor mit den personellen und finanziellen Nöten einer Kunsthochschule.

In einer Broschüre des Staatstheaters heißt es: »Die künstlerische Entfaltung Wolfgang Gönnenweins als Dirigent, Festspielleiter und Generalintendant eines Staatstheaters mag manchem als Bilderbuchkarriere erscheinen. Wer allerdings die Biographie des 1933 in Schwäbisch Hall geborenen Musikers genau betrachtet, vermag eine kontinuierliche künstlerische Entwicklung zu erkennen, wie im Verlauf sich diese drei Wirkungskreise wie von selbst geschlossen haben.

Die Entwicklung begann mit der Übernahme des süddeutschen Madrigalchores, die Wolfgang Gönnenwein erste Profilierung in der Öffentlichkeit ermöglichte. Hier hatte er ein Instrument, mit dem er seine These von der Überzeugungskraft intensivierter Stimmen im zahlenmäßig begrenzten Ensemble verwirklichen konnte.

Der Erfolg dieses Chores und seiner Konzeption machten es fast selbstverständlich, daß Wolfgang Gönnenwein im Jahre 1969 die Professur für Chorleitung an der Stuttgarter Musikhochschule erhielt.

1972 übernahm Wolfgang Gönnenwein die künstlerische Leitung der Ludwigsburger Schloßfestspiele. Für die Festspiele baute Gönnenwein seit 1975 zusätzlich ein eigenes Orchester auf, das zusammen mit dem süddeutschen Madrigalchor Stuttgart unter dem Namen ›Ensemble der Ludwigsburger Festspiele‹ firmiert. Mit diesem Ensemble gastierte er in den letzten Jahren bei internationalen Festivals, so beispielsweise in London, Paris, Straßburg, Budapest, Moskau und Leningrad, Helsinki sowie bei einer vielbeachteten Fernosttournee 1985 in verschiedenen japanischen Städten, Seoul und Hongkong. Zu Operngastspielen in Brighton und Versailles kommt eine stattliche Zahl von Schallplattenaufnahmen, die Zeugnis gibt von der stilistischen Breite des Dirigenten.

1973 wurde er zum Rektor der Staatlichen Hochschule für Musik und darstellende Kunst in Stuttgart gewählt, die er bis 1984 leitete. Seit 1985 ist Gönnenwein Generalintendant des Staatstheaters Stuttgart.« Soweit ein Auszug aus der Vita, herausgegeben vom Staatstheater Stuttgart.

Gönnenwein, ein Schwager Erhard Epplers, parteilos, zählt zu den einflußreichsten Freunden Späths. Beide erlebten ein ständiges Geben und Nehmen, spätestens seit 1980. Verläßlichkeit und Vertrauen sind Stichworte, die beide Charaktere miteinander verbinden. Jenseits von politischer Betriebsamkeit und Späthscher Sprunghaftigkeit verfügt Gönnenwein über die Fähigkeiten, innezuhalten, zuzuhören, zu schweigen, aufzunehmen. Gönnenwein ist für Späth auch Anreger und Ideengeber. Bei ihm fährt er seine Antennen aus, schaltet auf neue Frequenzen, nimmt Probleme »geradezu osmotisch« auf. Gönnenwein vermag den Ministerpräsidenten zu »impulsieren«. Im Alltag »gibt es ein rasches Telefon, ein spontanes Essen am Abend«. Zwischen Weihnachten und Neujahr treffen sich ihre Familien im Allgäu in einer alten Holzfällerhütte. Späth ist ein ebenso strapaziöser Mensch wie Gönnenwein. Doch besitzt er eine eigenwillige Grundemotionalität, eine Grundspontaneität zu Musik und Ballett. Späth und Gönnenwein sind ein gutes Gespann. Beobachter und scharfe Kritiker – meinen Experten – werden sich wundern, was beide – der Politiker und der Mann der Musen – für das Land noch leisten können.

Fragen an Lothar Späth

Gibt es einen Mißerfolg, der Ihr Leben beeinflußt hat?

Bisher nicht.

Wie würden Sie Ihren Arbeits- und Führungsstil kennzeichnen?

Ich bin ein harter Arbeiter und will alle Fakten und Bedingungen einer Entscheidung kennen. Ich führe mit meinen Mitarbeitern kritische, konstruktive Diskussionen, will aber möglichst bald die Konsequenz aus Erkenntnissen ziehen. Deshalb ist mein Führungsstil auch durch Ungeduld und gelegentliche Aggressivität geprägt.

Was ist für Sie die härteste Herausforderung unserer Gesellschaft, wenn Sie an die neunziger Jahre denken?

Die moderne Industriegesellschaft so weiterzuentwickeln, daß die sozialen Errungenschaften erhalten bleiben und gleichzeitig die Probleme der Sicherung unserer Lebensgrundlagen auch für die nächsten Generationen bewältigt werden. In dem Spannungsverhältnis notwendiger kollektiver Regelungen und individueller Entfaltungsräume müssen genügend Möglichkeiten für kulturelle und kreative Aktivitäten gegeben sein.

Was halten Sie für das Verteidungswerteste an unserem Staat?

Die Sicherung der individuellen Freiheit und der Entfaltungsmöglichkeit des einzelnen.

Was halten Sie für das wichtigste menschliche Gebot nach Tschernobyl?

Noch sorgfältiger abzuwägen, was wir technisch bewältigen können, und noch mehr Rücksicht auf Ängste der Menschen zu nehmen.

Welche Fehler Ihrer Mitarbeiter entschuldigen Sie am ehesten?

Die, die ich bei mir selber immer wieder entschuldigen muß oder die andere bei mir entschuldigen müssen.

Wie wichtig sind Ghostwriter für Sie?

Sehr wichtig. Aber nicht zuerst als Ghostwriter, sondern als Gesprächspartner. Die aktive Tätigkeit in der Politik läßt dem Politiker zwar die Zeit, zu lesen, nachzudenken und gedankliche Skizzen zu entwerfen. Er hat aber nicht die Ruhe und Abgeschiedenheit, um wirklich seine Gedankenskizzen alle kritisch zu hinterfragen und auszuformen. Deshalb braucht er Gesprächspartner, die im Anschluß die vertiefte Erörterung eines Problems oder eines Konzepts niederschreiben und im Dialog weiterentwickeln.

Welchen Ihrer politischen Erfolge würden Sie an erster Stelle nennen?

Vertrauen von Menschen erworben zu haben. Weil Vertrauen für den Politiker das wichtigste Kapital ist und er ohne Vertrauen nicht erfolgreich handeln kann.

Welchen Fehler des Schülers Späth würden Sie Ihren Kindern nicht durchgehen lassen?

Keinen.

Welche Reform des 20. Jahrhunderts bewundern Sie am meisten?

Unser Jahrhundert hat viele große soziale Reformen hervorgebracht. Sie beruhen aber im freien Teil Deutschlands alle auf der Fähigkeit unseres Volkes, auf den Trümmern des Dritten Reiches eine Demokratie mit unveräußerlichen Menschen- und Grundrechten aufzubauen. Die Geltung der Menschenwürde in unserem Land dauerhaft zu verankern ist – auch wenn der Begriff »Reform« dafür nicht ganz paßt – jedenfalls die größte Leistung, die wir Deutsche in diesem Jahrhundert vollbracht haben.

Welche Talente muß ein Politiker besitzen?

Er muß erfassen, was die Bürger bewegt. Er muß Ideen haben, Konzepte entwickeln, Menschen überzeugen und mitreißen können.

Was halten Sie für Ihren größten Fehler?

Ungeduld.

Welchen Charakterzug hassen Sie an Menschen?

Gleichgültigkeit.

VII. Kapitel

Begegnungen

Franz Josef Strauss
CSU-Ministerpräsident

Was ich an ihm schätze

An jenem Augustsonntag, an dem das Hockenheimring-Rennen 1978 stattfand, trafen wir uns auf der Treppe zum Beobachtungsturm der Rennleitung. Damals erreichte die gegen den früheren Ministerpräsidenten Filbinger entfesselte Hetzkampagne gerade ihren Höhepunkt. Ich ermutigte Lothar Späth, im Fall des Rücktritts von Filbinger, den wir beide nicht wünschten, sich um das Amt des Ministerpräsidenten von Baden-Württemberg zu bewerben. Kurze Zeit später war es soweit.

Seit dieser Zeit begegnen wir uns öfter in Stuttgart und München und besprechen viele Probleme, die im gemeinsamen Interesse Bayerns und Baden-Württembergs liegen. Dabei geht es um Fragen der Agrar-, der Asyl-, der Wirtschafts- und der Steuerpolitik, zu denen wir die politische Linie festlegen.

Was ich an Lothar Späth besonders schätze – übrigens mir selbst auch unterstelle –, das ist die Fähigkeit, sich rasch in einen neuen Problembereich einzuarbeiten und dabei sicher und unmißverständlich den »springenden Punkt« herauszuarbeiten.

Gemeinsam ist uns auch die aufgeschlossene Haltung für die Probleme, die unsere Unternehmen an uns herantragen. Deshalb standen und stehen wir immer in einem freundschaftlichen Wettbewerb, nicht nur, wenn es um die wirtschaftliche Entwicklung unseres Landes geht, sondern auch, wenn wir Ausschau halten, wie wir unserer Industrie helfen können, neue Märkte im In- und Ausland zu erschließen.

Uns beiden wird immer wieder der Vorwurf gemacht, wir würden in alle Welt reisen und in Ost und West, in Nord und Süd Wirtschaftskontakte knüpfen und danach trachten, daß die Industrie unserer Länder bei Auslandsaufträgen bevorzugt würde. Diejenigen, die diesen Vorwurf erheben, übersehen, daß wir in solchen Fällen in einem Bereich tätig werden, dem die Außenpolitik der Bundesregierung leider nicht die volle Aufmerksamkeit schenkt. Unsere Unternehmen beklagen sich immer wieder, daß sie bei der Anbahnung von Geschäften oder bei der Durchführung von Gemeinschaftsprojekten im Ausland nicht die Unterstützung bekommen, wie dies für andere Regierungen eine Selbstverständlichkeit ist. Die deutsche Industrie lebt vom Export und weiß es daher sehr zu schätzen, wenn sie bei ihren Bemühungen auf hart umkämpften Auslandsmärkten politischen Flankenschutz erhält. Das ist der Grund, warum Lothar Späth und ich selbst die Dinge immer wieder in die eigene Hand nehmen und für unsere heimische Industrie werben. Wir können dies auch guten Gewissens tun. In Baden-Württemberg und Bayern hat sich im Laufe der Jahre eine hochmoderne Industrie, die die Spitzentechnik beherrscht und die auf den Feldern der Zukunft forscht, angesiedelt und entwickelt. Es fällt uns daher leicht, als Botschafter und Vermittler im Ausland aufzutreten, wobei wir unsere Aufgabe darin sehen, die internationale Zusammenarbeit im wohlverstandenen Interesse aller Beteiligten zu fördern.

Diese Politik, die sich nicht nur in der Förderung einzelner Projekte erschöpft, sondern die bis zur umfassenden Partnerschaft mit Provinzen in der Volksrepublik China reicht, zahlt sich nicht nur heute aus, sondern wird uns auch den Zugang zu Zukunftsmärkten von morgen sichern. Unser stetes Bemühen, den Strukturwandel zu fördern und nicht zu bremsen, neue

Industrien anzusiedeln und Wissenschaft und Forschung zu fördern, macht sich seit längerem bezahlt. Baden-Württemberg und Bayern weisen die größte Wirtschaftsdynamik unter allen Ländern in der Bundesrepublik auf. Bei uns ist die Arbeitslosigkeit deutlich geringer als im Bundesdurchschnitt. Die meisten neuen und modernen Arbeitsplätze entstehen im Süden der Bundesrepublik. Bei uns finden junge Leute nicht nur einen Ausbildungsplatz, sondern, wenn sie eine gute Ausbildung genossen haben, auch einen Arbeitsplatz. Wir haben uns stets den finanziellen Handlungsspielraum erhalten, der es uns ermöglicht, eine hohe, überdurchschnittliche Investitionsquote im Haushalt auszuweisen, ohne uns hoffnungslos zu verschulden. Baden-Württemberg und Bayern waren auch die Länder, die bereit und auch finanziell in der Lage gewesen wären, die jetzt beschlossene Steuerreform mit dem vollen Entlastungsvolumen ohne jegliche Kompensation zu finanzieren.

Weil nur der technische Fortschritt in seiner industriellen Anwendung unseren hohen Lebensstandard gewährleistet, neue Arbeitsplätze schafft und das Netz der sozialen Sicherheit trägt, sind wir beide der Auffassung, daß der technische Fortschritt weder vergötzt noch als Dämon verteufelt werden darf. Fanatikern in der Politik begegnen wir beide mit äußerstem Mißtrauen und lehnen Asketen als gefährlich ab. Deshalb haben wir uns immer wieder gemeinsam der Vesper oder der Brotzeit bei einem guten »Viertele« erfreut.

Zupackende Intelligenz, gesunder Menschenverstand, pragmatisches Handeln im Dienste des Bürgers betrachte ich als gemeinsame Leitlinien der von uns in unseren Ländern vertretenen Politik.

Sowohl Bayern als auch Baden-Württemberg sind hochentwickelte, aber rohstoffarme Industrieländer, in denen aber die bäuerlichen Grundmuster nicht verschüttet wurden. Lothar Späth sagt: »Das einzige, was wir haben, ist unser Grips.« Ich spreche gern vom »Rohstoff Geist«, den es zu pflegen und zu bewahren gilt. Das Ergebnis kann sich sehen lassen: Sowohl Bayern wie Baden-Württemberg stehen in der Arbeitslosenzahl an letzter, hinsichtlich ihrer wirtschaftlichen Wachstumsraten aber mit an erster Stelle unter den Ländern der Bundesrepublik Deutschland.

Bei allem Fleiß, bei aller Tüchtigkeit, bei allem unternehmerischen Wagemut – ohne die zielstrebige Förderung besonders der mittelständischen Wirtschaft durch den Staat, also nach den Richtlinien der Ministerpräsidenten, wäre dieser schöne Erfolg sicher nicht erreicht worden.

OSKAR LAFONTAINE

SPD-Ministerpräsident

Zur Person

Lothar Späth ist ein ausgesprochen humorvoller Mensch – keine Spur jener Verkniffenheit, die man den Schwaben mitunter nachsagt. So nimmt einen seine politische Schlitzohrigkeit eher für als gegen ihn ein. Er weiß zu leben, weiß ein gutes Essen und guten Rotwein zu schätzen. Darüber hinaus ist er für einen Skat immer zu haben. Der Abend nach einer Konferenz mit Lothar Späth wird denen nicht lang, die diese Laster teilen. Mir jedenfalls ist das Treffen der Ministerpräsidenten in Saarbrücken in angenehmer Erinnerung.

Jeder, der über längere Zeit in einer politischen Organisation aktiv war, wird Mühe haben, die Eigenständigkeit seines Denkens gegen den steten – und notwendigen – Druck zur Parteilichkeit zu bewahren. Späth scheint dies gelungen zu sein. Auch wenn er Politik zu seinem Beruf gemacht hat, so ist doch sein Horizont keineswegs auf die Politik beschränkt. Weil er sein Interesse für Kunst und Künstler nicht zur Schau trägt, wissen davon die wenigsten. Doch wer ein echtes Verhältnis zur Kunst hat, läßt sich auch nicht gern zwischen geistigen Grenzen einpferchen. Durch seine Offenheit in Fragen der Entspannungs- und Ostpolitik hat Lothar Späth oft genug bewiesen, daß er nicht zur Gattung engstirnig-einseitiger Parteipolitiker gehört. Indem er sein eigenes Politikverständnis in dem Buch »Wende in die Zukunft« gegen Kurzsichtigkeit »positivistischer« Machttechnokraten abgrenzt, definiert er Politik in einer Weise, die mir zusagt: »Politik, die sich darauf einläßt, fallweise und gruppenbezogen therapieren zu wollen, ist schon vom Ansatz her gescheitert ... Eine verstetigte Politik läßt sich langfristig nur erreichen, wenn ordnungspolitisch und nicht symboltherapeutisch gedacht wird, wenn gesellschaftliche Leitbilder und nicht Gruppeninteressen den Handlungsrahmen bestimmen, wenn ganzheitliche Zielkategorien und nicht isolierte Politikbereiche zur konzeptionellen Grundlage gemacht werden.«

Mit der Ausrichtung seiner Politik an »ganzheitlichen Zielkategorien« hat sich allerdings bei Lothar Späth der Wunsch nach politischem Konsens und nach gesellschaftlicher Versöhnung festgesetzt. Er sträubt sich dagegen, die gesellschaftlichen Zusammenhänge dialektisch zu denken, sie auch einmal aus ihren notwendigen inneren Gegensätzen zu begreifen. Dies mag erklären, warum er so auf Ausgleich bedacht ist, warum er immer wieder vor ideologischen Verhärtungen warnt, die den wirtschaftlichen und politischen Fortschritt hemmten, indem sie die Innovations- und Leistungsbereitschaft der Menschen bremsen und die Gesellschaft polarisieren. Er schreibt in seinem Buch: »Die zyklische Bevorzugung ... einer bestimmten Weltsicht stellt eine der entscheidenden Gefährdungen für jede gedeihliche politische und wirtschaftliche Fortentwicklung in einer offenen Gesellschaft dar.« So macht er die industrielle Wachstumsskepsis des »Club of Rome« dafür verantwortlich, daß die Bundesrepublik in den siebziger Jahren notwendige technologische Investitionen und Fördermaßnahmen nicht getroffen habe. Aber ist das Wachstumsdogma keine ideologische Verhärtung? Sind hierzulande in Politik und Wirtschaft die Wachstumsgläubigen den Wachstumsskeptikern an Zahl und Einfluß nicht immer haushoch überlegen gewesen? Von »Bevorzugung einer bestimmten Weltsicht« kann doch wohl hinsichtlich der Wachstumsskepsis kein Rede sein.

Lothar Späth wendet sich – zu Recht – gegen politische und soziale Mythologien. Er beklagt – zu Recht – den Mangel an gesellschaftlichen Zukunftsperspektiven. Für mich ist allerdings sein technologischer Zukunftsentwurf selber noch viel zu sehr einem althergebrachten Fortschrittsmythos verhaftet. Wenn ich den Optimismus Späths richtig deute, dann beruht er auf der folgenden Vorstellung: Durch den technologischen Fortschritt wird sich die Industriegesellschaft alter Prägung zu einer neuartigen Informationsgesellschaft wandeln, die allen einen höheren materiellen und geistigen Wohlstand bringt. Mit dem technischen Strukturwandel wird sich auch das politische, ökonomische, soziale und kulturelle Wertesystem der Gesellschaft erheblich verändern. Staat und Gesellschaft haben die Aufgabe, mögliche Fehlentwicklungen zu verhindern. Es wäre aber fatal, die potentiellen Gefahren für die Gesellschaft, die die Kommunikations- und Informatiktechnologie in sich birgt, zu überschätzen oder über Gebühr zu diskutieren, weil sonst leicht ein technikfeindliches Klima entstehen könnte, das die notwendige gesellschaftliche Innovationsbereitschaft hemmt und mithin die Bundesrepublik zur technologischen Rückständigkeit verurteilt.

Dabei sieht Späth durchaus, daß Technologie- und Wertkultur nicht deckungsgleich, sondern eher Gegengewichte sind. Woher nimmt er die Zuversicht, daß sich diese beiden Kulturen »immer wieder neu in die Balance eines dynamischen Gleichgewichts pendeln«? Er stellt sich doch selber die bange Kantsche Frage, ob die räumlichen und zeitlichen Dimensionen unseres moralischen Bewußtseins mit den Dimensionen der technischen Entwicklung Schritt halten können; er diagnostiziert doch selber nur einen minimalen Spielraum für staatliches Eingreifen. Woher dann dieser Optimismus? Schon aufgrund meiner naturwissenschaftlichen Ausbildung bin ich kein Feind der modernen Technologien – im Gegenteil. Auch wenn ich weiß, daß der Computer unmerklich unsere Köpfe verändern wird, so kann ich mir die Zukunft der Gesellschaft nur auf der Basis der technischen Entwicklung vorstellen. Doch werden wir künftig mehr denn je eine gesunde Portion Skepsis brauchen – Technikskepsis und Wachstumsskepsis –, wenn wir diese Entwicklung im Griff behalten wollen. Lieber zwei Innovationen zuwenig als eine zuviel, die das Leben oder die Würde des Menschen bedroht.

Die Persönlichkeit Lothar Späths macht es auch seinen Kontrahenten aus anderen politischen Lagern leicht, Verbindendes zu entdecken oder sich einzugestehen. Von Späths guter Laune will ich mich auch weiterhin gerne anstecken lassen. Und sollte es sich bei einem Glas einmal ergeben, dann will ich auch gerne wieder mit ihm diskutieren, ob die räumlichen und zeitlichen Dimensionen unseres moralischen Bewußtseins mit den Dimensionen der technischen Entwicklung Schritt halten können.

Gerd Schwander
MdL »Die Grünen«

Wo Späth dringend umdenken muß

Lothar Späth ist redegewandt. Darüber herrscht in der Öffentlichkeit kein Zweifel. Späth redet über dieses und jenes, aber am liebsten über Hochtechnologie, die in seinem Sprachgebrauch jedoch stets »High-Tech« genannt wird. Denn Späth ist weltmännisch und gerne in den Vereinigten Staaten von Amerika, wo er sich auch fortwährend über die dortigen Wunderdinge auf dem laufenden hält. Dabei wird ihm der baden-württembergische Maßanzug zunehmend enger. Feudal nennen inzwischen auch einige Kritiker seinen Regierungsstil, und der Berliner Politologe Wolf-Dieter Narr hatte sicher Späth im Hinterkopf, als er das politische System der Bundesrepublik mit dem Begriff des »repräsentativen Absolutismus« bezeichnete.

Ich hatte selbst das Vergnügen, Späth einige Male in seiner

Rolle als Landesfürst zu erleben, zum Beispiel beim Antrittsbesuch des Bundespräsidenten Richard von Weizsäcker in Baden-Württemberg. Bei diesem blaublütigen Besuch relativierten sich allerdings die feudalen Gesten Späths ziemlich rasch. Gegen Weizsäckers Auftritt wirkte Späth geradezu hemdsärmelig. (Vielleicht kann man jedoch als Bundespräsident mit dieser Herkunft auch nicht anders.) Ganz anders beim Neujahrsempfang für das in Baden-Württemberg ansässige Konsularische Korps. Da stand Späth mit Frau in der Villa Reitzenstein vor einem riesigen Spiegel beim Defilee, sozusagen »überlebensgroß« und huldvoll. Zöpfe, die es abzuschneiden gilt?

Späths feudaler Regierungsstil aber wird auch sichtbar in seinem Umgang mit Abgeordneten im Parlament. Wie er während der Debatten – ist er überhaupt anwesend – Unterlagen durchblättert oder studiert, scheinbar desinteressiert, und lediglich bei direkter Ansprache seinen Kopf erhebt, mit einem gnädigen Lächeln und lauthals versichert, daß er mehrere Dinge gleichzeitig tun könne. Das Parlament als lästige Pflichtübung, die Späth nur vom Regieren (und Herrschen) abhält? Schauen wir doch einmal genauer hin.

Späth tritt auf. Leicht tänzelnd geht er an das Rednerpult, die CDU-Abgeordneten legen die Zeitung weg, um ihren Einsatz zum Applaus nicht zu verpassen. Und dann legt Späth los. Bei seinem Lieblingsthema redet er selten unter einer Stunde. Er garniert seine Rede mit vielen Beispielen, die er am liebsten aus der Handwerkersprache entleiht, und knöpft sich dabei häufig den derzeitigen SPD-Fraktionsvorsitzenden vor. Späth lehnt sich lässig an das Rednerpult, allein seine Körpersprache, seine Gesten drücken den Spott und die Abschätzigkeit gegenüber den sozialdemokratischen Argumenten aus. Im Gegensatz zu seinem Kultusminister, der, wenn er in Rage ist, zu der gesamten Opposition vorwiegend mit zugewandtem Rücken redet und dabei seinen Kopf wie ein Wendehals verdreht, nimmt sich Späth den politischen Gegner frontal vor. Die Körperhaltung Späths zur SPD ist allerdings in dem Maße verhalten, wie ein überlegener Kämpfer seinen hilflosen Sparringpartner schont.

Ganz anders Späth, wenn er sich der FDP annimmt, was nur noch selten geschieht, hat er doch deren fähigsten Mann in seine Landesentwicklungsgesellschaft eingekauft und damit diese Partei so ausreichend geschwächt, daß sich eine politische Auseinandersetzung im Parlament weitgehend erübrigt. Späths Körperhaltung bringt dies auch deutlich zum Ausdruck. Lästig, lästig, die Hände zur Abwehr mehr nach vorne genommen, gelegentlich eine halbe Körperdrehung nach links oder rechts und einen halben Schritt zurück vom Rednerpult, als ob er nach einer Pflichtübung gleich an seinen Platz zurückkehren möchte.

Am abwechslungsreichsten ist Späths Körpersprache bei seinen Auseinandersetzungen mit den Grünen. Hier zeigt er die ganze Bandbreite eines überdurchschnittlichen Volksschauspielers. Er wechselt vom erhobenen Zeigefinger, mit dem er eindringlich auf die Bedeutung seiner Sätze hinweist, zu einer angedeuteten Verbeugung. Dabei geraten diese Gesten zu einer sofort wieder zurückgezogenen Kontaktaufnahme. Diesen Kontaktaufnahmen entspricht auch das treffsichere Reagieren auf grüne Zwischenrufe. Mit einem Schritt zurück und sofort wieder einem nach vorne ans Redepult, mit beiden Unterarmen aufgestützt, und einer dann folgenden Replik mit ironischem, lächelndem, jedoch stets freundlichem Tonfall. Späths inhaltliche Auseinandersetzung mit grünen Argumenten zeigt sich in der fast ständigen direkten Zuwendung zur grünen Fraktion. Die CDU bleibt dabei rechts liegen und darf sich nach einer kurzen Körperdrehung nach rechts, die oftmals nur angedeutet wird, mit einem pflichtgemäßen Beifall einschalten. Späths Gesten zur eigenen Fraktion gleichen häufig einem Stockschlag eines Dirigenten, damit die Kontrabaßspieler und die Paukenschläger ihren Einsatz nicht verpassen. Für Späth spielen die Hinterbänkler in der CDU selbst auf den ersten Reihen.

Mit vollem körperlichem Einsatz ist Späth nur selten bei der Sache. Seine Lieblingsthemen und Dauerrenner, »wie wird das Musterländle noch mehr zu einem Eldorado der Computer und Biotechnologie«, spornen ihn jedoch zu Höchstleistungen an.

In seinem Eifer ähnelt er dabei immer mehr einem verzogenen Kind, das zu seiner Modelleisenbahn – sicherlich auch ein Produkt aus Baden-Württemberg – immer mehr Züge, Gleise, Häuschen und Männchen bekommen möchte und jeden, der nicht mitspielt, als Spielverderber betrachtet. Ein offenes Geheimnis ist dabei, daß ihm das Spielen im eigenen Bundesland ohnehin zuwenig ist. Die Körpersprache Späths entspricht seiner Begeisterung für bestimmte Themen und seiner Lustlosigkeit bei anderen. Hierbei fällt dann sein fehlendes Engagement bei allen sozialpolitischen Themen auf. Hier gilt es nämlich, zuerst anderen zuzuhören und nicht gleich sich vorne als Zampano hinzustellen, um die erste Geige und das ganze Orchester, das für Späth ohnehin fast nur aus Laienspielern besteht, zu dirigieren. Dies scheint mir auch eine der größten Schwächen Lothar Späths zu sein. Er redet gerne und lang, er ist auch oftmals unterhaltsam, wie dies ja auch Volksmimen sein können, aber Späth hört bei Themen, die ihn nicht interessieren, selten zu. Späth bewegt sich gerne ausschließlich auf der Sonnenseite des Lebens, wo Aluminium glänzt und Satelliten strahlen. Vielleicht sollte er sich einmal als Harun ar Raschid verkleiden und das von ihm regierte Bundesland »ganz unten« erleben, wo kein Glanz seiner Industriepolitik mehr hinfällt, wo nicht mehr die großen technologischen Errungenschaften das Lebenselixier darstellen und die Millionen, die einen Nobelpreisträger zum Bleiben im Lande motivieren sollen, vielen Menschen helfen würden: zum Beispiel den Sozialhilfeempfängern in Stuttgart oder den an der Existenz herumkrebsenden Kleinbauern auf der Schwäbischen Alb.

Bevor Späth umdenken kann, muß er jedoch erst einmal das Sehen und Hören lernen. Er muß lernen, welche Schattenseiten seine Industriepolitik zwangsläufig haben wird, wenn er sie im bisherigen Stil weiter betreibt. Es genügt dabei gerade nicht, die daraus entstehenden Probleme an einen Ethiklehrstuhl an der Universität Tübingen zu delegieren. Dies ist ein Ablaßhandel zur Beruhigung des Gewissens. Gerade die Probleme der Gen- und Biotechnologie dürfen nicht im Getto der Experten diskutiert werden. Die Fortpflanzungsmedizin mit den Möglichkeiten, durch Experimente an menschlichen Embryonen alte Eugenikkonzepte wiederaufleben zu lassen, zeigen, daß wir eben nicht alles tun dürfen, was wir können.

Späth sollte gerade in diesem Bereich, der doch den Kern des christlichen Glaubens berührt und ständig verletzt, umdenken. Umdenken ohne ein »Umhandeln«, ohne ein Haltmachen und ein Ändern des einschlägigen Weges ist allerdings sinnlos. Diese Änderung des Handelns und Denkens bedarf aber keiner feudalen Attitüde. Späths Gesten eines postfeudalen Landesherrschers, gepaart mit seiner High-Tech-Begeisterung könnten als Satire mißverstanden werden, wären sie nicht von ihm so ernst gemeint, und hätte er damit nicht einen solch großen Erfolg. Aber gerade darin liegt ja sein Erfolgsgeheimnis: Schwäbische Hochtechnologie nimmt für viele deren Schrecken, schafft Akzeptanz. Und wechselt Späth zwischen den Rollen eines Landedelmannes, eines Spielkindes und eines cleveren kleinbürgerlichen Schwaben, so ist er populistisch und populär und macht es scheinbar vielen recht.

WOLFGANG GÖNNENWEIN

Generalintendant

Allegro con politico

Das Landtagsgebäude und die Staatstheater liegen in Stuttgart nahe beisammen. Ohne Not könnte man zwischen das Hohe Haus der Politik und das Große Haus der Bühnenmusik noch einen Tennisplatz einzwängen. Ich nehme an, daß Lothar Späth diese bauliche Veränderung nicht ohne Interesse verfolgen würde. Er liebt es bekanntlich, gelbe Bälle so zu plazieren, daß seine Gegner sie nicht erreichen können.

Indes, da ich nicht vom Sandplatzvirus befallen bin, wird der Ministerpräsident nie das Vergnügen haben, den Generalintendanten ans Netz zu locken. Politik und Kunst begegnen sich nun einmal auf anderem Felde. Da geht es um die Schaffung eines förderlichen kulturellen Klimas auf jeder Höhenlage und für jeden Erwartungshorizont von der Basis bis zur künstlerischen Elite.

Ich bin es gewohnt, mein Gegenüber mit den Augen des Musikers zu sehen und seine Argumente mit den Ohren des Dirigenten zu hören. Das mag gelegentlich betont musikorientierte Ergebnisse zur Folge haben, aber der Politiker Lothar Späth stellt sich mir dar als ein Mensch von hellwacher Sensibilität in der Aufnahme und Umsetzung von Fakten, Zusammenhängen, Strömungen und Stimmungen: eine Aura und Fähigkeit, die man in der Musik bedeutenden Interpreten zuschreibt. Für seine gedankliche Umsetzungsschnelligkeit wäre die Satzbezeichnung »Allegro con spirito« entschieden zu langsam. Ein »Presto con fuoco – Schnell und feurig« käme dem Sachverhalt näher. Die Schwaben nennen einen solchen Mann bei allem geziemenden Respekt einen Dauerbrenner. Er hat die musikgeschichtliche Entwicklung von der barocken Concerto-grosso-Partnerschaft der Vorspieler bis zur Einsamkeit des romantischen Konzertsolisten in seiner Laufbahn nachvollzogen. Das Orchester um sich versammelt, spielt er seinen Solopart virtuos, und dies nicht nur auf den schwarzen Tasten. Gelegentliche falsche Einsätze oder Mißtöne können ihn nicht davon abbringen, mit unbestechlichem Gedächtnis und Wachsamkeit sein Instrument zu beherrschen und Qualitätsmaßstäbe vorzugeben.

In der Tat wäre es ein Alptraum für ihn, in einen Triumphmarsch der Mittelmäßigkeit einstimmen zu müssen. So fördert er die Basis keineswegs, um kritiklose Zufriedenheit zu ernten. Im Hintergrund steht dabei immer die Hoffnung, daß auf gut versorgtem Mutterboden schnell Orchideen gedeihen werden. Der Begriff Elite bereitet ihm keine Ängste, sondern ist ihm Verpflichtung. Er will seinen Beitrag gegen die Mittelmäßigkeit leisten, nicht nur in dem Bereich von Industrie und Wirtschaft, sondern auch in dem der schönen Künste. Sicher auch, weil er früher als andere erkannt hat, daß, wo die Dämpfe der Kultur auffallend hoch steigen, allemal auch eine gesunde Wirtschaft am Kochen sein muß.

Lothar Späth, obwohl er gewiß nicht täglich mit Violin- und Baßschlüssel oder Fermaten Umgang hat, ist von der künstlerischen Kraft des deutschen Südwestens überzeugt. Selbst mit kreativer Unruhe ausgestattet, will er die Kreativität des von ihm vertretenen Bundeslandes steigern. Mit einem Status quo kann er sich nicht zufriedengeben. So erfolgt die Gründung und Planung von Landesfestspielen und Akademien ebenso zwangsläufig wie sein Einsatz für die Chancengleichheit einheimischer Talente gegenüber den Startbedingungen des konkurrierenden Auslandes. Er tut dies nicht, um sich im Ruhm des Kunstförderers sonnen zu können – obwohl wärmende Sonnen ihm auch Genugtuung verschaffen –, sondern aus der Erkenntnis, daß aktive Kunstausübung, auf welcher Stufe auch immer, zum unverzichtbaren »Garten des Menschlichen« gehört und damit künstlerische Qualität ein unverzichtbares Signum menschlicher Selbstverwirklichung ist. Lothar Späth fühlt sich durch Ballett, Oper, Schauspiel und andere künstlerische Präsentationsformen stets mit der Zukunft verbunden. Kunst ist für ihn ein klares Ja zur Zukunft in einer Gesellschaft, die sich im Neinsagen übt. Sein Mut zum Positivismus kann so ansteckend sein wie die ersten Crescendi der Mannheimer Schule, die das Publikum förmlich von den Stühlen hoben.

Eine Laudatio ufert aus, wenn sie zum musikologischen Seminar wird. Die Rückkehr zum Politiker Lothar Späth lohnt sich. Ihm ist auch zu danken, daß während seiner Amtszeit das Almosengebaren kultureller Institutionen weitgehend verschwunden ist. Keinesfalls hat er es zugelassen, daß kulturelle Probleme anstatt durch Anteilnahme mit Geld geregelt wurden, denn auch so könnte man Kunst ersticken. Lothar Späth hat sich selbst auf den Diskussionsstuhl gesetzt, hat sich selber vor Ort informiert, hat sich dafür eingesetzt, daß Kunst immer mehr ihren Einzug in die Sozialpolitik gehalten hat, mit dem Ziel, Kommunikation unter ästhetischen Gesichtspunkten zu ermöglichen.

Von Ernst Bloch stammt das Wort, daß große Musik von dem utopischen Überschuß lebe, der als Botschaft an die Zukunft in sie eingesenkt wurde.

Ich erhoffe mir von dem Menschen Lothar Späth, daß er sich auch in Zukunft vom utopischen Überschuß inspirieren läßt, damit unsere Kultur auf hohem Niveau das nächste Jahrtausend erreicht und das Beteiligtsein an künstlerischen Prozessen noch mehr Menschen ermöglicht wird.

REZZO SCHLAUCH

MdL »Die Grünen«

Das Grüne in Späth

Mal technokratisch, mal ökologisch – das ist Lothar Späth, noch immer Ministerpräsident in Baden-Württemberg und immer noch nur stellvertretender Vorsitzender der Union, ein Exot, verglichen mit Stoltenberg oder Zimmermann, der »Öko-High-Tech-Biedenkopf« des Südens. Ganz anders als der Kanzler: Während dieser vor allem damit beschäftigt ist, sich in Fettnäpfen auszusitzen, oder, Gott behüte, vielleicht gar wirklich meint, was er daherredet, läßt Lothar Späth nichts aus, was ihm Ruhm und Ehre einbringen könnte. Mit traumwandlerischer Sicherheit setzt er eigenwillige Pointen, hinterläßt immer die richtigen Duftnoten.

Beispiel Katalysator:

»Ich sage es Ihnen ganz offen: Wenn ich das Konzept mit den Katalysatoren durchbekomme, stelle ich die Frage einer Geschwindigkeitsbegrenzung zurück. Wenn dies aus europäischen Widerständen nicht so gelingt, können Sie mich für die Geschwindigkeitsbegrenzung haben«, donnerte Späth im Parlament im Sommer 1984 in Richtung der mächtigen Automobilkonzerne. Am nächsten Morgen rauschte ein Lobgesang durch den bundesdeutschen Blätterwald – als Aufmacher versteht sich – für den Hüter deutscher Eichen und Fichten.

Doch indessen ahnt Späth, möglicherweise wußte er es von Anbeginn an, daß über das Tempolimit, über das er mit sich reden lassen wollte, außer den Grünen niemand mit *ihm* reden wollte und schon gar nicht seine Parteifreunde.

Vorhang auf zum zweiten Akt – Goodwilltour in die Chefetagen der Automobilindustrie: »Ob nicht vielleicht doch etwas zu machen sei, man könne ja im Wege der freiwilligen Vereinbarung« – die Späthsche Zauberformel im Konflikt Industrieökologie – »gemeinsam versuchen ...« Die Antwort war deutlich: »Nein, es tut uns sehr leid, wir sehen die Verantwortung, aber auch wir tragen Verantwortung, Sie verstehen, Konkurrenzfähigkeit im internationalen Wettbewerb, Gefährdung des Absatzes, damit der Arbeitsplätze und der Wende – völlig unmöglich!« Späth verstand, Ende Akt zwei; der Medienzauber fällt aus.

Konsequenz im Handeln – letzter Aufzug: Die Regierung Späth stimmt im Bundesrat für die »Null-Komma-Lösung« von Kohl und Zimmermann, Späth redet von Sachzwängen und vom Machbaren. Über die zwangsweise Einführung von Katalysatoren bei Neufahrzeugen ab 1986 und über Geschwindigkeitsbegrenzungen redet er nicht mehr, nicht mal mit seinem Fahrer.

Aber: Wieder hat sich ein ökologischer Vorstoß Späths eingeprägt im Bewußtsein der Öffentlichkeit, wieder ist was hängengeblieben. Und die Corporate Identity, wie die Werber sagen, in Sachen Umwelt und Ökologie ist gefestigt.

Auch bei der »Altlastensanierung« wurde Späth aktiv. Klar, nach der Devise »weniger Staat«, will heißen: freiwillige Vereinbarung ohne gesetzgeberischen Druck. Ergebnis auch hier: die ökologische Nullösung, diesmal ohne Komma. Aber: Das ökologische Profil wächst weiter.

High-Tech, Technologietransfer und Lothar Späth – Begriffe, die hier im Land untrennbar miteinander verbunden sind. Augen zu und ab ins schwäbische Silicon Valley, das ist die Devise Späths für Baden-Württemberg. Wie es denn angesichts der ökologischen Herausforderungen sei mit ökologisch orientierten Technologiezentren, wollten wir von Späth wissen. Antwort: Darüber könne man reden, warum denn eigentlich nicht ...? Ergebnis bis dato: wieder die Nullösung.

Faktisch bleibt wenig vom Ökologisch-Grünen in Späth. Die einzige ökologisch wirkungsvolle Tat: Entstickung und Entschwefelung baden-württembergischer Kohlekraftwerke. Da funktionierte auch Späths Weg der freien Vereinbarung.

Aber auch nur da und auch nur deshalb, weil es für die Energieversorgungsunternehmen aufgrund ihrer Monopolstellung ein leichtes war, die Kosten via Preis direkt an die Verbraucher weiterzureichen.

Bei Lichte betrachtet, schmelzen die ökologischen Ambitionen Späths dahin wie der Schnee in der Frühjahrssonne, die ihm in der Medienöffentlichkeit zugeordnete ökologische Vorreiterrolle und Kompetenz bleibt zahnlos.

Aber – bei aller Sprunghaftigkeit in der Wahl seiner Themen – auch das ist Lothar Späth: stets bereit zur Auseinandersetzung, über Parteigrenzen hinweg, offen für Diskussionen auch im Parlament. Damit hebt er sich, sicherlich nicht ungewollt, deutlich ab. Von der eigenen Fraktion und auch von der SPD. Dort wird mit wenigen Ausnahmen in starren, monolithischen Blöcken verharrt. Dort bestimmt Lagermentalität politisches Handeln, Positionen werden postuliert, der politische Diskurs findet nicht statt.

Anders Späth: Interessiert daran, Lagermentalität aufzubrechen, für jeden ansprechbar, nicht nur im Parlament, auch auf offener Szenerie. Auch herausragend an Späth: Diffamierungskampagnen gegen den politischen Gegner, wie insbesondere von den Grünen in Bayern oder Niedersachsen erlebt, Späth hat da bisher nicht mitgespielt.

Offenheit und Dialogfähigkeit – Tugenden Späths, Fundamente grüner Politik. Offenheit, die sich darin ausdrückt, daß Späth nicht nur die etablierte Kultur, sondern auch die alternative, die Gegenkultur im Ländle wahrnimmt und mit, wenn auch mit viel zuwenig, in die Kulturförderung aufgenommen hat. Dies auch gegen den Widerstand von Mitgliedern seiner Fraktion, die in solchen alternativen Kulturzentren immer noch kommunistische Kaderschmieden sehen.

Kein Wunder auch, daß bei diesem teils übereinstimmenden Verständnis von politischer Kultur die spannendsten und interessantesten Debatten hier im Landtag zwischen Späth und den Grünen stattfinden, wobei die SPD des Landes starr und profillos im Abseits bleibt. Doch zurück zu Späth. So wertvoll sein persönlicher Beitrag zur politischen, liberalen Kultur hier im Südwesten ist, er ist leider nicht in der Lage, den Rahmen der von der CDU gewohnten Ordnungspolitik zu sprengen. Berufsverbote und besonders restriktive und unmenschliche Ausländerpolitik gehören in Baden-Württemberg zum politischen Alltag.

Trotz allem, es ist eine Herausforderung, und es macht Spaß, als Grüner mit und gegen Späth in den von ihm ausgerufenen Wettbewerb der politischen Ideen einzutreten – selbstverständlich mit dem Ziel, mehr grüne Politik durchzusetzen, und sei es, dort, wo es geht, mit Späth.

Karl W. Deutsch
Präsident des Berliner Wirtschaftszentrums für Sozialforschung

Bilder

In einer politisch engagierten Familie aufgewachsen, habe ich mich seit meiner frühen Jugend mit Politik beschäftigt und mit den Menschen, die ihr ihr Leben widmen. In vielen Ländern, bei Besuchen, Unterredungen und Empfängen, beisammen bei Tisch, oft zu wiederholten Malen, habe ich sie gesehen und gesprochen, sie befragt und ihnen zugehört. Eindrücke aus diesen Begegnungen blieben mir im Gedächtnis und haben sich zu Bildern verdichtet.

Mein Bild von Lothar Späth stammt aus mehr als drei Jahren der Mitarbeit in seiner Wissenschaftlichen Beratungskommission, an deren Sitzungen und informellen Zusammenkünften in Tonbach er fast immer teilnahm.

Mein erster Eindruck war seine Neugier. Nun sind fast alle Politiker neugierig, weil ihr Beruf es verlangt. Aber ihre Neugier zielt vor allem auf Personen und auf ihre Beziehungen von Einfluß und Macht, Zustimmung und Gegnerschaft. Lothar Späth ist neugierig auf mehr – auf Probleme und mögliche Lösungen, auf größere Fragen und Ideen. So bezieht sich sein Vorschlag eines »Wasserpfennigs« – einer Abgabe der Verbraucher von Trinkwasser, um Bauern zu helfen, die Kosten umweltschonender Düngemittel zu tragen – nicht nur auf Grundwasser und Bauern. Über diese konkrete Anwendung hinaus kombiniert der Vorschlag zwei sonst oft gegensätzliche Grundsätze: *Verursacherprinzip,* das nur dem »Verursacher« der Umweltschäden deren Kosten auferlegt (die er vielleicht nicht ohne schweren Schaden tragen kann), und das *Nutznießerprinzip,* das zur Deckung der Kosten einer Umweltschutzmaßnahme all jene heranzieht, die aus ihr Nutzen ziehen. Die Kombination beider Prinzipien könnte es allen Beteiligten ermöglichen, die Kosten eines wirksamen Umweltschutzes tragbar zu erhalten.

Späth ist lernfreudig. Er lernt gern von Fachleuten, von der Wissenschaft, von der Erfahrung langjähriger Praxis und von der Erfahrung durch neue Versuche.

Er hat Grundsätze, aber er ist undogmatisch und weitgehend frei vom Zwang vorgefaßter Ideologien. Er hat einen Sinn für Wissenschaft und Wissenschaftler. Er unterstützt sie, und er hat einen Sinn für Qualität sowohl bei Menschen als auch bei ihren Arbeiten. Er ist einfach im Auftreten, unprätentiös, aber kompliziert in seinem Denken.

Lothar Späth, so wie ich ihn erlebt habe, ist besonders befähigt zur Zusammenarbeit mit Einzelmenschen und mit Gruppen. Er ist eine Integrationsfigur, jemand, der Probleme nicht vergißt oder übertönt, sondern Menschen verschiedener

Meinung einlädt, sie gemeinsam zu bewältigen. Wenn eines Tages eine Große Koalition nötig werden sollte, dann könnte Lothar Späth eine sehr wichtige Rolle für ganz Deutschland spielen.

Er ist tief verwurzelt, sehr schwäbisch und sehr deutsch und dennoch mit weltoffenem Humor. Er vereinigt Volksverbundenheit mit dem Geist der Aufklärung. Im Zusammentreffen aller dieser Eigenschaften erscheint er mir einzigartig als Staatsmann. In solchen Dingen und ihrer Verbindung habe ich seinesgleichen bisher nicht gesehen.

JOHANNES RAU

SPD-Ministerpräsident

Wir rechnen mit ihm

Lothar Späths Buch »Wende in die Zukunft« endet mit einem Zitat von Hölderlin, das ihn als nachdenklichen, aber auch von moderner Technik faszinierten, allen Krisenbeschwörungen abholden Politiker ausweist. Späth zitiert den Satz »Versöhnung ist mitten im Streit, und alles Getrennte findet sich wieder«, und ihm ist es eindeutig um dieses Stück Hoffnungsethos zu tun, das uns hier bei Hölderlin begegnet. Ein Ausdruck dieser Hoffnung ist für den Autor unsere Fähigkeit und Bereitschaft, eine neue »Gesellschaft danach« durch ein Maximum von Informiertheit bei Wahrung geistiger Freiheit und Unabhängigkeit zu werden. Das kann, wie Lothar Späth meint, dann erreicht werden, wenn wir die uns mögliche »Konfliktüberwindungsstrategie« nicht nur in unseren Köpfen haben, sondern auf feste Beine stellen. Auch in diesem Zusammenhang taucht das Wort »Versöhnung« auf. Mit der »Versöhnungsgesellschaft« lasse sich die Zukunft meistern.

Sich mit dem Inhalt dieses Buchs auseinanderzusetzen, mit seinen Thesen zu gesellschaftlichen Mechanismen, zur (politischen) Handhabe neuer Technologien, zur Rolle des Staates in der Wirtschaft und zur Bedeutung flexiblerer Arbeitszeit und Arbeitsformen – das lohnt sich auch für Sozialdemokraten. Schließlich ist nicht erst seit Erscheinen dieses Buches zu erkennen, daß der baden-württembergische Ministerpräsident zu jenen Führungskräften der anderen großen Volkspartei gehört, deren politische Phantasie sich nicht im verehrungsvollen Rückblick auf Adenauer und Erhard und im Vertrauen auf die segensreiche Funktion von Markt und Wachstum erschöpft. Der CDU Baden-Württembergs stand er als »bewegendes Element«, als ein für Modernität und Modernisierung aufgeschlossener Mann vermutlich gerade zur richtigen Zeit zur Verfügung – nach eher präsidialen und autoritären Politikern wie Kiesinger und Filbinger. Und gewiß darf man nicht geringschätzen, mit welcher zugleich werbenden und umarmenden Kraft Lothar Späth seine landespolitischen Ideen und Projekte den günstigen strukturellen Vorausetzungen in den schwäbischen und badischen Regionen angepaßt hat. Das eher boulevardeske Etikett »quirlig« gehört auch dazu, und ich denke, mein Stuttgarter Kollege wird es nicht als Schwächung verstehen. Von »Abgehobenheit« hält er nicht viel – seine Phantasie soll auf den Markt kommen und dort für Diskussionen sorgen. Dabei mag dann freilich gelegentlich der Fall eintreten, daß die schön erdachte Konstruktion den Bedingungen der Wirklichkeit nicht standhält. Dann hat es mancher Spötter leicht, und zwar nicht nur auf der Oppositionsbank in Stuttgart, sondern auch im fernen Bonn, etwa auf dem Beobachtungsposten im Adenauer-Haus ...

Dort in Bonn finden (zumeist) unsere Begegnungen im Bundesrat statt. Es ist oft angemerkt worden, daß in der Länderkammer keine parlamentarischen »Schlachten« geschlagen werden. Das wirkt sich auch bei gravierenden Meinungsunterschieden aus. Erbitterung prägt ganz selten die Debatte. Kollegiales Verständnis ist über Partei- und Politikgrenzen hinaus spürbar. Am Rande der Sitzungen und auf mancher Ministerpräsidentenkonferenz gedeiht das persönliche Gespräch, nicht selten von Humor und Witz durchdrungen. Mit Lothar Späth läßt sich plaudern, und auch ein zünftiger Skat bringt uns an einen gemeinsamen Tisch. Nein, das Leben besteht nicht nur aus politischem Kampf. Zum Leben gehören die Familien, für Späth auch Tennis als Ausgleichsport (was ich bestaune), es gehört dazu der »Small talk«, befeuert mit »Viertele« oder vom Pils. Ich mache aus meiner Bewunderung seines erstaunlichen Zahlengedächtnisses keinen Hehl, erkundige mich nach seiner neuesten Kunsterwerbung und spreche mit ihm über alte und neue Bücher. Wir vergewissern uns, daß in seinem schönen Bundesland einige meiner Freunde wohnen. Sie lieben ihn nicht, aber die meisten respektieren ihn.

Manche von ihnen meinen, er sei ein »Meister im Ankündigen«, freilich auf seine Art ein glänzender Politikverkäufer. Das Unkonventionelle an seiner Haltung und manchen seiner Eingebungen erscheint ihnen bemerkenswert. Aber sie sprechen auch von einer »technokatischen Macherattitüde«, der oft etwas Schillerndes anhafte. Sie wünschen sich und anderen wohl, daß seine Begeisterung für die exakten Wissenschaften und alle neuen Technologien ein noch ernsthafteres philosophisches Fundament haben sollte. Von seiner Regierung, so sagen sie, gehen Impulse aus, die ein seltsames Stück geistiger Wende beschwören. »Alte Werte« werden neu entdeckt, darunter auch die »zarte Lyrik« der ersten Strophe des Deutschlandliedes ... Bildungspolitische Revision ist angesagt, da werden Brücken zu sozialdemokratischen und (alten) liberalen Positionen abgebrochen. Sollen so die Ultrakonservativen eingebunden werden? Solche Diskussionen sind dann wahrlich keine Feierabendgespräche mehr.

Lothar Späth kennt bisher nur das Alleinregieren. Vor ihm hat es zwei Jahrzehnte lang Koalitionsregierungen gegeben mit der SPD und der FDP. Steht nun die FDP ante portas, ermutigt von einem Bundestagswahlergebnis, das ihr bei überproportionalen Verlusten von Späths CDU in Baden-Württemberg rund 12 Prozent Wählerstimmen beschert hat? Wird Lothar Späth sie ab Frühjahr 1988 brauchen? Oder ist etwa schon ausgemacht, daß die SPD keine Chance hat? Wer wird mit wem reden müssen, wenn die Wählerinnen und Wähler gesprochen haben?

Das Land Baden-Württemberg kennt viele Probleme alter Industrieregionen nicht. Der technische Wandel fand hier die günstig vorbereitete Struktur vor. Das Thema der politischen Auseinandersetzung ist weniger die soziale Bewältigung des Wandels als vielleicht die Frage nach der menschengerechten Modernität. Und – so schlagwortartig das klingt – die »gesinnungsethische Herausforderung« wird vom kritisch-protestantischen Teil der Bevölkerung ernst genommen. Wird die Zukunftsvision der »Versöhnungsgesellschaft«, orientiert am weit vorangetriebenen und akklamierten technischen Fortschritt, jene Bedrohungen und Krankheiten der Moderne von Atomkraft über ungebändigte Chemie bis zur Gentechnologie außer acht lassen können?

Lothar Späth ist gewiß nicht nur Protagonist eines herbeizusehnenden Technikzeitalters, das unsere gesellschaftlichen Konflikte gewissermaßen automatisch erledigt (wenn nur Gewerkschaften, Unternehmer, Mittelstand, Hochschulen, Schulen und aufgeklärte Bürger vernünftig »funktionieren« ...).

Aber mir will doch scheinen, daß es mit der politischen Stützung und Stimulation der – unbestritten schöpferischen – technisch-wissenschaftlichen Potentiale nicht getan ist. Auf die Fragen nach dem Wozu und dem Wohin müssen überzeugende und glaubwürdige Antworten gefunden werden, heute und morgen. Dabei wird vielleicht mehr, als wir ahnen, mit einem unversöhnten Bewußtsein zu rechnen sein, das sich von den Computern und Robotern wie von den Produkten der Moderne nicht sättigen läßt.

Der Ministerpräsident von Baden-Württemberg ist dem Wohl seines Bundeslandes verpflichtet. Aber er wirkt wie seine Kollegen im Bundesrat an der Gesetzgebung des Bundes und an wichtigen politischen Entscheidungen mit, die alle Bürger der Bundesrepublik betreffen. Sosehr Länderinteressen und

Bundesinteresse abzuwägen sind, so wichtig ist jenseits aller legitimen politischen Auseinandersetzung auf einigen Gebieten die Solidarität von Bund und *allen* Ländern. Ich denke dabei nicht nur an Fragen des Finanzausgleichs, der Medien- oder der Bildungspolitik, so bedeutend sie sind, sondern an nationale Zukunftsfragen, die nach meiner Überzeugung in den nächsten Jahren einer Klärung bedürfen. Es wird dabei um Erhaltung und um Erneuerung gehen. Die gesicherte Zukunft unserer Kohle, vernünftige Rahmenbedingungen für unsere Stahlproduktion, das Sozialstaatsgebot – Bund und Länder müssen dazu einen gemeinsamen Konsens finden. Das gleiche gilt für Reformen in der Umweltpolitik, der Rentenpolitik und – nach sozialistischer Auffassung – für ein Umsteuern in der Energiepolitik und eine langfristige Arbeitsmarktpolitik.

Lothar Späth wird sich, so hoffen auch seine Gegner, diesem Ruf nach Solidarität nicht entziehen. In seinem Buch hat er vom Politiker als einem »Treuhänder künftiger Generationen« gesprochen. Wir wollen und müssen in diesem Sinne mit ihm rechnen.

Werner Filmer/Heribert Schwan

Merkmale eines Unikats

Späth ist sicher kein Konservativer und ebenso sicher auch kein Sozialist. Die Maximen seines Handelns sind nicht allzu tief in christlichen Wertvorstellungen verankert. Herausragende geistige Positionen und »Anliegen« vertritt er nicht.

Späth ist ein Mann der Tat, der bewegen und etwas zustande bringen will. Verläßliche Koordinaten fehlen. Es mangelt ihm nicht an politischer Weitsicht, eher an geistigen Bezugsgrößen, an geschichtlichen Maßstäben. Er schätzt die praktischen Dinge, verfügt über die kühle Distanz des Machers. Seine schlichte demokratische Normalität – mal mehr, mal weniger

– fasziniert alle, die sich mit ihm beschäftigen. Seine Dialogfähigkeit wird bestaunt. Tief verwurzelte Abneigungen kennzeichnen ihn nicht. Selten verbaut er sich Eingänge, Zugänge, Ausgänge.

»Kaum ein Beruf, der auf Umgang mit Menschen angelegt ist, macht so einsam wie der des Politikers«, hat der Schriftsteller und Bundestagsabgeordnete Dieter Lattmann geschrieben. Auch in Späths Leben haben die öffentlichen Verpflichtungen längst die Privatsphäre in den Hintergrund gedrängt. Er gehört zum Eigentum der Union. Auch wenn er das bestreitet.

Späth will sein Land moderner, effizienter machen, Strukturen schaffen, die seinen Landeskindern günstige Voraussetzungen bieten: wirtschaftlich, technisch-wissenschaftlich, neuerdings auch kulturell. Dominierend bleibt für ihn die wirtschaftliche Entwicklung von Baden-Württemberg. An seine Visionen vom modernen, wirtschaftlich starken Staat glaubt er unerschütterlich. In der Politik hat Späth seine tatsächlichen Fähigkeiten und Begabungen entdeckt. Innerhalb der Bundesrepublik sieht er im Grunde genommen kaum einen ernsthaften Konkurrenten für sich. Es ist kein Geheimnis, daß er sich für qualifizierter hält als den Bundeskanzler. Und auch für geeigneter als viele seiner Ministerpräsidentenkollegen.

Späth erkennt den Vorsprung von Experten an, doch unter den Amtsinhabern sieht er kaum einen, der ihm das Wasser reichen könnte. Längst hat er erkannt, daß der Mensch nicht vom Brot allein lebt, daß Spitzentechnologien auch dazu beitragen, menschliche Substanz verkümmern zu lassen. Seine Ideen, der Kultur in seinem Bundesland neue Impulse zu geben, sind richtig. Nur muß er noch viele Kritiker davon überzeugen, daß für ihn Kultur ein »wirkliches Anliegen« ist und nicht nur ein willkommenes Wahlkampfthema.

Späth ist ein außergewöhnlicher Politiker; ein Mann, der enorm belastbar ist; ein Schnellwerker mit einem Elefantengedächtnis. Er ist kein Mann des faulen Kompromisses. Er nimmt wenig Rücksicht, weder auf sich noch auf seine Familie, noch auf seine engsten Mitarbeiter. Späth bleibt erfolgsorientiert, erfolgsverwöhnt. Er scheint weder Gott noch Kinder zu brauchen, weder Frau noch Familie. Selten stieß er an die Grenze seiner Entfaltungsmöglichkeiten, auch wenn hin und wieder Dilettantismus spürbar wird. Eigentlich gehört er zu den »genialen Dilettanten«, die ihre Unsicherheit nie zu erkennen geben.

Frappierend ist der Aufstieg dieses Kommunalpolitikers zur politischen Figur der ersten Garnitur. William Hazlitt, ein englischer Essayist aus dem frühen 19. Jahrhundert, hat einmal gesagt, die Liebe zur Macht sei die Liebe zu sich selbst. In die meisten politischen Aufgaben wurde Späth »reingeschmettert, reingeschwemmt«. Er kämpfte sich durch. »Dieser Handwerker der Macht ist kein Wundermensch, aber ein verdammt guter Politiker«, beschrieb ein ehemaliger Vertrauter seinen Meister.

Späths Machtwille und sein Veränderungsstreben streifen oft die Grenzen der Manie, die »Grenzen des Hasardierens«, verriet ein Kampfgefährte. Späth ist hoch begabt und gefährdet zugleich. Häufiger als andere Politiker geht er größere Risiken ein. Doch er glaubt zu wissen, was für sein Land gut ist. Seine robuste Konstitution hilft ihm. Er strotzt vor Gesundheit. Sein Selbstbewußtsein und der Grad politischer Überheblichkeit ängstigen zuweilen seine Mitarbeiter. »Späth muß dringend darauf achten«, riet einer seiner Freunde, »die Fähigkeit zur Selbstkritik zu behalten. Er steht in Gefahr, abzuheben, überheblich zu werden, den Boden unter den Füßen zu verlieren.« Dabei ist der kleine, nur 1,70 Meter große Politiker ein Mensch, der sich nach Harmonie sehnt, der gefühlvoll und einfühlsam sein kann, sobald sich Gelegenheit dazu bietet. Phänomenal ist zu beobachten, welche Strahlkraft er auf Frauen hat.

Ob Späth mit gleicher Anstrengung, Hingabe und Konzentration Politik betriebe, hätte er Kohls Körpergröße, wer weiß das schon. Es ist bekannt, daß kleine Leute erheblich ehrgeiziger sein können, als Durchschnittsgrößen. Späth weiß allerdings, daß sich mit Ellenbogen allein auf die Dauer kaum etwas politisch durchsetzen läßt ...

Er redet viel, unglaublich viel. Oft schneller, als Zuhörer folgen können. Dabei formuliert er so, daß alles plausibel klingt.

Erst bei nochmaliger Prüfung ist zu erkennen, daß manches nicht zusammenzureimen ist. Viele sind verblüfft über den Schwall der Gedanken, der über seine Lippen kommt. Späth scheint zu glauben, mit Reden überzeugen zu können. Dabei gefällt er sich in der Annahme, unabhängig und undogmatisch zu sein. Ihm gefällt es, die Rolle des nonkonformen CDU-Politikers zu verkörpern.

Konservativ ist sein Auftreten, seine Repräsentation. Die Fürsten und Könige von Baden-Württemberg hätten es nicht schwer, ihn als ihresgleichen anzuerkennen. Herrschaftliches Auftreten beherrscht er. »Der hat manche Geste des neunzehnten Jahrhunderts drauf«, bemerkte ein ehemaliger Vertrauter. »Das wird von vielen akzeptiert und bewundert ... wenn er seinen Auftritt hat, spürt jeder, daß hier nicht das Lotharle kommt, sondern der Ministerpräsident von Baden-Württemberg und der potentielle Nachfolger von Helmut Kohl, ein möglicher Bundeskanzler!«

Späth läßt sich nicht leicht einordnen. Er kann mit den Grünen ebensogut umgehen wie mit den Sozialdemokraten. Seine Liberalität besteht zu einem Großteil aus der Unabhängigkeit seines Denkens und Verhaltens. Die FDP hält er für entbehrlich.

Späth besitzt kaum Ähnlichkeit mit anderen handelnden Politikern. Ein wenig wäre er mit Strauß zu vergleichen, doch er ist beherrschter als der leidenschaftliche Bayer. Im Gegensatz zu Kohl ist Späth von unglaublicher Dynamik getragen, ständig unterwegs mit neuen Gedanken. Kohl verhält sich ruhiger, gelassener. Kohl kann querdenkende Menschen zusammenführen, Späth schlägt oft so deutlich zu – »er geht ihnen übers Maul« –, daß sie nichts mehr sagen möchten.

Der Schwabe versucht, alles so »zu regeln«, daß er »immer das Sagen« hat. Dieses Kraftpaket besteht aus einer ungewöhnlichen Kombination von Intelligenz, Willenskraft und Aufnahmebereitschaft. Er – der Kleine – will immer der Größte sein. Und er spielt überall eine gewichtige Rolle. Wo er auftritt, wird »Führung« spürbar. Zugute kommt ihm, daß er zu den humorbegabten, witzigen Deutschen zählt, die das Lockere nicht verachten. Er besitzt eine gesellige Alltagssprache, hält nichts von banalen, hochtrabenden, unpersönlichen Redensarten, Späths Sprache fehlt die hauptstädtische Verfeinerung. Mutterwitz und mundartliche Heiterkeit prägen sein Sprachbild. Maliziöse Geschliffenheit geht ihm ab. Er hat »Schnauze«: manchmal derb-witzig, meistens menschenverbindend-heiter.

Natürlich hat auch Späth viele Gegner. Auch innerparteiliche. Doch die meisten erkennen seine Originalität an, denken positiv über ihn. Daß er zu »fix« ist, stört sie manchmal, doch nicht den »Dreisterneministerpräsidenten«.

Späth, dessen Antriebskraft aus vielen Wurzeln stammt, lebt seinen Selbstdarstellungsdrang aus. Daß er ein Machtpolitiker von hoher Leistungsfähigkeit und mit Perspektiven ist, gilt als unbestritten. Vieles greift er auf und bleibt auch in den meisten Fällen beharrlich »dran«. Er bindet Menschen, von denen er fasziniert ist, schnell an sich, »nimmt sie für sich ein«, kann sich jedoch schnell wieder abnabeln, sie »fallenlassen«. Eigentlich verfügt er über zuwenig Distanz zu Menschen und Ideen. Schwer fällt es ihm, feste Standorte zu beziehen. In seinem permanenten Drängen setzt er Aktionen über alles. Heute hier, morgen dort. Schwächen anderer nutzt er erbarmungslos aus.

Späth, von dem nicht nur seine Gegner sagen, er leide unter einem »Inspektorenkomplex«, also unter der Tatsache, kein Akademiker zu sein, will bei jedermann »gut ankommen«, gut »angeschrieben« sein. Als Autodidakt hat er sich »kluggearbeitet«, kluggelesen. Seine Beklommenheit legte sich erst, als er merkte, daß andere »mit Titel« auch nicht klüger, dafür aber meistens unsensibler waren als er.

Der Schwabe aus Ilsfeld ist eine Mischung aus aggressiver Durchschlagskraft und Wurstigkeit. Daß er nie »nein« sagt und bei Gelegenheiten, wenn er Versprechungen nicht einhalten kann, die Aufräumungs- und Dreckarbeiten seinem Büro überläßt, gehört ebenfalls zum Charakterbild dieses Mannes, der immer darum bemüht ist, daß »niemals schlechtes Licht« auf ihn fällt.

Späths vorwärtsdrängender Impuls verträgt sich nicht ganz mit seiner Unordentlichkeit – oder vielleicht doch –, ihm wird nachgerühmt, er sei »schlampert«. Diese Eigenschaft krönt er in den letzten Jahren mit zunehmender Unpünktlichkeit. Unbekümmert meint er, andere könnten auf ihn, den Ministerpräsidenten, warten. Und sie warten.

Späth, der federnde, mit allen Neckarwassern gewaschene Politiker, gilt als eitel. Beispielsweise ärgert er sich über Journalisten, die ihn und seine Politik ironisch beschreiben. Es verletzt ihn, wenn ihm vorgehalten wird, auf Feldern, wo er sich besonders firm fühlt, versagt zu haben. »Späth ist dünnhäutiger, als er nach außen erscheint«, bilanzierte ein Vertrauter. »Überall dort, wo es um sein Prestige geht, ist Späth in höchstem Maße verletzbar.«

Was würde aus Späth, wenn er der Politik entsagte? Viele, die ihn gut kennen, trauen ihm zu, nach einem Verlust der CDU-Mehrheit in Baden-Württemberg bei der Landtagswahl am 20. März 1988 alles hinzuwerfen und aufzuhören. »Eine Koalition mit der FDP wird Späth allenfalls einfädeln, nicht aber sich an ihre Spitze stellen«, verriet ein Freund. »Ein Ministerpräsident Späth als Chef einer christlich-liberalen Koalition in Baden-Württemberg ist so gut wie unvorstellbar.«

Vorstellbar ist allerdings, daß Späth, sollte er je aus der Politik aussteigen, etwas »ganz Neues« unternimmt. Das könnte eine herausgehobene Position in der internationalen Entwicklungshilfe, das könnte der Vorstandssessel eines Großkonzerns sein. Vorstellbar wäre er durchaus auch als Krisenkanzler oder Chef einer Großen Koalition in Bonn. Doch dafür stehen die Zeichen ungünstiger als je zuvor.

Zeittafel

- Geboren am 16. November 1937 in Sigmaringen als zweites Kind des Lagerhausverwalters Friedrich Späth und seiner Frau Helene geborene Lillich
- 11. Oktober 1940 Umzug nach Ilsfeld, Landkreis Heilbronn
- 1. September 1943 bis 30. August 1947 Volksschule in Ilsfeld
- 1. September 1947 bis 30. August 1951 Oberschule in Beilstein, Landkreis Heilbronn
- 1. September 1951 bis 31. März 1953 Robert-Mayer-Oberschule in Heilbronn
- 29. Januar 1953 Einstellungsprüfung für den gehobenen Verwaltungsdienst beim Landratsamt Heilbronn
- 1. April 1953 bis 31. März 1956 Verwaltungskandidat bei den Bürgermeisterämtern Gronau und Schmidhausen, Kreis Heilbronn
- 1. April 1956 bis 31. März 1957 Verwaltungsgehilfe bei der Stadtverwaltung Giengen an der Brenz
- 2. Mai 1957 bis 30. April 1958 Kanzleigehilfe beim Landratsamt Bad Mergentheim
- 2. Mai 1958 bis 15. April 1959 Staatliche Verwaltungsschule in Stuttgart, Abschlußprüfung für den gehobenen Verwaltungsdienst
- 2. Mai 1959 bis 21. Februar 1960 Stadtinspektor bei der Stadtverwaltung Giengen an der Brenz
- 22. Februar 1960 bis 30. Juni 1962 Stadtoberinspektor bei der Stadtverwaltung Bietigheim, Kreis Ludwigsburg

- 1. April 1960 bis 15. Februar 1961 Vorsitzender der Geschäftsführung der »Gemeinnützigen Baugenossenschaft Bietigheim«
- 16. Februar 1961 bis 31. Dezember 1972 Geschäftsführer der »Bietigheimer Wohnbau GmbH« und der »Städtebau-Bietigheim GmbH«
- 1. Juli 1962 bis 30. September 1965 Stadtamtmann in Bietigheim
- 18. August 1962 Heirat des 24jährigen Stadtamtmanns mit der Fremdsprachenkorrespondentin Ursula Heinle
- 1. Oktober 1965 bis 30. April 1970 Erster Beigeordneter und Finanzbürgermeister der Stadt Bietigheim
- Seit Januar 1967 Mitglied der CDU
- 28. April 1968 Landtagswahl in Baden-Württemberg. Der 30jährige Christdemokrat jagt mit 25 873 Stimmen der SPD den sicheren Wahlkreis Ludwigsburg II ab und wird Landtagsabgeordneter
- 24. Oktober 1968 Geburt des Sohnes Peter
- 1. Januar 1970 bis 31. Dezember 1972 einer von vier Geschäftsführern der »Neuen Heimat Baden-Württemberg«, der »Gemeinnützigen Wohnungs- und Siedlungsgesellschaft GmbH« und der »Neuen Heimat Städtebau GmbH«
- 3. Mai 1971 Geburt der Tochter Daniela
- 15. August 1971 bis 12. Oktober 1972 Vorsitzender der Geschäftsführung der »Neuen Heimat Baden-Württemberg«
- 8. Mai 1972 bis 16. Februar 1978 Vorsitzender der CDU-Fraktion im baden-württembergischen Landtag
- 1. Januar 1973 bis 31. Dezember 1974 Vorsitzender der Geschäftsführung der »Neuen Heimat, Regionalgruppe Süd« (Baden-Württemberg und Bayern)
- 1. Januar 1973 bis 31. Dezember 1974 zusätzlich Mitglied der Geschäftsführung der »Neuen Heimat Hamburg«
- 28. August 1974 bis 30. November 1982 Gesellschafter der Firma »System-Kontakt – Gesellschaft für elektronische Bauelemente GmbH« in Bad Friedrichshall, Kreis Heilbronn

- 1. Januar 1975 bis 31. Dezember 1977 Vorstandsmitglied im Stuttgarter Bauunternehmen »C. Baresel AG«
- 22. Oktober 1977 bis 7. Juli 1979 stellvertretender Landesvorsitzender der baden-württembergischen CDU
- 22. Februar 1978 bis 30. August 1978 Innenminister im Kabinett Filbinger
- 30. August 1978 von der CDU-Landtagsfraktion mit 42 gegen 27 Stimmen zum Ministerpräsidenten von Baden-Württemberg gewählt
- 7. Juli 1979 Wahl zum Filbinger-Nachfolger im Amt des CDU-Landesvorsitzenden mit 350 von 378 CDU-Parteitagsstimmen in Reutlingen
- 16. März 1980 CDU behauptet ihre absolute Mehrheit bei der Landtagswahl (53,4 Prozent der Stimmen gegenüber 56,7 Prozent 1976)
- 9. März 1981 auf dem CDU-Bundesparteitag in Mannheim Wahl zum Mitglied des Präsidiums der Bundes-CDU und zum stellvertretenden CDU-Bundesvorsitzenden
- 25. Juni 1982 bis 31. Dezember 1984 Mitglied des ZDF-Verwaltungsrats
- 25. März 1984 CDU verteidigt erneut ihre absolute Mehrheit bei der Landtagswahl mit 51,9 Prozent der Stimmen (statt 53,4 Prozent 1980)
- 1. November 1984 bis 31. Oktober 1985 Präsident des Deutschen Bundesrates
- 22. Juni 1984: Ehrendoktorwürde der Universität Fridericiana Karlsruhe (T. H.)
- 16. Januar 1987 Bevollmächtigter für kulturelle Angelegenheiten im Rahmen des deutsch-französischen Freundschaftsvertrages
- Großes Verdienstkreuz mit Stern und Schulterband des Verdienstordens der Bundesrepublik Deutschland
- Europäischer Karlspreis

Auswahlbibliographie

Heinrich Dräger/Lothar Späth: Soziale Gerechtigkeit. Ein Programm der gesteuerten Marktwirtschaft, Stuttgart 1975

Lothar Späth: Politische Mobilmachung. Partnerschaft statt Klassenkampf, Stuttgart 1976

Lothar Späth: Die Chancen der Vielfalt. Der Föderalismus als moderne Staatsform, Stuttgart 1979

Heinrich Dräger/Lothar Späth (Hrsg.): Dritte Welt – ganze Welt? Das Bevölkerungswachstum bedroht die Menschheit, Stuttgart 1980

Wolfgang Wiedemeyer: Über Lothar Späth, Stuttgart 1980

Otto Rohn †/Dietmar Rupp: Beilstein in Geschichte und Gegenwart, 1983

Hans-Peter Schütz: Lothar Späth, Bornheim 1983

Lothar Späth: Wende in die Zukunft. Die Bundesrepublik auf dem Weg in die Informationsgesellschaft, Hamburg 1985

Helmut Reuter (Hrsg.): Eine echte Späth-Lese. Eine kleine Sammlung ernster Gedanken und heiterer Ansprachen, Frankfurt 1986

Brodbeck und Maier GmbH (Hrsg.): Lothar Späth – Impressionen – Texte – Bilder, Stuttgart 1986

Autorenverzeichnis

Jörg Bischoff
Stuttgarter Zeitung, Bonner Büro

Martin Born
Südwestfunk, Studio Tübingen

Prof. Dr. Karl W. Deutsch
Präsident des Wissenschaftszentrums Berlin für Sozialforschung

Hinrich Enderlein
FDP-MdL, Stuttgart

Klaus Fischer
Südwest-Presse, Redaktion Stuttgart

Prof. Wolfgang Gönnenwein
Generalintendant, Stuttgart

Rolf-Peter Henkel
Frankfurter Rundschau, Redaktion Stuttgart

Fritz Kuhn
MdL »Die Grünen«, Stuttgart

Oskar Lafontaine
SPD, Ministerpräsident des Saarlandes, Saarbrücken

Ulrich Lang
SPD-MdL, Stuttgart

Manfred List
CDU, Oberbürgermeister von Bietigheim-Bissingen

Klaus Luft
Vorstandsvorsitzender der »Nixdorf Computer AG«, Paderborn

Johannes Rau
SPD, Ministerpräsident des Landes Nordrhein-Westfalen, Düsseldorf

Edzard Reuter
Mitglied des Vorstandes der »Daimler-Benz Aktiengesellschaft«, Stuttgart

Manfred Rommel
CDU, Oberbürgermeister von Stuttgart

Rezzo Schlauch
MdL »Die Grünen«, Stuttgart

Dr. Gerd Schwander
MdL »Die Grünen«, Stuttgart

Franz Josef Strauß
CSU, Ministerpräsident des Freistaates Bayern, München

Fridtjof Theegarten
Stuttgarter Nachrichten, Redaktion Ludwigsburg

Brigitte Johanna Waidhofer
Associated Press, Redaktion Stuttgart

Klaus G. Wertel
Badische Zeitung, Redaktion Stuttgart

Claus Weyrosta
SPD-MdL, Stuttgart

Bettina Wieselmann
Südwest-Presse, Redaktion Stuttgart

Ulrich Wildermuth
Chefredakteur, Südwest-Presse, Ulm

Helmut Xander
Vorsitzender der Geschäftsführung »LEG-Landesentwicklungsgesellschaft Baden-Württemberg mbH«, Stuttgart